한국사

28

조선 중기 사림세력의 등장과 활동

국사편찬위원회

자문위원
최 영 희　　허 선 도

편찬위원
이 병 휴　　이 장 희　　이 태 진
정 만 조

집필(조선 중기 사림세력의 등장과 활동)
고 석 규　　고 영 진　　김 동 철
김 종 수　　김 태 영　　이 범 직
이 병 휴　　이 수 건　　이 수 환
이 태 진　　최 이 돈

기획 · 편집
신 재 홍　　변 승 웅　　이 근 택
고 혜 령　　고 성 훈　　나 애 자
박 한 남　　윤 병 희　　최 원 식

복간 간행 : 김 용 곤 · 장 득 진

한국사 간행취지

우리 겨레가 앞으로 어떻게 살아갈 것인가 하는 문제는 우리들은 물론 우리와 더불어 살아가는 세계인들의 관심사일 것이다. 이에 대한 해답은 과거에 어떻게 살아왔는가 하는 우리 역사에 대한 인식을 통해 찾을 수 있을 것이라고 생각된다.

본 위원회에서는 이미 1970년대에 『한국사』 25권을 간행하여 해방 이후 한국사의 연구성과를 집대성함으로써 한국사에 대한 인식을 새롭게 한 바 있다. 그 이후 한국사회는 놀라운 성장과 발전을 이루었고 역사학계도 상당한 연구성과를 축적하였다. 이러한 변화에 발맞추어 한국사학계는 새로운 『한국사』 편찬의 필요를 느끼게 되었다.

이에 본 위원회는 일차적으로 한국사 연구지원비를 마련하여 역사학계로 하여금 1980년대 중반까지 연구성과가 미진하다고 생각되는 분야를 연구할 수 있도록 하였다. 이어서 1989년부터 1990년까지의 준비를 거쳐 1991년에는 '신편 한국사 편찬위원회'를 따로 구성하고 총 60권에 달하는 새로운 『한국사』를 편찬하기로 하였다. 그리고 다음과 같은 『한국사』 편찬의 목표를 세웠다.

① 한국의 역사와 문화에 대한 객관적 인식의 토대를 제공할 수 있는 한국사를 편찬한다.

② 민족의 창조적 문화활동과 민족사의 내재적 발전을 드러내는 한국사를 편찬한다.

③ 최근까지의 연구성과를 체계화하고 새로운 영역을 개척함으로써 한국사 연구의 지평을 넓힌다.

④ 한국사 연구와 관련하여 고고학·인류학·사회학·경제학 등 인접학문의 연구성과를 수용하여 한국사 인식의 폭을 넓히는 데 기여한다.

새로운 『한국사』를 펴내면서 우리 모두가 바라는 바는, 민족의 통일에 대비해야 하고 급격히 변화하는 시대상황 속에서, 한국사 연구자의 깊이 있는 연구를 도와주고 독자들의 역사인식을 드높일 수 있는 길잡이 구실을 할 수 있었으면 하는 것이다.

국사편찬위원회 위원장

목 차

Ⅱ. 사림세력의 등장

Ⅲ. 사림세력의 활동

개 요

I

15세기 후반 조선에서는 사회경제적 변화에 조응하여 새로운 정치세력이 대두하기 시작하였다. 조선 건국을 주도하여 정권을 독점해 왔던 勳舊勢力이 양반관료제의 모순을 야기하고 있었고, 이에 수반하여 科田法의 붕괴와 지주제의 발달, 상품의 유통과 貢納制의 모순 심화, 軍役制度의 붕괴, 국제교역의 발달 및 마찰 등 새로운 사회경제적 변화가 일어나고 있었다. 이러한 변화의 흐름을 타고 새로운 정치세력으로 등장한 것이 士林派였다. 사림파는 재지중소지주에서 성장을 거듭하여 점차 훈구파를 대신할 정치세력으로 자리잡아 갔으며, 그들은 훈구파 지배하에서 야기된 각종 사회경제적 모순을 해결하고 유교적 이상사회를 건설하고자 하였다. 그리하여 道學政治의 이념을 바탕으로 향촌질서를 재편하는 한편 書院의 건립, 性理學의 보급, 경제개혁 등 다양하고 구체적인 개혁을 추진하였다. 이로써 볼 때, 15·16세기에는 훈구파와 사림파의 정치사회적 갈등구도 속에서 후자가 전자의 대체세력으로 등장하여 마침내 사림정치를 실현하게 되었던 것으로 이해해도 좋을 듯하다.

15세기는 훈구세력의 권력남용과 경제력 확대가 두드러진 시기였다. 훈구세력은 고리대적 私債의 이용, 役의 부담에서 벗어나려는 良民의 投託, 伴人과 丘史의 과다한 점유, 양민을 강제로 賤人으로 삼고 자기 소유가 아닌 공사노비를 사역하는 등의 방식으로 경제력의 확대를 꾀하였다. 또 그들은 정치권력을 독점·남용함으로써 점차 權貴化의 길을 걸었다.

세조 즉위과정에서부터 형성되어 온 훈구세력은 靖難·佐翼功臣의 예에서 보듯이, 조선 건국기의 공신들과는 달리 개혁의지가 불분명하였고, 무리한 경제기반의 확대과정에서 民의 저항을 불러일으키기도 하였다. 이에 세조는

保法이나 職田法의 시행, 六曹直啓制 등의 개혁을 추진하였으나 훈구세력의 반발을 받았다. 결국 세조는 무리한 집권과정의 부담으로 인하여 훈구세력에 의지하지 않을 수 없었으며, 그들의 비리를 비호할 수밖에 없었다. 이런 상황에서 어린 성종이 즉위하자, 다시 翊戴·佐理功臣을 창출한 훈구세력은 院相制를 통해 정치 주도권을 장악하고 치부활동을 계속하여 구조적인 모순을 드러냈다.

이러한 훈구세력의 모순과 비리는 과도한 공신의 창출과 권력집중을 가능하게 한 권력구조에 기인한 바 컸다. 조선의 건국 주체들은 의정부체제를 마련함으로써 권력을 소수에게 집중시켰다. 태종·세종 등에 의해 권력분립이 시도되었지만, 성종이 즉위하면서 공신세력은 의정부체제를 장악하고 원상제를 운영하여 정권을 독점하고 권력을 남용하였던 것이다.

훈구세력에 의한 양반관료제의 모순이 누적되어 가는 가운데 과전법이 붕괴되고 지주제가 발달하였다. 과전법은 국가기관이나 官人을 비롯한 職役人에게 별도의 收租地를 分給함으로써 국가체제 운용의 경제적 기반을 확보하려는 것이었다. 여기에서 분급한 收租權은 개인이 행사하는 田地의 소유권 위에 加設된 부차적 권한에 지나지 않는 것이므로 이 시기 토지지배관계는 수조권보다 소유권을 중심으로 전개될 수밖에 없었다. 따라서 국가기관 절수지나 私處 절수지 모두에서 수조권적 토지지배의 모습이 점차 쇠퇴하여 갔고, 16세기로 접어들어 소유권적 토지지배 형태가 확립되었다.

과전법의 붕괴와 함께 士族 관인층을 중심으로 하는 지주들은 상속·혼인이나 개간·買得 등을 통하여 農莊을 확대하였다. 농장의 경영은 지주 자신 혹은 그 대리인이 노비·婢夫·雇工 등을 동원하여 직영하는 형태가 일반적이었으며, 영세소농이나 無田民에 의한 竝作營農은 아직 농장의 외곽에서 부수적으로 관행되고 있을 뿐이었다. 또 농장의 확대가 일반적인 추세였지만 田稅·徭役·공물·군역을 바침으로써 국가를 지탱하였던 양민 自營農層의 개별 경영이 이 시기의 기준적인 영농형태였다. 그러나 16세기로 내려오면서 생산력의 발전과 함께 나타난 양민 자영농층의 몰락으로 소농민경영의 분화가 가속화하여 병작영농이 점차 보편적인 영농관행으로 자리잡게 되었다.

이처럼 16세기의 조선에서는 사족의 地主化와 대다수 하층민의 無産化라는 사회분화가 진행되고 있었다. 특히 국가의 기본 수취제도가 각 군현을 단위로 운영되었기 때문에 그 과정에서 수령에 의한 防納의 관행이 성립되어 양인 소농민층의 분해를 촉진했으며, 공납의 폐단과 군역에서의 가혹한 수탈은 그러한 경향을 더욱 가속화하였다. 그 결과 자기 고장에서 연명할 수 없게 된 농민들은 개별적으로 流離 逃散의 길을 택하거나, 그 중 일부는 群盜가 되어 사족지배에 대항하는 등 사회문제를 야기하고 있었다.

한편 상업에서는 점차 상품의 유통이 활발해지면서 場市의 발달로 이어졌다. 15세기 후반의 장시는 농업생산력의 증대, 생산관계의 변동, 사회적 분업의 확대와 점진적으로 발달해 온 유통경제의 확대에 그 기반을 두고 있었다. 이 시기 장시는 자연재해로 인한 흉황을 극복하기 위한 수단으로 출현하기도 하였으나, 장시 성립·확산의 근본 원인은 교역을 통해 얻어지는 이득이 컸기 때문이었다. 이에 16세기가 되면 장시는 전라도를 비롯하여 충청·경상·경기도 등지로 확산되어 갔으며, 특히 임진왜란을 겪은 후부터는 장시의 수적 증가와 더불어 出市 횟수도 잦아지는 등 더욱 성행하는 추세를 보이게 되었다. 이에 따라 농민 중에서 상인으로 전환하는 인구도 늘어났다. 장시의 성립으로 인한 유통경제의 발달로 화폐경제도 크게 변화하였는데, 이 시기의 주된 화폐는 면포였다.

조선정부는 세조에서 성종대에 이르기까지 貢額을 경감하는 한편 국가 경비지출의 규모를 세우고자 横看을 撰定함으로써 공납제를 일단 정비하였다. 그러나 공납제는 제도 자체 및 운영상에 있어서 몇 가지 문제점을 내포하고 있었다. 즉 공액이 장기적으로 고정되어 있었다는 점, 공안에 不産貢物이 分定되고 있었다는 점, 공물 상납과정에서 點退·방납과 같은 비리가 나타난 점, 民戶에 대한 부과 규정의 미비 등이 그것이었다.

이에 따라 연산군대를 거치면서 횡간이 무시되고 加定·引納 등이 일어났으며, 불산공물의 분정은 구조적으로 방납을 조장하고 공물부담 규정의 모호성은 부담의 극심한 不均현상을 초래하였다. 특히 방납은 당시 권세가들의 비호하에 행해져 농민들에게 엄청난 해독을 끼쳤으므로 세조대부터 그 폐단에 대한 시정이 논의되었다. 그런데 방납은 유통경제의 발달을 전제로 하였으므로, 방납에 대한 근본적 개혁은 유통경제의 발달을 억제하기보다는 오히려 이를 뒷받침해줄 수 있는 제도를 마련하는 방향으로 진행되어야 했다. 즉 공물의 대가로 미곡이나 포를 거두어들이는 형태의 운영이 그것이었는데, 결국 이는 大同法으로 귀결되었다.

사회경제적 변동에 따라 신분제와 兵農一致制에 입각한 군역제도 역시 붕괴되고 점차 收布化로 나아갔다. 신분제 외에 병농일치제 그리고 奉足制를 기반으로 한 조선 초기의 군역제는, 균등한 군역 부과와 군액의 증가를 목적으로 했던 保法이 人丁만을 고려하는 군역제도로 전환되면서 문란해지기 시작했다. 그리하여 正軍과 保人 중 토지가 없는 빈한한 농민들은 피역을 위해 유리·도망하였고, 이를 보충하기 위해 一族과 切隣에게 대신 부담을 지우는 악순환이 계속되었다.

16세기에 들어와 군역제의 문란 속에서 甲士·正兵·水軍 등의 군역 수행에도 심각한 변화가 일어났다. 조선 초기의 중추적인 군사력이었던 갑사는 보법 실시 이후 사족·한량층 대신에 농민들이 입속하고, 근무조건이 점차 열악해짐으로써 쇠퇴해 갔다. 한편 말과 軍裝을 갖추어 궁궐을 시위하던 騎兵은 16세기 이후 농지개간 등으로 목장이 줄어들면서 말의 수가 감소해 馬價가 폭등하자 말을 소유하거나 빌려 탈 수 없게 되었다. 이에 따라 임진왜란을 전후하여 騎馬·卜馬가 모두 폐지되었고 기병은 말이 없는 보군이 되었다. 그리고 보병은 토목공사 등에 동원되는 役卒로 변하였고, 수군도 築城·營繕 등의 역에 差定되었다.

이와 같은 군역의 苦役化는 代立을 불러왔다. 자신의 정상적인 영농을 위해서 혹은 가혹한 役使를 피하기 위해서, 나아가 원거리 番上 근무의 고통과 경비를 덜기 위해서 농민들의 대립이 성행하였고, 거기에 대립을 통해 이익을 꾀하려는 諸司官屬들의 侵虐까지 작용하였다. 이러한 대립에 동원된 인적 자원은 지주 전호제가 정착되면서 토지를 상실하거나 각종 국역을 피해 도시로 집중된 농민들이었다. 그러나 시간이 지날수록 代立價가 폭등하면서 정부의 개입을 불러오게 되었다. 정부는 대립가를 公定하는 조치와 함께 차츰 軍籍收布法으로 방향을 바꾸어갔다. 이러한 納布制는 신분제와 병농일치제에 입각한 군역제와는 다른, 상비군으로서의 급료병제 성립의 전제가 되었다. 한편 지방에 留防하는 군인들에게도 兵使·水使 등의 지휘관들이 사리사욕을 채우기 위해서 放軍收布를 강요하고 있었다. 방군수포의 보편화는 지방군을 지극히 허술하게 만들었고, 마침내 조선 초기 국방체제의 근간인 鎭管體制의 허설화를 가져왔다.

국내에서의 경제변동은 국제교역을 활발하게 하였다. 동아시아의 국제질서를 규정한 책봉체제는 무역활동에도 큰 영향을 미쳤다. 조선 초기의 對明貿易은 朝貢과 回賜라는 형태로 이루어졌지만, 公貿易 중심으로 진행됨으로써 통상은 부진하였다. 반면에 16세기에 이르면 使臣 또는 使行員들에 의하여 私貿易이 이루어지고 직물류나 보석류 등의 사치품이 수입되기 시작하였다. 사무역의 주도세력은 왕실·戚臣·權貴 등의 특권세력과 富商大賈들이었으며, 사무역은 척신정치의 물적 기반을 제공하고 국내상업의 발전을 촉진하였다.

한편 일본과의 무역은 進上과 回賜라는 형태로 이루어졌으며, 구리·금은 등이 수입되고 쌀·직물류·약재 등이 수출되었다. 물품의 교환비율에 따라 제한이 많았던 공무역에 비하여 점차 三浦를 중심으로 한 사무역이 활발해졌다. 상인들은 동남아시아 상품이나 중국 비단을 일본에 중계무역하여 이득을 취하기도 하였다. 여진과의 무역도 조공과 회사형식이었으며 모피 등이 수입되고 쌀·면포 등의 생필품이 회사·賞賜되었다. 그리고 貿易所 또는 北平館을 두어 공무역을 허락하였으나, 16세기 이후에는 사무역이 크게 발달하면서 국내상업 발달에도 일정한 영향을 미쳤다. 그러나 조선정부의 재정궁핍으로 일본인에 대한 통제책이 강화되고 양국간의 통교가 어려워지면서 三浦倭亂·乙卯倭變과 같은 왜변이 초래되기도 하였다.

II

신흥사족 혹은 재지사족이라고도 하는 士林은 대개 여말의 혼란기에 郡縣吏族에서 品官으로 신분상승한 재지중소지주들로서 독특한 사회경제적 기반을 보유하고 있었다. 이들은 14세기경에 과거를 통하여 중앙정계에 진출하기도 했고, 麗·元 관계를 통한 출세나 軍功을 통해 添設職을 얻어 품관화한 경우도 있었다. 또한 이들은 여말선초에 閑良으로 존재하면서 과전법하에서 外方軍田을 수급할 수 있었으며, 祖先傳來의 田地 및 노비의 매득·개간·겸병 등의 수단을 통해 중소지주로서 안정된 생활을 누렸고, 祖業繼承과 子女均分相續制를 이용하여 사족 공동의 이익을 지켜 나갈 수 있었다.

이와 같이 여말의 혼란기를 거치면서 일어난 사족과 이족의 확연한 구분 및 재지사족의 광범위한 존재로 특징지워지는 향촌사회의 변화 양상은 조선 초기에도 지속되었다. 사족과 이족의 분화에 따라 지금까지 邑治(邑內)에 거주하던 재지사족들은 읍치의 외곽 촌락 또는 부근 任內지역이나 인근 타읍의 외곽지대로 卜居하거나 이주함으로써 주거지역의 차별화를 꾀하였다. 나아가 이들은 鄕案을 작성하고 鄕會 또는 留鄕所를 조직하여, 재경관인으로 이루어진 京在所와의 연결을 꾀함으로써 향촌사회에서의 지배력을 강화하였다. 뿐만 아니라, 재지사족들은 그들 상호간의 결속력을 강화하고 하층민을 통제하기 위해 鄕規·鄕約·洞契 등을 조직하여 향촌사회를 운영해 나갔다. 이러한 재지사족들이 사림파 형성의 인적 배경이 되었다.

사림파의 형성은 주자학의 보급과도 상호 유기적인 관계를 가졌다. 신흥사대부에 의해 수용된 주자학은 成均館과 鄕校교육을 통해 널리 보급되었고, 이에 따라 성리학적 이념으로 무장한 많은 사류들이 배출되었다. 선초 재지사족으로 上京從仕한 신진사류들은 부모봉양을 위해 본관지나 부모 소재지의 수령으로 부임하면서 성리학의 보급과 지방교육 발전에 기여하였으며, 성리학적 실천윤리로서 《小學》과 《朱子家禮》의 보급에 공헌하기도 하였다.

이와 같이 사림은 여말선초 이래 비조직체로서의 士類를 지칭하는 개념으로 사용되어 오고 있었다. 그러나 金宗直과 그의 문인인 金宏弼·鄭汝昌의 교육활동에 의해 영남·기호지역 사림들의 인간적·학문적 접촉이 이루어지면서 성종 16년(1485) 이후 훈구세력에 대응되는 정치세력, 즉 사림파로서 모습을 갖추어 갔다. 사림파의 중앙정계 진출은 훈구세력과의 갈등과 충돌을 예고하였다. 성종대 중반 이후 훈구세력 기용의 부당성과 昭陵復位 주장 등 과감한 언론을 행사한 이들은 연산군의 즉위 이후 그 세력의 한계가 노출되면서 훈구파로부터 탄압을 받는 사건, 즉 戊午士禍가 발생하였다. 무오사화는 세조의 집권을 부정하고, 이에 반대한 인물들을 推奬한 金馹孫의 史草가

빌미가 되었지만, 근본적으로는 세조대 이래 정치·사회·경제적 여러 특권을 향유하고 비리를 저질러오던 훈구파를 사림파가 견제하려 한 데서 발생하였다. 이로써 성종대 이래 중앙정계에 진출했던 사림파는 일대 타격을 받게 되었다. 연산군의 생모인 尹妃가 폐위·賜死된 사실로 발단이 된 甲子士禍는 궁중과 결탁한 朝臣과 府中의 조신간의 대립이었지만, 그 과정에서 무오사화에서 잔존한 사림파도 화를 입었다. 그러나 이는 '전향 사림파'의 출현, 동조세력의 확장을 통해 중종대 이후 사림파의 괄목할 만한 성장을 가져오는 계기로 작용하였다.

이후 전개된 연산군의 亂政은 中宗反正으로 종식되었다. 반정을 통해 집권한 공신집단은 이후 政曹의 고위직을 장악하여 정국을 그들 중심으로 운영하였다. 그러다가 중종 9년(1514) 趙光祖가 정계에 진출한 이후 사림파는 중앙정계에 재진출하여 급성장하게 되었다. 이들은 훈구대신 집권하에서 빚어진 각종 정치적·사회적 비리를 척결하고 '至治'를 실현하기 위한 과감한 개혁을 주창하였다. 그러나 이는 곧 훈구파는 물론 온건파 대신·국왕의 완강한 저항을 야기하였고, 그 결과 僞勳削除 사건을 계기로 사림파가 크게 희생되는 己卯士禍가 발생하였다.

기묘사화 이후 南袞·沈貞·金安老 등으로 이어지는 훈구대신들이 다시 정국을 주도하였으나 중종 말기 이후 인종초까지 사림파가 차츰 등장하여 그들의 영향력이 점증하는 가운데 인종의 외척과 명종의 외척간의 갈등이 생겨나고 있었다. 명종의 즉위와 함께 외척 尹元衡과 권신 李芑는 자신들의 세력을 보강하기 위하여 乙巳士禍를 일으켰으며, 사림파는 다시 한 번 중앙정계에서 축출되었다. 이후 척신정치가 지속되는 동안 사림파는 서원설립을 통하여 자파세력의 저변확대를 위해 노력하였고, 이는 결국 선조대 사림정치가 성립되는 주요한 토대로 기능하게 되었다.

조선 초기 이래 사림은 교육활동을 통하여 학파를 형성함과 아울러 정치세력으로 성장하였다. 그들은 재지적 기반을 계승하고 家學의 전통을 바탕으로 삼아, 성종 때부터 중앙정계에 진출하여 자신들의 정치적 이상을 구현하고자 했기 때문이다. 그래서 그들은 그 재지적 기반으로 인하여 영남학파 또는 기호학파로 인지되기도 하였다. 또 그들은 성리학적 정통성과 정치적 명분의 필요에서 鄭夢周→吉再→金叔滋→김종직→김굉필→조광조로 이어지는 학통을 형성하였다. 그들은 재지적 생활기반에서 상호관계를 맺으면서 학문세계나 현실정치 개혁에서도 동일한 관심을 가지고 있었던 것이다.

그리고 사림파는 학문이나 활동면에서 鄕黨的 색채를 강하게 지니고 있었다. 그들이 鄕飮酒禮·鄕射禮의 勵行, 鄕約·鄕規의 시행, 서원건립 등을 통해 보여준 행동유형에서나, 조광조 등 '己卯士林'들의 개혁정치에 투영된 현실인식 및 대응자세에서 이는 쉽사리 감지된다. 이러한 향당적 요소에 기초한 향촌질서의 확립은 성리학적 윤리질서와 통치질서의 기축이 되었다.

또 보편적 가치를 중시하는 사림파의 성향은 성리학적 가치를 실천궁행하는 대표적 교본으로서의 《小學》의 실천 및 보급과 종족공동체의 생활규범을 밝힌 《주자가례》의 실천을 통해서 드러나고 있었다. 그런 가운데 자파의 학통과 논리의 발전·보호를 위한 그들의 활약은 文廟從祀運動으로 표출되었고, 내면적으로는 節義運動으로 전개되었다.

Ⅲ

사림파는 道學政治를, 새로운 정치질서의 수립을 통해 군주나 백성이 天命에 따라 생각하고 행동하는 이상사회의 실현 즉 '至治'로 규정하였다. 이를 위해 사림파는 爲民·愛民에 정치의 목표를 두고 그 실천을 위해 노력하였다. 그들은 聖君으로서의 자질, 군주와 신하 상호간의 믿음, 言路의 개방과 군주의 納諫이 필수적임을 강조하였으며, 나아가 言官의 활동을 탄핵에 국한시키지 않고 국가정책의 수립과 같은 보다 차원 높은 수준으로까지 확대하고자 하였다.

조광조가 등용된 중종 9년(1514)부터 사림파는 三司를 장악하였다. 그들은 특히 弘文館을 개혁정치의 이념과 방향을 정립하고 그 실천방안을 확정하는 産室로 활용하면서 본격적인 언론활동을 전개하였다. 당시 사림파의 언론활동은 전통적 명분의 회복과 인습·舊制의 革去 및 성리학적 윤리질서의 확립과 새 향촌질서의 수립이라는 두 가지 방향에서 추진되었다. 그리고 개혁정치를 추진할 인적 기반의 확충을 위해 훈구파에 대한 대규모의 削勳과 賢良科 실시에 보다 적극적인 노력을 기울였다. 그리고 그들은 經筵에서 개혁정치의 실현 방안을 논의하였으며 성군을 만들기 위해 군주의 교육에 치중하였다.

가족관계나 행동 규범의 실천적인 면을 강조한 《小學》은 성리학의 보급을 위해 매우 중요시되었다. 그러나 《소학》의 중요성에 대한 새로운 인식은 사림파가 중앙정계에 진출하면서부터였으며, 특히 기묘사림파는 향약보급을 통해 《소학》실천운동을 적극적으로 전개하였다. 《소학》의 내용이 성리학이 지향하는 새로운 질서의 실현과 깊은 연관을 가졌기 때문이다. 그러나 기묘사화를 계기로 향약이 폐지됨과 동시에 《소학》은 '凶書'로 낙인 찍혀, 한동안 그 교육이 금지되기까지 하였다.

道敎的 祀典을 집전하는 昭格署는 유교적 사회를 지향한 조선초부터 이미 비판의 대상이 되었지만, 본격적인 혁파 논의는 조광조 등 기묘사림파가 중앙정계에 진출하면서부터 진행되었다. 보수세력과 궁중세력의 강력한 저항에도 불구하고 사림파는 극한적인 언론투쟁을 거쳐 그 혁파를 성사시켰는데, 그 까닭은 도교적 사전이 《주자가례》에 의거한 사전으로 대체되어야 한다는 그들의 인식과 더불어 그것이 인습 및 구제의 청산을 통한 훈구세력의 견제와 연결되어 있었기 때문이다.

조선초 유향소를 통해 향촌에서의 지배력을 유지하려 한 留鄕品官의 존재는 중앙집권관료체제를 지향하는 조선왕조의 정책과 배치되는 면이 없지 않았다. 때문에 정부는 수령권의 강화와 京在所제도를 이용하여 그들에 대한 통제를 강화하였다. 이같은 官權 절대 우위의 향촌정책 아래 유향품관은 수령과 경재소 임원인 중앙의 현직관리에 굴종하여 수탈을 일삼았다. 그래서 그 수탈기구가 된 유향소는 혁파되었으나 이들 3자의 分益的 수탈은 계속되었다.

유향소의 부활을 통한 향사례·향음주례 및 향약보급운동은 이러한 향촌의 수탈적 장치를 제거하여 향촌사회를 안정시킴으로써 정치적 기반으로 삼으려는 사림파의 의도에 의해 전개되었다. 사림파의 향촌질서 재편운동은 그들의 정치적 성장과 훈구대신의 양보로 일정한 성과를 거두기도 했으나, 결국은 勳臣과 戚臣의 반발로 사화가 일어나 사림파의 다수가 처형되고 그들이 이룩한 성과도 혁파의 대상이 됨에 따라 실패로 돌아갔다.

그러나 16세기 후반에 접어들면서 사림파가 중앙정계에서 주도권을 장악하고, 서원건립을 통하여 鄕論을 점차 주도하게 됨에 따라 경재소마저 혁파되면서 사림파의 향촌질서 재편운동은 결실을 맺게 되었다. 여기에는 향사례·향음주례 및 향약의 보급을 통해 그들의 결속을 다짐과 아울러 신분보다는 연령적 질서를 존중함으로써 소농민의 지지를 받았다는 점이 또 하나의 요인으로 작용하였다. 사림파 주도의 지배체제 구축 이후, 연령보다는 신분이 보다 더 강조되는 변화가 일어나기는 했지만, 이는 과거 경재소를 통해 드러난 중앙 권세가의 인식에 비하면 상대적으로 개선된 것이었다.

서원은 훈구파의 탄압을 받은 사림파가 을사사화 이후 향촌 지배체제 확립을 목적으로 건립하였는데, 여기에는 과거를 위주로 하는 官學이 쇠퇴한 데다 사림파의 내적 성장을 위한 그들의 私學 건립 의지도 아울러 작용하였다. 그리고 성리학이 점차 관념론적 理氣論을 지향하던 이 무렵의 사상적 분위기 역시 서원의 확대에 일조하였다.

조선사회 최초의 서원은 중종대 周世鵬이 건립한 白雲洞書院이었고, 退溪 李滉에 의해 보급·정착되었다. 초기의 서원은 관학의 보조적 기능을 수행하는 정도의 기구로 인식되었지만, 이황에 의해 사림의 講學·藏修處로 그 성격이 분명하게 되면서 사림파의 향촌활동에서의 중요한 기반으로 자리잡게 되었다. 그리고 선조대 이후 그들이 정권을 장악하면서 본격적으로 발전하게 되었고, 피봉사자도 사화기에 피화된 인물, 사림 각 학파의 영수, 성리학 발전에 크게 기여한 인물로 확대되었다. 초기 서원은 예안의 易東書院처럼 지방관이 적극 협조하고 一道 사림의 公論에 의해서 건립되는 것이 일반적이었다. 그러나 선조대 이후 서원은 朋黨政治와 관련되면서 그 역할이 증대되어갔고, 건립의 사정도 달라지게 되었다. 집권세력의 도학적 정통성 부여를 위한 자파계 인물의 제향처나 사림간의 상호결속을 위한 취회소로서의 사회적 역할을 가지게 되었다. 그리고 17세기 중반 이후 붕당정치가 전개되면서 향촌사림의 여론이 정치에 큰 영향을 끼치게 되고, 향촌사림 역시 중앙 정치세력과 연계하여 자신들의 지위를 공고히 하려 함에 따라 서원은 그 중심적 기능을 수행하게 되었다.

사림의 성장과정은 性理書의 수입과 간행 등을 통해서도 이해할 수 있다. 선초에 赴京使行의 책 교역활동을 통해 새로운 성리서가 도입되고 간행·배포됨으로써 조선사회에 성리학이 본격적으로 수용되고 사림들의 성리학에 대한 이해가 심화되었다. 특히 15세기에 와서 실천윤리와 의례적 측면에 관심이 많이 두어졌던 유학 연구는 16세기 사림이 중앙정계에 진출하면서 성리학적 세계관과 理氣心性論에 대한 이론적 연구로 발전하기에 이르렀다. 특히 기묘사림파의 등장은 주자 중심의 성리학적 세계관이 확립되고, 명분과 실천을 중시하는 경향이 이후 조선 성리학의 중요한 특성으로 자리잡게 되는 계기를 마련하였다. 이로써 주자 성리학이 조선왕조의 체제 이데올로기로 자리잡게 되었던 것이다.

이후 훈척세력의 탄압에 부딪힌 사림파는 서원건립운동을 펴면서도 성리학적 세계관과 이기심성론을 본격적으로 연구하게 되었고, 徐敬德과 李彦迪에 의하여 氣一元論과 理氣二元論이 제기되기 시작하였다. 이기심성론에 대한 연구와 논쟁이 심화되는 추이 속에서 이황과 李珥의 단계에 이르러 조선 성리학의 수준은 한 차원 높아지고 독자적 사상체계를 확립하게 되었다. 그러나 이기심성에 대한 해석 차이와 지역적 차별성으로 인하여 사림파는 서경덕·이황·曹植·이이·成渾 중심의 학파를 형성하게 되었고, 이들 학파는 각각 중앙정계의 주도권을 잡기 위한 정파로까지 발전하게 되었다.

한편 신흥사대부들은 성리학의 名分論과 分殊論에 바탕을 둔 차별적 사회윤리를 실천하고자 《소학》과 《주자가례》의 보급에 노력하였다. 특히 16세기 이후 사림파는 《소학》과 《주자가례》를, 중앙과 향촌에서 자신의 이상을 실현하는 양대 기반으로 삼아 그 실천을 강화하였다. 그 결과 성리학적 사회윤리가 사회 전반에 확산되었고, 그에 따라 禮學이 발전하게 되었다.

16세기 사림파의 정계 진출이 본격화되면서 그들은 소농민경영의 안정을 통한 자신들의 계급적 안정과 성장을 위한 권농정책을 다각도로 모색하였다. 成世昌·金塘·金安國 등은 당시 훈척계열의 지주지 확대와 그 경영양태를 비판하고, 왕정을 실현하고자 하는 교화정책의 일환으로 권농정책을 추진코자 하였다. 이같은 사림파의 농업정책은 국왕의 勸農敎書라는 형식을 통하여 8도에 신칙되었다. 또한 사림파는 소농민의 농업경영에 도움이 될 수 있는 農書의 편찬과 보급에도 힘썼다.

이 시기에는 훈척세력이 소농민을 동원하여 추진한 低平·低濕地 개발이 활발하였지만, 한편으로는 사림파에 의해 川防 즉 洑의 설치와 활용이 본격화되기도 하였다. 천방은 堤堰에 비하여 가용처를 더 많이 개발할 수 있을 뿐 아니라 대규모의 관개가 가능하였으므로, 16세기 이후 우리 나라 수리관개의 대종을 차지하였다. 이 시기에는 각 군현단위로 사림파 인사들이 향권을 주도하면서 새로운 경지의 개발과 더불어 천방을 많이 축조해 나갔다.

한편 세종 26년(1444) 貢法田稅制가 확정되면서 토지의 사유화가 인정되고, 그에 따라 지주층의 토지집적이 확대되었다. 특히 훈척세력이 다수의 노비와 토지를 소유하게 되고, 이로 인하여 토지를 잃게 된 소농민층의 파산이 대대적으로 진행되자, 사림파 관료들에 의해 豪勢家의 대토지소유를 제한하자는 均田·限田論이 제기되었다. 하지만 이러한 논의도 사림파의 정치적 한계로 인해 실현되기는 어려웠다.

賦稅의 대종을 이루는 공납은 연산군 때 加定된 이래 방납현상으로 인하여 큰 폐단이 되었다. 그러나 공납제의 기본적 폐단인 貢案의 개정, 방납의 근절은 중종 때 사림파가 중앙정치 요로에 진출하면서 본격적으로 논의되기 시작하였다. 그들은 공납의 폐단을 자행하는 장본인으로 宮禁과 훈척을 지목하고 소농민층의 파산 방지와 국가체제 유지라는 측면에서 공납제 개혁론을 제기하였다. 공납제 개혁론은 사림파의 정치적 한계로 한동안 소강상태를 보이다가 16세기말 사림정치시대가 열리면서 다시 적극적으로 추진되었다. 공납제 개혁론을 가장 심도 있게 제시한 것은 이이와 金誠一이었다. 이들에 의해 제기된 각 군현단위로 공납제를 詳定해야 한다는 개혁론은 대동법의 이론적 기초로서 기능하게 되었던 것이다.

〈李秉烋〉

Ⅰ. 양반관료제의 모순과 사회·경제의 변동

1. 사림의 훈구정치 비판과 새로운 모색
2. 과전법의 붕괴와 지주제의 발달
3. 상품의 유통과 공납제의 모순
4. 군역제도의 붕괴
5. 국제교역의 발달과 마찰

Ⅰ. 양반관료제의 모순과 사회·경제의 변동

1. 사림의 훈구정치 비판과 새로운 모색

1) 훈구세력의 비판

(1) 훈구의 비리

士林은 중앙정치에 진출하면서 당시 서민의 어려움과 몰락을 근거로 하여 勳舊政治를 비판하였다. 사림의 훈구정치에 대한 비판은 크게 두 방면으로 이루어졌다. 권력을 남용하고 있는 정치 주도세력에 대한 비판과 정치 주도세력의 권력남용을 구조적으로 보장하는 권력구조에 대한 비판이었다. 먼저 정치세력에 대한 비판을 살펴보자.[1]

훈구의 폐단을 본격적으로 문제삼기 시작한 이는 李深源이었다. 그는 성종 9년(1478) 상소를 통해서 이 문제를 거론하였다. 그는 당시의 사회문제의 근원을 향촌문제로부터 파악하면서 당시 향촌의 문제를 총체적으로 다음과 같이 표현하였다.

> 良民과 公賤이 감당하지 못하고 도망쳐서 私賤으로 고용되니 世傳의 田宅이 있어도 보전하지 못하고 權門에 귀속된다(《成宗實錄》 권 91, 성종 9년 4월 을해).

이는 양민이 자신의 지위를 유지하지 못하고 권문에 投託해서 몰락해 가는 상황을 지적한 것이다. 그는 이러한 투탁의 결과 "80~90%가 사천이고 양민은 10~20%에 불과하다"고 사천이 확대되는 상황을 말하였다. 이러한

1) 당시 사림은 당시의 정치 주도세력을 '勳舊'나 '權門'으로 지적하였다. 이하 이 글은 崔異敦, 〈成宗代 士林의 勳舊政治 비판과 새정치 모색〉(《韓國文化》 17, 서울大, 1996)을 정리한 것이다.

지적은 다소 과장된 것으로 이해되나, 자기의 토지를 갖지 못한 층은 물론 토지를 보유하고 있는 자작농까지도 권문에 투탁하고 있는 당시 향촌의 위기상황을 잘 대변하고 있다.

이심원은 민이 권문에 투탁하는 원인을 권문의 침탈에 의한 것으로 파악하고 있었다. 그는 그 구체적 원인으로 먼저 권문의 私債를 지적하였다. 그는 "권문의 僕隷가 사채를 때에 따라서 나누고 거두는데, 取息에 無度하고 주인의 위세를 빌어 침학한다"라고 하여 권문에서 사채를 통해 가난한 양민들을 고리대 방식으로 수탈하고 있음을 지적하였다. 이러한 상황은 세조말~성종 초반에 극성을 이루었는데, 이는 성종 5년(1474)에 "지금 고관으로서 후한 祿을 받는 자들이 모두 장리를 놓아 더욱 부유해져, 그들의 농장이 산야에 두루 널리고 쌓아둔 곡식이 주현의 창고에 버금갈 지경이다"[2]라는 지적에서 잘 알 수 있다. 양민들은 이러한 수탈에 의해서 전토를 잃고 권문에 투탁하거나 流離할 수밖에 없었다.

다음으로 지적한 원인은 권문의 사천들이 권력에 의지하여 役에서 벗어나는 현상이었다. 즉 權臣의 청탁을 받은 수령이 권문의 사천들을 역에서 면제해 주었고, 그 부담은 양민과 공천에게 돌아갔으므로 양민과 공천이 권문에 투속하였다.[3] 당시 수령의 인사는 재상들의 천거에 의존하였고, 인사고과도 재상이 담당하였다. 그러므로 수령은 관계를 가지는 재상에게 뇌물을 보내는 것은 물론이었고, 자기 관할구역에 있는 재상의 노비들에게 혜택을 주는 것도 당연하였다. 수령은 단순히 권문의 노비들의 역을 면해주는 것뿐 아니라 권문의 도망한 노비를 잡아주는 등[4] 훈구의 노비를 관리해주었고, 나아가 사채의 관리까지 지원하였다.

이러한 민의 권문 투탁은 伴人이나 丘史의 형태를 통해서 더욱 확대되었다. 국가는 양민을 반인으로, 공천을 구사로 관료들에게 부여하였고, 이들은 관료들의 사환 역할을 하였는데, 훈구들이 이를 빌미로 과다하게 반인과 구사를 점유하였다. 반인의 경우 "사방의 거민 중 衣食이 있는 자는 재상의 반

2) 《成宗實錄》 권 44, 성종 5년 윤6월 갑진.
3) 《成宗實錄》 권 91, 성종 9년 4월 을해.
4) 《成宗實錄》 권 74, 성종 7년 12월 을유.

인"[5]이라는 지적이 나올 정도로 과다한 점유가 많았고, 구사의 과다한 점유도 계속 문제로 제기될 정도로 빈번하였다. 재상들은 이들을 통해서 농장의 관리는 물론 防納이나 개간사업도 추진하였다.[6]

권문의 횡포를 견디지 못하여 여러 가지 형태로 권문에 투탁한 이들은 권문에 투탁한 이후에는 오히려 권문을 의지하여 비행을 저질러 모순을 격화시켰다. 성종 7년 구사가 韓明澮의 위세를 이용해 官屬을 동원하여 士族을 감금하고 민의 물건을 강탈한 것은 그 대표적인 사례였다.[7]

그러므로 양민의 권문 투탁은 적지 않았고, 수십·수백 구를 헤아릴 정도였다. 宋益孫의 전라도 古阜농장에 소속된 노복이 500여 호에 이른 것이나,[8] 洪允成이 그의 고향 鴻山에 농장을 설치하자 군민이 태반이나 거기에 부속한 것은 대표적인 사례이다.[9] 물론 '투탁'이라는 명목과는 달리 권력에 의해서 강제로 노비화된 경우도 적지 않았다. 성종 6년 공신 송익손이 '壓良爲賤' '容隱私役'의 죄로 고소당하여 告身을 박탈당하였는데, 이는 송익손이 많은 양민을 강제로 천인으로 삼았고, 자기의 소유가 아닌 공사노비를 다수 사역하였기 때문이다.[10] 이러한 결과 훈구들은 많은 부를 축적하였다. 세조 10년(1464) 당시의 대표적인 부자로 尹師路·尹士均·鄭麟趾·朴從愚 등 4명을 거론하였는데 이들은 모두 훈구였다.[11]

이러한 향촌의 상황은 심각한 문제로 제기될 수밖에 없었다. 특히 향촌의 주도층인 사림의 입장에서 볼 때, 이는 향촌의 안정을 위해서 뿐 아니라 자신의 노비들도 권문에 투탁하여 실제적인 피해를 입고 있었으므로 심각한 문제였다. 그러므로 사림은 중앙정치에 진출하면서 훈구의 비리를 맹공격하

---

5) 《成宗實錄》 권 44, 성종 5년 6월 갑진.
《成宗實錄》 권 55, 성종 6년 5월 경신조에도 宰相功臣이 '家富丁壯者'를 반인으로 冒占하고 있음을 지적하고 있다.
6) 李景植, 〈16世紀 地主層의 動向〉(《歷史敎育》 19, 1976).
李泰鎭, 《韓國社會史硏究》(지식산업사, 1986).
7) 《成宗實錄》 권 74, 성종 7년 12월 갑신·을유.
8) 《成宗實錄》 권 40, 성종 5년 3월 을사.
9) 《世祖實錄》 권 45, 세조 14년 2월 계축.
10) 《成宗實錄》 권 51, 성종 6년 정월 신유·갑자.
11) 《世祖實錄》 권 33, 세조 10년 7월 기미.

였다. 그러나 훈구의 비리는 단순히 개별적인 도덕성의 문제가 아니었고 정치 주도세력의 성격에 관한 문제였다.

(2) 훈구의 형성과 그 성격

훈구는 주로 공신책봉으로 형성된 집단이었다. 성종초에 나타나는 공신층은 성종초에 책봉된 경우도 있으나 대부분은 세조의 즉위를 둘러싼 갈등 과정에서 형성된 공신 집단이었다. 이미 조선 건국기에 開國·定社·佐命 등의 공신이 책봉되었으나 개국이라는 사회의 격변기에 공신의 책봉은 당연한 것이었고, 새로운 정치 참여세력의 교체를 뜻하는 점에서 의미있는 현상이었다. 특히 개국공신의 경우는 개혁의식이 분명하였고, 이러한 의식은 그들의 출신성분이나 경제적인 조건과 깊이 관련되어 있었다. 개혁을 주도한 주동세력의 경우 모계나 부계가 불분명하여 평민으로 생각되는 경우가 많고 서출인 경우도 상당수에 달하였다.[12] 이들의 경제적 기반은 중소지주층으로 인식되고 있는데, 이보다 열악한 처지의 경우도 많았다.[13] 이러한 기존의 지배층과 기반이 다른 인물들이 권력을 장악하고 국가를 운영할 때 정책의 변화는 클 수밖에 없었다.

그러나 세종대의 안정기를 거친 후 형성된 세조와 성종초의 공신은 그 성격이 달랐다. 이들은 세조의 권력장악에 기여한 공로로 창출된 공신들로, 세조의 집권 자체가 역사적 정당성이 적었으므로 이들 역시 개혁적인 성향은 적었다. 이들의 출신성분이나 경제적 지위도 건국공신들과는 달리 결코 낮지 않았다. 세조의 쿠데타를 비호한 세력을 논상하여 책봉한 靖難功臣을 분석하면, 좋은 가문의 출신이 많다는 점을 주목할 수 있다. 세조가 즉위한 뒤에 책봉된 佐翼功臣 역시 거의 같은 성향을 보이고 있다. 또한 공신에 책봉된 인물 중에는 별다른 공이 없이 핵심인물의 친인척이라는 이유로 공신에 책

---

12) 韓永愚,《朝鮮前期 社會思想硏究》(知識産業社, 1983).
공신세력은 주동세력과 영입된 세력으로 나누어 볼 수 있는데, 영입된 인물들에는 세족 가문의 인물들도 있었으나 이들이 개혁을 주도하지는 않았다.

13) 韓永愚, 위의 책.
대표적인 정도전의 경우에도 유랑하면서 살았던 처지를 생각한다면, 중소지주적인 기반마저 가지지 못했던 것으로 이해된다.

정된 경우도 다수 볼 수 있다.14)

이러한 기반을 가진 이들이었으므로 세조집권 초기의 정책에서는 개혁적인 면모를 찾기 힘들다. 오히려 세조대 대표적인 개혁으로 거론되는 保法(세조 10년 ; 1464)이나 職田法(세조 12년)이 세조 말기에 시행된 것은 매우 시사적인 현상이었다. 이러한 개혁은 공신세력의 이해관계에 반하는 정책으로 공신들의 지지를 얻기 힘든 사안이었고, 세조의 주도로 추진되었다는 인상을 강하게 준다. 먼저 세조 10년 보법의 시행을 보면, 전혀 조정의 논의도 없이 갑자기 軍籍使가 지방에 파송되면서 가지고 간 〈軍籍事目〉을 통해서 보법이 시행됨을 알 수 있다.15) 또한 직전제의 시행을 보아도 앞뒤 논의도 없이 《世祖實錄》에 "革科田 置職田"이라고만 기록하고 있다.16) 매우 중요한 정책이 조정에서 논의되지 않았을 리 없다. 이 두 가지는 모두 훈구들에게 불리한 조치였으므로 상당한 반대 논의가 있었을 것으로 생각되는데, 《세조실록》에 전말을 기록하지 않은 것은 세조 사후 실록의 편찬을 맡은 훈구대신들에 의해서 전후의 내용이 삭제된 것으로 짐작된다. 단지 보법의 시행을 알리는 〈군적사목〉의 서두에 세조가 시행의 이유를 간단히 "강약을 고르게" 하기 위해서 보법을 실시한다고 명시하고 있어,17) 보법의 논란에서 세조가 취했던 입장의 일단을 보여준다. 세조는 서민의 입장에서 이와 같은 실시의 명분을 제시한 것으로 짐작된다. 그러므로 이 제도들은 실시 직후부터 梁誠之 등에 의한 반대에 부딪혔고,18) 보법은 세조 사후 훈구가 집권하는 성종초에 번복되고 말았다.

이러한 사례는 훈구들이 대토지 소유자였고, 권력을 보유한 계층으로 개혁

---

14) 鄭杜熙, 《朝鮮初期 政治支配勢力硏究》(一潮閣, 1983).
15) 《世祖實錄》 권 34, 세조 10년 10월 을미.
16) 《世祖實錄》 권 39, 세조 12년 8월 갑자.
17) 《世祖實錄》 권 34, 세조 10년 10월 을미.
18) 《世祖實錄》 권 37, 세조 11년 11월 기미.
양성지는 軍國便宜 10條를 올리면서 보법을 반대하였다. 양성지는 세조의 신임을 두텁게 받았고, 공신들에 의해서도 지원을 받아 당시 정책의 상당수가 그에 의해서 제기되었으므로 세조대 정책을 이해하는 데 매우 중요한 인물이다. 그러나 그는 세조대의 가장 핵심개혁이라고 생각되는 보법은 물론 직전제도 반대하고 있어, 세조의 개혁이 전혀 다른 입장에서 시행된 것임을 알 수 있다(韓永愚, 〈梁誠之의 社會·政治思想〉, 앞의 책).

을 제시하고 추진할 수 있는 층이 아니었음을 짐작케 한다. 그러므로 직전제나 보법의 시행을 명분으로 하여 세조 13년(1467)에 李施愛亂이 일어나자, 세조는 申叔舟·한명회 등 핵심 훈구의 연루설을 어느 정도 신뢰하여, 宗室의 인물들을 중용하여 난을 진압하였다. 난을 진압한 후에도 한명회 등이 핵심권력에서 소외된 것은 그러한 맥락에서 이해되어야 할 것이다.

훈구의 성향이 이러하였지만, 세조는 이들과 의논하여야 했다. 세조는 무리한 집권과정에서 오는 정통성의 상실과 집권 이후 정치 주도권을 강화해 가는 과정에서 세종대를 통해서 다듬어진 관료체제의 관행을 무시하여 관료들의 반발을 적지 않이 받았다. 李季甸 등의 六曹直啓制 실시에 대한 저항, 세조 2년의 死六臣의 저항, 세조 3년의 李甫欽의 저항 등과 많은 유신들의 지방으로의 낙향은 그 구체적 표현이었다. 그러므로 세조는 더욱 공신에게 의존할 수밖에 없었으므로, 공신들에게 사회 경제적인 특권을 부여할 뿐 아니라 이들의 비리까지도 비호할 수밖에 없었다.

그 결과 세조 후반에 이르면 공신의 비리는 앞에서 살핀 것처럼 심각한 것이었다. 이에 따른 향촌의 저항도 활발하였다. 향촌에서 훈구의 부정은 수령의 비호하에 이루어졌으므로, 세조 후반에 이르면 민이 무력으로 수령에게 저항하는 양상도 빈번해졌다. 집권과정의 부담으로 그 입지가 좁았던 세조는 이러한 민의 저항에 민감하지 않을 수 없었다. 그러나 이에 대한 근본적인 해결은 결국 공신들에 대한 규제로 연결되는 것이어서 간단한 문제가 아니었다.

그러나 저항이 심화되면서 세조는 공신들의 한계를 깊이 인식할 수밖에 없었고, 일정한 개혁을 추진하였다. 즉 세조는 보법과 직전법의 시행을 강행하여 부담을 고르게 하였고, 나아가 민에게 수령의 부정행위를 왕에게 직접 고소하도록 하는 直告까지 허용하였다.[19] 이러한 동향은 민의 저항을 수습하지 못하면 정권의 유지까지 어렵다는 세조의 위기의식의 소산으로 이해된다. 그러나 세조 13년 이시애란이 일어나자 세조는 그 수습과정에서 또 한 차례 공신을 책봉하지 않을 수 없었다. 물론 이들은 세조 초기에 책봉된 공신들과

19) 崔異敦, 〈조선초기 守令告訴관행의 형성과정〉(《韓國史硏究》 82, 1993).

는 다소 다른 부류였으나, 공신책봉은 세조가 결국 공신 의존 상황을 극복하지 못하였음을 보여준다.

이러한 상황은 왕위계승자에게 그대로 전달되었다. 이는 세조와 비슷한 집권과정을 거친 태종이 왕위를 넘기는 과정에서 세종에게 부담이 될 부분들을 정리하여 주었던 것과는 크게 대비된다. 세조 사후 예종을 거쳐 성종이 등장하는데, 성종은 세조가 남긴 부담을 지지 않을 수 없었고, 성종 초기 정치문제는 여기에서 연유하였다.

세조 사후 한명회 등 공신 핵심세력은 예종 즉위년(1468) 南怡의 獄事를 빌미삼아 다시 정치주도권을 장악하고 정치 일선에 복귀하였다. 이 때 翊戴功臣의 책봉이 이루어졌는데, 이 사건은 전말이 석연치 않은 면이 많고 공신을 책봉할 만한 중요한 사안이 아니었으나, 강력한 훈구의 영향력하에 공신 책봉이 이루어졌다. 또한 성종이 어린 나이에 즉위하자 공신세력은 정치주도권을 장악하면서 중요 관직을 차지하였고, 특히 院相制를 통해서 권력을 독점적으로 운영하였다. 이들은 또한 佐理功臣의 책봉을 통해서 자신들의 입지를 더욱 강화하였다. 좌리공신의 창출 역시 전혀 근거가 없는 상황에서 이루어져, 그 구성원의 정당성을 확보하기 어려웠고, 40%에 가까운 인원이 부자나 형제관계로 공신에 책봉되었으며, 공신 책봉 후 천 명이 넘는 原從功臣까지 책봉되는 등 과다한 책정이 이루어졌다.[20] 이미 세조대의 공신들이 과다하게 배출된 상황에서 다시금 명분도 없는 공신들이 많이 배출되면서 이들이 지위를 이용하여 치부에 몰두한 것은 오히려 당연하였다.

명분도 없는 과다한 공신의 배출이 반복되는 이러한 현상은 일시적인 것이라기보다는 구조적인 현상으로 인식된다. 그러므로 보다 본질적으로 이 문제에 접근하기 위해서는 이러한 현상을 조선 초기의 권력구조와 연결시켜서 살피는 것이 필요하다고 생각된다. 다음 절에서는 조선 초기의 권력구조를 살피면서 그러한 원인을 구조적으로 검토해 보고자 한다.

20) 鄭杜熙, 앞의 책.

2) 권력구조의 모순

성종초의 정치문제는 공신세력으로 말미암은 것이었다. 공신의 대량 창출은 권력구조의 문제와 긴밀하게 연결되었다. 결론부터 말하면 과도하게 집중된 권력구조로 인해서 공신이 창출되었다. 이러한 권력구조는 조선 건국기의 권력구조의 정비에서 그 연원을 찾을 수 있다. 조선이 건국되면서 추구된 권력구조는 중앙집권적 권력구조였다. 이는 고려말의 폐단을 개혁할 목적에서 정비된 권력구조였다. 고려말의 폐단은 중앙의 통제력이 약한 데서 기인한 것으로 이해되었기 때문에, 조선의 건국 주체들은 중앙통제력을 강화하여 私權을 규제하고 齊一的 지배를 강화하였다.

고려말의 국가권력은 都評議使司에 의해서 장악되었다. 도평의사사는 고위관리들이 합좌하여 정무를 의결하는 기구였다. 그러므로 그 구성원은 수십명에 이르러 효율적인 운영이 불가능하였다. 그 결과 국가의 제반 문제에 즉각적으로 대처하기 어려웠고, 국가의 통치력은 약화될 수밖에 없었다. 또한 구성원이 방만하게 되어 정당한 자격을 가지지 못한 인원의 참여도 많아지면서, 이들의 권력형 비리도 빈번하게 나타났고, 이는 당시 모순의 가장 중요한 원인이 되었다.

그러므로 이러한 도평의사사체제의 한계를 깊이 인식한 조선 건국의 주체들은 이를 대체할 새로운 정치체제가 필요하였다. 이는 議政府를 정점으로 하는 정치체계의 정비로 나타났다. 태조 2년(1393) 義興三軍府를 만들어 군정에 해당하는 부분을 분리시켰고, 정종 2년(1400)에는 中樞府를 제외시키면서 이름도 의정부로 개칭하였다. 태종 원년(1401)에는 의정부에서 三司를 司平府로 독립시키고, 門下府의 郎舍를 司諫院으로 독립시키면서 의정부체제가 정비되었다.[21] 이렇게 형성된 의정부체제는 관료제적인 성향을 높여서 일사불란하고 합리적인 운영을 가능케 하였다. 이러한 의정부를 정점으로 하는 행정체제는 권력을 소수의 손에 집중시키는 체제였다. 특히 提調制까지 정비되어 하위부

21) 韓永愚, 《朝鮮前期社會經濟硏究》(乙酉文化社, 1983).

서까지 재상층이 직접 통제할 수 있게 되면서 권력의 집중은 강화되었다.22)

그러나 이러한 독점적인 권력구조는 국초부터 쟁점으로 등장하였다. 의정부체제에서 왕의 위상은 취약하였으므로 이에 대한 문제제기는 왕실에서부터 나왔다. 사대부들은 재상 중심의 권력구조를 지향하고 있었으므로 왕 위상의 축소는 당연한 것으로 생각하였다. 사대부들은, 왕은 법전에 입각해서 백성을 기르고 보호해야 한다는 대원칙을 강조하였고, 왕이 이러한 원칙을 지키지 않을 때는 왕까지도 바꾸는 '易姓革命'도 인정하고 있었다. 또한 왕은 실권을 재상에게 위임하고 재상과 같이 정책을 議定하는 역할을 하는 정도로 만족해야 한다고 보았다. 행정의 책임자인 재상은 六曹 이하의 百司를 통솔하면서 국사를 결정해야 한다고 규정하였다.23)

그러므로 이러한 왕의 위상을 상정하고 있는 의정부체제에 대한 왕실의 저항은 당연하였다. 이는 이미 태조 7년 李芳遠이 鄭道傳을 제거하고 집권하는 것으로 나타났다. 정도전은 재상이 중심이 되는 권력구조를 실현하기 위해서, 우선 의흥삼군부를 만들어 왕실과 공신들에게 나누어져 있는 병권을 집중함으로써 의정부를 중심으로 권력을 집중시키기 위한 정지작업을 시작하였다. 이러한 과정에서 재상중심의 권력구조를 경계하고 있던 이방원이 군사를 일으켜 정도전과 세자 芳碩 등을 죽이고 집권하였다.

이방원은 왕위에 오른 뒤에 서서히 의정부의 운영방식을 바꾸어 갔다. 의정부의 정책결정권을 인정하면서도 태종 5년에는 6조의 기능을 강화하여 의정부를 견제하게 하였다. 즉 6조 장관의 직급을 2품으로 올리고, 의정부의 서무를 기능별로 6조에 이관시켰으며, 전례가 있는 서무는 6조에서 처리하게 하였다. 또한 6조는 대부분의 관서를 속아문으로 거느리게 하였다. 이는 의정부의 독주를 견제하기 위한 준비작업이었다. 그후 태종 14년에는 6조의 업무를 왕에게 直啓하여 처리하게 하였다. 이로써 의정부는 事大文書와 重罪人의 再審을 관장하는 것 외에 다른 소임이 없이 기능이 축소되었다. 이러한 변화는 권력이 집중되는 정치체계를 인정하면서 의정부의 역할을 왕이 담당

---

22) 李光麟, 〈提調制度硏究〉(《東方學志》 8, 延世大, 1967).
金松姬, 〈朝鮮初期의 「提調制」에 관한 硏究〉(《韓國學論集》 12, 漢陽大, 1987).
23) 韓永愚, 《鄭道傳思想의 硏究》(서울大 出版部, 1983).

하여 권력의 정점에 왕이 위치하는 체계를 만든 것이었다. 이는 결국 과도하게 집중된 권력구조의 문제점을 그대로 유지하는 형태였다.

물론 의정부의 기능이 축소되었지만 폐지되지 않고 유지된 것은 나름대로 의정부와 6조의 권력을 나누어 보려는 의미도 있었던 것으로 생각된다. 즉 의정부는 6조를 통솔하는 입장은 가지지 못하였으나, 6조에서 다루는 문제에 대하여 상소 등을 통해서 의견을 제시할 수 있었고, 또한 왕명에 의해서 6조의 사안을 의논할 수도 있었다. 또한 의정들은 6조의 判事를 겸직하여 직접적으로 영향력을 행사하기도 하였다. 이러한 의정부의 유지는 우선적으로는 사대부의 이해관계를 상징하는 부서를 폐지할 수 없는 현실에 대한 인정에 기인한 것이다. 그러나 한편으로는 의정부가 없는 경우 6조가 오히려 비대화되는 것을 막고, 권한을 의정부와 6조로 나누어 상호 견제하게 함으로써 왕이 정치의 주도권을 잡으려는 의도에서 비롯된 것으로 이해된다.

그러나 이러한 태종의 의도는 실패하였다. 이는 태종이 정변을 통해서 집권하면서 공신을 다수 창출하였기 때문이다. 태종은 무리한 집권과정에서 많은 공신을 창출할 수밖에 없었고, 집권기간 동안 이들에 전적으로 의존할 수밖에 없었으므로, 이들을 의정부는 물론 6조의 장관으로 임명할 수밖에 없었다. 그러므로 의정부와 6조의 구성원은 그 이해관계가 서로 같았고, 이를 나누어 견제하도록 하는 것은 큰 의미가 없었다. 실제로 의정이 判書를 겸하여 6조를 실질적으로 장악하는 형태가 태종의 치세에 빈번히 나타나고 활성화된 것은[24] 내부적으로 양자를 분리하는 것에 분명한 한계가 있었음을 보여주는 현상이었다. 그러므로 태종이 정변을 통해서 의정부의 권한을 축소하고 주도권을 장악하였지만, 결과적으로는 공신에게 모든 실권을 부여하여 새로운 부담을 형성하는 악순환을 야기하였다.

그러므로 이러한 상황을 깊이 인식한 태종은 왕위 계승을 앞두고 공신과 척족을 제거하였고, 세종에게 왕위를 물려준 후에도 세종 4년(1422)까지 軍權을 장악하고 국사에 관여하면서 세종의 바람막이 역할을 하였던 것이다. 이러한 바탕에서 출발한 세종은 동왕 2년부터 集賢殿을 만들어 친위관료를 길

24) 韓忠熙,《朝鮮初期 六曹硏究》(高麗大 博士學位論文, 1992).

러 주도권 강화를 추진하면서[25] 자연스럽게 권력을 장악할 수 있었다. 그러나 권력의 독점으로 인한 기본적인 긴장관계를 깊이 인식하고 있었으므로, 세종 18년 이후에는 제한적이나마 議政府署事制를 실시하면서[26] 권력의 균형을 모색하였다.

이러한 균형의 국면은 구조적으로 보장된 것이 아니었으므로, 문종~단종대에 걸쳐 쉽게 무산되어 버렸고 의정부에서 전권을 행사하게 되자, 세조의 등장은 오히려 자연스러운 것이었다. 세조는 6조직계제를 시행하면서 정치주도권을 장악하여, 마치 태종대의 재판인 듯한 모습을 보여주었다. 그러나 상황은 태종대와는 많은 면에서 달라져 관료들의 거센 반발을 받았다. 그는 태종과는 달리 이미 왕이 된 단종을 별 명분없이 제거하고 왕위에 올랐기 때문에 재위기간을 통해서 계속 정통성의 문제에 시달렸다. 또한 태종은 의정부체제가 완성되기 전에 집권하여 의정부서사제를 제대로 시행해 본 경험이 없어, 관료들의 큰 반발 없이 6조직계제를 시행할 수 있었던 반면, 세조는 이미 세종대를 거치시 제한적이나마 의정부서사제를 경험하였고, 관료들이 이를 유교정치의 이상으로 인식하는 분위기에서 6조직계제를 실시하여 관료들의 저항이 컸다.

그 결과 세조는 보다 많은 공신을 창출하였고, 나아가 공신에 대한 의존도는 더욱 클 수밖에 없었는데, 이는 세조의 치세에 큰 부담으로 작용하였다. 그의 치세 동안 공신들의 이해관계를 우선적으로 반영할 수밖에 없었고, 심지어 공신들의 개인적인 비리도 용인할 수밖에 없었다. 특히 공신에 대한 깊은 의존성 때문에 태종과는 달리 왕위계승을 위한 일정한 정지작업도 하지 못하였고, 결과적으로 어린 나이의 성종에게 왕위를 계승하고 말았다. 그러므로 성종 초반 공신세력은 의정부체제를 장악하였고, 나아가 院相制를 운영하면서 정치권력을 독점하였다.[27] 이들은 견제세력이 없는 상태에서 권력을 남용하여 많은 문제를 유발하였다.

---

25) 崔承熙, 〈集賢殿硏究〉(《歷史學報》 32·33, 1987).
26) 인사 및 군사문제와 형조의 일부는 직계를 계속하고, 나머지 정무는 의정부의 서사를 시행하였다.
27) 金甲周, 〈院相制의 成立과 機能〉(《東國史學》 12, 1973).

성종 초기의 훈구세력의 형성은 결국 과도하게 집중된 권력구조에 기인하였다. 태종이나 세조가 집권 후 취한 6조 강화의 방안도 중앙집권체제의 한계를 보완하여 어느 정도 권력을 분산하기 위해 취해진 것이 아니라 집중된 권력을 왕이 장악하고자 하는 의도에서 나온 것이었으므로, 재상들과 왕 사이의 갈등을 구조적으로 제거할 수 있는 방안은 아니었다. 그러므로 주도권을 둘러싼 왕과 재상들의 갈등은 왕의 개인적인 주도력 여하에 따라서 재연될 수밖에 없었다.

과도한 권력은 왕이나 공신 어느 쪽이 장악해도 문제의 소지가 컸다. 소수의 재상들이 권력을 장악하는 경우는 '훈구'의 존재 형태에서 보듯이 재상들의 권력형 비리는 일반적인 현상이었다. 물론 왕이 주도권을 장악하는 경우에도 문제는 많았다. 이미 조선의 정치구조가 의정부체제로 정립된 이상 왕의 권력독점은 무리한 과정을 통할 수밖에 없었고, 그 과정에서 자신을 지원해준 이들을 공신으로 책봉하여 이들의 계속적인 지지에 자신의 권력기반을 둘 수밖에 없었으므로, 공신중심의 무리한 정국운영이 될 수밖에 없었다.

이러한 악순환은 왕조가 안정되어 집권자들이 보수화되면서 더욱 심해져 갔는데, 이미 성종초에 이르면 그 한계에 이른 것으로 이해된다. 이러한 상황은 새로운 정치체계를 요구하였고, 이는 과도하게 집중된 권력을 적절히 나누어 균형을 취하는 방안으로 나타났다. 이미 조선 초기부터 나타난 6조직계제도 기본 발상은 권력을 나누어 보자는 것이었다. 그러나 이러한 방법은 실패로 돌아가 사회경제적인 처지가 비슷한 재상집단을 나누는 것이 불가능하다는 교훈만을 남겼다. 세종도 집현전을 설치하여 친위세력을 기르면서, 권력을 나누어 보려고 시도하였다. 이는 구체적인 결과까지는 보여주지 못했지만, 부분적인 의정부서사제를 실시할 수 있도록 정치상황을 안정적으로 만드는 데 일조하면서 어느 정도 가능성을 보여주었다.

결국 성종 초기에 제기된 기존 권력구조에 대한 비판과 개혁의 모색은 과도한 권력 집중에 기인한 왕과 재상간의 갈등을 최소화하고, 조화로운 운영을 꾀하여 권력의 남용에 따른 피해를 민에게 주지 않는 정치형태를 찾는 데 그 목적이 있었다. 이러한 구체적인 모색은 성종대에 사림이 중앙정치에 등장하면서 구체화되었다.

3) 새로운 정치체제의 모색

성종 초기의 정치문제는 정치세력과 권력구조에서 기인하였다. 과도하게 집중된 권력구조로 인해 공신이 과다하게 창출되고, 공신이 집중된 권력을 장악하여 권력을 남용하는 것이 근본문제였다. 그러므로 당시에 제기된 정치과제는 훈구의 비리를 막고, 나아가 훈구를 견제할 수 있는 새로운 정치세력을 형성하는 것이었다. 또한 과도하게 집중된 권력구조를 바꾸어 적절히 균형잡힌 권력구조를 만들어 훈구의 발생을 근원적으로 막는 일이었다. 따라서 15세기의 정치과제는 권력을 집중하여 정치력을 확대함으로써 고려말의 혼란을 해소하고 개혁을 추진하는 양적인 과제였다면, 성종대에 이르러서는 권력을 분화시키고 정치의 참여층을 넓힘으로써 조화로운 정치의 운영을 모색하는 질적인 정치과제가 제기되고 있었다.

이러한 변통은 사림이 중앙정치에 등장하면서 구체화되었다. 사림이 중앙에 진출하는 중요 원인이 훈구 주도의 정치체제에서 오는 권력의 오용과 이로 인한 향촌의 불안정의 극복에 있었으므로, 새로운 정치체제의 모색과 사림의 등장은 불가분의 관계에 있었다. 그러나 이러한 과제에 대한 체계적인 인식과 구체적인 대안은 일시에 정리될 수 없는 것이었고, 시행착오를 거치면서 서서히 정비되어 중종대에 이르러서야 체계적으로 정립되었다.

먼저 사림은 훈구의 비리를 지적하면서 훈구정치체제의 문제점을 풀어갔다. 훈구들이 권력을 통해서 부를 축적하고, 양민을 사천으로 삼는 등의 행위가 빈번해지면서 이미 세조대부터 이것이 조정에서 문제가 되었으나, 그 처리는 공신으로서의 공로를 인정하는 바탕에서 미온적으로 이루어졌다. 그러나 사림이 등장하면서 보다 적극적으로 대처하기 시작하였다. 성종 중반 이후 弘文館이 언론기관이 되어 언론 삼사체계가 갖추어지면서 사림은 매년 수백 건의 인사와 탄핵에 관한 언론을 행사하였는데[28] 이는 사림이 견제의 체계를 잡아가면서 본격적으로 비리에 대해 지적하고 있음을 보여준다.

---

28) 南智大, 〈朝鮮成宗代의 臺諫言論〉(《韓國史論》 12, 서울大, 1985).

이러한 훈구의 비리를 지적하면서 사림은 훈구라는 정치세력 자체에 대한 한계를 인식하게 되었고, 점차 훈구집단에 대한 공격도 하게 되었다. 본격적으로 이 문제를 지적한 이는 李深源이었다. 성종 9년(1478) 그는 훈구의 비리로 서민들이 고통을 당하고 있다고 전제하면서 "지금 執政한 자들이 모두 賢者인가 아니면 현자와 不肖者가 섞여 있는가"[29]라고 이 문제를 제기하고, 다음과 같이 훈신의 선별 서용을 요구하였다.

> 이미 祖宗에서 채용하였다고, 賢愚를 묻지 않고 채용하는 것은 조종의 뜻이 아닙니다. … 비록 조종의 勳臣이어도 중국의 伊呂·子房과 같은 무리가 아니면 權勢를 가탁하여 은혜를 傷하게 해서는 아니 됩니다(《成宗實錄》 권 91, 성종 9년 4월 기해).

이러한 지적은 훈구가 집권하고 있는 상황에서 매우 충격적인 발언이었다.[30] 성종도 이 문제를 중시하여 며칠 뒤에 이심원을 별도로 불러 "세조의 훈신을 서용하지 말라는 것을 내가 이해하기 어려운데, 너는 어떤 뜻으로 한 말이냐"고 물었다. 이심원은 이에 다음과 같이 보다 구체적으로 자신의 발언의 의미를 설명하였다.

> 무릇 創業之主는 성공에 뜻을 두고 비록 一才一藝가 있는 자도 모두 수용하나, 守成의 君은 이와 달라 才德을 겸비한 연후에 사용합니다. 세조대에는 일재일예가 있는 자라도 長短을 헤아려 임용한 인연으로 功을 얻어 勳臣이 되었습니다. 지금 전하께서 훈구라고 모두 채용하니, 채용된 자가 모두 현명한 것은 아닙니다. 만약 현명하지 못한 자가 죄를 범한 즉 벌을 주면 은혜를 상하게 되고, 죄를 주지 않으면 법이 廢하게 됩니다.…훈신을 서용하지 않으면 공신을 보전하게 되고 은혜를 상하지 않고, 법도 폐하지 않을 것입니다(《成宗實錄》 권 91, 성종 9년 4월 경자).

여기서 이심원은 자신이 문제를 제기한 배경과, 개선의 방향을 제시하고 있다. 먼저 그는 이 문제를 제기한 배경으로 '傷恩'과 '廢法'의 기로에 서있

29) 《成宗實錄》 권 91, 성종 9년 4월 기해.
30) 이심원은 세조도 예종에게 이러한 점을 지적하면서 '變通'할 것을 명했다고 주장하고 있어 흥미롭다.

는 정치적 상황을 제시하였다. 즉 당시는 공신의 비리가 빈발하면서 그 처리 방안을 놓고, 처벌할 수도 없고 처벌하지 않을 수도 없는 상황이었다. 이심원은 이 문제를 처리하기 위해서는 훈신에게 선별해서 관직을 주어야 한다고 주장하였다. 이와 더불어 이심원은 이 문제에 대한 개선방안으로 인사방식 자체의 개선을 요구하였다. 즉 그는 재능보다 덕에 의한 인사로 그 방식을 바꿀 것을 요구하였다. 그는 이러한 인사방식 전환의 필요성을 세조대까지는 창업기, 성종 이후는 수성기로 파악하면서 그 타당성을 제시하였다. 즉 객관적인 시간으로 본다면 세조대를 창업기로 파악할 수 없으나, 공신이 대거 창출되고 이에 대한 처리문제가 논의되는 상황은 창업기와 다를 것이 없다고 인식한 것이다. 특히 당시 재상의 비리는 능력보다는 덕이 부족한 까닭에 기인한 것이었으므로, 창업기의 공을 이루기 위해서 재능을 강조하는 것과는 대조적으로 덕을 강조하면서 성종대를 수성기로 파악하였다.

이어서 이심원은 이러한 인사원칙에 입각해서 새로운 인사방식까지 제시하였다. 즉 성종이 "지금의 대신은 모두 세조대의 훈구인데 이를 버리면 누구를 쓸 것인가"라고 반문하자, 이심원은 舊臣 중에서도 '才德을 아울러 갖춘'자는 임용하자고 말하면서, "영웅호걸로 엎드려 있는 자가 무진장하니 비록 구신이 아니어도 어찌 쓸 만한 인재가 없겠는가"라고 새로운 정치세력으로 '遺逸之士'의 천거를 암시하였다. 그리고 그는 구체적으로 새로운 인재로서 鄭汝昌 등을 천거하였다.

이러한 이심원의 훈구세력에 대한 공격과 새로운 정치세력 육성방안의 제시는 당시 상황에서 매우 적절한 것이었다. 이후 사림은 이를 기본 입장으로 하여 정치세력의 문제를 추진해갔다. 즉 사림은 덕에 의한 인사방식을 강조하면서, 그에 입각한 入仕방식으로 薦擧制를 추진하였고,[31] 그에 입각한 인사방식으로 自薦制를 추진하였다. 이를 통하여 사림은 새로운 정치세력으로의 진출을 확대 강화하였다. 나아가 사림은 직접 정치에 참여하지 못하는 재야의 사림을 公論정치를 통해서 간접적인 정치세력으로 수용하면서 소수의 정치집단이 권력을 독점하는 문제를 해결해갔다.

---

31) 이하 崔異敦, 《朝鮮中期 士林政治構造硏究》(一潮閣, 1994) 참조.

사림은 정치세력의 문제를 지적하면서 그 이면에서 정치구조의 개편도 추진하였다. 이 문제는 권력구조의 개편을 논하는 문제이니 만큼 처음부터 그 방향을 체계적으로 제시하기는 힘들었다. 그러나 사림은 이를 해결하기 위해서 점진적인 개혁을 도모하였다. 이는 먼저 언론기구의 기능강화를 통해서 나타났다. 사헌부와 사간원 兩司는 조선 초기부터 형식상으로는 재상들의 독주를 견제할 수 있는 기관이었으나, 그에 상응하는 권력을 가지지 못하여 제 기능을 수행하지 못하고 있었다. 그러나 이미 조선 초기부터 '公論'에 의한 정치를 이상시하였고, 양사가 그 이념을 수행하는 '公論所在'라는 관념은 형성되어 있었다. 사림은 이러한 원칙을 강조하면서 양사의 본래 기능을 확보하는 데서 권력구조의 전환을 모색하였다. 그러한 결과 '圓議制'의 관행을 확보하여 대간이 문제에 공동 대처하게 되었고, '不問言根'의 관행도 확보하여 언론의 취재원을 보호하면서 언론의 활성화를 추진하였다.[32]

양사 언론이 강화되었으나 여전히 기본적인 한계는 남아 있었다. 즉 양사의 인사권이 재상에게 있었기 때문에 적극적인 노력에도 불구하고 훈구를 견제하기에는 일정한 한계가 있었다. 그러므로 이에 대한 보완이 필요하였는데, 홍문관의 인사체계가 재상의 영향력에서 벗어나 있는 점이 주목되었다. 홍문관은 왕의 교육을 전담하였으므로 적절한 인원을 선발하기 위해서 '弘文錄'이라는 특별 인사체계를 가지고 있었다. 즉 홍문관원들이 홍문관원 후보자를 홍문록에 올리고 이를 바탕으로 재상들이 인사를 하였으므로, 홍문관원의 인사에 미치는 재상들의 영향은 제한되었다. 이러한 인사체계를 갖는 홍문관에 언론기능을 부여하여 양사 언론을 지원하게 하자 三司는 명실상부한 언론기관이 되었다.

이러한 상황이 되자 사림은 구체적으로 권력구조의 개편을 논할 수 있게 되었다. 즉 성종 중반부터 나타나는 提調制의 개선논의가 그것이다. 제조제는 재상이 하위부서의 제조가 되어 부서를 직접 장악할 수 있도록 한 제도로 재상에게 권력이 집중되는 단적인 예였다. 사림은 먼저 제조제의 부당한 운영을 지적하면서 개선을 요구하였다. 즉 제조가 소관부서의 관리 인사를 독점하여

32) 南智大, 앞의 글.

운영하는 인사비리 문제와 소관부서의 인력을 私用하는 데서 오는 경제비리를 지적하여 문제를 제기하였다. 사림의 노력으로 성종 후반에 이르면 경제적인 면은 어느 정도 해소되었으나, 정치적인 면은 여전히 해결되지 않았다.

그러한 상황에서 연산군 원년(1495)에 이르면 사림은 보다 적극적인 방법으로 제조제의 폐지론까지 제기하였다. 이 문제를 제기한 金馹孫은 百司에 提調가 있어 스스로 一法을 세우니 '政出多門'하여 명령이 여러 곳에서 나와 통일되게 다스려짐이 없다고 주장하면서 제조제의 혁파를 요구하였다.[33] 이 제의는 수용되지 않았지만 사림이 공개적으로 권력구조의 문제를 거론하고 있다는 데서 그 의미를 찾을 수 있다.

사림은 언론기구를 통해서 훈구를 견제하면서 언론에 의한 통제의 한계를 인식하게 되었다. 즉 언론은 이미 결정된 사안에 대한 규제여서 근본적인 통제가 되지 못하였다. 그러므로 사안이 결정되는 과정에서 규제할 수 있는 방안이 모색되었다. 연산군 초반에 김일손에 의해 제시된 언관확대론이 그 대표적인 방안이었다. 그는 대간의 한계를 "명령이 이미 내려진 후에 논박을 시작하니 이미 늦은 것이다"라고 하여 결정과정에서 규제를 할 수 있는 체계의 필요성을 제시하면서, 그 대안으로 대간을 확대하여 承政院의 承旨에게 司諫을 겸하게 하자고 제의하였다.[34] 승정원은 사안이 처리되는 과정에 참여하니 이들이 대간의 직을 가진다면 사안이 처리되는 과정에서 문제의 소지를 미리 규제할 수 있다는 생각에서 제시된 방안이었다. 이 제안은 수용되지 않았으나, 사림이 정책의 결정과정에서 사림의 의사를 반영할 장치가 필요하다는 것을 구체적으로 지적하였다는 점에서 매우 중요한 제안이었다. 그러나 그 시행 방안은 적절한 것이 못되었다. 이미 승지는 堂上官으로 재상의 반열에 진입하고 있었다. 그러므로 실제적으로 재상인 훈구를 견제하기 위해서는 堂下官인 郎官層에서 견제할 수 있는 장치를 마련하는 것이 타당하였다. 그러한 언론의 한계는 士禍를 당하면서 더욱 구체화되었고, 결국 중종대에 낭관권의 형성으로 실무자인 낭관들이 재상을 규제하는 모습으로 정리되었다.[35]

33) 《燕山君日記》 권 5, 연산군 원년 5월 경술.
34) 위와 같음.
35) 崔異敦, 〈16世紀 郎官權의 形成過程〉(《韓國史論》 14, 서울大, 1986).

결국 사림은 많은 시간과 노력을 투자하고 사화의 피해를 입으면서 중종 중반에 이르러서야 성종 초반에 제기하였던 훈구정치체제의 문제를 해소할 수 있는 방안을 정비하였다. 즉 정치세력의 새로운 조성을 위해서 덕을 중시하는 인사원칙을 천거제와 자천제를 통해서 추진하였고, 권력구조의 분화를 위해서 언론권의 강화와 낭관권의 형성을 추진하였다. 그러나 이러한 대안의 마련과 대안에 입각한 정치운영의 획득의 사이에는 또한 많은 노력과 희생이 필요하였고, 사림은 결국 선조대에 이르러 자신들이 마련한 정치방식에 입각한 '사림정치'를 펼칠 수 있게 되었다.

〈崔異敦〉

2. 과전법의 붕괴와 지주제의 발달

1) 과전법체제의 붕괴

고려말의 전제 개혁에서는 이른바 '不輸租'의 私田을 혁파함으로써 전국의 田地를 일단 국가수조지로 파악할 수 있었다. 그리고 그 과정에서 정립된 科田法은 중앙과 지방의 각 국가기관에 수조지를 분속시키고 일부 職役人에게도 그것을 분급함으로써 국가체제 운용의 경제적 지반을 확보하였다. 과전법은 또한 중앙 거주의 官人層에게는 전·현직을 가리지 않고 科田을, 외방 거주의 관인층에게는 軍田을 折給한다고 규정하여 지배층을 특별히 우대하였다.

즉 과전법체제는 고려 이래의 토지 지배방식을 이어받아 우선 중앙·지방의 국가기관에 대하여 각기 별도의 수조지를 설정함으로써 그 운용의 재정기반으로 삼게 하였으며, 거기에 속한 각종 직역자에 대해서도 각기 직역에 복무하는 대가로 다소간의 수조권을 분급함으로써 각자의 생활에 이바지하도록 한 것이다. 한편으로 관인층에게는 현직을 떠난 경우에도 수조지를 절급함으로써 그들을 '世祿'적으로 우대하는 신분제적 토지법제를 운용하였다.

그런데 이 시기 토지지배관계의 기축은 이미 수조권보다도 소유권을 중심으로 전개되고 있었다. 과전법은 그같은 개별 소유권을 일차적인 것으로 인정하고서 성립된 토지법제였다. 따라서 과전법이 절급한 수조권이란 것은 실상 개별 인간이 행사하는 전지의 소유권 위에 가설된 부차적 권한에 지나지 않는 것이었다. 그것은 다만 그들 토지에 대한 수조권을 국가기관이라든가 혹은 관인층에게 분급하는 선에서 생산관계를 재편성하였던 것이다. 여기서는 편의상 전자를 국가기관 절수지로, 후자를 私處 절수지로 나누어 그 변천을 서술하기로 한다.

(1) 국가기관 절수지

과전법의 규정에 따라 조선 초기의 국가기관은 한동안 각자가 절급받은 전지의 田租를 수취하여 용도에 따라 지출하는 분립된 재정체계로 운용되고 있었다.[1)]

그같은 국가기관의 절수지로는 우선 庫宮田이라는 왕실수조지가 설정되었고, 이와는 별도로 왕실의 理財기구로 內需司가 왕실 소유의 전지와 노비를 관리하였다. 또한 국고 직접수조지로는 국왕의 용도와 밀접한 관련하에 설정된 이른바 '國用'을 위한 豊儲倉 位田, 백관의 녹봉을 위해 설정된 廣興倉 위전, 그리고 유사시에 사용할 군량의 확보를 위해 설정된 軍資位田 등이 있었다. 또한 다른 중앙기관 가운데서도 가령 內資寺·內贍寺·禮賓寺·敬承府·尙衣院 등 왕실에 대한 공궤를 맡은 이른바 供上各司에는 전국 각지에 따로 수조지가 설정되어 있었다. 그리고 여타 각 기관은 그 坐起日의 점심과 공무에서의 紙·筆·墨 경비를 마련하기 위해서 公廨田을 각기 절수하고 있었다.

그 밖에 중앙의 성균관과 四學 및 각 군현의 향교에는 學田이 절급되었고, 왕릉의 수호군에 절급한 守陵軍田이 있었으며, 氷庫의 운영을 위한 氷夫田, 왕실의 불교행사를 위한 國行水陸田, 祭享과 供上을 맡은 여러 기관의 菜田

---

1) 가령 왕실의 庫宮田 가운데는 收布·收蜜·收蠟·收油·收棉·收苧布田 등의 地目이 보인다(《太宗實錄》 권 1, 태종 원년 5월 신묘). 또 충청도 報恩縣吏가 禮賓寺의 貢米를 漕運하여 한강에 이르렀다(《世宗實錄》 권 3, 세종 원년 4월 계미)는 기사에 보이듯이, 각 기관별 별도의 재정 수납체제를 운용하고 있었다.

과 惠民署의 種藥田도 절급되었다. 그리고 역대 왕조의 시조 및 고려의 공덕 있는 네 왕에 대한 祭位田이 따로 설정되었고, 先農·雩祀·先牧 등 국가 지정의 여러 농업 및 자연신을 받드는 祭壇의 看守 奴子에 대한 口分田도 절급되었다.

한편 조선왕조의 지방행정기구는 전국이 350곳 정도의 郡縣으로 구분되었는데, 각기에는 군현의 등급과 使客 왕래의 중요도에 따라 차등을 두어 각 군현 공용경비의 재원으로 公須田, 守令의 祿俸에 상응하는 衙祿田, 그리고 각 군현 소속 鄕吏들의 직역전으로 人吏位田 등이 절급되었다.

또한 이 시기에는 전국적으로 교통의 要路에 驛을 설치하고 驛吏·驛奴와 驛馬를 비치하였는데[2] 驛路의 중요성에 따라 大·中·小路로 나누어 역의 운영경비를 위해 공수전을, 역마의 사육 재원으로 馬位田을 차등있게 절급하였다. 또 역리와 역노에게는 長田·副長田·急走田을 절급하여 역로를 운용케 하였다. 그 밖에 일반 여행자의 숙박시설인 院에는 院主田을, 한강·임진강·예성강 등 수도에 가까운 강의 중요 渡津에는 渡丞과 津尺을 두고 각기 渡丞位田과 津夫田을 절급하였다. 또한 경기·충청·경상 북부·강원·황해 동부의 租稅穀을 운반하기 위하여 한강과 예성강 연변 요로에 水站을 여럿 설치하고 거기에 水夫를 배속시켜 江運에 종사케 하는 한편 그 지휘관으로 水運判官을 두었는데 이들에게도 각기 水夫田과 아록전을 절급하였다.

이같이 중앙과 지방의 각 국가기관과 거기에 소속된 잡다한 직역자에게 수조지를 분급하여 국가를 운용하는 방식은 농업생산력과 유통경제의 발전 수준이 상대적으로 낮아서 국가재정을 일원적으로 운영하기가 어려운 현실에서 기인한 현상이었던 것으로 이해된다. 고려시대와 같이 休閑農法이 보편적인 상태에서는 국가재정의 원천으로서의 조세 수입이 안정적일 수 없었고 따라서 국가재정을 일원적으로 편성 운용하기가 어려웠다. 그래서 국가기관마다 필요 경비에 대한 재정원으로서 수조지를 각기 분급받아 수입과 지출을 개별적으로 운용하고 있었던 것이다.[3]

그런데 그같은 재정 운용방식은 세종 27년(1445) 國用田制의 시행으로 일

2) 《經國大典》에 등재된 전국 각 驛의 합계가 540이다.

3) 安秉佑, 〈高麗末·朝鮮初의 公廨田〉(《國史館論叢》 5, 國史編纂委員會, 1989).

대 변화를 겪게 되었다. 국용전제는 같은 해부터 시행하기 시작한 貢法田稅制와 밀접한 관련하에서 시행되었다. 공법전세제는 휴한농법의 극복이라고 하는 농업생산력의 일정한 발전을 토대로 하여 종래의 踏驗損實 방식에 의한 收租制에서의 收租權者의 자의적 수탈의 길을 막는 한편 收稅의 전국 일률적 균평을 기하기 위해 마련한 것으로, 일종의 定額稅法의 원리를 가미하여 고안해낸 田分 6등·年分 9등의 새로운 田稅制였다. 국용전제는 농업생산력의 상대적 발전이라는 사실을 바탕으로 하여, 종래 각 기관마다 별도 수납함으로써 과도한 수탈이 일어났던 폐해와 국가의 일원적 통제가 어렵고 계산조차 번거로운 폐단을 지양하고자 고안해낸 것이었다.

국용전제의 시행은 국가재정 운용방식에 큰 변화를 가져왔다. 무엇보다도 중앙 각 기관의 분속수조지는 모두 국용전이라는 이름으로 통괄하여 그 수납을 일원화하게 되었다. 둘째 각 군현의 공수전·아록전과 驛田·학교전·院田·渡田·站田 등 지방행정 및 교통·운수 기능의 수행을 위해 필수불가결한 각 기관의 수조지를 조정하여 각지 수납의 방식으로 운용토록 정비하였다.[4] 셋째 각 군현의 인리위전을 전면 혁파하게 되었다. 넷째 중앙과 지방에 널리 설정된 각종의 祭位田·雜位田 따위를 혁파하는 대신 이후로는 國庫米를 지급하여 供辦토록 하는 방식으로 전환하게 되었다. 다섯째 駙馬府·耆老所 이외의 공해전을 모두 혁파하였다.[5] 그것은 중앙과 지방을 막론하고 종래 국가기능 수행의 대가로 잡다하게 수조지를 분급하여 운행해오던 관행을 대폭 지양하여 필수불가결한 경우 이외의 것은 대폭 일원화하기에 이른 것이었다.

그러므로 국용전제의 시행은 과전법에 구현된 고려시대 이래의 잡다한 수조권적 토지지배 관행을 크게 변형시키게 되었다. 즉 농업생산력의 상대적 발전을 바탕으로 하여 국가 재정수납을 상대적으로 일원화할 수 있게 됨에 따라, 이제 수조권적 토지지배의 관행은 한층 더 쇠퇴해지지 않을 수 없게

4) 이들 地目은 성질상 각 지역 혹은 기관별로 고유하게 분속시켜 운용할 수밖에 없었던 까닭에, 다소 축소 조정하여 종래의 제도대로 각자 수납하는 형식을 취하게 하였다.

5) 부마부·기로소 공해전 또한 세조대에 혁파되어 공해전 명목은 완전히 사라지게 되었다.

되었다.

(2) 사처 절수지

과전법은 국가기능의 수행과는 직접 관계 없는 寺院이라든가 官人 신분에 대해서도 수조권을 절급하고 이를 私田이라 하였다. 寺院田 이외의 사전으로는 중앙 거주의 관인 신분층에게 절급한 科田, 지방 거주의 관인 신분층에게 절급한 軍田, 왕권의 획득과 안정에 관계하여 공신으로 책봉된 자에게 절급한 功臣田 등이 있었다.[6)]

사원전은 고려시대 이래 거대한 규모가 절수되어 있었으나, 태종 6년(1406)과 세종 6년(1424)의 두 차례에 걸쳐 대폭 정리하여 軍資田으로 편입시켰다. 이후 사원전은 주로 국왕이나 특히 后妃들의 개별적 불교 신봉 여하에 따라 그 규모가 좌우되어 갔다. 한편 內願堂이라고 하는 왕실의 祈福 사찰이 전국에 수백개 소나 설립되어 왕실의 비호 아래 다수의 소유지를 확대해가기도 하였다. 그러나 士林 세력이 정계에 많이 진출하게 된 16세기 후기에 가서는 王陵 수호의 소수 사원전만 남기고 그 밖의 내원당 명목의 소유지는 모두 內需司로 이속되었다.[7)]

과전법이 설정한 사전 가운데서도 보편적 관인층을 상대로 절급하는 과전이야말로 그 규모나 성격면에서 사전의 전형적 지목이었다. 그래서 여기서는 편의상 과전을 중심으로 설명하면서 공신전·군전 등은 관계되는 곳에서 덧붙여 설명하기로 한다. 과전은 관인이 현직에 복무하는 대가로 절급한 수조지가 아니었다. 현직 복무의 대가로 주는 것은 녹봉이었다. 과전은 관인으로서의 사회적 신분을 유지토록 하기 위해 전직자에게도 절급하며 혹은 그 守節妻나 遺兒에게도 일부 계승케 함으로써 이른바 '仕者世祿'의 뜻을 지닌 신분제적 토지지배의 형태로 설정한 것이었다.

그러나 과전을 설정한 원래의 이념 여하에도 불구하고 객관적으로 당시

---

6) 기타 특별한 경우에 절급한 別賜田이란 것도 있지만, 그것은 특별한 공로를 세운 宦官 등 그야말로 특별한 경우에 절급한 것이므로 여기서는 더 이상 언급하지 않기로 한다(金泰永, 《朝鮮前期 土地制度史硏究》, 知識産業社, 1983, 127쪽).

7) 有井智德, 〈李朝初期における收租地としての寺社田〉(《朝鮮學報》 81, 1976). 宋洙煥, 〈朝鮮前期의 寺院田〉(《韓國史硏究》 79, 1992).

현실적 토지지배관계의 기축은 이미 소유권에 입각한 것으로 이행해 있었으므로, 과전법체제에 내재한 토지지배관계의 전망은 한편으로 그와 같은 개인수조지를 혁파한다는 쪽으로 기울고 있었다.

① (鄭)麟趾 · (鄭)昌孫 · (崔)恒 · (金)礩 · (尹)子雲 · (成)奉祖 등이 논의하였다. 科田은 태조 때 私田을 혁파한 후 부득이 立法하여 점차 革去해갈 의도를 나타낸 것인데 역시 (그 절급이) 균평치 못한 데다 농민을 침학하는 폐단이 있었다. 세종도 과전의 절급을 모두 혁파하고 2만 石을 恩賜米라는 명목으로 頒給하려 하였으나, 長城 · 徙邊 · 貢法 등 大事를 겹쳐 시행하는 일로 인하여 실현하지 못하였다(《成宗實錄》 권 32, 성종 4년 7월 기미).

② (태종이 말하기를) '田地는 유한한데 새로 나오는 從仕者는 무궁하니 과전을 均給할 수 없다'고 하니 河崙이 응대하기를 '과전의 절급은 마땅히 그쳐야 합니다. 主掌官이 남이 욕하는 것을 싫어해서 (그 사실을) 아뢰지 못하고 있습니다'라고 하였다(《太宗實錄》 권 28, 태종 14년 8월 신유).

사료 ①은 고려말의 사전개혁 당시 개혁파가, 비록 그 오랜 역사적 연원으로 인하여 과전 따위 지배층 우대의 신분제적 분급수조지를 부득이 설정하기는 했으나, 그것이 당시의 토지지배의 대세와는 어긋나는 일이므로 원래부터 점차 혁파해갈 의도를 지니고 있었다는 내용인 것으로 해석된다. 그것은 시행과정에서도 절급이 균평치 못하고 농민을 침학하여 지배층과 농민 양편에 모두 폐단이 되는 제도로 운용되기 때문에 세종도 은사미를 지급하는 대신 과전 명목을 모두 없애려 하였다는 사실을 전한다. 이 논의는 물론 뒷날 성종대에 가서 과전을 복구하자는 일부 주장을 반박하면서 제기되었다. 그러나 이 논의를 발설한 정인지 등이 세종대 이래 국가 전장 문물의 정비에 핵심적으로 관여한 학자 관인이었다는 사실을 고려할 때, 이 논의의 내용은 아마도 사실 그대로였음에 틀림없으리라고 판단된다.

사료 ②는 과전으로 분급할 수조지가 부족하게 되자 개국 초기부터 과전의 절급을 마땅히 중단해야 한다는 논의가 공공연히 일어났다는 내용이다. 이를 제기한 하륜은 과전법 제정 당시부터 개혁파 관인으로 참여해왔으며, 특히 태종대에는 국왕의 절대 신임을 지닌 당로의 대신이었다. 그같이 중책을 지고 있는 그가 과전법 원래의 기본 의도를 무시하고서 이같은 논의를 발설하였다고는 생각할 수 없다. 즉 과전법체제가 표방한 이른바 '仕者世祿'이라는 전통적 지배층 우대의 관념 여하에도 불구하고, 당시 토지지배관계의 현실은 과전 따위 개인에 대한 분급수조지제의 운용을 조만간 중지할 수밖에 없다는 것이 그 기본 입장의 하나였던 것으로 해석된다.

그러나 과전은 쉽게 혁파되지 않은 채 그대로 운용되어 갔다. 그것은 일차적으로 지배층의 이익에 직결된 제도였기 때문이다. 하지만 과전은 또한 진작부터 많은 폐단을 야기하고 제도상의 우여곡절을 거치면서 시행되었다. 우선 私田 京畿의 원칙에 따라 과전 등 사전의 절급 지역을 경기에 한정시켜 두었음에 반하여 새 왕조에 들어와 관인 수가 점차 증가하자 과전 절급액이 점차 더 많이 요구되었으므로 관인층 내부에서 과전 점유의 불균형이 초래되었다. 또한 과전법체제는 고려 이래의 관행을 따라 과전 등 수조지의 손실답험과 수조 행위를 당해 수조권자에게 일임하고 있었기 때문에 이에 필수적으로 농민에 대한 가혹한 수탈이 자행되는 문제가 있었다.

과전법은 제정된 지 3년 만인 태조 3년(1394)에는 그 절급 규모가 전체적으로 상당히 축소되었으며[8] 이미 태종대부터 "전지는 유한한데 새로 나오는 從仕者는 무궁하니 과전을 均給할 수 없다"[9]는 실정이 초래되었다. 과전법은 과전을 절급받은 관인이 사망한 후에도 그 守節妻에게는 守信田, 미성년의 遺子女에게는 恤養田이라는 명목으로 당분간 그 전지의 전부 혹은 일부를 遞食해 갈 수 있도록 규정해 두고 있었다. 그런데 이를 틈타서 "혹은 妻가 夫의 田地를 遞受하고 혹은 자손이 父祖의 전지를 체수하여 서로 전수하고 改給치 않는다"[10]는 사실대로, 절수자의 隱占에 의한 사실상의 世傳으로 인하여 과전의 원활한 授受를 기하기란 매우 어려워져 가고 있었다.

국가로서는 무자격자가 은점한 과전을 적시에 회수해야 하는 구체적 경우

8) 《高麗史》 권 78, 志 32, 食貨 1, 田制 科田法.
《龍飛御天歌》 제73장 註 참조.
金泰永, 앞의 책, 131~132쪽.
李景植, 《朝鮮前期 土地制度研究》(一潮閣, 1986), 173~174쪽 참조.
9) 《太宗實錄》 권 28, 태종 14년 8월 신유.
10) 《太宗實錄》 권 11, 태종 3년 정월 을해.

를 상찰하기가 어려웠으므로, 그것을 먼저 신고하는 관인에게 우선적으로 절급한다는 소위 '陳告遞受法'을 세워둔 바 있었다. 그러나 이 법 또한 결국 타인의 과실을 들추어내거나 그 사망을 요행으로 여기는[11] 풍조를 조장하는 방향으로 운용되고 있었다. 또한 陳告者 위주의 체수제도였으므로 과전의 균평한 수수를 기하는 일은 아예 기대할 수 없는 것이었다. 그래서 태종 말기에는 타인의 진고 대신 본인의 친족으로 하여금 진고케 하고 그 절급도 戶曹가 직접 관장하는 방식으로 바꾸었으나, 역시 그 균평한 수수는 성취하기 어려웠다. 그 가운데 태종 17년(1417)부터 한동안 경기 私田의 일부를 下三道로 이관 절급하는 형식을 택하기도 하였다. 사전 경기의 원칙을 국가 스스로 폐기함으로써 과전법 원래의 모습이 점차 탈바꿈하게 되었던 것이다.

나아가 세종 13년(1431)에는 종래의 職事 기준의 급전제를 品階 기준으로 전환하면서, 이후 새로 절급하는 과전의 경우 당상관을 1등, 당하관의 종4품까지를 2등, 5·6품을 3등, 참하관을 4등으로 나누어 각 등급마다 순환해가면서 절급한다는 원칙을 세우게 되었다. 절대액수가 부족한 과전을 두고 그 분급에서나마 균평을 기한다는 것이었으나, 그것은 또한 과전의 절급 자체에 국가의 공권력이 한층 더 크게 침투하게 되었음을 뜻하는 일이었다.

한편 과전법은 1結당 최고 30斗라고 하는 租額의 한도 내에서 收租額의 책정을 매년 田主의 답험손실에 맡겨두고 있었으므로 거기에는 필경 전주의 과도한 수탈이 자행되기 마련이었다. 그것은 고려시대 이래 사전에서의 뿌리 깊은 인습이기도 하였다. 사전이 경기에 집중되어 있으므로 경기 농민들의 고통은 막심할 수밖에 없었으며, 그 원성이 하늘에 사무쳐 혹독한 旱災까지 초래된다는 유언이 비등하기조차 하였다.[12] 그래서 세종 원년에는 드디어 그 동안 전주에게 일임해온 사전의 답험손실권을 소재지 수령의 권한으로 이관시키기에 이르렀다. "공전·사전은 모두가 국가의 田地"[13]라고 하는 세종의 말에 나타난 대로, 사전에서도 전주의 사적 토지지배권은 보다 약화되고, 국

11) 《太宗實錄》 권 25, 태종 13년 4월 임신.
12) 《太宗實錄》 권 31, 태종 16년 5월 신해. 이 사실은 경기 사전을 하삼도로 이급하기에 이른 하나의 큰 배경으로 작용하였다(김태영, 앞의 책, 248~250쪽).
13) 《世宗實錄》 권 5, 세종 원년 9월 신유.

가의 보편적 토지관리권이 그 토지를 소유 경작하는 농민층을 직접 상대하는 방향으로 나아가고 있었다. 그리고 이 현상은 농민의 토지소유권이 그 위에 설정된 관인의 수조권보다 우선시되어 가는 현실의 단계적 반영이었던 것으로 풀이된다.

또한 과전법에서는 과전 등 사전에서의 안정된 수조권을 보장하기 위해 그것을 소유 경작하는 농민이 자기 所耕田을 함부로 매매 혹은 증여하지 못하도록 규정해 둔 바 있었다. 그러나 토지지배의 관행이 소유권 중심으로 전개되고 있는 현실에서 이 규정은 매우 비현실적인 것이었다. 그래서 현실의 구체적 사정에 비추어 불편하기 짝이 없는 이 규정의 폐지가 마땅하다는 경기 감사의 요청에 따라, 세종 6년(1424)에는 과전 등 사전으로 절수된 토지라 할지라도 농민 소유지의 매매를 허용하게 되었다. 이 또한 법제적으로 가설된 사전의 수조권보다는 그 바탕이 되는 소유권을 우선시할 수밖에 없는 현실을 반영한 조처였으며 이에 따라 소농민 분화의 자연스런 길이 한층 더 열리게 되었다.

한편 과전법체제에서는 전지를 濫占하여 陳荒케 하는 경우 그 전지의 소유권을 無田者·田少者에게 주어 경작토록 하는 시책을 한동안 시행하고 있었다. 가령 세종대에 貢法田稅制를 詳定하는 과정에서 "무고하게 2년 동안 全陳한 토지는 타인에게 지급하기를 허락한다"[14]는 규정을 두었던 것이 그 대표적 사실의 하나였다. 이는 한편으로 豪强者에 의한 전지의 남점을 막고 무전자·전소자를 보호하려는 균전론적 시책의 하나였으며, 또 한편으로는 전지의 진황을 막아 농업생산의 증대를 기하려는 권농책의 하나이기도 하였다.

그러나 그러한 균전론적 시책은 공법전세제의 수정, 更定을 거쳐 세종 26년 그것이 확정되는 과정에서 크게 변형되어 이제 어떠한 진황전일 지라도 그 소유권은 지주의 수중에 그대로 항구적으로 보유되도록 결정하고 말았다.[15] 이 규정은 이윽고 《經國大典》에 등재되어 이후 항구적 법제로 확정되었다.[16] 즉 전지의 진황을 막고 모든 농경지에서 收稅를 기하려는 국가 시책

14) 《世宗實錄》 권 78, 세종 19년 7월 정유.

15) 金泰永, 〈朝鮮前期의 均田·限田論〉(《國史館論叢》 5, 1989), 119~129쪽.

16) 《經國大典》 권 2, 戶典 田宅 "3년 이상 된 陳田은 許人告耕한다. 海澤인 즉 10

보다 자기 소유지에 관한 한 어떠한 형태로든지 그 소유권을 항구적으로 확보하려는 지주 관인들의 이해관계가 우선적으로 관철된 것이다. 한편 더 많은 수조지를 절수하려는 관인층의 관심이 소유권적 토지지배를 우선시하는 방향으로 나타나게 되었던 것이니, 이는 곧 당시 토지지배관계의 일반적 관행을 반영한 것이었다.

소유권 위주의 토지지배란 기실 배타적 지배의 속성을 지닌 것이므로 그것은 당해 토지 위에 법제적으로 가설된 수조권적 토지지배와는 이미 모순되는 것이었다. 전자가 확고하게 확립될수록 후자가 쇠퇴·소멸하게 되는 것은 필연적이었다.

그럼에도 불구하고 과전을 몰래 점거하여 수조한다든지 혹은 수신전·휼양전 명목으로 그것을 사실상 세습하여 자손 대대로 수조하는 불법적 사례는 계속되고 있었다. 그래서 세조대에는 《경국대전》을 제정하면서 戶典의 科田遞受條에 다음과 같은 조항을 두었다.

> 조부모·부모 및 夫가 사망하면 그 과전은 子·壻·孫 및 妻가 喪制를 마친 후 翌年 안에 戶曹에 告하고 호조는 田關·爵牒을 고찰하여 遞給한다. 만약 기한 안에 관에 고하지 않고 몰래 숨겨 收租하는 경우에는 연수를 헤아려 추징하고 그 田은 屬公한다. 無後·無妻子의 과전, 守信田을 받고서 타인과 재혼한 경우, 妻父母의 과전을 遞受한 후 처를 버린 경우에는 그 族親의 告官을 聽許하고 (그 전은) 속공한다. 不告者는 論罪한다(《世祖實錄》 권 37, 세조 11년 12월 기축).

그러나 이와 같은 법금의 설정에도 불구하고 무자격자의 은점 수조 또한 계속되고 있었다. 가령 세조 8년(1462) 田案을 개정할 때 과전의 수수관계를 정비하기 위하여 기한을 늦추어주면서까지 은점자의 '告官遞受'를 허용한 바 있지만, 세조 11년 현재로도 "무식한 자들이 혹 嫌隙을 두려워하고 혹은 수조하는 것을 이롭게 여겨 곧 告官하지 않고"[17] 계속 은점하는 실정이었다.

그런데 세조대는 《경국대전》의 편찬 등으로 새 왕조 경영의 제반 규범을

년을 한도로 한다." 이 규정의 해석에 관해서는 金泰永, 위의 글 참조.

17) 《世祖實錄》 권 28, 세조 8년 6월 신유 및 권 37, 세조 11년 12월 기축.

정착시켜 가고 있는 때였다. 세종대 이래의 개선정책을 이어받아 貢案과 橫看의 제도를 서둘러 정립해 가는 한편, 戶籍과 軍籍을 근본적으로 재정비하고 號牌法과 保法을 시행하여 모든 신민에 대한 철저한 인신 · 직역의 파악을 기도하고 있었다. 노비 從賤法의 확정도 그러한 사례의 하나였다. 그리고 최고 지배층인 관인 신분 자체에 대해서도 현직자 및 대신급의 고관을 지낸 자와 학생 · 노인 · 병자를 제외하고는 모두에게 현역 복무의 군역을 부과한다는 다음의 王旨는 이러한 사실을 극명하게 보여주는 사례의 하나라 할 것이다.

> 諸道의 대소 閑散 3품 이하는 付籍讀書者 · 年六十以上者 · 篤廢疾者를 제외하고 모두 正兵에 소속하여 侍衛토록 하되, 이번 辛巳年 12월 그믐 안으로 自現하지 않는 자는 모두 변방으로 이주시킨다(《世祖實錄》 권 25, 세조 7년 7월 병진).

즉 세조대 국가 경영의 요결은 모든 신민에 대해 신분 · 인신별 직역을 부과하되 철저한 현직자 위주의 정책을 실현하는 것이었다.[18] 그것은 곧 공리적 효율의 극대화를 추구하는 일이기도 하였다. 그 같은 정책 노선에서는 무자격자의 은점이 계속되고 공리적 효율성이라고는 전혀 기대할 수 없는 수신 · 휼양전 따위를 존치시킬 하등의 이유가 없었다. 이윽고 세조 12년(1466) 8월에는 "과전을 혁파하고 職田을 설치하였다".[19]

소유권 위주의 토지지배관계가 발전함에 따라 수조권적 토지지배의 관행은 한껏 쇠퇴하여 그 소멸의 사회경제적 조건이 조성되어 가고 있었다. 거기에다 현직자를 위주로 공리적 효율을 우선시하는 세조대의 국가 경영정책은 드디어 비현직자 · 무자격자의 수조지 절수를 일체 불허하는 職田制의 실시를 단행하는 데 이르렀다. 과전법의 정립으로부터 75년만의 일이었다.

직전제는 무엇보다도 현직의 관료에 한하여 수조지로서의 직전을 절급하

18) 관원 수에 비하여 현직의 직과가 부족한 현실이므로 '문·무 당상관의 무소임자'를 현직으로 대우하기 위한 中樞府를 두어 운용한 것도 마찬가지로 주목할 만한 일이다.

19) 《世祖實錄》 권 39, 세조 12년 8월 갑자.
이 중대한 변화를 실은 記事가 아무런 배경 설명도 달고 있지 않다는 사실 또한 주의해 볼 만한 일이다.

는 제도였다. 따라서 전직 관인에 대한 給田이 없어지게 되었음은 물론, 군전·수신전·휼양전 따위가 사라지게 되었다. 이른바 '仕者世祿'이라 하여 비현직일지라도 관인 신분을 우대한다는 취지에서 설정한 신분제적 토지지배의 측면이 결정적으로 쇠퇴하게 된 것이다. 뿐만 아니라 직전은 다음 〈표 1〉에서 보이는 대로 과전에 비하여 그 절수액이 크게 축소되었으며, 權務·同正·學生 등 流品 이외의 관직에 대한 수조지 절급이 모두 없어졌다.

〈표 1〉 科田·職田의 지급액 대비[20]

지 급 대 상	과 전	직 전	지 급 대 상	과 전	직 전
정 1 품	150	110	정 5 품	50	40
종 1 품	125	105	종 5 품	45	35
정 2 품	115	95	정 6 품	35	30
종 2 품	105	85	종 6 품	30	25
정 3 품(堂上)	85	65	정·종 7 품	25	20
정 3 품	80	60	정·종 8 품	20	15
종 3 품	75	55	정·종 9 품	15	10
정 4 품	65	50	正·雜權務	10	·
종 4 품	60	45	令·同正·學生	5	·

직전제의 시행 이후에도 한동안 과전 복구론이 집요하게 전개되었다. 그러나 그것은 이미 토지지배관계의 대세에도 어긋나며 다시 職事者의 토지를 빼앗아 無職人에게 주어야 하는[21] 것이므로 실현될 수 없는 일이었다.

한편 고려의 사전에서보다는 수취관계가 크게 개선되었다고 하지만, 과전의 경우에도 田租를 濫收하고 여타 雜物을 과징하는 일이 이전부터 자행되고 있었다. 그런데 그것은 직전제의 시행 이후 한층 더 심해지게 되었다. 즉 "지금 직전을 설치하고 보니 관리의 사나운 奴子들이 (자기 상전이) 遞遷될까 매우 걱정하여 징수 독촉하는 것이 날로 더하다"[22]는 사태가 일어나고 있었

20) 《龍飛御天歌》 제73장 註 및 《經國大典》 권 2, 戶典 諸田條를 근거로 하여 작성. 단 후자에 실려 있는 王子職田은 제외하였다. 단위는 結.
21) 《成宗實錄》 권 4, 성종 원년 4월 신미.
22) 《睿宗實錄》 권 3, 예종 원년 2월 갑인.

다. 더구나 수조지 10負에 藁草 1束씩을 받는 것이 법례인 데도[23] 이제 그 藁草價 또한 1속에 米 1斗씩을 강징함에 따라 초가의 미와 元稅의 미가 동등하다는 지경에 이르고 있었다.[24] 현직을 떠나면 직전의 절수도 끝나므로 그 기간 동안 수탈은 더욱 심해질 수밖에 없었다.

그러나 이 시기에는 수조지보다도 소유지 위주의 토지지배가 더욱 관철되어 가고 있었다. 국가는 소유=경작지 즉 臣民의 所耕田을 기준으로 하여 田稅와 貢物·徭役을 부과함은 물론 軍役에서의 助丁의 지급까지 연계시켜 운용하는 수취제도를 정립해가고 있었다. 소농민경영에 대해서 질곡으로 작용하는 수조권보다도 그 바탕을 이루고 있는 소유권적 토지지배관계를 보호하는 일이 더 절실할 수밖에 없었다.

그래서 예종 원년(1469) 이래 논의를 거쳐 성종 원년(1470)에는 사전의 전세를 '官收官給'하기로 결정하고 동왕 6년 고초가를 당시의 시가대로 1속에 미 2升으로 정하였다. 다시 동왕 9년에는 경기 농민의 '情願'을 들어 초가와 함께 직전·공신전·別賜田의 전세까지를 관수관급하기로 확정 시행하게 되었다.[25] 이제 직전 등 사전의 전세는 그 전주의 의사와는 관계없이 농민이 國倉에 납부하고 국가가 당해 절수자에게 軍資倉의 米·豆를 換給하는 방식의 職田稅制가 운용되기에 이르렀던 것이다.

직전세제의 실시에 따라 이후 직전세는 현직 관인의 녹봉에 대한 加給의 의미로 한정되고 말았다. 사전의 전주가 그 경작자를 지배하는 오랜 관행이 사라짐에 따라 이제 소농민은 보다 더 국가를 직접 상대하는 경영체로 노출되기에 이르렀으며, 그 사회적 분화 또한 한층 더 활발해지게 되었다. 그것은 우리 나라 수조권적 토지지배의 역사에 있어서 대변혁이 일어나게 되었음을 뜻한다.

물론 이후로도 직전세의 명목은 한동안 존속하고 있었다. 그러나 15세기 말기로부터 국가재정의 부족을 이유로 직전 명목을 혁파하려는 논의가 속출

23) 《世宗實錄》 권 58, 세종 14년 12월 무자.
24) 《睿宗實錄》 권 6, 예종 원년 6월 신사.
25) 《成宗實錄》 권 7, 성종 원년 9월 무인·권 51, 성종 6년 정월 갑인·권 61, 성종 6년 11월 병오 및 권 94, 성종 9년 7월 기묘.
金泰永, 앞의 책, 139쪽.

하고 있었다. 또 직전세의 환급을 중지하고 그것을 국고로 귀속케 하는 시도가 단속적으로 시행되고 있었다. 더구나 16세기에 가서는 연분등제가 '下下'로 책정되는 것이 관례화하자 직전세는 사실상 유명무실해지고 말았다. 명종대에 가서는 유명무실해진 명목조차 흉년의 빈번, 변방의 소요 등에 따른 국가재정의 부족으로 소멸되었다.[26] 그리고 이로써 적어도 고려 초기 이래 운용되어 온 관인층에 대한 신분제적 '分給收租地制度'는 우리 나라 역사에서 완전히 소멸되었다.

과전법체제는 그 운용과정에서 원래의 수세제를 개편하여 전분 6등·연분 9등제의 전세제도를 세움으로써 이후 조선왕조 일대의 기본 세제를 정립시키게 되었다. 그런데 과전법체제는 이미 소유권에 입각한 토지지배관계를 기축으로 하고 있었으며, 그것은 기본적으로 토지소유관계의 분화를 전제하고 있는 것이었다. 그러므로 이러한 소유권적 토지지배는 그 위에 법제적으로 가설된, 그래서 개별 소유권의 행사에 장애 요인으로도 작용하는 수조권적 토지지배의 인습과는 모순관계를 형성하고 있었다. 그래서 전자의 발전에 따라 후자는 점차 소멸해 가게 되었다.

2) 농장의 확대와 병작영농

과전법체제를 정립 운용해온 지배계층으로서의 관인신분은 出自 자체가 원래부터 수조권이 아닌 소유권적 토지지배관계를 그 사회경제적 바탕으로 하고 있었다. 과전이나 직전 등 수조지의 절수는 오히려 이른바 '世祿'이라고 하는 예우 즉 지배층에 대한 신분적 우대의 의미에 지나지 않는 것이었다. 그들은 이와 같은 수조지를 받지 않고서도 역시 능히 벼슬살이할 수 있는 처지에 있었다.[27] 그들은 누구나 조상 전래의 田莊을 소유하고 있으므로 관직을 버리고 기꺼이 물러날 수도 있는 계층이었다.[28]

---

26) 金泰永, 위의 책, 140~141쪽.
李景植, 앞의 책, 265~279쪽.
27) 《世宗實錄》 권 58, 세종 14년 12월 무자.
28) "지금의 臣僚치고 누가 田舍를 갖지 않아서 걱정 없이 떠나지 못할 것인가" (《太宗實錄》 권 28, 태종 14년 7월 갑신)라는 기사를 참고할 일이다.

과전법체제는 왕실이라든가 이른바 巨室·勢家로부터 品官·土豪에 이르기까지 원래 토지와 노비를 다수 소유한 지주관인층을 대상으로 다시 관품에 따른 과전의 수조권이라든가 軍田의 免租權을 절급하였다. 과전과 군전은 주로 지주관인층의 경제적 지반을 국가적으로 보장하는 신분제적 수조권의 분급이었던 것이다. 그것은 반드시 상속되지는 않는 수조권의 보유에 불과하였지만, 당해인의 정치·사회적 지배신분의 항구적 확보장치로 작용함과 동시에 원래 地主地의 보전을 위한 보장이 되어 주었다. 더구나 주로 왕권의 확립과 옹호를 싸고도는 데 기여한 이른바 勳臣들은 자손 相傳의 공신전과 노비를 중첩적으로 절급받아 그 경제적 지반을 더욱 굳건히 할 수 있게 되었다.

16세기에는 과전의 후신인 직전마저 소멸하고 말았지만 한편으로 지주제는 오히려 더욱 확대되어 가고 있었다. 이 시기에는 토지·노비 등 재산의 자녀균분상속이 보편적 관행이었으므로, 이미 형성된 지주제는 상속과 혼인을 통하여, 그리고 체제적 보장하에서 새로운 개간·매득을 통하여 확대 재생산되어 갔던 것이다. "백성으로서는 전지를 가진 자가 없고 그것을 소유한 자는 오직 富商大賈·士族家뿐이다"[29]라거나, "세력 없는 자는 비록 토지와 노비를 가지고 있더라도 有勢한 집에 빼앗기지 않으면 반드시 內需司에 빼앗기고 만다"[30]는 데서도 알 수 있듯이 이 시기에는 소농민의 토지 상실과 그 이면에서의 地主地의 집적이 크게 전개되고 있었다. 실로 16세기 지주지의 확대에 따른 소농민의 도산과 궁핍화·유민화·도적화 현상은 이 시기 최대의 국가사회적 현안으로 등장하고 있었으며, 이에 따라 토지의 均田論·限田論이 새로운 과제로 크게 부각되기도 하였다.

이 시기 지주의 사회적 성분은 왕실로부터 거실·세가, 부상대고나 재향의 품관·토호, 나아가서는 私奴에 이르기까지 실로 다양하였던 것으로 나타난다. 그러나 범주상으로는 거실로부터 토호에 이르기까지 정치적·신분적 특권을 보장받는 士族官人層 중심의 지주제가 전개되고 있었다. "무릇 長利는 반드시 宰相·勢家 및 토호라야 능히 다 거두고 쉽사리 늘릴 수 있다"[31]는

29) 《中宗實錄》 권 75, 중종 28년 7월 을묘.
30) 《明宗實錄》 권 13, 명종 7년 5월 무자.
31) 《世宗實錄》 권 109, 세종 20년 9월 병자.

사실에서 유추되는 바와 같이 매득과 개간을 통한 지주지의 확대도 현실적으로는 유세층이라야 가능하였을 것으로 보인다. 이 시기의 지주제가 체제적 보장하에 있는 양반층을 중심축으로 하여 전개되어 가고 있었다는 사실은 이러한 맥락에서 이해된다.

일반적으로 말하여 "하삼도는 토지가 비옥하고 물산이 풍부하여 朝士의 농장과 노비가 절반을 넘게 차지한다"고도 하며, "조사의 농장이 畿內에 다수 있다"고도 하는 기록32)에서 짐작할 수 있듯이, 이 시기의 관인지주층은 대개 農莊이란 것을 경영하고 있었다. 농장은 이미 고려 후기에서부터 큰 물의를 일으켜 여러 차례 혁파의 대상으로 지목되어 온 것이었다. 그런데 과전법체제의 정립과 함께 이른바 권력 결탁형의 불법적 농장은 혁파되었지만, 정당한 토지소유관계 위에 설치되었던 것은 과전법의 정립 과정에서도 그대로 보전되었고 새 왕조 관인층의 기본적인 경제적 지반으로 운용되어 가고 있었다. 다음은 이러한 농장의 두 가지 유형을 보여주는 기록이다.

① 內乘 內竪의 무리는…또한 貢戶를 몰아다 驅從이라 이름한 것이 천·백인에 이르는데, 公籍에 올리지 않고 사사로이 농장을 설치하여 마치 노예처럼 사역한다(《高麗史》 권 84, 志 38, 刑法 1, 職制 우왕 14년 8월 憲司 上疏).

② 坡州 서쪽 교외는 황폐하여 사는 사람이 없었다. 政堂文學 安牧이 처음으로 개간하여 田畝를 널리 일으켜 큰집을 짓고 살았는데…그 孫子 瑗에 이르러 극히 번성하여 안팎으로 田地를 점거한 것이 무려 수만 頃이요, 노비가 백여 인이나 된다(成俔, 《慵齋叢話》 권 3).

사료 ①에 나오는 농장은 공민으로서의 '貢戶'를 농장의 노동력으로 사사로이 사역한 것이니 만큼 권력 결탁형임에 틀림이 없고, 따라서 이 따위는 과전법의 제정과정에서 토지소유관계와 노동력 양면에 걸쳐 혁파당하고 말았을 것이다. 그러나 사료 ②의 경우는 사뭇 다른 유형이었다. 안목은 공민왕대의 현달한 관인이었으며 그 嗣孫 安瑗은 조선 태종대에 이르기까지 현달한 관인이었다. 그 조부대에 개간을 통하여 소유하게 된 이들의 농장은 그

32) 《世宗實錄》 권 124, 세종 31년 4월 계축.
《成宗實錄》 권 20, 성종 33년 7월 갑자.

동안에 사전의 혁파에 이은 과전법의 정립과 왕조까지 바뀌는 변화를 겪었지만 그 손자대에 와서도 여전히, 오히려 더 번영의 길을 걷고 있었다. 즉 정당한 소유관계 위에 설치된 농장은 크나큰 사회변동을 겪으면서도 그대로 소유·경영되어 가고 있었다. 그리고 농장이라는 집중된 소유지뿐 아니라 크고 작은 民有地 즉 이 시기 所耕田으로 공칭되는 일반적인 소유 경작지 또한 같은 과정을 겪어 그 정당한 소유관계의 것은 그대로 보전되었으리라고 판단된다.[33)]

그런데 농장의 경영은 대체 어떤 형태를 띠고 있었는가. 현재 고려 말기 농장에 관한 연구로서는 '사전과 농장은 대체로 같은 개념'인 것으로 이해하여 '농장경영의 기본 형태는 대체로 小作制'이며 '농장 지배의 본질은 예속농민으로부터 地代를 수취함에 있었던 것'이라는 견해가 대표적인 것으로 제시되었다.[34)] 또한 이 시기에는 노비노동력을 구사하는 직영형 농장, 佃戶로부터 田租를 수취하는 농장, 그리고 재지 관인층의 병작형 농장 등이 있었다는 견해도 제시된 바 있다.[35)]

그러나 위에서 살펴본 여말선초 농장의 경우는 일정 규모로 집중된 토지에다 노비라든가 혹은 그것에 준하는 종속노동력을 집단적으로 결합시켜 경영하는 직영의 형태인 것으로 나타나 있다. 또한 최근에 연구된 조선 초기 농장의 경우를 보더라도, 그것은 일정 규모로 집중된 지주지 위에 지주 혹은 그 대리인의 지휘 아래 노비 등 다수의 종속노동력을 집단 사역하여 직접 경영하며, 따라서 그 생산물은 당연히 지주의 수입으로 귀속되는 형태였다고 한다.[36)]

---

33) 고려 말기의 불법적 사전 내지 농장이 과전법의 정립과정에서 어떻게 혁파 정리되었는가, 혹은 그같이 불법적으로 탈점된 토지가 어떤 경로를 통하여 정당한 소유관계로 되돌려졌는가에 관해서는 金泰永, 〈토지제도〉(《한국사》 24, 국사편찬위원회, 1994) 참조.

34) 姜晋哲, 〈高麗의 農莊에 대한 一硏究〉(《史叢》 24, 1980).
———, 〈高麗時代의 地代에 대하여〉(《震檀學報》 23·24, 1982)
———, 《韓國中世土地所有硏究》(一潮閣, 1989), 145·203·216쪽.

35) 浜中昇, 〈高麗末期の田制改革について〉(《朝鮮史硏究會論文集》 13, 1976).

36) 李鎬澈, 〈農莊과 小農民經營〉(《朝鮮前期農業經濟史》, 한길사, 1986).
李榮薰, 〈古文書를 통해 본 朝鮮前期 奴婢의 經濟的 性格〉(《韓國史學》 9, 韓國精神文化硏究院, 1987).

농장은 지대를 수취하는 소작제나 병작제와는 다른 범주의 영농형태인 것으로 이해된다. 첫째 농장의 영농 주체는 어디까지나 지주 혹은 그 대리인이요, 소작제의 영농 주체는 소작인 자신이며, 둘째 이 시기 새로이 등장하는 이른바 병작제 영농형태를 곧바로 소작제와 등치시켜 이해하는 것도 많은 무리를 안고 있기 때문이다.

종래의 일반 학설은 조선 후기에서와 같은 지주 전호제 즉 소작제가 이미 이 시기에 기본적 생산관계로 정착되어 있었다고 주장해왔지만, 그것이 객관적 검증을 거쳐서 정립된 것은 아니었다. 보다 직접적 사실을 전해주는 것으로, 세조대의 공신인 黃守身이 牙山 官屯田을 24곳이나 횡점하였다는 사헌부의 논박에 대하여 항변한 다음의 사료를 살펴볼 필요가 있다.

> 臣이 만약 비옥한 전지를 얻어 농장을 설치하고자 했다면 돌아오는 날에 곧 노비를 모아 그 곳에 거주시키면서 耕耘케 하였을 터인데, 어찌 3년이나 되도록 한 명의 奴도 거처하는 자가 없었겠습니까. 거기서 겨우 경작하는 다섯 곳도 역시 모두 竝耕하는 것입니다(《世祖實錄》 권 28, 세조 8년 4월 병술)

즉 이 시기 지주지의 경영은 농장제가 기본을 이루고 있었으며, 병작제는 극히 부분적인 형태로 전개되고 있었음이 판명되는 것이다.

또 한편 최근의 유력 학설들은 지주지의 농장 직영형이야말로 이 시기 농업의 중심적 형태였다고 역설한다. 즉 노비나 挾戶 등 예속 노동력을 사역하는 지주지의 직영 농장이 중심을 이루고 그 주위에 지주로부터 토지·牛具·종자 등의 생산수단 기타를 대여 받는 종속적 전호경영이 다수 집적된, 복합적인 농장형태가 이 시기 농업의 규정적 범주이자 국가 전세수입의 기본 지반이었다고 한다.[37] 여기 종속적 전호경영은 그 자체가 비자립적 소농경영으로서, 호적이나 양안에 미등재된 채 경우에 따라서는 다시 유망의 길로 나서기 쉬운, 따라서 稅·役·貢 따위 국가적 부담에서 은루되어 있는 협

---

37) 李鎬澈, 위의 책.
李榮薰, 위의 글.
특히 전자는 조선 전기의 가장 발전적인 농업경영형태는 바로 大農的 農莊경영이었다고 논단하였다.

호적 존재들인 것으로 고찰되고 있음이 주목된다.

앞에서 살펴보았듯이 경기와 하삼도에서 다수 세력가의 지주지와 농장형태의 존속 사실이 확인되는 터이므로, 이들 학설은 매우 설득력이 있어 보인다.

그러나 이와 같은 세력가의 지주지 농장이 이 시기 농업을 규정할 만한 기본 영농형태였다면 국가체제는 유지되기가 매우 어려웠을 것이다.

> ① 한 고을 안에 巨室 수십 家가 있으면 그 세력이 수령을 능멸하고 시비를 전도시키기에 족하다. 권세가 성하니 아무도 감히 제어할 수가 없다. 용렬한 관리는 또한 위세를 겁내고 오히려 거실로부터 죄를 입거나 재상에게 꾸짖음을 당할까봐 두려워하니, 어찌 그들에게 법을 집행할 수 있을 것인가.…이에 열 집의 부역을 한 집에 떠맡긴다(《世祖實錄》 권 46, 세조 14년 6월 임인).
>
> ② 각 군현의 품관들이 모두 향리·書員의 用事者로 婢夫를 삼아 짝을 지어 공모하되, 무릇 자기의 徭賦雜役을 촌민들에게 분담시키며 백성을 속이고 약자를 침해하니 그 해악이 갖가지이다(《中宗實錄》 권 80, 중종 30년 11월 병자).
>
> ③ 각 군현의 토호들이 양민을 濫占하고서 허다하게 숨겨 사역하는데도 수령은 인정에 구애되어 감히 括刷하지 못한다(《中宗實錄》 권 103, 중종 39년 5월 계해).

즉 드러난 거실로부터 향촌의 품관·토호에 이르기까지 이 시기의 유세한 지주사족들은 국가의 정상 수취체제로부터 사실상 일탈해 있는 존재들로서, 자신과 그 예속 호구들이 모름지기 부담해야 할 응분의 貢賦·徭役들을 여타 촌민들에게 전가시키고 있었다는 사실을 알 수 있다. 그것은 곧 국가체제의 존립 지반을 침해하는 행태였던 것이다. 아마도 이처럼 국가의 기본 賦·役조차 담당하지 않는 거실·세가 혹은 품관·토호 따위 지주사족들을 기본 존립지반으로 하고서는 국가체제를 유지 운용하기가 어려웠을 것으로 판단된다.

뿐만 아니라 지주지의 직영이 이 시기의 규정적 영농 범주로 보편화하여 있는 상태라면, 과전법이라는 분급수조지제 자체를 운용하기가 사실상 불가능하였을 것으로 보인다. 물론 과전 따위는 '累代의 農舍' 위에 설정된 경우도 있었지만, 대부분 기본적으로는 일반 농민의 '소경전' 위에 설정된 것이었다. 그것을 경작하는 '佃客'은 그 수조권자인 '田主'를 직접적으로 상대하여 납조하면서 자신의 소경영의 재생산에 골몰하고 있었다. 따라서 일상적으로 자행되는 전주의 과도한 수탈에 대한 소농민들의 불평은 대단히 커서, 그 원한으로 인하여 한발 등의 天災가 초래된다는 풍문이 나돌기에 이르렀고, 그에 따라 사전의 일부를 하삼도로 이급할 수밖에 없다는 논의가 일어나기도 하였다.

그리고 과전의 후신인 직전에서도 결국 관수관급제를 실시할 수밖에 없었다는 사실 자체가 무엇을 반증하는 것인가. 경기감사를 통하여 새 제도의 편의 여부를 농민들에게 물어보아서 동의하는 자가 훨씬 더 많다는 사실을 확인하고서야 그것을 시행하기에 이르렀던 것은 직전으로 설정된 토지를 소유·경작하는 주체가 보편적으로 소농민경영체였다는 사실을 명백히 말해준다. 그래서 과전이 설정된 경기지역은 전주가 전조를 수납하고 여타 지역은 국가가 수납하는 차이야 있었지만, 이 시기 영농 형태의 기본 범주가 소농민경영체였다는 사실에는 별다른 차이가 없었을 것이다.

더구나 이 시기 국가재성의 주요 항목을 이루고 있던 공납과 요역의 부과기준이 이전의 計丁法으로부터 計田法으로 이행하기에 이르렀다는 사실 또한 아울러 고려해야 할 것이다. 계전법적 수취제는 이미 그 시험 단계에서부터 농민들이 매우 편하게 여기는 것으로 판명된 제도였다. 그러므로 "무릇 공부와 요역은 백성의 所耕田 結負數에 따라 정한다"[38]고 하는 수취제는 그 소경전을 경작하는 자영적 소농민층의 보편적 존립 현상을 전제하지 않고서는 결코 보편적으로 운용될 수 없는 것이었다. 즉 토지와 家戶를 소유한 자영적 소농민층의 광범한 성장과 그 보편적 존립을 전제로 하고, 그들을 상대로 보다 더 효율적으로 부·역을 수취하기 위하여 고안된 새로운 제도가 계전법으로 정착하기에 이르렀던 것이라고 판단된다. 거실에서 품관에 이르는 유세한 지주사족들은 오히려 그러한 부·역을 모피하는 것이 관례화하고 있었기 때문이다.

현실적으로 "10결 이상을 경작하는 자는 모두 豪富之民이요, 3·4결을 가진 자도 대체로 적다"거나, "소농민의 전지는 불과 1, 2결인 자가 많다"는 것

38) 《成宗實錄》 권 4, 성종 원년 4월 병자.

이 이 시기 토지소유의 일반적 분화 상황이었다.[39] 경상도의 경우 "백성으로서 논을 가진 것은 그 落種의 수가 많아야 1石地를 넘지 못하고, 적은 자는 10斗落에도 미치지 않는다"고 하는 정도로 소농민의 경작규모는 영세하였다.[40] 충청도에서도 "1결의 토지는 한 사람(家戶)이 경작하는 것이 아니다. 한 사람이 (田稅로) 바치는 것은 불과 몇 되에 불과하다"는 상태였다.[41] 그런데도 "하삼도에서는 각기 소경전의 다소에 따라 혹 몇 되, 몇 말 씩 농민들로부터 거두어 常稅를 삼는다"[42]고 하는 바와 같이 일반 전세의 수납에서조차 소농민의 비중이 기본 바탕을 형성하고 있었다.

이 시기에는 3, 4결에서 수십 결에 이르는 대토지를 소유한 다양한 규모의 지주가 존속하였고, 그 사회적 성분도 왕실·宗親·勳戚·朝官·品官士族·부상대고·향리 그리고 사노에 이르기까지 다양한 편이었지만 대체로는 왕실에 가까운 자일수록, 그리고 고위 관직을 띤 경우일수록 대토지를 소유하였으며, 동시에 그 소유지도 여러 군현에 분포되어 있었다. 가령 세조의 왕위 찬탈에 반대하다가 역모로 몰려 가산이 적몰된 錦城大君의 지주지는 6개 도 13개 군현에, 死六臣 가운데 成三問의 소유지는 4개 도 6개 군현에 분포하고 있었다.[43] 또 가령 李滉의 孫子女가 分衿한 토지는 3천여 두락으로 5개 군현에 결쳐 분포하고 있었다.[44]

그같은 지주지의 경영은 기본적으로 지주 자신 혹은 그 대리인이 농장으로 직영하는 형태를 취하고 있었으며, 그 경작 노동력으로서는 主家 가까이 거주하는 노비들을 기본으로 하고 더하여 婢夫·雇工이라든가 혹은 협호인들을 집단적으로 동원하는 것이 일반적이었다. 또한 주가의 농장에 기본 노동력으로 동원

39) 《世宗實錄》 권 83, 세종 20년 11월 경자 및 권 94, 세종 23년 12월 기유.
40) 《成宗實錄》 권 45, 성종 11년 7월 임신.
結負와 斗落의 관계를 살피자면, 湖南의 薄田은 40두락이 1결이요. 그 上畓은 20두락 정도가 1결이 된다고 하였다(丁若鏞, 《經世遺表》 권 8, 田制 10, 井田議 2).
41) 《成宗實錄》 권 197, 성종 17년 11월 신해.
42) 《燕山君日記》 권 12, 연산군 2년 2월 계축.
이 시기 1결의 전세는 상상년 20두, 하하년 4두였다는 사실을 상기할 일이다.
43) 《世祖實錄》 권 3, 세조 2년 3월 정해 및 권 7, 세조 3년 3월 병술.
44) 李樹健, 〈退溪 李滉家門의 재산 유래와 그 소유형태〉(《歷史敎育論集》 13·14, 慶北大, 1990), 657쪽.

되는 노비도 자기 경리를 전혀 갖지 못한 '率居奴婢'는 드물었으며, 대체로는 주가로부터 대여받는 '私耕'이라는 형태의 자기 개별 경영을 가지는 '率下奴婢'였다. 아직 자연조건이나 노동조직의 한계성으로 인하여 하나의 농장이 일정 규모를 초과하는 대경영의 형태로 전개되기는 어려웠으며, 따라서 대지주의 경우라도 기껏 3, 4결정도 규모의 농장을 여러 곳에 분산적으로 경영하는 방식을 취하게 되었다.[45] 그리고 여기서 간과해서는 안될 사실은, 어느 지주지이든 그 경영형태는 당해 토지의 집약도라든가 비옥도에 따라 크게 좌우되었을 것이라는 점이다. 지주지가 상대적으로 비옥하고 한 곳에 집약적으로 위치할수록 그것이 농장으로 직영되는 경향이 컸을 것이며, 그 반대의 경우일수록 비농장적 직영의 형태를 취하든가 병작지로 대여하는 경향이 컸을 것으로 이해된다.

그러나 앞서 살펴보았듯이 그와 같은 지주지 혹은 농장은 대개 중앙과 지방의 양반가의 소유로, 국가를 지탱하는 기본 경제적 범주를 구성하는 것은 아니었다. 실로 이 시기 전세·요역·공물·군역을 바침으로써 국가를 지탱하는 기본계층은 역시 자영농층이며 그들의 소규모 개별적 경영이야말로 이 시기의 기준적인 영농형태였다. 소경영의 소유=경영분화가 어느 정도였는지를 논단하기에는 사료의 제약이 너무 크지만, 세종대에 보고된 강원도의 경우를 살펴보면 그 대강을 짐작할 수는 있다. 즉 세종 17년(1435)에는 부역 수취의 기준으로 토지소유의 다과를 기준 삼아 50결 이상을 大戶, 20결 이상을 中戶, 10결 이상을 小戶, 6결 이상을 殘戶, 그리고 5결 이하를 殘殘戶로 책정한 바 있다.[46] 이 기준에 따르면 강원도는 도내의 호총 11,538호와 결총 63,627결 가운데에서 대호는 10호, 중호는 71호, 소호는 1,641호, 잔호는 2,043호, 잔잔호는 7,773호의 분포 상태에 있다는 것이 동왕 18년 監司의 보고에 나타나 있다.[47] 이를 보다 알기 쉽게 표시하면 다음 〈표 2〉와 같다.

---

45) 李鎬澈, 앞의 책.
李榮薰, 앞의 글.
최근의 연구에서는 지주지의 일부씩을 노비가 배정받아 자기 책임하에 경작하고 所出의 거의 모두를 主家에 바치는 '作介'라고 하는 경작형태도 15, 6세기에 관행되고 있었다는 사실이 소개되고 있다.

46) 《世宗實錄》 권 67, 세종 17년 3월 무인.

47) 《世宗實錄》 권 74, 세종 18년 7월 임인.

〈표 2〉 세종 18년 강원도 토지소유 분화

구 분	50결 이상	20결 이상	10결 이상	6결 이상	5결 이하	合
戶 等	大戶	中戶	小戶	殘戶	殘殘戶	63,627結
戶 數	10	71	1,641	2,043	7,773	11,538戶
百分比	0.1	0.6	14.2	17.7	67.4	100%

우선 여기 호등에 파악된 사실들은 한 도의 감사가 중앙정부에 보고한 내용이었으니 만큼 비록 잔잔호로 분류된 소농민의 경우라 할지라도 대체로는 이른바 "恒産을 가지고 恒心이 있는 자로서 그 군현의 호적에 올라 賦·役을 제공하는"[48] 불완전하나마 자영농적 존재들이었다는 사실을 주의할 필요가 있다. 이른바 항산도 없고 항심도 없어서 금년에는 南州의 豪猾家에 숨었다가 명년에는 北郡의 鄕愿家로 옮겨 가버리는 半流亡 상태의 농민들은 애써 刷括하더라도 금일 付籍하면 명일에는 유망해버리기가 십상이었다는 것이다.[49]

그같은 사실을 염두에 두고 위 강원도의 토지소유 분화상황을 고찰하면, 10결 이상을 소유한 대·중·소호는 대체로 양반 신분의 지주층으로서 주로 농장의 경영형태로 자신들의 지주지를 관리하면서 여분의 땅은 병작지 따위로 대여하였을 것으로 보인다. 그리고 6결 이상의 잔호로 분류된 축도 기실 자영농으로서는 부농에 속하는 편이었다. 그 신분이 사족이거나 양민일지라도 그만한 정도의 토지규모라면 다소의 노비호, 고공이나 비부 따위 노동력을 구사하는 자영의 형태를 취하면서 남는 땅이 있으면 부근의 빈농들에게 병작지로 대여하거나, 그 같은 노동력을 직접 사역하여 전체를 농장제적으로 경영하는 방식도 충분히 가능하였을 것으로 짐작된다.

그리고 위의 표에서 가장 큰 비율을 점하고 있는 잔잔호야말로 일반 농민층을 가리키는 것이며, 이 가운데에는 이 시기 전형적인 소농민경영체로서의 양민 자영농이 위치하고 있었을 것으로 판단된다. 기록에서는 그냥 5결 이하의 소유자라고만 분류해 두었으나, 거기에는 물론 4, 5결 정도의 부농으로부터 1결 미만의 영세농에 이르기까지 다양한 경영체들이 분포해 있었고, 그것

48) 《太宗實錄》 권 18, 태종 9년 12월 무오.
49) 위와 같음.

도 영세농쪽이 훨씬 더 많은 비율을 차지하고 있었을 것이 명백하다.[50] 그리고 재생산과정에서의 자립이 어려운 영세농일수록 인근의 지주지를 부분적으로나마 병작하지 않을 수 없었으며, 따라서 다소간의 예속적 관계를 벗어나기가 어려웠을 것으로 보인다. "풍년에는 徭賦 때문에 괴롭고 흉년에는 徵債로 시달려 가산을 다 팔고 遊離 失所하여 타인에게 기식하는 자가 많다"[51]는 것이 이 시기 영세 소농들의 일반적 분화 진로였다.

그런데 위의 강원도감사의 보고에서는 파악되지 않았으나 이 시기에는 빈농 혹은 무전농들의 병작농업도 점차 관행이 되어 가고 있었다. 지주와 병작농이 토지의 소출을 절반씩 나누는 이 형태는 사료상으로는 이미 전대부터 관행으로 되어 온 것으로 이해된다.[52] 가령 여말선초의 政法家인 鄭道傳은 '前朝의 田制'를 설명하면서 여러 가지 分給收租地의 예를 들고 다시 민간의 소유·경작관계의 사실을 다음과 같이 소개하였다.

> 민의 所耕인 즉 그 自墾 自占을 聽許하여 관이 이를 제약하지 않으니 힘이 있는 자는 널리 개간하고 세력이 강한 자는 많이 점거하였는데, 약자는 또한 강하고 힘있는 자를 좇아 借耕하여 그 소출을 分半한다. 경작자는 하나인데 그것을 먹는 자는 둘인 터이어서 부자는 더욱 부유해지고 빈자는 더욱 빈곤하게 되었다(《朝鮮經國典》 賦典 經理).

즉 지주의 토지를 차경하여 그 소출을 반씩 나누는 경작관행은 竝作半收를 말하는 것이 틀림없고, 또 이는 그가 《조선경국전》이라는 治國의 일대 법전을 마련하면서 그 총론에서 서술한 내용이므로 여말선초에는 이것이 민간의 일반적 영농형태로 널리 시행되고 있었다고 해석하여도 무리가 없을 것이다. 다만 이 서술은 병작반수의 收奪性을 거론함으로써 혁파되어야 할 영

50) 주 39~41에 제시한 사료 참조.
51) 《成宗實錄》 권 45, 성종 5년 7월 기사.
52) 《高麗史》 권 78, 志 32, 食貨 1, 租稅條에 의하면, 고려 광종 24년(973) 및 예종 6년(1111)에 陳田을 墾耕하는 경우 일정 연한 뒤부터 전주와 경작인 사이에 소출을 '分半'한다는 규정이 정비되었다. 이를 흔히 병작반수 혹은 소작제로 해석하는 수가 있으나(姜晋哲, 앞의 책 및 浜中昇, 앞의 글), 이는 경작관계의 구체적 검증을 통한 해석이 아니라 다만 사료 가운데의 '분반'이라는 문자에 의존한 해석일 따름이다. 이에 관해서는 앞으로 구체적 검토를 요한다.

농형태라는 점을 강조하는 데 주안점을 둔 관계로 그 경영의 구체적 실상이 어떠하였는가에 대해서는 언급하지 않았다.

이제 이 시기 병작영농에 관한 더 구체적 실정을 전해주는 다음의 사료를 살펴볼 필요가 있다.

> 前朝의 말기에 민폐가 다단하였는데 我朝에 이르러 점차 혁거하였으나, 민간에는 아직도 폐단이 남아 있다.…品官·鄕吏가 토전을 광점하고 유망민을 招納하여 竝作半收하니, 그 폐단이 私田보다 심하다. 사전은 1결에 풍년이라도 다만 2석을 수취하는데 병작은 많은 경우 10여 석을 수취한다. 流移者들이 이에 의탁하여 피역하게 되고 影占者들이 이에 의탁하여 그들을 隱接시키니, 부역이 균평하지 않은 까닭이 오로지 여기에 있다.…전지의 병작은 鰥·寡·孤·獨, 무자식·無奴婢者로서 3, 4결 이하를 경작하는 경우를 제외하고는 일체 금단할 일이다(《太宗實錄》 권 12, 태종 6년 11월 기묘).

여기 병작반수제에서 주의해야 할 것은 지주가 유망민을 끌어모아 병작제를 유도하는 경향이 있으며, 병작농민은 피역 따위의 불가피한 사정으로 거기에 의탁하게 되었다는 사실이다. 유망민을 초납하여 병작반수관계를 맺었으니, 지주가 그들에게 토지는 물론이며 종자·농구·畜力, 그리고 처음에는 農糧까지도 대여하여야만 비로소 영농이 가능하게 되는 것은 필연의 형세였다. 실상 '竝作' 혹은 '竝耕'이라는 용어 자체는 그같이 지주와 작인 사이에 토지를 매개로 하는 다방면에 걸친 助耕관계를 나타내는 말로 정착하게 된 것이라고 해석된다.[53] 그러한 병작관계에서는 병작농의 지주에 대한 경제적 의존도가 매우 높고 예속성이 강할 수밖에 없었다. 일정한 수준의 농업생산력의 조건 아래에서 지주와 경작자가 서로 돕는 관계로 결부된 고려말·조선초의 이 같은 영농형태야말로 우리 나라 병작제의 원형이며 또한 그 전형이었던 것이다.[54]

---

53) '竝作' 혹은 '竝耕'이란 말은 고려시대까지의 문헌에는 나타나지 않는다고 한다(深谷敏鐵, 〈朝鮮の土地慣行竝作半收試論〉(《社會經濟史學》 11-9, 1941). 또 《孟子》 권 5, 滕文公篇에 "賢者 與民竝耕而食"이라는 표현이 보이지만, 물론 이것이 여말선초의 병작제와 연결된다고는 볼 수 없다.

54) 현재 학계에서는 이 시기의 竝作制를 곧 小作制와 동일한 것으로 이해하는 수가 있으나 '小作'이라는 용어는 물론 한국의 농업관행에서 나온 말이 아니다.

이 시기의 병작반수제는 국가의 금단에 의해서라기보다는 농업생산력 수준이 상대적으로 낮고 병작농 자신의 재생산과정에서의 자립도가 워낙 낮았기 때문에 아직도 부차적인 영농관행에 머물렀던 것으로 이해된다. 앞서 살펴보았듯이 아산의 관둔전을 점거한 황수신의 경우를 보면, 그것은 지주에게는 농장의 경우보다 이득이 적고 따라서 당연히 관심도 적은 영농형태인 것으로 말해졌다. 즉 지주지의 본격적 경영형태는 어디까지나 농장을 위주로 하고 있었으며, 병작제는 극히 부분적인, 오히려 예외적인 영농관행으로 말해지고 있었던 것이다. 그것을 '佃作' 혹은 '半作'으로 표현하는 다음의 기록들은 각기 이 시기의 병작반수제가 예외적이며 또한 지주들에게 기피되고 있는 영농형태였다는 사실을 전해준다.

① 京畿 및 下三道의 豪俠之家는 良田을 광점하고서 혹 번갈아 陳荒시키거나 혹은 남에게 대여하여 佃作시키기도 한다(《世祖實錄》 권 9, 세조 3년 10월 임자).

② 廣耕을 힘쓰면 陳荒될까 염려스럽시만, 薄田을 飢民에게 부쳐 半作을 하는 것은 내버리는 것과 같으니 또한 염려하지 않을 수 없다(李滉, 《陶山全書》 권 4, 內篇 答寯).

즉 15, 6세기의 병작반수제는 농토를 진황시키는 것에 버금가는 정도로 염려스러운 영농형태인 것으로 인식되고 있었던 것이다.

그런데 이 시기에는 連作으로 인해 농업생산력이 발전되었고, 貢法전세제의 정착에 따라 상대적으로 전세의 부담률이 낮아졌기 때문에, 지주가 국가에 납부하는 전세와 지주가 병작자로부터 수취하는 '半收'의 지대 사이에 차액이 보다 항존하게 되었고, 따라서 병작제의 발전 지반이 갖추어진 셈이었다.

실제로 15세기 후기에도 "우리 나라는 땅이 좁아 무전민이 거의 3/10이나 되니, 토지를 가진 자가 有故하여 耕種이 불가능하게 되면 隣里·族親이 병

한국에서 대체로 소작제 영농형태에 가까운 地主·佃戶制 즉 지주가 단지 토지만 대여하고 추수 후 作人과 소출을 分半하는 영농형태는 조선 후기에 가서야 三南지방을 필두로 정착되는 것이 아닌가 한다. 무엇보다 그것이 보편화하기 위해서는 반드시 '소작'농민의 재생산과정에서의 일정 정도의 자립이 생산력을 토대로 보장되어야 하는데, 그것이 상대적으로 성취되는 것은 대체로 조선 후기에 가서야 가능한 일이었기 때문이다.

작하여 (수확을) 나누는 것이 민간의 常事다"[55]라고 할 정도로 병작제는 점차 발전하고 있었다. 또한 16세기말 경상도 安東지방의 金㻶이라는 한 지주의 토지와 노비를 구체적으로 분석한 결과에 의하면, 토지와 노비의 결합으로 구성된 직영제 농장의 경우보다도 병작지로 대여하고 있는 토지가 더 많았다는 실증적 연구도 나와 있다.[56] 이는 물론 사례 연구에 속하는 것이어서 보편화하기에는 다소 무리가 있을지 모르지만, 이 시기 영농형태 변천의 경향을 짐작하기에는 족하리라고 이해된다.

더구나 16세기로 내려갈수록 소농민경영의 분화는 점차 가속화하고 있었다. 중종연간에 논의된 다음의 기사는 이러한 현상의 일단을 보여준다.

> 농민의 생존은 그 전토를 가지고 하는 것인데 豪右가 이를 겸병하니 窮한 자는 비록 父子 相傳의 토지라도 모두 팔아버린다. 그 때문에 부자는 전지가 阡陌을 잇닿고 가난한 자는 立錐의 땅도 없다. 부익부 빈익빈이 지금처럼 심한 때가 없었다(《中宗實錄》 권 32, 중종 13년 2월 경인).
>
> 順天 등지에서는 豪富民 1가의 축적이 혹 만 석이나 5, 6천 석에 이르고 落種하는 것도 200석 落地에 이른다. 천지의 소생인 財貨百物이 반드시 돌아가야 할 곳이 있는데, 어찌 1인에게 모여져서야 되겠는가. 한 고을 안에 2, 3인이 경작하면 그 나머지는 경작할 땅이 없는 것이다(《中宗實錄》 권 33, 중종 13년 5월 을유).

그 가운데서도 특히 전세·요역·공물은 물론 군역까지를 부담하는 국가 기본 계층으로서의 양민 자작농층의 몰락은 더욱 급속히 진행되고 있었다. 다소 과장된 표현이라고는 짐작되지만, "지금 전지를 소유하고 있는 것은 사족뿐이니 수다한 백성치고 누가 尺寸의 토지라도 가진 자가 있을 것인가"라거나, "양민으로서 전지를 소유한 자는 실로 1인도 없다"[57]는 정도의 형세가 조성되어 가고 있었던 것이다.

15세기 후기에 無田民이 3/10이라 하였으니, 자작농층이 7/10에 가까운 다수를 차지하고 있었던 셈이 된다. 그들이 점차 분해되어 무전민 혹은 田少農

---

55) 《世祖實錄》 권 11, 세조 4년 정월 병자.
56) 李榮薰, 앞의 글.
57) 《中宗實錄》 권 64, 중종 23년 11월 신축.

으로 몰락하고 있었다면 그들의 영농형태에는 어떠한 변화가 일어나게 되었을까. 다음은 그것을 유추케 하는 기사이다.

> 平時에는 사족만이 田庄을 소유하고 있을 뿐이요, 백성은 없어서 모두 幷耕해서 먹고산다(《宣祖實錄》 권 140, 선조 34년 8월 무인).

물론 이 말에도 다소의 과장이 섞여 있겠지만, 16세기로 내려올수록 병작반수제가 점차 확고한 영농관행으로 자리잡아 가고 있었다는 경향만은 충분히 짐작케 한다.

조선 전기사회는 농업 경영면에서 몇 가지 영농형태의 복합 구조를 그 기초로 하고 있었다. 즉 경영의 주체라는 면에서 볼 때 지주의 농장형, 소농민의 자영형, 그리고 영세소농 혹은 무전민의 병작형이라는 세 가지 형태가 그것이다. 세 가지는 각기 차원을 달리하는 형태이며, 국가를 직접 상대하는 것은 앞의 두 가지가 중심이 되었다. 그러나 그것은 모두 상호 규정적으로 얽히면서 전개되고 있었다.

그런데 국가경제에서 차지하는 구성 비율을 들자면 역시 소농민 자영형이 기본이 되고 지주지 농장형이 그 다음을 점하고 있었던 것으로 이해된다. 그리고 병작 영농은 초기에는 아직도 농장이나 지주지의 외곽에서 부수적으로 이루어지고 있었는데, 생산력의 발전과 함께 점차 그 독자성을 높여갔으며 특히 16세기로 내려올수록 소농민의 분화에 따라 점차 보편성을 띤 영농 관행으로 자리잡게 되었던 것으로 이해된다.

3) 하층민의 동요

사회경제적으로 보아 생산력의 일정한 발전을 바탕으로 해야만 소유권 위주의 토지지배관계가 정착할 수 있으며, 이를 바탕으로 하고서야 국가 수취제 또한 상대적으로 균평하게 법제화할 수 있었다. 과전법체제는 연작농법이라는 생산력의 바탕 위에서 양민 자영농층을 국가체제의 기본 사회계층으로 파악하고 설정한 것이었다. 전분 6등 · 연분 9등의 공법전세제가 마련되고, 이른바 소경전이라는 토지소유의 다과를 기준으로 공물을 부과 · 수납하는 공납제를 정립시키기에 이르렀으며, 다시 소경전의 다과에 따라 잡역을 부과하는 요역제를 정비하게 된 것도 모두 그러한 사실에 속한다. 보다 실제에 가까운 호적과 군적의 정비를 거쳐 保法이라는 군역제도를 실시한 것도 이러한 의지의 표현이었다.

그러나 그것은 이전 시기에 비하여 한 단계 더 제도화하고 좀더 개선되었음을 뜻하는 것에 불과하였다. 조선 초기에는 국가의 기틀이 잡힌 세종대부터 전국의 호구와 토지의 실세 파악에 더욱 힘쓰는 한편 제반 수취제의 기본을 마련하였다. 세조대에 가서는 기왕의 호적과 군적을 회수하고 실제 그대로의 國勢를 파악하는 새로운 노력을 집중한 결과 전국적으로 대략 70만 호, 400만 구에 85만 명의 군역자를 확보하게 되었다. 이후 16세기에 가서도 80여만 호, 400여만 구 정도의 호구를 파악할 수가 있었다.

그러나 그 실상은 아직도 개략적인 것일 뿐이었다. 먼저 호적과 군적에서도 실세 그대로를 파악하지는 못하고 있었다.

> 이전부터 호구를 조사하여 호적을 만든다는 것은 으레 형식만 갖추는 일이었을 뿐입니다. 遊丁은 전혀 검괄되지 않으며, (군적에) 올라 있어도 流亡한 자가 많습니다. 이 때문에 매번 責立되는 군액은 탈루자가 절반을 넘고 군정은 점점 원액보다 감소하고 있으며, 모자라는 숫자를 대충 채워 넣더라도 모두 保率이 없습니다. 국가는 昇平이 백 년이나 되어 生齒가 날로 번성하는데도 군액의 減耗는 이같이 무섭습니다(《中宗實錄》 권 80, 중종 30년 12월 기묘).

즉 호적이나 군적은 현실을 바탕으로 하여 작성되는 것이 아니라 위로부터의 責立에 따라 형식만 갖추어 편성되는 것이며 그것도 실세와는 많이 괴리된 것이어서 임시방편의 고식책으로만 운용되고 있다는 사실, 그리고 호구는 증가하는데도 군역을 담당할 자는 점점 감소해간다는 사실을 알 수 있다.

호적 못지 않게 중요한 바탕이 되는 量案의 경우도 더 나을 것이 없었다. 量田이란 당시로서는 워낙 정확성을 기하기 어려운 일이었다. 가령 공법전세제가 전국적으로 시행된 초기인 성종대의 전라도 양전에서 일개 군현 전지의 결수가 2, 3천 결, 혹은 3, 4천 결의 차이를 내기도 하였다는 사실[58]이 그

58) 金泰永, 앞의 책, 324쪽 .

것을 잘 말해준다. 각 군현의 양안이 모두 다 冒濫하다는 논란이 일어나자, 성종 자신이 "비록 고쳐 바로잡더라도 폐단은 다시 여전할 것이다"[59]라고 자포자기할 정도로 양안은 지리멸렬한 상태로 운용되고 있었다. 중종 때에는 양전을 논의하는 자리에서 의정부 대신들이 임금에게 다음과 같이 염려스러운 사정을 보고하였다.

> 듣건대 양전의 일은 비록 최선을 다하려 하나 그리되지 않습니다. 그러므로 (새 양안이) 오히려 전 양안만 같지 않으며, 또한 正案도 없다고 합니다(《中宗實錄》 권 62, 중종 23년 7월 임오).

양전·양안제도에 관한 한 조선시대에 와서 크게 개선되었음에도 불구하고 실상은 그러한 것이었다.

이상 호적과 양안의 운용 내용에서 짐작되듯이 국가는 결코 그 구성원인 개별 농민의 호구나 토지를 실세대로 정확히 파악할 수 없었다. 아무리 중앙집권적 전제국가라 할시라도 國勢의 기초 자료가 그같이 미비하고서야 수취제를 실상에 맞도록 정확하게 운용할 수 없었다. 그래서 수취제는 필연적으로 왕권의 대행자로서 현지에 나가 주재하면서 그래도 현지의 사정을 가까이 알고 있는 각 군현의 수령에게 위임하여 운영할 수밖에 없었다. "외방의 軍籍은 그 군현의 殘·盛에 따라 평균 定額하여 국역에 이바지하도록 하는 것이 곧 常法"[60]이며, 貢納의 경우도 "당초 貢案을 상정할 때 반드시 그 군현의 잔·성과 토지의 廣·狹, 物産의 여부를 헤아려 공물의 다소를 책정"[61]한 것으로 제도화하였다. 양자가 다 각 군현 단위 공동체적 책정과 부과의 방법으로 제도화하였던 것이다.

즉 군역과 공물 등 가장 중요한 수취 항목이 각 군현 단위로 책정되고 각 군현은 또한 당해 지역의 군적·田籍 등을 참작하여 각 민호에 배분하여 수취하는 구조로 운용하고 있었던 것이다. 요역도 토지 기준으로 부과되었지만, 이것이야말로 수령의 '用心' 여하가 가장 크게 작용할 수 있는 수취부문

59) 《成宗實錄》 권 57, 성종 6년 7월 계유.
60) 《世宗實錄》 권 20, 세종 5년 5월 정미.
61) 《中宗實錄》 권 27, 중종 11년 12월 경술.

이었다. 다만 전세는 당해 군현의 자의가 개입될 여지가 비교적 적은 편이었지만, 그 상대적 비중이 16세기 이후로는 아주 적었다.

국가의 기본 수취제도가 각 군현을 단위로 하는 공동체적 대응으로 운용될 때 그것은 필연적으로 富實한 군현보다는 쇠잔한 군현에 더 과중한 부담으로 책정되기 마련이었다. 그리고 동시에 지주양반 등 세력가에게는 헐하게, 소농민과 같은 약자에게는 무겁게 분담되는 형태로 구조화하기 마련이었다. 그것은 계층제적 사회구성이 공동체적으로 대응할 때 나타나는 필연적 구조이며 체제였던 것이다.

그러므로 국가 지배지반을 항구적으로 확보하기 위하여 과전법체제는 그 기본이 되는 자영 소농민계층을 보호해 가는 정책을 표방하고 있었지만, 실상 이 시기에는 전세·공물·요역은 물론 군역까지를 모두 부담하는 양민 자영농층의 사회적 분해가 가장 현저하게 진행되었다. 여기에서는 그들을 그렇게 몰락의 방향으로 분해시킨 최대의 요인으로서 防納 등으로 대표되는 공납제의 폐단과 疊徵 등으로 표현되는 군역에서의 가혹한 수탈의 예를 간단히 들어보기로 한다.

공물은 워낙 그 물목이 번쇄하고 수납 절차가 까다로워서 勒徵·代納·點退·引納 등 갖가지 폐단을 동반한 채 가장 무거운 부담으로 되어 있었다. 그 가운데서도 중앙의 勢家·豪商과 각지 수령의 결탁하에 자행되는 방납이 점차 공공연해지면서 공납제의 폐단은 극도에 이르렀다.

① 各司의 하인으로서 방납하는 자는 그가 수납하는 물건을 중간에서 꾀를 부려 백단으로 점퇴한다. 外吏는 부득이 高價를 납부하고 방납인으로부터 사야만 비로소 納官할 수 있다. 그러므로 납관하는 물품은 모두 다 품질이 나쁘니, 특히 任土作貢의 의미가 없다. 더구나 방납인은 重價를 징색하니 羊 한 마리 값이 면포 7同(1동=50匹)에 이르고 貂皮 한 장 값이 官木 4동에 이른다.…다른 물건 값 또한 모두 이같이 高重하다(《中宗實錄》 권 88, 중종 33년 8월 갑인).

② 지금은 여러 군현에서 바치는 많은 공물이 토산이 아니어서 나무에 올라 물고기를 구하거나 배를 타고 뭍짐승을 잡는 일과 같으니 다른 고을에서 轉買하거나 혹은 서울에 와서 사 바칠 수밖에 없으므로 백성의 비용은 백 배나 드는데도 公用은 넉넉지 못하다. 게다가 민호는 점차 줄어들고 전야는 점차 진황되니 왕년에 100인이 바치던 것을 전년에는 10인에게 責辦케 하고 전년에 10인이 바치던 것을 금년에는 1인에게 책판케 하니, 그 형세가 반드시 1인 또한

없어지고 난 후에라야 그치게 될 것이다(李珥, 《栗谷全書》 권 5, 萬言封事, 갑술 ; 선조 7년).

군역은 실상 이 시기 국가체제 유지의 지반이 되는 양민층에게만 부과되고 담당자의 實數와는 관계없이 각 군현별로 군액이 고정된 채 운용되고 있었으므로, 사회분화가 심해질수록 현지에 남아 있는 자에게 2중, 3중의 부담으로 중압되어 갔다. 그리고 16세기에는 실제 立役보다도 代立이 보편화하고 다시 그 代立價 또한 폭등하여 군역은 이제 양민층을 상대로 자행되는 주구적 수탈로 변하고 말았다. 가령 水軍의 경우를 예로 들자면, "당초에 대립가는 통상 1朔에 면포 15필이었는데 그 후 배수가 되어 30필이 되었다가 지금은 4배로 되어 60필에 이르렀으니…우마나 전답을 다 팔아 償納하고 그것도 없는 자는 도산하는데, 당사자가 도산하면 一族切隣에게서 징수하고 일족절린이 도산하고 나면 일족의 일족이나 절린의 절린에게서 징수"[62]할 수밖에 없는 악순환의 확대가 되풀이되고 있었다. 正兵뿐 아니라 奉足의 경우도 마찬가지였다.

① 외방의 양인은 그 역이 심히 괴롭다. 정월에 某人의 봉족으로 이미 立役했는데도 7, 8월에 다시 타인의 봉족으로 입역해야 되니, 이는 1년에 두 번 입역하는 것이다. 그가 지탱할 수 없어 도망가버리면 수령은 그 遠族 遠隣에게 督徵한다. 부득이 전지를 모두 팔아 償納하여도 오히려 모자라 이 역시 도망가버리는데, 그 때문에 한 지경이 마침내 텅 비게 된다. 지금 전지를 가진 자는 사족뿐이니, 허다한 백성이야 누구인들 尺寸의 토지라도 가진 자가 있는가(《中宗實錄》 권 64, 중종 23년 11월 신축).

② 민간의 疾苦가 다단하지만 백성으로서 가장 고된 것은 수령이 백성을 사역하기에 급하여 나이가 차지 않은 자를 혹 군졸로 정하거나 혹은 官所에 사역하는 일이다.…14살에 充軍하는 것도 너무 이른데 지금은 비록 10살이 차지 않았는데도 관에 陳告하는 자가 있으면 으레 장부를 갖추어 두고 이를 혹 官屬으로 정하여 사역하거나 혹은 군사의 봉족으로 지급한다. 백성으로서 아들을 많이 둔 자는 그 고역을 견디지 못하고 그 때문에 破產撤業하여 流離失所하며 혹 절로 도망가서 머리를 깎고 중이 되는 자 또한 매우 많다(李彦迪, 《晦齋全書》 별집 2, 筵說, 임인 ; 중종 37년 윤5월 15일).

62) 《中宗實錄》 권 103, 중종 39년 5월 병진.

실로 16세기의 조선은 사족을 중심으로 한 지주화와 대다수 하층민의 무산화라는 사회분화가 매우 심하게 진행되고 있었다. 여기서 恒産의 근거를 잃고 몰락하며 무산화한 인민대중의 동요는 필연적인 일이었다. 그들 중 "壯實한 자는 사방으로 흩어져 僧徒라든가 群盜로 화하며 늙고 파리한 자는 自存치 못하여 유리도산"[63]하고 있었다. 또한 "승도가 된 자들을 추쇄하면 한갓 군도로 화하여 민간을 요란하게 할 뿐"[64]이라고도 하였다.

실제로 이미 15세기 후기의 세조대부터는 도적이 극성하여 한 군현이나 일개 도만의 일로 끝나지 않고 중앙정부의 대책이 여러 차례 강구되고 있었다. 가령 세조 10년(1464)에는 특히 전라도에 도적이 많이 들끓는 실정이므로 중앙에서 특별히 장수를 파견하여 무려 수백 명을 체포하고 엄히 다스리자 도적의 여당이 敬差官의 本家를 劫掠하는 일이 벌어지기도 하였다.[65] 동왕 11년에는 7월 2일을 기해서 함경도와 평안도를 제외한 6도의 도적을 일시에 체포하는 거사가 벌어지고 그 도적들을 치죄하는 별도의 事目을 마련하여 다수의 경차관을 파견하기도 하였다.[66] 또 예종대의 張永己라는 도적 일당은 수십 명의 당여를 이끌고 전라도 일대를 횡행하다가 현지 관찰사·절도사의 연합 추격을 받자 지리산 남쪽을 거쳐 경상도로 이동하고, 여기에서 관군과 대치하여 저항하다가 다시 쫓기어 전라도로 이동하는 행패를 부리기도 하였다.

그리고 연산군대의 유명한 洪吉童은 玉관자에다 紅包를 띠고 당상관 행세를 하면서 대낮에 무리를 이끌고 병장기를 지닌 채 공공연히 관부에 출입하는 등 대담한 강도짓을 자행하였다. 또 중종연간에는 황해도에서 강도 60여 명이 떼지어 횡행하므로 중앙에서 장수를 파견하여서야 이를 잡을 수 있었는데, 그 무리가 많아 본도 본읍에서 이들을 다 수금할 수가 없는 형세여서 開城府獄이나 京獄 등 이른바 大處로 이송 처리하여야 한다는 논란이 일어날 지경이었다. 나아가 명종대의 임꺽정 사건은 조직적 강도집단이 황

63) 《中宗實錄》 권 87, 중종 33년 2월 계유.
64) 《明宗實錄》 권 33, 명종 21년 8월 정축.
65) 《世祖實錄》 권 34, 세조 10년 8월 무술.
66) 《世祖實錄》 권 36, 세조 11년 7월 기미.

해도를 중심으로 경기와 수도 한성부에까지 출몰하면서 혹 관부를 엄습하는 등으로 여러 해를 노략질한 대규모 저항사건으로 널리 알려져 있는 일이다.

그러나 이들 사건은 아직도 모두 우발적인 것이었다. 그것은 서민 호걸을 중심으로 군도들이 규합되어 民物이나 일부 官財까지를 약탈하는 등 한때의 소동을 부리다 끝나고 마는 것이었다. 그래서 그같이 예외적 사건에 연루될 생각도 기회도 갖지 못한 일반 농민층은 대체로 빈번한 자연적·사회적 재난에 허덕이면서도 자기 고장에 붙박혀 연명해갈 수밖에 없었고, 그 재난이 견딜 수 없는 지경이면 아직도 개별적 유리도산의 길을 택하는 것이 가장 일반적 형태로 나타나고 있었다.

〈金泰永〉

3. 상품의 유통과 공납제의 모순

1) 장시의 발달

(1) 장시성립의 기반

場市는 농촌사회의 구성원인 농민·수공업자 등 직접 생산자층에 의한 상품생산과 이들 서로간의 직접 교역에 바탕을 둔 교환시장 곧 농촌시장(鄕市)이었다. 농민들의 유통기구로서 장시는 15세기 후반에 출현하였고, 16세기에 전국 각지로 확산되어 정기 장시로 자리잡아 갔다. 정치적 중심지인 행정도시와 같은 곳에서의 상거래는 고대부터 있어온 것이지만, 농촌사회에 근거를 가지는 시장은 대체로 이 무렵부터 본격적으로 발달하기 시작하였다. 이러한 농촌상업의 발달은 자연재해나 국가의 부세제도 운영이 계기가 되기도 하였으나, 기본적으로는 고려시대 이래 농민들의 유통경제 참여를 제약해오던 여러 가지 요인이 극복됨으로써 가능할 수 있었다.

장시가 출현할 수 있는 사회경제적 기반을 농업생산력, 생산관계의 변동,

사회적 분업의 확대, 유통경제의 발달 등의 순으로 살펴보도록 하자.[1] 먼저 농업생산력의 측면부터 알아보자. 14세기 이래 농업기술상의 일대 혁신으로 농업경제력은 크게 신장하였다. 재와 인분 등으로 거름을 만들어 논밭에 폭넓게 주는 施肥術이 강구되었고 제초기술도 발달하였다. 그리하여 농업기술사적으로 가장 중요한 단계의 하나인 連作常耕農法의 실현이 가능하게 되었다. 이는 경지의 연작 이용뿐만 아니라, 단위면적의 생산력도 증대시켰다. 연해지역의 저습지나 삼남지방의 바닷가가 크게 개간되는 등 수전농업을 중심으로 농경지도 확대되었다. 신품종의 보급과 확대 또한 이 시기 농업생산력 발전의 커다란 부분을 차지하였다.[2] 특히 목면은 고려말에 도입된 이래, 조선 초기에는 下三道지역을 중심으로 널리 보급되었으며, 세종대에는 북부지역에로의 보급이 정책적으로 추진되었다.[3] 목면재배의 성행은 농민들 의생활의 변화를 가져왔을 뿐 아니라, 면포가 민간 사이의 거래나 부세납부에서 麻布를 밀어내고 正布 혹은 常布로서 교환의 기준으로 자리잡아 감에 따라 농가소득을 증대시켰다. 이러한 농업발전에 따라 농민층은 어느 정도의 잉여생산물을 축적하여 재생산기반을 확대해 나감으로써 시장을 위한 상품도 마련할 수 있었다. 그 결과 농촌에 뿌리를 두는 시장이 광범하게 형성되기 시작하였다.

한편 15~16세기에는 생산력 발전에 따른 농가소득의 증대뿐 아니라, 생산관계에서도 농가경제에 유리한 조건들이 마련되었다. 그것은 다름아닌 수조권적 토지지배의 해체·소멸이었다. 과전법체제로 남아 있던 수조권적 토지지배는 16세기를 경계로 과전법과 함께 그 운명을 다해 갔다. 따라서 상대적으로

---

1) 이와 관련된 연구로는 李景植, 〈16世紀 場市의 成立과 그 基盤〉(《韓國史硏究》 57, 1987)이 대표적이다. 이 부분의 정리에 참고한 연구로는 이외에도 다음의 글들이 있다.

李泰鎭, 〈16세기 東아시아 경제 변동과 정치·사회적 동향〉(《朝鮮儒敎社會史論》, 지식산업사, 1989).

남원우, 〈15세기 유통경제와 농민〉(《역사와 현실》 5, 한국역사연구회, 1991).

홍희유, 〈리조전반기 상업의 발전〉(《조선상업사》고대·중세편, 과학백과사전종합출판사, 1989).

朴平植, 〈朝鮮前期의 行商과 地方交易〉(《東方學志》 77·78·79, 延世大, 1996).

2) 李泰鎭, 《韓國社會史硏究》(지식산업사, 1986) 제4·7·8장 참조.

3) 澤村東平, 《朝鮮綿作綿業の生成と發展》(朝鮮棉花協會, 1941), 1~154쪽.

토지의 사적 소유권이 점차 자리잡아 갔다.[4] 농민들이 자기 토지를 가지고 경작한다는 것은 농업생산력 발전의 성과가 농민의 것이 될 수 있다는 것을 뜻한다. 이제 농민들은 자기 노동생산물에 대해 종전과는 달리 좀더 직접적으로 사유의 권리를 강화하고 행사할 수 있게 되었던 것이다. 농민·수공업자 등 직접생산자가 자기 생산물의 일부를 임의로 자유롭게 서로간에 처분할 수 있는 조건하에서, 생산물의 생산 및 교환·배분이 사적으로 이루어질 수 있었다. 이것이 농촌시장의 출현·성장을 가능케 한 또 하나의 배경이었다.

그리고 15~16세기에는 생산력이 발전하고 토지의 사적 소유권이 성장함과 동시에 사회적 분업도 진전하였다. 匠工人들에 대한 부역제적 운영원리에 입각하여 경영되고 있던 관청수공업체계가 점차 해체됨에 따라 고려시대에 수공업소에 예속되어 있던 수공업자들은 독립적인 전업적 수공업자들로 전환하였다. 이들은 봉건국가의 수요에 따른 공물생산을 담당하는 부담을 벗어날 수는 없었으나, 점차 일반주민들의 소비를 전제로 한 상품생산도 하게 되었다. 도시에서는 지배층의 사치성 수요를 위한 금속세공, 칠물가공, 문방구 생산을 비롯하여 민간의 일용품들을 생산하였고, 농촌에서는 농민들이 가내부업으로 해결할 수 없는 도자기·농기구 등을 생산하였다. 이에 따라 각종 기구 생산을 위한 도자기업과 冶匠業, 그 밖의 일용품의 생산을 위한 수공업의 비중이 높아졌다.

이와 더불어 중세수공업의 주요 부문을 이루는 농민들의 가내수공업도 한층 발전하였다. 이 시기 농민들의 가내수공업은 마포·면포·모시·명주 등을 짜는 직조업과 제지업, 그리고 돗자리·방석 등을 제작하는 자리수공업 등이 중심을 이루고 있었다. 그 가운데서도 가장 큰 비중을 차지한 것은 직조업이었다. 이는 특히 목면을 중심으로 발전하였다.[5]

지역간에 불균형하게 발전하고 있던 이들 수공업은 상업과 교통이 발달함에 따라 상호 분업관계에 서서 상품에 따라 생산지가 정해져 갔다. 이러한

---

4) 李景植, 〈16世紀 地主層의 動向〉(《歷史敎育》 19, 1976).
金容燮, 〈前近代의 土地制度〉(《韓國學入門》, 大韓民國 學術院, 1983).
5) 홍희유, 《조선중세수공업사연구》(과학백과사전종합출판사, 1978 ; 지양출판사, 1989), 170~217쪽 참조.

경향은 기타 산업분야에서도 진행되었다. 따라서 농민들은 농업을 버리고 특정산업으로 轉業하는 일이 많아졌다. "농민들이 工商의 이익에 몰리고 있어, 농민이 날로 감소한다"[6]는 것은 그런 사정을 말하고 있다. 따라서 농업 이외의 다른 산업부문에 종사하는 인구도 늘어났다. 이와 같은 농촌사회에서의 사회적 분업의 전개는 잉여생산물의 교역을 확대시키고 모든 산업부문에서 시장을 목표로 하는 상품생산을 증대시키는 계기가 되었다. 사회적 분업의 확대로 생산물을 교환하려는 사회적 요구는 더욱 높아졌고, 이에 따라 상업은 새로운 발전 단계에 접어들었다.

이처럼 15~16세기에는 농가경제가 성장할 수 있는 여러 가지 조건들이 마련되었고 농민들이 처분할 수 있는 잉여생산물도 더욱 늘어났다. 아울러 사회적 분업도 확대되었다. 15세기 후반 이후 농촌시장으로서의 장시는 이러한 객관적 기반 위에서 성립하고 확산될 수 있었다.

그럼 이제 유통경제의 발달이란 측면에서 장시성립의 기반에 대해 알아보기로 하자. 농민의 사사로운 교역은 오래전부터 있었다. 이미 고려초에 그 형세는 일반화되어 농민들의 교역은 市를 이룰 정도의 수준이었다. 그러나 고려의 시는 행정중심지인 州縣에만 섰던 州縣市였다. 開市장소는 관아근처였고, 시는 한낮에 열렸으며, 관리와 농민 등 상하층 모두가 참여하였다. 교역에 錢幣는 사용하지 않았고 다만 米·布로 무역하고 있었다. 낮에 시가 열렸다는 사실은 교역자들이 개시처 근처에 거주하는 민인들이었음을 전하여 준다. 15세기 후반의 장시처럼 농민·수공업자 등 직접 생산자들이 중심이 되거나 수개 촌락의 민인들이 하루에 왕복하면서 교역하기 편리한 교통상의 요지에 열리고 있지는 못하였다. 다만 농민·수공업자 등 직접 생산자 사이에 교역이 이루어지고 있던 점, 그리고 교역매개물인 미·포가 이미 화폐로서의 일반적 등가기준으로 정착하고 있던 점 등을 감안해 볼 때 주현시는 조선 전기의 장시와 같은 성격의 시장이었음을 알 수 있다. 그러나 장시 바로 그것은 아직 아니었다. 이러한 시는 조선 전기의 장시에 선행하는 농민교역처였다.[7]

이처럼 고려시대 농민의 교역은 조선 전기의 장시처럼 시를 이루고는 있었으

---

6) 《世宗實錄》 권 69, 세종 19년 9월 경오.

7) 李景植, 앞의 글(1987), 75~79쪽.

나 개시지역, 교역참여자, 출시일 등에서 완전한 농촌시장으로 성립하지는 못하였다. 그나마 주현시는 내적인 사회변동과 외침이 잦았던 13~14세기간에는 자취를 감추었다. 이 점이 이 시기 농민의 교역이 갖고 있던 한계와 특징이었다.

시장은 이러한 교역수준에 있던 15세기까지는 아직 항상 혹은 규칙적으로 나타나지 않았다. 15세기 중반까지도 "지금 우리 나라는 京都에는 시가 있으나 각 도의 州郡에는 모두 시가 없다"[8]고 하듯이 지방장시는 형성되어 있지 않았다.

장시가 형성되기 이전에도 물론 농민들은 여러 가지 형태의 교역을 하고 있었다. 농민들은 자신이 생산한 농산물이나 가내제품을 내다팔아 그들이 필요로 하는 생활용품이나, 부세로 내는 물품 또는 화폐를 마련하고 있었다. 이러한 교역은 농민상호간에 '有無相遷'의 형태로 이루어지기도 하였고, 지역간을 이동하면서 상업을 하는 행상과 교역을 하기도 하였다. '抑賣 · 抑買'라고 표현되는 강제교역에 의한 것도 있었다.

농민들이 유통경제와 맺는 이러한 교역형태들이 지방장시의 성립과는 어떤 관계가 있는지 하나씩 살펴보기로 하자. 먼저 '유무상천'식의 교역은 "있는 것으로써 없는 것을 바꾸며 적은 것으로써 많은 것을 바꾼다"[9]고 하는 것으로, 민들 사이에서 가장 연원이 오래되고 익숙한 교역형태였다. 즉 농민 자신이 직접 생산한 물품을 가지고 가서 그들에게 필요한 생활용품과 서로 바꾸는 교역을 말한다. 농민간의 이러한 교역은 개인 사이에서 필요에 따라 이루어지기도 하였으나, 교역이 증대됨에 따라 특정한 장소에 모여서 이루어지기도 하였다. 이미 12세기 《高麗圖經》의 기록에 나타나듯이 주현의 관청주변에 市가 열리고 있었다. 이런 주현시는 비록 유무상천의 교역수준을 보이고 있지만, 그 규모는 단순한 물자교환의 단계를 넘어선, 중국 宋代의 江南지방 촌의 정기장시인 墟와 비견될 정도로 활발하였다.[10] 이러한 주현시는 15세기 후반 장시가 성립되기 이전까지 주요한 교역장소였던 것으로 이해된다. 다만 그러한 교역은 불규칙하게 이루어지고 있었다. 유통량이 아직 규칙

---

8) 《世宗實錄》 권 59, 세종 15년 정월 임신.
9) 《世宗實錄》 권 89, 세종 22년 5월 경술.
10) 徐兢, 《高麗圖經》 권 3, 貿易 및 권 19, 民庶.
李景植, 앞의 글(1987), 76~78쪽 참조.

적인 장시를 출현시킬 정도에 이르지는 못하였기 때문이다.

지역권을 넘어서 여러 지역을 돌아다니며 상업을 하는 행상과의 교역도 농민교역에서 주요한 기능을 담당하는 또 하나의 교역형태였다. 행상들은 주로 농촌사회에서 공급이 부족한 물품을 보충하거나, 기타 구하기 어려운 여러 가지 수공업제품과 소금·생선 등의 수산물을 농민들에게 제공하고 있었다. 농민들은 이들을 통하여 그 지역에서 구하기 힘든 생활필수품이나 일용품을 구입하고, 또한 공물 등의 부세납부를 위한 필요한 물품들을 마련하고 있었다.

지방행상들은 배를 이용하여 보다 널리 활동하기도 하였다. 이들은 水商 혹은 船商으로 불렸다. 그 가운데는 생선을 잡아서 판매하는 자들로부터 소금·미곡 등의 물화를 운송하여 운임을 받거나, 이를 직접 판매하는 자들까지 여러 부류가 있었다. 이러한 선상들의 활동의 하나는 漕運이었다. 조운은 가장 조직적이고 규모가 큰 운송체계였다. 따라서 이러한 조운망을 중심으로 한 지방유통기구도 형성되고 있었다.

지방행상은 조선 초기에 들어서면 아직까지도 양반지주층이나 관청을 주요고객으로 하고 있었지만 농민들을 대상으로 하는 상업활동도 점차 확대하여 갔다. 그에 따라 상업에 종사하는 농민의 수도 늘어났다. 농민들의 유통경제로의 참여는 더욱 촉진되었다.

한편 강제적인 교역도 널리 행해져오던 주요한 교역형태의 하나였다. 특히 고려시대에는 농민 잉여생산물의 대다수가 사원·궁원·양반·토호 등 여러 지배세력들에 의해 反同·互市의 이름으로 강제 교역되었었다.[11] 반동과 같은 강제교역이 가능했던 까닭은 이들 지배층이 수조권을 매개로 농민 및 그 생산물에 대하여 그만큼 강한 지배력을 행사할 수 있었기 때문이다.

佃客의 유통경제, 농민의 교환경제가 한 단계 더 발달하자면, 이 같은 제약이 해소되어야만 하였다. 고려말 과전제도의 시행은 농민들로 하여금 지금까지 지배층 전주가 가하던 여러 가지 징렴으로부터 벗어날 수 있는 계기를 마련하여 주었다. 전객들은 끊임없는 對田主抗爭을 통하여 소유권을 강화해 나갔고, 이에 병행하여 자기 잉여 생산물을 임의로 처분할 수 있는 자유 곧

11) 《高麗史》 권 85, 志 39, 刑法 2, 禁令 우왕 14년 8월.

스스로에게 유리한 교환시장을 만들어 갈 수 있는 여건도 확보하였던 셈이었다. 이에 抑賣·抑買의 강제적 교역관계에서 벗어날 수 있었다.

강제교역은 15세기에 들어와서도 여전히 관행으로 남아 있었지만 고려시대처럼 농민의 교역을 주도할 정도는 아니었다. 그것을 수행하는 주체도 관권으로 범위가 축소되었고, 농민의 전체 교역에서 차지하는 비중도 줄어들었다. 농민 사이의 교역이 확대되고, 행상들과의 교역이 활성화되었던 것은 그러한 추세를 보여준다. 관권에 의한 강제교역도 주로 상인들에 의해 주도되었다.[12]

이상 유통경제의 측면에서 볼 때, 직접 생산자 상호간의 교역이 보다 활성화되었고, 농민을 대상으로 한 지방행상의 활동도 확대되고, 상업에 종사하는 농촌소상인도 늘어났다. 그리고 농민들은 抑賣·抑買의 강제교역에서도 벗어날 수 있었다. 이런 여러 조건들의 성숙은 농민들의 독자적인 시장기구가 성립할 수 있는 기반이 되었다.

(2) 장시의 성립과 확산

15세기 중세사회가 재편성되고 사회적 생산이 증대됨에 따라 상품유통에 대한 사회적 요구는 급격히 늘어나 시장경제는 도시상업 범위에서 벗어나 지방으로 확대되어 갔다. 1430년대에는 정부에서도 화폐유통공간의 확보를 위해서라도 지방에 향시(場)를 널리 설치하는 것이 필요하다고 인정하게 되었다.[13]

장시는 당초 場門이라고 불렸다. 정부에서 장시의 출현에 대하여 거론하기는 성종초인 1470년대부터였다. 당시 정부는 전라도 務安 등 여러 읍에서 이익을 꾀하는 무리들이 장문을 열어 민에게 해를 끼친다고 보았다.[14] 그런데 무안·羅州 등 물산이 풍부한 여러 읍에서 대흉황을 맞게 되자 사람들이 서로 모여 市鋪, 곧 장문을 열었다. 그리고 여기에 의뢰하여 흉년을 넘겼다. 그러자 정부에서는 救荒의 차원에서라도 그 설립을 허락할 수밖에 없었다.

---

12) 남원우, 앞의 글, 89쪽.
13) 《世宗實錄》 권 59, 세종 15년 정월 임신.
14) 《成宗實錄》 권 20, 성종 3년 7월 임술.

이에 외방의 큰 읍이나 인민이 번성한 곳에 시포의 설치가 허락되었다.[15]

그후 장문은 도적들이 장물을 파는 곳으로 이용하였기 때문에 도적이 흥행하는 이유가 된다고 하여 그 설치에 부정적인 시각도 다시 등장하였다.[16] 그러나 구황에 도움이 되니 흉년에는 폐할 수 없다는 것이 왕과 중앙관료들의 일반적인 입장이었다. 특히 성종은 있는 것과 없는 것을 바꾸는 것 자체를 금할 수는 없다고 하여 장문폐지가 불가함을 주장하기까지 하였다.[17] 이는 당장은 진휼의 방편이나 화폐통용을 위한 매개수단으로 활용하기 위한 데에서 기인하는 현상이었지만, 결국은 務本抑末의 방침하에 장시금지책을 세우고 있던 조선이 농민층 서로간의 교역행위 및 그 시장기구를 승인하는 단계로 나아가는 단초가 되었다. 이처럼 소농경영의 안정을 위해서 장시의 필요성은 인정되었다.[18]

凶歉은 장시출현 이전이나 이후 어느 시기에나 만성적으로 내습하는 자연재해였지만,[19] 이런 자연재해는 장시 내지 유통이 발달할 수 있는 계기가 되기도 하였다. 수재나 한재 등으로 말미암아 수확이 저조하여 많은 농민들이 굶어 죽기에 이른 때에는, 형편이 보다 나은 지역으로부터 부족한 지역으로 미곡이 대량으로 유출되고, 때로는 이 과정에 투기가 유발되어 커다란 사회문제가 되기도 하였다. 농민들은 그들이 필요로 하는 식량을 비록 높은 가격을 지불하고서라도 상인들로부터 구입하지 않을 수 없었다. 세종 19년(1437) 하삼도지역에 흉년이 들어 공주 등지에서 미 2두의 값이 면포 1필로까지 폭등하자, 흉년이 비교적 덜한 북부지역에서 쌀을 사서 남부지역에 파는 상인들의 행렬이 길에 이어지고 있었다.[20] 이는 자연재해로 인한 미곡가격의 지역차를 이용하여 상인들이 활발한 상업활동을 벌이고 있었음을 잘 보여준다.[21]

앞에서도 지적하였듯이 15세기 후반의 장시가 흉년에 농민들이 활로를 찾

---

15) 《成宗實錄》 권 27, 성종 4년 2월 임신.
16) 《成宗實錄》 권 204, 성종 18년 6월 무자.
17) 위와 같음.
18) 《中宗實錄》 권 31, 중종 13년 정월 임자.
19) 이 시기 자연재해에 관하여는 오종록, 〈15세기 자연재해의 특성과 대책〉(《역사와 현실》 5, 1991) 참조.
20) 《世宗實錄》 권 76, 세종 19년 2월 기사.
21) 남원우, 앞의 글, 77쪽.

기 위해 마련한 것이란 점이 집권층에게는 공통된 인식으로 자리잡고 있었다. 따라서 전반적인 '抑末'의 분위기 속에서도 "흉년에는 장문이 구황에 유익하다"고 인식되었다. 그렇기 때문에 16세기초에 이르면 흉년에 진휼책의 하나로서 장시의 설치가 건의되기도 하였다.

그렇다고 장시의 전국적인 확대와 지속적인 보급이 모두 흉황에서 유발되었던 것은 물론 아니었다. 장시가 출현하고 확산될 수 있었던 근본 원인은 이 시기 농민들 사이에 장시를 둘러싼 이해관계가 새롭게 형성된 데 있다고 보아야 할 것이다. 농민들이 장시를 이용하는 이유는 장시에서 교역에 수반하여 얻어지는 이득이 농민·수공업자에게 곧바로 귀속되었기 때문이다. 직접생산자들은 자신들의 판매물이나 필요로 하는 수요물을 상인을 통하는 것보다 비싼 값으로 판매하고 싼값으로 살 수 있었다. 농촌시장으로서의 장시가 성립하게 되는 기본 동기는 바로 여기에 있었다. 이처럼 장시는 직접 생산자들의 커다란 이해관계가 걸려 있는 교환시장이었다. 장시는 농민의 새로운 교환시장으로서, 이전에는 없었던 유통기구였다. 그리하여 전라도 장문은 서울의 시와 같은 것으로 인식되었다.[22]

전라도 무안 등 여러 읍에서 장시가 처음 발생하였을 때는 월 2차례씩 출시하였다. 농민의 교역활동이 더욱 활발하여지자, 장시는 각 도·각 읍으로 확산되어 갔다. 수요가 늘어감에 따라 출시 횟수도 증가하였다. 이러한 현상은 16세기 초반에 들어서면서 현저하게 나타났다. 중종 11년(1516) 충청도의 장시는 민원에 따라 중앙에서 허락하였고,[23] 곧 이어 경상도에서도 등장하였다.[24] 중종 15년에는 "지금 여러 도에 모두 場門(鄕市;原註)을 설치하였다"[25]라고 하는 상태에 이르렀다. 도내에서도 그 수가 증가하였고 전라도에서는 더욱 성행하여 출시하는 자가 수만여 인이나 되었다.[26] 그리하여 "지금은 방방곡곡에 출시하지 않는 곳이 없다"라 하기도 하였다.[27] 특히 서울에는 외방에서 사람들

22) 《中宗實錄》 권 8, 중종 4년 6월 갑자.
23) 《中宗實錄》 권 27, 중종 11년 12월 정미.
24) 《明宗實錄》 권 3, 명종 원년 2월 무신.
25) 《中宗實錄》 권 38, 중종 15년 3월 기유.
26) 위와 같음.
27) 《中宗實錄》 권 31, 중종 13년 정월 임자.

이 몰려들어 曲坊委巷에 출시하지 않는 곳이 없다고 할 정도였다.[28]

16세기 중엽에 이르면 월 3차례씩 출시하는 곳도 있어서 10일장도 생겨나고 있었다. 16세기말에는 경기지방에서도 여기저기 출현하였다. 임진왜란을 거친 뒤로는 더욱 성행하였으며, 출시 횟수도 장시의 수적인 증가와 더불어 잦아지고 있었다. 17세기로 넘어설 무렵에는 한달 30일 가운데 장이 서지 않는 날이 없다고 할 정도에 이르렀다. 이러한 사정은 선조 40년(1607) 사헌부에서 "열읍 장시가 적어도 3, 4처 아래로는 내려가지 않는다. 오늘은 이 읍에 나가고 내일은 이웃 읍에 나간다. 또 다음날은 또 다른 읍으로 나가 한달 30일 내에 장이 서지 않는 날이 없다"[29]라고 한 데서 잘 드러나고 있다.

그러나 당시 장시는 3, 40리 지점마다 설치되고 5일장으로 진전하고 있었으면서도, 아직은 수 개의 장시가 완전히 하나의 장시권으로 연결되지는 못하였다. 물자가 풍족하고 교통이 편리한 점에서 선진지대라 할 林川·韓山 일대조차 그런 형편이었다.[30] 이는 소상품의 생산·유통·수요의 단계가 이 정도에 머물고 있었다는 한계를 말하여 준다.

16세기에 장시는 농촌시장으로 성립하는 단계에 있었으며, 이제 비로소 장시권형성의 초기 단계에 들어섰다고 할 수 있다. 16세기 전 기간을 통하여, 장시의 수는 증가하고 그 출시 횟수는 늘어갔다. 이는 그만큼 농민층의 교역이 성행하고 교역물자에 대한 수요가 증대하고 있었음을 뜻한다. 농민·수공업자의 소상품 생산과 유통은 활발하여지고 있었으며, 이들의 물자 구득은 장시에 의존하고 있었다. 이처럼 장시는 농민경제의 유통기구로서 확고한 자리를 잡고 발달하여 갔다.

농민들의 교역이 전적으로 장시에만 의존하고 있었던 것은 아니지만 선상이나 負褓商을 통한 물자취득은 농민의 직접적인 교역활동에 부수되고 이를 보충하여 주는 데 지나지 않았다. 농민교환시장의 중심은 어디까지나 장시였다. 농민이 유통경제와 불가분의 관련을 갖고, 농업경영 또한 이와 깊은 관계를 맺어 감에 따라 농촌사회는 변동하여 갔다.

---

28) 《中宗實錄》 권 21, 중종 9년 11월 계유.
29) 《宣祖實錄》 권 212, 선조 40년 6월 을묘.
30) 李景植, 앞의 글(1987), 55~56쪽.

(3) 화폐경제의 발달

장시의 성립과 함께 유통경제의 발달이 새로운 국면에 접어들었고 이에 따라 화폐경제에도 큰 변화가 생겼다. 그것은 원거리 교역의 비중이 컸던 종래 유통체계의 그것과는 근본적으로 다른 것이었다. 화폐는 고대에 이미 출현한 것으로서, 그 역사 자체는 매우 오래이다. 그러나 화폐가 출현하였다는 것과 화폐를 통용함으로써 통합적인 경제체계가 확립하였다는 것은 차원이 전혀 다르다.

15세기 후반 이후 농민들은 장시와 연관하여 스스로 독자적인 화폐경제를 만들어 내고 있었다. 교역의 가치척도인 화폐가 농민 중심으로 성립하여 갔다. 이른바 布貨經濟가 그것이다.[31] 銅錢制는 15세기 초반 이미 포기되었으며 國幣로는 布(正布·苧布·細布)와 楮貨가 사용되고 있었다.[32] 그런데 저화는 당초부터 그 사용범위가 제한되었을 뿐 아니라, 관에서 만들어 내기 때문에 유한하고 실제로는 쓸모 없는 명목화폐였으며 게다가 공신력도 약하였다. 이에 비하여 면포는 민간에서 직조되기 때문에 무궁하고 수용도 절실한 물품화폐였다. 그리하여 저화는 마침내 통행되지 못하고 오로지 면포만이 국폐로서 공식적으로 인정받아 유통되기에 이르렀다. 아울러 아직까지 법적 규정은 보이지 않고 그 규모도 제한적이었으나 미곡도 교환수단으로 이용되고 있었다.[33]

이처럼 면포가 일반적인 유통수단으로 사용되자 그 수요가 급증하였다. 그에 따라 麤惡綿布가 유행하였다.[34] 15, 6세기 포화는 五升布를 기준으로 삼았다. 1승은 80올이므로 5승포란 곧 400올로 짠 면포를 가리킨다. 16세기에는 3승포·4승포 등이 常布란 이름으로 널리 통용되기도 하였다. 이것들은 5승포보다 훨씬 거칠게 짜여졌다. 추포 또는 악포라고까지 불렸던 2승포는

---

31) 李泰鎭, 앞의 책(1989), 95~104쪽.

32) 《經國大典》 권 2, 戶典 國幣.

33) 高錫珪, 〈16·17세기 貢納制 개혁의 방향〉(《韓國史論》 12, 서울大, 1985), 204~205쪽.

34) 이 시기 면포의 화폐적 기능에 대하여는 宋在璇, 〈16세기 綿布의 貨幣機能〉(《邊太燮博士華甲紀念史學論叢》, 1986) 참고.

너무 성글어 옷감으로 사용할 수 없을 정도였다. 올 수가 성글었을 뿐만 아니라 길이도 짧아서 1필당 30척 이하로 35척의 기준을 채우지 못하는 것이 많았다. 이렇게 기준에 미달하여 실생활에 사용할 수 없는 면포가 만들어졌던 까닭은 바로 경제적인 목적 곧 화폐로서의 용도 때문이었다. 5승포보다 훨씬 적은 규모의 거래에 활용하기 위해 그러한 낮은 질의 포를 만들었다고 볼 수 있다.

농촌사회를 배경으로 하는 지방장시 발달을 비롯한 당시 사회의 여러 발전적인 변화들로 미루어 볼 때 2승포·3승포 등은 농민들의 일상생활과 관련하여 성립한 소액환이라 할 수 있다. 소액환으로서의 常布, 고액환으로서의 正布, 그 위에 銀이 통용되는 것이 당시의 화폐체계였던 것이다. 당시의 경제는 이러한 체계를 갖춘 나름대로 발달한 화폐경제의 틀을 갖추고 있었다.[35]

한편 추악면포가 유행함에 따라 포가 지닌 본연의 물품가치를 상실하는 경우가 많이 발생하게 되었다. 정부는 이에 대한 조치로 악포의 사용을 금지하기 위한 여러 가지 대책을 강구하였다. 그 방편으로 "織造者 및 짧게 잘라 쓰는 자, 2승포·3승포를 造作하는 자는 초범에 杖一百 徒三年하고, 재범에 全家를 변방으로 강제 이주시키고 尺短布를 行用하는 자는 杖八十 등에 처한다"[36]는 처벌규정을 마련하여 악포의 통행을 금하고자 하였다. 이후 이 규정은 "직조한 사람은 초범이라도 全家를 변방에 入居하도록 하여야 한다"[37]는 등으로 보다 강화되었다.

이처럼 악포의 사용금지에 대한 논의가 집중되는 가운데도 여전히 포가 가장 일상적인 교환수단이었다. 그러나 점차 포에 비해 상대적으로 문제가 적은 米가 교환수단으로서 선호되기 시작하였다. 이 같은 미의 선호경향과 함께 미곡의 생산증대는 미가 교환수단으로 성장할 수 있는 배경이 되었다. 미곡이 교환수단으로 자리잡는 과정은 곡물이 상품화하는 과정과 궤를 같이 하였다. 곡물의 상품화는 15세기에 이미 나타났으며 16세기 이래 상품경제의

35) 李泰鎭, 앞의 글, 102~103쪽 참조.
36) 《中宗實錄》 권 40, 중종 15년 9월 경오.
37) 《中宗實錄》 권 49, 중종 18년 10월 무오.

발달에 부응하여 촉진되었다. 17세기말에 이르러서는 곡물가격이 지역적 차이를 극복하여 전국적으로 균등한 상태를 보일 정도였다.[38]

(4) 상공인구의 증가와 상업정책의 변화

장시의 성립과 확산, 화폐경제의 새로운 발달 등 유통경제의 활성화로 상업이윤을 추구하는 경향이 두드러지자 적지 않은 농민들이 상인으로 전화하였다. 농민들이 상인으로 전화하여 가는 추세는 특히 지방장시의 발전에 의하여 더욱 촉진되었다. 지방에서 장이 늘어나는 데 따라 농민층의 생산활동은 이와 연계되는 정도가 깊어져 갔고 상공인구도 늘어갔다. 한편 도시상업이 성장함에 따라 도시주변 농민들이 상인으로 전화하는 일도 많아졌다. 이렇게 해서 상인의 숫자는 예전보다 배에 이른다고 할만큼 현저히 늘어났다.[39] 서울 주변의 여러 읍민 중에는 전토를 팔거나 다른 사람에게 대여하여 병작을 맡기고 서울로 들어와 상업에 나서는 이들도 늘어갔다.[40] "本에 힘쓰는 자는 적고 末을 좇는 자는 많다"[41]라거나 "末은 더욱 많아지고 食은 더욱 적어진다"[42]라고 하듯이 상업에 종사하는 인구가 증가하는 것은 농업이 이득이 적고 상업은 이익이 많은 데서 오는 당연한 추세였다.[43]

이처럼 상업에 투신하거나 아니면 적어도 상업을 겸하는 인구가 늘어나는 것은, 상업이득이 상대적으로 높다는 점이 중요한 요인이지만, 농민층 분화에서 비롯되는 측면도 적지 않았다. 장시를 통해 직접 생산자가 이득을 취하게 되자, 농촌사회 내부에서는 장시에서 판매할 것을 목적으로 물품을 생산하는 추세가 진전되어 갔다. 이런 상황에서 농민·수공업자들 중에는 각기 좀더 이득을 얻고자, 점차 원료작물을 전문적으로 재배하고 물품의 생산규모를 증대시키는 방향에서 경영을 추진하여 가는 이들이 늘어갔다. 그리고 이

---

38) 高錫珪, 앞의 글, 205~207쪽.
39) 《中宗實錄》 권 30, 중종 12년 11월 무술.
홍희유, 앞의 책, 146쪽 참조.
40) 《中宗實錄》 권 52, 중종 19년 10월 계사.
41) 《中宗實錄》 권 8, 중종 4년 6월 갑자.
42) 《明宗實錄》 권 5, 명종 2년 2월 기축.
43) 《中宗實錄》 권 33, 중종 13년 5월 병인.

과정이 점차 경쟁적으로 진행되면서는, 이들 직접생산자 서로간의 분화·분해도 갈수록 커져 갔다. 이를 배경으로 아예 상업으로 전신하는 이들도 더욱 더 배출되었다. 이것은 말업인구의 증가로 나타난 농민층 분화의 양상이었다. 이 시기 농민층 분화는 기본적으로는 지주제가 확대됨에 따라 한편으로 토지를 겸병하고 다른 한편으로 토지를 상실하는 대립적인 사정에서 비롯되었다. 그러나 이제는 장시와 관련한 농업경영을 통해서도 농민층 분화가 진행되고 있었던 것이다.[44]

장시와 결부되어 농민들의 교역활동이 성행하고, 상업으로 전업하는 일과 같은 현상들이 광범위하게 일어나자 정부에서는 이러한 사태를 매우 우려하였다. 따라서 장시는 초반에는 금령대로 일단 폐지되었다. 그러나 이는 잠시뿐이었다. 정부에서도 곧 그 필요성을 부분적이나마 인정하지 않을 수 없었다.

장시가 출현한 지 10여 년이 지난 성종 18년(1487) 무렵에 오면 정부 특히 국왕의 자세가 바뀌고 있었다.[45] 이 무렵에 와서는 '捨本逐末'이니 '物價騰踊'이니 하는 폐해보다는 오히려 흉황에 유익하고 有無를 교역한다는 기능을 더 중시하는 데로 바뀌고 있었다. 즉 정부의 억말책에 변화가 나타나고 있었다.

그러나 단순히 흉황에 도움이 된다는 점만으로 정부의 인식이 바뀔 수 있었던 것은 아니었다. 이 시기 농민층 분화가 점차 심화하여 농민의 몰락·도산이 가속화하면서 도적도 성행하고 피역농민도 늘어나고 있었는데, 이들은 장시를 새로운 활동처의 하나로 활용하고 있었다. 농민의 도산, 도적의 성행은 지주제의 발달, 부역제의 모순 등 사회경제 체제상에서 야기되는 농민층 분화의 한 양상이었다. 이 체제를 유지할 수밖에 없는 정부는 이들 몰락농민, 도산농민의 생계를 어떤 식으로든 유지하도록 도와주지 않으면 아니 되었다. 이런 사태에 대하여 여러 가지 방책을 강구하고 있던 정부로서는 장시가 이들을 추스릴 수 있는 방편이 될 수 있다는 현실을 받아들이지 않을 수 없었다. 바로 이러한 사정에서 정부의 억말책에도 변화가 나타났던 것이다. 장시의 보급·확산에 대해, 조정내에서 금지안이 틈틈이 제기되는 속에서도, 중종대에는 새로 세워진 장시만 폐지하자는 의견으로 좁혀지더니, 명종·선

44) 李景植, 앞의 글(1987), 59쪽.

45) 《成宗實錄》 권 204, 성종 18년 6월 무자.

조대에는 출시일을 같게 하자는 데로 방침이 변경되었다. 조선정부의 억말책은 쇠퇴하고 있었다.

무본억말책이란 국가권력 및 양반지배층이 유통경제의 독점을 유지하기 위해 내세운 상징적인 정책에 지나지 않았다. 따라서 그 속에서 장시는 출현하였고 또 성장하면서 마침내는 이러한 장벽을 무력하게 하였던 것이다. 결국 이는 지배층 일부에서 여전히 장시금지책의 유지를 강경하게 요구하였음에도 불구하고, 농민교역이 성장하고 물자유통이 활발하여지는 사회경제적 조건의 변화에 처하여 왕이나 정부관료들이 장시금지라는 종전의 정책을 변경시키지 않을 수 없었음을 말하는 것이었다.[46]

2) 공납제의 폐단과 방납

(1) 공납제의 문제점과 폐단[47]

조선 건국 이후 세종대에 이르기까지 정부의 재정은 고려의 遺制 위에서 방대한 貢案에[48] 의한 수입으로 유지되었다. 따라서 재정적인 면에서 수지의 적합성은 고려되지 못하였다. 이에 민의 부담을 덜어주고 경비지출의 규모를 세우는 등 재정제도를 정비하게 되는 것은 세조대를 거쳐 성종연간에 이르러서였다.

세조 10년(1464)에 이르면 이러한 공안에 개정을 가하여 공액을 크게 경감하였고, 성종대에는 이를 다시 줄였다. 한편 수지의 균형을 이루고자 橫看을 제정하여 지출의 규모도 정하였다. 세조대에는 국가의 경비 전반에 걸친 經

---

46) 李景植, 앞의 글(1987), 74쪽.

47) 이 부분에 대하여는 高錫珪, 앞의 글을 주로 참고하였다. 그 밖에 田川孝三, 〈貢納・徭役制の崩壞と大同法〉(《李朝貢納制の研究》, 東洋文庫, 1964)과 金玉根, 《朝鮮後期經濟史研究》(瑞文堂, 1977) 등이 참고된다.

48) 貢案은 원래 貢物뿐 아니라 田稅 및 諸稅도 포함하여 이를 세목으로 분류, 그 상납읍・액수 그리고 상납자의 이름 등을 자세히 기록한 장부였다. 그러나 조금 늦은 시기의 기록이긴 하나 《宣祖實錄》 권 42, 선조 34년 10월 을유라든가 《孝宗實錄》 권 21, 효종 10년 2월 무자 등의 기록에서 보이듯이 대개 공안은 양안・호적과 병렬적으로 사용되고 있었다. 따라서 공안이라 하면 土貢과 田貢에 대한 수입장부였다고 보아 무방할 것이다.

費式例를 查定하여 횡간을 撰定하였고, 성종 4년(1473)에는 세종 말년에 정해진 各司 일부의 公用造作에 관한 式例(造作式例)를 완성하여 그 횡간을 작성·印行하였다. 이렇게 제정된 공안 및 횡간은《經國大典》戶典 經費條에 "모든 경비는 횡간과 공안을 사용한다"라고 법제화되어 국가의 경비 전반에 걸친 기반이 되었다. 이는 이후의 재정운영을 구속하였으며, 아울러 선초 貢納制의 성격도 결정하였다.

그러나 이처럼 정비된 공납제는 그 제도 및 운영상에 몇몇 문제점을 내포하고 있었다. 첫째, 공안 및 횡간이 갖는 한계성이었다. 즉 貢額이 장기적으로 고정되어 있었다는 점과 공안에 그 지방에서 생산되지 않는 '不産貢物'이 分定되고 있었다는 점이다. 전자의 경우 공안의 공액은 한번 정해지면 장기간 부동적이었다. 이처럼 신축의 자유가 고려되지 않았기 때문에 재정이 부족한 경우에는 引納·別貢이나 別用 등 별도의 수단을 이용하였다. 따라서 공안·횡간에 따른 예산제는 원칙이 준수되기 어려워 언제든지 허구화될 가능성을 내포하고 있었다. 한편 후자의 경우, 공물 분정의 원칙은 이른바 '任土作貢'으로서, 각 지방의 토산에 따르도록 되어 있었다. 그러나 실제로는 불산공물이 분정되는 경우가 많았다. 불산공물은 민이 그것을 마련하는데 가장 고통을 겪는 것이었으며 따라서 防納의 길을 열어주는 일차적 요인이었다. 때문에 공안의 개정을 통한 불산공물의 조정은 실로 역대의 현안이었다.

둘째, 공물상납과정에서 나타나는 비리행위로 點退·防納의 문제가 있었다. 우선 공물상납과정을 보면 다음과 같다. 각 지방 수령은 공안에 따라 분정·부과된 공물을 管下의 민호로부터 課徵하거나, 향리·所屬公奴·匠人 혹은 上番軍士 등을 사역하여 마련한 다음, 이를 貢吏로 하여금 정부 각 사에 직접 납입케 하였다. 공리는 상경 후에 통상 本官의 京邸(京在所)에 머물면서 京主人의 알선에 의해 공물을 납입하였다. 각 사는 이 상납물자에 대한 看品을 실시하였으며 이 과정에서 합격품만이 납입되었다. 관원의 간품은 대부분 형식적이었으며, 실무는 吏員·奴僕에 맡겨졌다. 이들은 점검의 직권을 빙자하여 공리에게 賄賂를 강요하였고 응하지 않으면 합격시키지 않았다. 이러한 행위를 '點退'라 하였다. 이처럼 철저하지 못한 공물의 상납절차 안에서 점퇴라는 수단을 악용한 방납모리의 행위가 나타났다.

셋째, 민호에 대한 부과규정의 미비라는 문제가 있었다. 공물을 최종 부담자인 민호에게 어떻게 나누어 거둘 것인지에 대한 규정이 명백하지 않았다. 공납제에서 田結數가 공물부과의 기준이 되었다고는 하나 이는 단지 부·목·군·현 각 관의 등급에 따라 일방적으로 결정되었을 뿐, 실제의 전결수가 단위가 되었던 것은 아니었다.[49] 더구나 민호의 소유전결이 기준이 되었던 것은 더욱 아니었다. 따라서 각 읍을 단위로 나누어진 공액을 실제로 민호에 어떻게 부과하였는가는 분명하지 않다. 이를 엿볼 수 있는 근거로는 《朝鮮王朝實錄》에 보이는 "戶口·田籍을 계산해서 貢賦를 정한다"[50], "무릇 貢賦·徭役은 민이 경작하는 田地(所耕田)의 結負數에 따라 정한다"[51] 등의 기록이 있다. 이로 미루어 計田籍民法에 의해 정해지는 호의 등급을 따라 出役의 기준을 세우는 役民式에 의하였을 것이라고 짐작할 뿐이다. 그리고 이것이 《경국대전》 戶典 徭賦條에 "무릇 전지 8結에 1夫를 낸다"라고 규정될 수 있었다고 본다. 그러나 역민식을 따른다 하더라도 이 조항은 원래 요부에 관한 규정으로, 요역이 요구되는 공물의 경우에는 원용이 가능하였겠으나 잡다한 여러 종류의 모든 공물에 확대 적용할 수는 없었을 것이다. 더구나 역민식에서 기준이 되었던 전결은 부담의 주체가 불투명한 상태의 所耕田이었지 所有田은 아니었다.[52] 이런 규정의 미비야말로 공부 부담의 불균현상을 초래케 한 공납제의 커다란 결점이었다.

그러면 이러한 문제점들이 어떻게 그 폐단을 드러내었는가를 살펴보기로 하자. 연산군은 戊午·甲子年의 두 士禍를 거치면서 걷잡을 수 없는 亂政을 자행하였다. 그는 환락과 사치를 뒷받침하기 위하여 온갖 작폐를 다 하였고, 경비의 남용을 은폐하기 위하여 장부를 삭제하는 일까지 자행하였다. 그리고 이를 비난하는 중앙과 지방의 언론도 일체 봉쇄해 버렸고, 오직 일방적인 供上만을 강요하였다.

---

49) 《宣祖修正實錄》 권 24, 선조 23년 4월.
50) 《世宗實錄》 권 58, 세종 14년 12월 계묘.
51) 《成宗實錄》 권 4, 성종 원년 4월 병자.
52) 《世宗實錄》 권 101, 세종 28년 정월 경인.

이와 같은 정치의 문란상은 먼저 공납제 문제의 하나였던 貢案 및 橫看의 한계성을 노출시켰다. 연산군 3년(1497)에 知事 李世佐는, 공안이 세종대에 비하면 불과 3분의 1밖에 되지 않아 용도가 많이 늘어난 지금, 그 공안으로는 各陵·殿에서 써야 하는 시탄조차 마련하기 어렵다고 하여 공안의 개정을 청하였다.[53] 즉 세조·성종연간에 정해진 공안으로는 군·옹주 등의 증가에 따라 늘어나는 경비를 지탱할 수 없으니 이를 현실화하자는 것이었다. 그리고 동왕 6년에 僉正 鄭譚은 각 사 공물의 부족으로 인한 加定에서 비롯되는 민폐를 해결하고자 공안의 添錄을 청하기에 이르렀다.[54] 그리하여 이듬해 4월에는 貢案詳定廳을 설치하였고,[55] 그 해 7월에 〈詳定廳可行條例〉를 결정하였다.[56] 그에 따라 만들어진 공안이 辛酉貢案(또는 癸亥貢案)이었다. 이는 그 후 가정의 대표적 공안이 되었다.

이후에도 濫費는 더욱 방만해져 "常貢 외에 加定·引納이 없는 해가 없다"[57]고 할 지경에 이르렀다. 그리하여 연산군은 "供上의 일에 어찌 민폐를 헤아리겠는가. 聖人이 다시 난다 해도 반드시 經常의 법을 좇을 수는 없을 것이며, 權道를 따름이 있을 것이다. 각 도에서 加斂함에 만일 또 부족하면 또 가렴함이 어찌 해가 되겠는가"[58]라 할 정도로 스스로 가렴의 정당성을 주장하였으며, 아예 공물의 가정을 입법화하기까지 하였다.[59] 이처럼 연산군대를 거치는 동안 가정·인납·別例·市貿 등은 경비조달책의 대명사가 되어 버렸고, 횡간 외에 別用·雜用 등도 상시적 행위가 되어 버려, 공안·횡간에 의한 예산제는 사실상 그 의미를 상실하고 말았다.

다음 공납제의 또 하나의 문제인 點退·防納의 비리행위는 어떻게 전개되었는가. 각 관에 분정된 공물 중에는 애초부터 불산공물이 있어 그 마련이 어려웠다. 또 備納기한의 촉박, 철 지난 물품의 요구, '無時供進', 別徵 등에

53) 《燕山君日記》 권 28, 연산군 3년 10월 무자.
54) 《燕山君日記》 권 39, 연산군 6년 12월 임진.
55) 《燕山君日記》 권 40, 연산군 7년 4월 임진.
56) 《燕山君日記》 권 40, 연산군 7년 7월 갑자.
57) 《燕山君日記》 권 43, 연산군 8년 3월 임오.
58) 《燕山君日記》 권 55, 연산군 10년 8월 임신.
59) 《燕山君日記》 권 59, 연산군 11년 9월 신해.

따라 마련하기 어려운 물종의 경우에 특히 민의 고통이 심했다. 이러한 공물 분정에서의 불합리는 민에게 비납의 편의를 위해 부득이 방납을 이용하도록 조장하는 결과를 초래하였다.[60]

그런데 《경국대전》의 규정에 의하면, 공물은 다음해 2월(田稅貢物은 6월)까지 상납하도록 되어 있었으며, 만일 六司 이상에 미납한 경우는 수령을 罷黜하도록 하였다. 따라서 이 규정에 의거하여 공물을 미납한 수령들이 推考 대상이 되었다. 중종 19년(1524)에 형조가 공물을 납부하지 않은 수령으로서 파출을 청한 대상이 황해도에만도 10여 명에 달할 정도였다. 이러한 현상은 다른 도에도 마찬가지였다.[61] 또 감사나 수령은 공물불납의 경우는 물론이었지만, 특히 進獻·進上·方物 등에서는 御用에 적합치 않거나, 늦게 올려 보내거나, 품질이 떨어지는 경우에도 추고되었다. 이러한 처지에서 수령은 민의 편의를 돌보기 전에 스스로의 면책 즉 解由를 위해서라도 다른 수단을 강구하지 않을 수 없었는데, 이 때 가장 쉽게 채택할 수 있었던 것이 곧 방납이었다.

또한 방납은 성종대의 尹殷老(이조판서), 연산군대의 鄭崇祖(호조판서), 중종대의 金安老(예조판서), 명종대의 李芑(우의정)·鄭世虎(호조판서)·陳復昌(대사헌)·許曄(장령)·尹元衡(영의정) 등 당대의 실권자들에 의해서 모리 수단으로 이용되고 있었기 때문에 이들이 京官을 통해 수령들에게 직·간접으로 방납을 강요하기도 하였다.[62] 그리하여 수령은 면책을 위해, 경관은 권세가의 청에 못 이겨 규찰하지 않아 방납의 폐가 이루 다 말할 수 없을 지경이었다.

이처럼 수령의 면책을 위한 자구책과 위로부터의 압력가중에 의해 방납은 공적인 계통에서조차 불법적으로 만연하였다. 시간이 지날수록 점차 그 주체도 확대되었고, 대상공물도 다양해졌다. 그리하여 방납에 관계하는 계층은 小民의 모리배들로부터 사대부들에게까지 미쳤고 이에 王子諸宮·公卿大夫 등이 편승하였다. 대상공물도 각 사의 공물에 그치던 것이 나중에는 御供에까지 미치게 되었다.

---

60) 金鎭鳳, 〈朝鮮初期의 貢物代納制〉(《史學硏究》 22, 1973), 20쪽.
61) 《中宗實錄》 권 51, 중종 19년 9월 임술.
62) 高錫珪, 앞의 글, 181~182쪽.

한편 민호에 대한 부과규정의 미비는 어떠한 문제를 낳았는가. 막연히 전결의 다과에 의한다는 공물부담 규정의 모호성은 부담의 극심한 불균이란 문제점을 드러냈다. 당시 자·소작 형태가 병존하던 토지소유단계를 고려하지 않고 막연히 "전결수에 따른다"고 하였을 뿐이어서, 부담주체의 설정이 분명하지 않았다. 하지만 선초의 토지소유 자체는 아직 분화의 정도가 약하여 미비된 규정하에서도 그다지 큰 문제를 일으키지는 않았던 것으로 보인다. 그러나 16세기 이래 지주 전호제가 광범위하게 전개되자 그러한 결함은 사회의 현실문제로 드러날 수밖에 없었다.

선조 6년(1573)에 柳成龍은 "지금 田土가 阡陌인 자는 모두 豪勢家로서 貢賦를 拒納하는 무리들이고, 小民의 納貢하는 전토는 지극히 적다"[63]고 하여 호세가에 의한 토지겸병현상과 그에 따른 공부 부담의 불균을 지적하기에 이르렀다. 이 불균현상을 해결하는 방법은 결국 종래의 규정이 갖는 공부 부담의 미비를 극복하는 것뿐이었다. 그 방법은 균등한 배분의 전제인 結當 課收量의 詳定이었다. 즉 貢物價를 算定하고 이를 결당 단위로 나누어 부과하는 방식이었다.

이상에서 살펴보았듯이 공안·횡간의 한계, 점퇴·방납의 문제, 부과 규정의 미비 등의 제도적 모순을 지니고 있던 선초의 공납제는 한 세대를 넘기기도 전에 그 부정적 지표들을 드러내 보이게 되었다. 공안·횡간의 취약성이 여지없이 드러났고, 방납의 폐단도 심화되었으며, 부담의 불균현상도 확대되어 갔던 것이다.

(2) 공납제 개혁의 방향과 방납대응책

공납제의 모순이 빚어낸 여러 폐단들을 해결하는 것은 당시 무엇보다 시급한 과제였다. 梁誠之는 일찍이 세조연간에 농민부담의 약 6~7할이 공물대납임을 지적하고 국가의 대납실태 미파악과 '用財'의 무절제로 백성과 국가가 당하는 곤란한 현실을 비판하여 방납제의 개혁을 주장하였다. 양성지의 개혁안은 실현되지 않았지만, 그는 방납 등의 폐단을 시정하는 데 비상한 관심과 열의를 가지고 있었다.[64]

---

63) 《宣祖實錄》 권 7, 선조 6년 3월 정유.

64) 韓永愚, 〈梁誠之의 社會·政治思想〉(《朝鮮前期社會思想硏究》, 지식산업사, 1983),

한편 金宗直은 성종대에 咸陽郡守로 있을 때, 그 지방에 나지 않는 공물인 茶가 上供으로 분정됨으로 인하여 겪던 민의 어려움을 해결하고자 智異山에서 茶種을 구해 嚴川寺 北竹林 중에 建園하여 종식·번성케 하여 上供에 충당함으로써, 불산공물의 분정으로 인한 민폐를 구하였다.[65] 이는 주어진 조건하에서 수령 자신의 노력에 의하여 개별적으로 폐단을 시정하고자 하였던 예이다. 공납제의 문제점을 제도 자체의 모순에서 찾아 근본적으로 개혁하기보다는 운영의 기술적인 보완으로 해결하고자 하였다. 아직 공납제 개혁의 실마리가 제공되었던 것은 아니었다.

그러다가 중종대에 이르면, 趙光祖가 보다 체계적이고 근본적인 해결책을 모색하게 되었다. 그는 〈論貢物之弊〉에서 공납제의 문제를 공액의 과다와 불산공물의 분정 그리고 방납의 폐로 지적하면서, 규모를 고쳐 安民의 내실을 이루도록 하여야 한다고 논하였다.[66] 여기서 조광조가 공안의 개정(改貢案)과 방납의 근절(杜防納)을 공물폐의 제거를 위한 양대 과제로서 인식하고 있었음을 엿볼 수 있다. 이러한 인식은 이후 공납제 개혁의 방향을 규정지었다.

즉 선조대에 이르러 李珥가 민호·전결의 다소를 헤아려 균평하게 敷定하도록 공안을 개정하고 또 本色納을 실현하여 방납을 근절케 하자고[67] 한 데서 조광조에 의해 제시되었던 개혁방안이 다시 거론되고 있었음을 볼 수 있다. 또 仁祖反正 후 金長生이 李貴·金瑬·崔鳴吉 등에게 보낸 글 중에서 "공안을 개정하고 방납을 막은 다음에야 도탄에 빠진 민생의 고통을 달래줄 수 있을 것이다"[68]라 하여 역시 '改貢案·杜防納'을 개혁의 요체로 꼽았다. 이처럼 조광조에 의하여 제시되었던 공납제의 개혁방향은 그 후 대동법으로 귀결되기까지 지속적으로 유지되었다.

그런데 위와 같은 개혁의 방안에서도 특히 비중이 컸던 것은 무엇보다도 방납을 막는 것이었다. 방납의 비리는 16세기 내내 심해져만 갔다. 그리하여 마침내는 전 사회의 경제체제 속에 구조적으로 그 틀을 확고히 하여 나갔다.

213~214쪽.

65) 《增補文獻備考》 권 157, 田賦考 貢制.

66) 趙光祖, 《靜菴集》 附錄 권 5, 年譜 論貢物之弊

67) 《宣祖實錄》 권 15, 선조 14년 5월 병술.

68) 《仁祖實錄》 권 1, 인조 원년 3월 계축.

따라서 날로 만연하는 방납의 폐단을 방치해 둘 수만은 없었다. 정부는 공물방납이야말로 민생에 해를 끼치는 모리행위일 뿐만 아니라 정부의 현물재정체계를 위협하는 폐단으로 인식하고 대책에 부심하였다. 이에 여러 유형의 대응책이 나타났다.

마련하기 어려운 물종 특히 불산공물의 분정으로 말미암은 방납의 경우는, 그 발생의 원인이 불산공물의 분정에 있었기 때문에 이를 조정하는 것이 하나의 유력한 해결책이었다. 따라서 産·不産을 바로잡은 뒤에 이를 기초로 공안을 개정하면 어디서나 본색납이 가능해지기 때문에 방납을 저절로 막을 수 있다고 보았다. 이러한 입장은 특히 이이의 경우에 명백하였다.[69] 그러나 방납이 확대되었던 보다 근본적인 이유는 여러 계층의 방납배들에 의한 모리행위 그 자체에 있었다. 산·불산을 바로잡는다고 방납배들이 모리행위 자체를 포기할 리는 없었다. 따라서 바로 이들에 의해 자행되던 비리를 척결하기 위한 조치들이 보다 적극적인 대응책이 될 수 있었다. 위정자들은 규찰강화를 위해 〈外貢捧上作弊禁止單子〉를 내리거나,[70] 방납 주체로서 가장 문제가 되던 각 사의 書員을 혁거하고 書吏로 대체하자는[71] 등의 제도적 보완조치를 취하기도 하였다.

한편에서는 각 도 관찰사가 직접 看品하고 差使員을 따로 정하여 '親自領來'케 한 다음 該官과 臺監이 함께 거두도록 하자는 등의 논의도 나타났다.[72] 이는 곧 감사나 수령 등의 지방관에 의해 일부 지역에서 행해지던 '친자영래'의 방식을 원용하여 수령 대신 차사원을 따로 두어 이를 제도화함으로써 방납의 폐단을 막아 보자는 제안이었다. 이와 같은 감사나 수령에 의한 '친자영래' 행위는 비공인 상태이지만 지방관이 공적 지위를 이용하여 친히 공물을 거두어 바침으로써 방납의 폐단을 막고 있었다는 점에서 '私大同'의 한 단서로 주목된다.[73]

그러나 산·불산에 따른 공안개정이나 지방관의 '친자영래' 등에서처럼, 방

69) 《宣祖實錄》 권 15, 선조 14년 5월 병술.
70) 《中宗實錄》 권 92, 중종 34년 10월 임오.
71) 《中宗實錄》 권 88, 중종 33년 8월 을묘·병진·정사.
72) 《宣祖實錄》 권 217, 선조 40년 10월 임술.
73) 高錫珪, 앞의 글, 202~203쪽.

납 그 자체를 전혀 부정하는 차원에서의 대응책은 문제를 근본적으로 해결할 수 있는 방안은 아니었다. 왜냐하면 방납은 일과성의 투기이거나 단순한 비리에 그치는 것은 아니었기 때문이다. 방납은 중세국가의 조세수취체계에 편승한 상업행위였다. 방납은 막대한 상업적 이윤을 가져다주는 영리행위였다. 공물을 대납하기 위해 거래되는 공물의 가격이 통상 십배의 이익을 남긴다고 할 정도였다.[74] 따라서 사대부와 상인 즉 양반지주와 상인이 상호공생적 관계에서 자금조달, 방납행위의 실무담당, 방납권리의 획득 등의 조건을 갖추고 공물의 수취체계를 장악하여 방납의 이득을 독점·분배하였다.

이와 같은 방납현상은 다른 한편에서 농민들의 유통경제편성을 촉진시켰다. 지방의 장시나 서울의 京市는 공물시장의 기능도 함께 지니고 있었다.[75] 농민들은 현물납을 완수하기 위해 공물을 상품으로서 구매하였던 것이다. 그러나 공물상품의 구매는 쉽게 아무 곳에서나 가능한 것이 아니었다. 충청도에서 전라도로, 전라도에서 평안도로 다니며 공물을 구매하였다.[76] 16세기 초반에 들어서면서 현저하게 증가하던 장시는 바로 이러한 공물시장이기도 하였다. 16세기 중반 이후에 이르면 정기설장의 방법이 제시되기에 이를 정도여서, 전국 각지에서 생산되던 수공업제품을 제때에 정상적으로 교환할 수 있는 단계까지 나아갔다. 따라서 이러한 변화를 바탕으로 방납은 전 사회의 경제체제 속에 구조적으로 그 틀을 확고히 할 수 있었다. 그러나 장시는 월 2, 3회 내지 5일장이 서면서 그 때 그 때마다 일용품을 교환하는 것이 주요한 기능이었기 때문에 매년 2월(전세공물은 6월)에 정례적으로 한 차례 상납하는 공물의 구매시장으로서의 역할은 제한적이었다. 비록 그러하나 공물을 구매하기 위하여서도 농민들은 이와 같은 장시와 관계를 맺지 않을 수 없었다. 결국 방납은 유통경제발전의 현상이면서 동시에 농민들을 유통경제 속으로 몰아넣는 기제이기도 하였다.

방납과 관련하여 특히 그 유통경제적 기능이 커지는 것은 경시였다. 장시

---

74) 이지원, 〈16·17세기 전반 貢物防納의 構造와 流通經濟的 性格〉(《李載龒博士還曆紀念 韓國史學論叢》, 1990), 486쪽.

75) 兪棨, 《市南先生文集》 권 17, 江居問答.

76) 《中宗實錄》 권 29, 중종 12년 8월 무신.
이지원, 앞의 글, 482쪽 참조.

에서 거래되는 물품들은 농업생산을 보완하고 농민생활을 보충하는 데 필요한 일용품들이었다. 따라서 높은 품질의 사치품·소비품이 많은 공물은 장시에서 쉽게 구할 수 있는 상품들이 아니었다. 이런 점에 비추어 볼 때 보다 적절한 공물 구매시장은 바로 경시였다.

서울은 인민의 都會로서 군현제의 원칙에 입각한 부세제도의 운영을 통해 사방의 물산이 집중하고 유통하는 지역이었다.77) 국가권력이 독점적으로 통제하는 유통경제 정책의 핵심부였다. 서울의 물자유통은 주로 市廛과 京中富商들에 의해 장악되어 있었다. 더욱이 16세기 이래로는 私船業者, 京商들이 국가의 稅穀運送, 在京 양반지주들의 지대운송 등에 편승한 교역행위 등을 통하여 새로운 특권상인으로 성장하여 갔다.78) 아울러 유통망도 전국적으로 확대되었다. 서울을 중심으로 한 유통망의 확대와 유통경제적 특성은 공물구매시장으로서 유리한 조건이 되었다.

경시에서의 구매는 구매방법뿐만 아니라 운송·상납에서도 유리하였다. 즉 서울은 공물을 최종 상납해야 할 主司들이 있는 왕도였기 때문에, 지방에서 공물상품을 구매했을 때와 같이 공물상품을 지방에서 서울로 가져올 필요가 없어서 운송에 따르는 경비도 절감할 수 있었다. 그리하여 지방 각 관에서는 많은 경우 공물을 대납한 미·포를 수합하여 서울에서 공물상품을 구매 상납하였다. 공물을 현물 대신 교환수단인 미 또는 포로 수납하는 일은 16세기의 이른 시기부터 보편화되고 있었다.79)

이처럼 서울을 중심으로 한 공물거래는 부세운영과 관련하여 진행·발달한 것이지만, 그 내부에는 상업적 이윤을 창출할 수 있는 별도의 구조가 자리잡고 있었다. 공물의 방납은 이러한 유통경제의 발전에 따른 전업적인 상행위의 일환으로 정착할 수 있었다. 동시에 공물방납의 확대는 서울을 중심으로 한 유통경제가 활성화하는 주요한 계기이기도 하였다. 방납의 확대는 곧 중세 상업·유통경제의 발전과정이기도 하였다.80)

---

77) 李恒福,《白沙集》권 9, 陳時務一啓.
78) 崔完基, 〈官船漕運體制下의 私船賃運活動〉(《朝鮮後期船運業史硏究》, 一潮閣, 1989).
79) 高錫珪, 앞의 글, 204쪽.
80) 이지원, 앞의 글, 481～486쪽.

지금까지 살펴본 것처럼 방납은 유통경제의 발달을 전제로 하고 있었다. 따라서 공납제의 문제점을 근본적으로 개혁하기 위하여 이러한 발달을 억제하기보다는 오히려 이를 뒷받침할 수 있는 제도를 마련하여야 하였다. 그것은 방납에서의 비리는 제거하되, 방납행위 자체는 원칙적으로 인정하는 것이었다. 곧 공물의 대가로서 미 또는 포를 거두는 이른바 收米·收布 형태의 합리적 운영의 모색이었다. 그 제도의 개혁은 주지하듯이 대동법으로 귀결되었다.

이와 같이 대동법의 성립과정은 공납제시기의 유통경제적 발전을 조선왕조 정부가 재편·장악하여 가는 과정이었다. 대동법은 생산물의 본색징수가 미·포·전을 매개로 전결세화되는 부세형태상의 변화만이 아니라, 이전의 본색공물 대신 각종 官用 물자를 시장을 통해 구매·사용하는 체제로 전환하였다는 점에서도 의의가 있다. 이러한 점에서 대동법의 성립은 이 시기 유통경제의 변동에서도 하나의 분기점이 되었다.

〈高錫珪〉

4. 군역제도의 붕괴

1) 보법의 문란과 피역

조선 초기의 군사제도는 중앙의 五衛制, 지방의 鎭管體制로 이루어졌으며 이러한 군사제도는 身分制와 兵農一致制, 그리고 奉足制를 기반으로 한 군역제에 의해 유지되었다. 즉 이 시기 군역제는 良賤制的인 신분제에 따라 양인만이 군역 부담자로 간주되었고, 노비에게는 군역이 부과되지 않았다. 또 군인들은 병농일치제와 봉족제에 따라 각 지방에서 농사를 지으면서 봉족의 도움을 받아 일정한 기간 동안 番上 또는 留防하면서 군역의 의무를 수행하였다. 이와 같이 신분제·병농일치제·봉족제에 입각한 조선 초기의 군역제는 16세기로 넘어오면서 심각한 동요를 겪고 있었다.

군역제의 동요는 우선 봉족제의 변동으로부터 나타났다. 조선 초기의 군역 부담자는 무기와 軍裝, 馬匹을 위시하여 번상이나 유방 근무시 소요되는 경비와 식량 등 모든 것을 스스로 마련하여야 했다. 이러한 것들은 많은 경제적 부담을 요구하여 빈한한 軍丁이라면 혼자서 감당할 수는 없었다. 이러한 형편 아래 나타난 것이 봉족제였다. 봉족은 "무릇 (國役을 부담하는) 正丁 1명에게 餘丁을 주어서 그로 하여금 財力을 내어 정정을 돕도록 하는데, 이를 國俗에 봉족이라 일컫는다"[1]라고 한 것처럼 정정 즉 戶首에게 재력을 보조하게끔 지급되는 丁이었다.[2]

조선 초기 봉족의 지급은 호수의 貧富强弱을 분간하여 시행함이 원칙이었고, 빈부강약의 기준은 인구의 多寡와 토지의 廣狹에 있었다. 예를 들면 태종 4년(1404)에 책정되고 《續六典》에 법규로 되어 있는 봉족호의 선정 기준은 2, 3결 이하의 토지 소유호였다.[3] 그리고 호수는 국역의 종류에 따라 봉족을 지급받을 수 있는 전결소유의 下限이 정해져 있었다. 모든 호수가 봉족을 받는 게 아니었다. 다음 〈표 1〉에서 보는 바와 같이 西班 관직에 들어가 군역을 수행하는 甲士 중 6결 이상, 양인 의무군역의 절대 다수였던 侍衛軍·船軍 중 5, 6결 이상의 토지 소유호는 봉족을 지급하지 않았다. 鎭屬軍은 2결 이하에만 봉족 1호를 지급하고, 守城軍은 3, 4결 소유자만으로 편성하고 봉족은 지급하지 않았다. 그후 태종 15년에 이르러서는 田結만을 기준으로 하던 것에서 人丁의 다소도 아울러 참작하였다.[4]

---

1) 《世宗實錄》 권 7, 세종 2년 정월 을사.
2) 봉족제에 대해서는 아래의 글들이 참고된다.
金錫亨, 〈朝鮮初期 國役編成의 基底〉(《震檀學報》 14, 1941).
宮原兎一, 〈李朝の軍役制度'保'の成立〉(《朝鮮學報》 28, 1963).
李載龒, 〈朝鮮初期의 奉足制〉(《朝鮮初期社會構造硏究》, 一潮閣, 1984).
李泰鎭, 〈軍役의 變質과 納布制 實施〉(《韓國軍制史》 朝鮮前期篇, 陸軍本部, 1968).
閔賢九, 〈朝鮮初期 軍事制度의 政治的 社會的 基盤〉(《朝鮮初期의 軍事制度와 政治》, 韓國硏究院, 1983).
李成茂, 〈兩班과 軍役〉(《朝鮮初期 兩班硏究》, 一潮閣, 1980).
李景植, 〈朝鮮前期 土地의 私的 所有問題〉(《東方學志》 85, 延世大, 1994).
金鍾哲, 〈朝鮮初期 徭役賦課方式의 推移와 役民式의 確立〉(《歷史敎育》 51, 1992).
3) 《太宗實錄》 권 7, 태종 4년 5월 계해.
4) 《太宗實錄》 권 30, 태종 15년 11월 갑진.

〈표 1〉 전결 수에 따른 병종별 봉족지급 수

田結 \ 兵種	甲士	侍衛軍	騎船軍	鎭屬軍	守城軍(止用三四結以下者)
2결 이하	2호	2호	2호	1호	不給
3결 이하	2호	2호	2호	不給	不給
4결 이하	1호	1호	1호	不給	不給
5결 이하	1호	不給	1호	不給	不給
6결 이상	不給	不給	七八結以上 自立一領 十五結以上 自立二領	不給	不給

전거 : 《太宗實錄》 권 7, 태종 4년 6월 계미.

즉 당시 조선정부는 正軍·正丁을 내는 1軍戶를 5, 6결 정도의 토지소유호로 상정하고 이만한 액수에 달한 호에는 봉족을 지급하지 않고, 여기에 미치지 못하는 戶는 몇 개의 빈한한 호를 묶어 1군호를 편성하고 있는 것이다.[5] 실제 取才를 통해 선출하는 甲士職은 노비가 5, 6口, 소유토지가 5, 6結 이상인 자라야 응시자격이 부여되었다.[6] 당시 조선정부는 봉족지급의 상한, 갑사시취의 기준을 5·6결로 잡고 이 원칙에서 군역을 징발하고 있었다. 이것은 국가에서 자가생계를 유지하고 군역을 담당할 수 있다고 생각한 최소의 규모였다.

한편 호수와 봉족은 正丁과 助丁의 사이였지만 이에 머물기 어려웠다. 즉 이들은 지배예속관계에 놓이기 쉬웠다. 이것은 "장성한 자를 戶首로 만들고, 빈약한 자를 奉足으로 삼는다"[7]라는 국가정책 속에서 현실적으로 전개되는 상황이었다. 2·3결 이하의 토지를 소유하는 빈약한 가호가 봉족호로 되고 있는 사정이 이런 관계를 유발하고 있었다. 이 시기에 늘 거론되는 폐단의 하나가 호수들이 그 봉족을 자신의 노예처럼 부린다는 것이었다.[8] 富實人·豪强民들은 助戶를 많이 획득하였고, 양민을 점유하여 봉족이라 불렀으며, 혹은 군사를 隱占하여 봉족이라 부르며 노비처럼 사역하였다. 당시 권세가

5) 李景植, 앞의 글, 114쪽.
6) 《世宗實錄》 권 59, 세종 15년 2월 경술.
7) 《世祖實錄》 권 34, 세조 10년 8월 임오.
8) 《太宗實錄》 권 24, 태종 12년 7월 임자.

있는 양반·토호들이 수많은 양민을 冒占하고, 긴 울타리를 쳐서 수십 가를 1호라 사칭하면서 토지겸병과 民人私占에 전력하던 배경의 하나도 여기에 있었다. 이런 사태의 확산과 지주제의 발달은 봉족제를 동요시키고 끝내는 더 이상 존립할 수 없는 형세로 몰고 갔다.

무단적인 방법으로 집권한 세조는 강력한 富國强兵政策을 추진하였다.[9] 세조는 즉위 직후부터 군역 부과의 불평등과 군액 감소에 대하여 단호한 조치를 취하여 군역의 평준화와 군액 증가를 위한 일련의 시책을 강력히 실시하였다. 號牌法을 실시하고(세조 5년 ; 1459), 〈號牌事目〉을 새로 만들면서 군역에서 누락된 隱丁을 철저히 색출해내려 하였다. 이러한 가운데 군액은 상당히 증가하고 있었다. 이를 기반으로 국방력을 강화하고 자신의 무력적 기반인 군인들의 생활안정을 도모하고자 하였다. 이러한 상황에서 保法이 만들어졌던 것이다. 세조 10년 10월 下三道(충청·경상·전라도)에 軍籍使가 내려갈 때 가지고 간 事目 가운데 보법의 성립을 알려 주는 기사가 나타난다.[10] 그 중요한 내용만을 간추리면 다음과 같다.

첫째, 2丁을 1保로 한다.
둘째, 田 5결은 1정에 준하도록 한다.
셋째, 奴子도 봉족수로 계산한다.
넷째, 주요 병종별 급보 단위는 다음과 같다.
　　甲士 4보, 騎正兵 3보, 步正兵·騎船軍 2보
다섯째, 漏丁·漏戶에 대한 벌칙을 강화한다.

첫째·둘째 항목에서 보는 바와 같이 보법은 종래 토지와 인정을 함께 고려하여 파악하던 군역 편제방식에서 벗어나, 인정과 토지를 분리하여 파악하는 방식으로 전환하는 것이었다. 이미 대토지소유가 확대되는 상황에서 대체로 5, 6결을 단위로 그 안의 인정의 다소와 父子가 결합된 自然家戶를 참작하여 正軍을 내도록 한 초기의 군역 편제방식은 그 실행이 불가능하였다. 말

9) 韓永愚, 〈王權의 確立과 制度의 完成〉(《朝鮮前期社會經濟硏究》, 乙酉文化社, 1983) 참조.
10) 《世祖實錄》 권 34, 세조 10년 10월 을미.

단 관리들이 자의적으로 군역 행정을 처리할 여지가 있었다. 또 양반·토호들은 수십 결·수십 가를 묶어 1호라고 우겨대는 형편이었다. 그래서 세조는 인정은 인정대로 철저히 파악하여 2정을 묶어 1보로 편성하고, 토지는 토지대로 5결을 1정에 준하는 방식(土地准丁)을 고려한 것이다.

세조는 이렇게 해서 증가된 군액으로 국방력을 강화시키고 각 군인들의 軍戶를 富實하게 하려 하였다. 보법에 의해 갑사는 4보(8정), 기정병은 3보(6정), 보정병·수군(기선군)은 2보(4정)로 구성되었다. 만약 토지와 인정을 똑같은 비율로 놓고 고려한다면 갑사는 인정 4정, 토지 20결에 해당하는 군호에서 배출되는 것이고, 기정병은 인정 3~4명, 토지 10~15결에서, 보정병·수군은 인정 2정, 토지 10결 정도에서 나오게 된다. 이것으로 군호는 전보다 훨씬 부실하게 되는 것이다.

보법이 실시된 결과 군역의 평준화에 적지 않은 성과를 가져왔고 군액도 크게 증가되어 종전의 두배인 60만으로 늘어났다.[11] 그러나 이 법은 시행 과정에서 많은 폐단과 부작용을 일으켜 농민들에게 과중한 부담을 지우게 되었다. 즉 보법의 특징인 '土地准丁'의 법은 본래 많은 토지를 가진 부호에만 해당하는 사항이었다. 그러나 실제에 있어서는 "비록 土田이 없는 자도 모두 計田 作保되어 그 수를 허위로 늘려놓았다"[12]라고 한 바와 같이 5결도 되지 않는 빈한한 자들의 토지마저 말단 관리들에 의해 모두 丁으로 계산되고 있는 실정이었다. 이에 세조 10년 8월 梁誠之는 보법 실시 이후 "충청도는 본래 2만 호이던 것이 지금 11만 호가 되었고, 경상도는 본래 4만 호이던 것이 지금 30만 호가 되었다"고 군액 증가를 말하면서 "군호수는 비록 이전보다 배가 되었으나 精强하기는 옛날에 미칠 수 없다"고 하였다.[13]

사실 토지에 군역을 부과하는 보법은 빈한한 농민보다는 대토지 소유자인 양반 지배층의 이해관계와 크게 어긋나는 것이었다. 따라서 이들은 보법에 대한 반론을 전개하면서 집요하게 수정을 요구하였다. 결국 성종대에 이르러 이런 반대 주장이 받아들여져서 보법 내용은 수정되었다. 성종 원년(1470) 전

11) 韓永愚, 앞의 책, 90쪽.
12) 《成宗實錄》 권 45, 성종 5년 7월 신사.
13) 《世祖實錄》 권 34, 세조 10년 8월 갑오 및 권 46, 세조 14년 6월 임인.

5결은 1정에 준한다고 하는 '토지준정'의 기준이 폐지되었고, 호주의 소유노동력인 雇工을 보인에게서 제외시키고 奴子도 반정으로 감액하여 준정하였다. 이것이 성종 2년에 반포된《經國大典》에 그대로 오르게 되었다. 대규모의 토지 소유자나 노비와 고공을 많이 소유한 지배층에게 유리한 조치가 취해졌던 것이다. 이로써 조선 초기의 토지와 인정을 함께 묶어 파악하던 군역편제방식은 오로지 인정만을 고려하는 방식으로 전환된 것이다. 이렇게 '토지준정'이라는 군역 편제방식이 폐지되자 16세기에 들어 지주제는 더욱 확대·발전하게 되었다.

조선 초기 5, 6결 단위의 토지와 인정을 함께 고려하던 군역 편제에서 단지 인정만을 고려하는 방식으로 군역제가 전환되자, 16세기에 들어 군사 및 보인이 군역을 피하여 유리·도망하는 현상이 광범하게 나타났다. 즉 오로지 인정만을 고려한 결과 토지가 없는 빈한한 농민들의 군역 부담이 가중되었고 이들의 군역기피가 심화되었던 것이다. 정군은 자신의 군역 임무에 동원되는 동안 소요되는 경비와 각종 보조 임무를 보인에게 요구할 권한이 있었다. 그런데 복무기간이 法定 이상이 된다든가 동원되는 군역 임무가 고될 경우, 보인에게 보다 많은 경비를 요구하지 않을 수 없었다. 또 후술하는 바와 같이 고된 군역을 기피하여 타인을 代立시키면 그 대립인이 요구하는 엄청난 대가를 자신의 보인으로부터 염출하지 않을 수 없었던 것이다. 보인은 이러한 부담을 도저히 감당하지 못하여 도망하여 버리는 예가 흔한 현상으로 나타났다. 보인이 없어진 정군은 이제 單身立役하는 처지가 되어 재산을 탕진한 나머지 끝내는 자신도 도망 유리하여야만 하였다. 이러한 연쇄관계는 여기에 그치는 것이 아니었다. 각처의 鎭과 浦가 이미 도망하여 버린 군사의 闕立을 本官에 보고하면 본관은 그 군사의 궐립에 대한 贖價를 그 군사의 一族과 이웃에게 강징하였던 것이다. 그리하여 그 일족과 이웃마저 도주하게 된다는 악순환이 보법 문란 이후 일반적인 현상으로 나타나게 되었다. 도망과 유리를 감행한 이들은 역의 의무가 없는 노비로 투탁하든가 아니면 僧徒로 혹은 宰相의 伴人, 또는 皂隷·羅將과 各司의 書吏 및 兩界 지방의 衙前 등 신분의 우열을 가릴 것 없이 보다 편한 처지를 택하여 옮아갔다.[14]

2) 갑사 · 정병 · 수군 군역의 변질

조선 초기의 군제는 크게 중앙군과 지방군으로 대별된다. 중앙군으로는 국가가 요구하는 일정한 자격을 갖추고 시취에 응하여 관료체계에 들어가 군역을 수행하는 甲士 · 別侍衛와 같은 군인과, 국가의 강제적인 징발에 따라 각 州郡에서 서울로 올라와 번상근무를 해야 하는 番上正兵(기병 · 보병)이 있었다. 그리고 지방군으로는 留防正兵과 水軍이 있었다. 조선 건국 이래 여러 차례에 걸쳐 이러한 군인들의 수에 대한 조정이 있었지만《경국대전》이 반포될 무렵 군액은 다음 〈표 2〉와 같다.

〈표 2〉 성종 6년(1475) 諸道 諸色 軍丁數

兵 種	軍 額	兵 種	軍 額
甲 士	14,800	吹螺赤	640
別侍衛	1,500	太平簫	60
破敵衛	2,500	親軍衛	40
彭 排	5,000	正 兵	72,109
隊 卒	3,000	水 軍	48,800
합 계		148,449명	

전거:《成宗實錄》권 59, 성종 6년 9월 갑인.

이들은 앞에서 살펴본 바와 같이 신분제 · 병농일치제 · 봉족제에 입각한 군역제를 통해 그들의 군역을 수행하였다. 그러나 16세기에 들어와 군역제의 문란 속에서 그들의 군역 수행에는 심각한 변화가 나타나고 있었다. 여기에서는 16세기에 들어 나타나는 갑사와 정병, 수군 군역의 실태와 그 변질에 대하여 살펴보겠다. 이들은 〈표 2〉에서 보는 것처럼 조선 초기 군액의 대부분을 차지하는 軍種이었다.

---

14) 李泰鎭, 앞의 글, 214~234쪽 참조.

(1) 갑사제의 쇠퇴

갑사는 "우리 나라 군사 중에서 갑사만큼 중요한 것은 없다"[15]라는 말과 같이 조선 초기에 있어서 가장 중추적인 군사력이었다.[16] 그래서 이들은 엄격한 신분적·경제적 자격 요건을 갖추고 시취에 응하여 從4品~종9품에 이르는 西班 관직을 차지하고 있었다. 이러한 갑사는 保法 실시 이후 농민층의 피역 저항이 심화되는 가운데 중대한 변화를 겪고 있었다. 16세기 전반에는 농민들이 종래 士族·閑良層이 주요 구성원이었던 갑사로 떼를 지어 들어오려는 한편, 갑사의 근무 조건은 점점 열악해져 갔고 군사력도 점차 상실되어 갔던 것이다.

갑사는 양인 농민의 의무 병역인 정병에 비해 훨씬 우대되었다. 또 갑사가 되면 군관으로도 파견되고 萬戶·수령 등으로 승진하여 국가 권력에 동참할 수도 있었다. 이에 농민들은 "사람들이 다투어 들어가려는 것이 갑사만한 것이 없다"[17]라는 것처럼 갑사로 투속하려 하였다. 중종 36년(1541) 황해도에서는 胥吏들이 무려 439인이나 되는 많은 사람에게 뇌물을 받고 군적을 위조하여 이들을 갑사로 만들어 커다란 사회문제를 일으키기도 하였다. 이 시기 각 지방에서는 뇌물을 써서 갑사 자리를 얻는 사람을 '綿紬甲士'[18]라고 부를 정도였다.

그러나 농민들이 자신들의 고된 의무 군역을 피하고자 갑사로 몰려들었지만 갑사에 대한 처우는 15세기와 같지는 않았다. 우선 농민들의 피역 저항이 광범하게 전개되는 가운데 보인(봉족)의 확보가 쉽지 않았다. 조선 초기의 군역제는 보인이 正軍의 재정적 뒷받침을 맡도록 하는 것이 운영 원칙이었다.

---

15) 《世宗實錄》 권 72, 세종 18년 5월 정해.
16) 甲士에 대해서는 다음의 연구가 참조된다.
車文燮, 〈鮮初의 甲士〉(《朝鮮時代軍制硏究》, 檀國大 出版部, 1973).
閔賢九, 〈五衛體制의 確立과 朝鮮初期 中央軍制의 成立〉(앞의 책).
李成茂, 앞의 책, 217~256쪽.
柳昌圭, 〈朝鮮初 親軍衛의 甲士〉(《歷史學報》 106, 1985).
金鍾洙, 〈16세기 甲士의 消滅과 正兵立役의 變化〉(《國史館論叢》 32, 國史編纂委員會, 1992).
17) 《中宗實錄》 권 75, 중종 28년 7월 을묘.
18) 《中宗實錄》 권 64, 중종 23년 11월 신축.

또 보인은 재정적 뒷받침만 하는 것이 아니라 갑사가 번상할 때 함께 번상하여 滯京時 그 뒷바라지를 담당하였다. 그러나 갑사의 질적 저하와 보인 확보의 어려움 속에서 "갑사라 하는 자들은 모두 보인이 없다. 간혹 보인이 있는 자라도 그 보인들로부터 保價를 받아서 활과 말을 준비하는 것이 아니라 오로지 처자식을 먹여 살리는데 허비하여 무기 없는 군인이 된다"[19]라고 하는 형편이었다. 갑사의 군사력은 저하되고 있었던 것이다.

다음으로 갑사는 스스로 軍裝과 騎馬·卜馬(짐말)를 갖추고 보인을 데리고 서울이나 戍所에 가서 軍裝 點考를 받고 번상 근무에 임해야 했으나, 16세기에 들어 軍裝價와 馬價가 급등하여 이것의 마련이 쉽지 않았다. 특히 말의 가격은 1필이 면포 100～150필에 달할 정도였다.[20] 또 서울에 체류하는 동안 말을 먹일 草價가 너무 올라 말을 사육할 수가 없었고, 말이 죽는 경우도 많았다. 그래서 갑사들은 말이 있는 자도 적었을 뿐더러, 말이 있는 자라도 자신이 타고 온 말은 돌려보내고 서울에서 말을 빌려 타면서 군장 점고를 받고 시위근무에 임하였다. 그러나 빌려 타는 말의 값도 점점 인상되었다. 한편 사회경제적 변화에 따른 정부의 기강 해이 속에서 갑사들은 고통을 받았다. 군장 점고를 받을 때 뇌물이 아니면 통하지 않을 정도였다. 이러한 터에 갑사에게 응당 주어야 할 녹봉도 제때에 지급되지 않았다.

이처럼 무자격자들이 다투어 갑사로 모속하려고 하였고 갑사의 근무 조건은 열악해져만 갔다. 이에 종래 무예를 익히던 사족 자제나 한량들은 갑사로 들어가는 것을 수치로 여기고, 閑遊하거나 보다 대접받는 유학공부로 돌아서고 있었다. 이것은 16세기 崇儒, 右文政策 속에서 武人에 대한 사회적 천시풍조 때문에 가속화되었다. 당시 풍속은 "비록 하늘 天字라도 식별하면 貴人으로 대접하고, 활과 화살을 잡으면 모두 천시하였다"[21]라고 할 정도였다. 사족과 한량들은 지방에서 鄕案에 올라 鄕權에 참여하면서 군역의 차정을 거부하기도 하였다. 이것은 성리학의 심화와 사림세력의 등장과도 관련된 것이었다. 이에 따라 갑사는 사족들이 모두 빠져 나가버리고 보다 가벼운 군역

19) 《中宗實錄》 권 15, 중종 7년 2월 임오.
20) 위와 같음.
21) 《中宗實錄》 권 96, 중종 36년 11월 을사.

으로 들어오려는 庶人으로 가득차게 되었다.22)

그러나 16세기 후반에 이르면 갑사 역시 사람들이 극력으로 피하려는 곳이 되었다. 지위 하락과 질적 저하를 겪은 갑사는 입속하면 衛將·副將의 무리에게 침학을 받고 잡물을 부담하여야 하는 고역으로 변질되었기 때문이다. 권리는 모두 없어지고 의무만 남은 갑사에 사람들이 입속할 리가 없었다. 이 시기에는 갑사만 그런 것이 아니었다. 심지어 萬戶와 같은 邊將도 사람들이 기피하는 대상이 되었다. 그래서 명종 11년(1556) 국왕은 "국가가 평상시에 무사를 기르는 데 관작을 높이 주고 녹을 후하게 지급하며 은총으로 대우하고 있는데 무사들은 국가에 보답할 마음은 없이 피하려는 생각만 가진다"라고 한탄하고 "지금부터 변장을 피하려는 자는 일일이 充軍하라"는 지시를 내리기도 하였다.23) 신분이 높은 사람은 실속 없는 군관직을 피하고 차라리 한유하는 것을 택했고, 신분이 낮은 사람들은 국가의 군액 확보책에 대항하여 피역 저항을 감행하고 있었던 것이다.

갑사는 신분의 고하를 막론하고 서로 다투어 기피하게 되면서 그 정액조차 채울 수 없게 되었다. 선조 27년(1594) 4월 柳成龍이 올린 陳時務箚에 의하면, 《경국대전》에 14,800명이었던 갑사의 정액은 그 1/3에도 미달하는 4,640명이 되었고 그나마도 장부상이라고 하였다.24) 임란왜란 이후 갑사는 급료병제에 입각한 새로운 軍營들이 설립되는 가운데 역사상에 그 자취를 감추었다.25)

(2) 기정병의 보군화

16세기 군역제의 변동은 양인으로 이루어진 의무 번상병인 正兵에서도 일어났다. 정병은 앞의 〈표 2〉에서 보는 바와 같이 조선 초기 여러 軍種 중에서 가장 많은 군정 수를 보유하였다. 갑사가 서반 관직에 들어가 토지와 녹봉을 받고 근무함에 비해 양인 농민의 의무 군역인 정병에게는 일체의 토지

22) 위와 같음.
23) 《各司受教》 兵曹受敎, 丙辰 2월 27일.
24) 《宣祖修正實錄》 권 28, 선조 27년 4월 을유.
柳成龍, 《西厓集》 권 5, 陳時務箚(갑오 4월).
25) 金鍾洙, 《朝鮮後期 訓鍊都監의 設立과 運營》(서울大 博士學位論文, 1996).

나 녹봉은 주어지지 않았다. 단지 국가가 마련한 군호체제 안에서 보인과 더불어 자신의 의무를 수행하여야 했다. 그런데 정병에게도 근무 일수 64일이 차면 종5품 影職에 去官되며 정3품까지의 散階로 올라가는 것이 허락되고 있었다.[26] 이렇게 영직·산계를 수여한다는 것은 정병도 일정하게 관직 체계에 포섭한다는 것을 의미했으나, 이것은 그야말로 그림자 관직일 뿐 實職과는 거리가 멀었다.

船軍을 제외한 양인 농민의 의무 군역을 정병이라고 부른 것은 세조 5년의 병제 개편 때부터였다. 이전까지는 서울에 번상 시위하는 군사를 侍衛牌, 각 지방에서 근무하는 군사를 營鎭軍·守城軍, 평안·함길도의 군사를 正軍이라 불렀다. 그런데 이 때부터 우선 평안·함길도의 정군과 나머지 도의 시위패를 통일하여 정병이라 부르기로 하고 말이 있는 사람을 正騎兵, 말이 없는 사람을 正步兵이라 규정하였다. 그리고 세조 10년에 영진군과 수성군이 정병에 합속되어 '和會分番'하도록 하는 조치가 취해졌다. 이에 지방의 군사들은 모두 정병에 속하여 번상과 유방을 번갈아 하게 되었다. 《경국대전》 兵典 番次都目에 의하면 번상정병은 '8番2朔相遞'로, 유방정병은 '4番1朔相遞'로 규정되어 있었다.

양인 농민에게 군역을 지우고, 또 일단 군역의 의무를 진 자를 정군과 봉족으로 나누고, 정병으로 정한 자를 다시 기병과 보병으로 나누는 것은 호적을 기초로 한 군적의 작성에 의해서였다.[27] 따라서 군역의 의무를 결정하는 군적 작성은 농민의 이해와 밀접한 관련을 지녔다. 농민 자신이 정군이 되는가, 보인이 되는가 아니면 군역에서 빠지는가는 생존과 관련되는 문제이기 때문이다. 이러한 군적의 작성은 원래 鄕吏와 더불어 향촌의 里正·勸農官이 軍籍監考가 되어 그 실무를 담당하였다. 군적 작성시 향리의 작간은 일찍부터 큰 폐단으로 지적되었다. 《경국대전》에도 '몰래 뇌물을 받고서 役을 지우는 것을 불공평하게 하는' 元惡鄕吏에 대한 처벌은 매우 엄격하게 규정되었지만,[28] 그 폐단은 조선왕조 전 기간을 통해 그칠 줄 몰랐다. 한편 중종대에

26) 《經國大典》 권 4, 兵典 番次都目.
27) 《中宗實錄》 권 22, 중종 10년 6월 무인.
28) 《經國大典》 권 5, 刑典 元惡鄕吏.

이르러 군적감고를 권농관에서 유향소 임원으로 대체하면서부터 군역의 차정이 이들의 이해를 중심으로 운영되었기 때문에 농민의 불만이 커졌다.

세조대에 보법이 실시된 이후에도 '壯實人'으로 하여금 군역의 의무를 지우게 하는 것이 원칙이었다. 이것은 군인들이 보인 이외에 다른 물질적 지급이 없더라도 군역의 의무를 수행할 수 있는 현실적 조건이었다. 정병 중 특히 기병은 지방에서 부유하고 건장한 사람으로 차정하였다. 보병이라 하더라도 건장하고 혈기가 왕성한 사람은 기병으로 정하는 것이 원칙이었다.[29] 기병은 말과 군장을 갖추고 궁궐을 시위하는 군사로서 때로는 국왕 가까이에서 근무하기도 하였다. 이러한 기병의 사회적 위치는 비교적 높은 편이었다. 기병은 입역기간 중에 都試에 응하여 갑사나 무반으로의 진출 기회가 제도적으로 마련되어 있었다. 보인도 보병보다 1丁 많은 1保 1정, 즉 3정을 지급받았다. 즉 기병은 조선 초기에는 양인들의 의무 군역 중 가장 정예병이었고 대우를 받는 군대였다.

그러나 16세기에 들어 부유한 사람들은 차츰 권리보다는 많은 의무가 따르는 기병을 기피하고 갑사로 올라가거나, 아예 보병으로 또는 보인으로 가려고 하였다.[30] 이러한 상황에서 군적 작성의 과정에서 姦吏들이 부유한 자들에게서 뇌물을 받고 군역을 면제해 준다든지 '장성한 자를 봉족으로 만들고 빈약한 자를 戶首로 만든다'라는 부정이 빈번하였다.

일단 군적에 올라 기·보병으로 구분된 자들은 留防과 番上으로 나뉘어 근무에 임하여야 했다. 이러한 군역 의무를 소홀히 할 경우에는 일족이 피해를 입었다. 고향에서 터를 잡고 농사를 짓고 살기 위해서는 이는 피할 수 없는 일이었다. 번상 근무를 하는 자들은 번상기일 5일 이전까지 서울로 올라와야 했는데 교통이 불편한 당시로서는 서울로 올라오는 과정 자체가 고역이었다. 강원도나 전라도·경상도의 연해·산간 벽지에 거주하는 군인들은 서울로 올라오는 데만 8~9일이 걸렸다. 또 上番하는 과정에서 강물을 넘다가 빠지거나 도적에게 털려 서울에서 생활할 물자를 잃어버리거나, 산을 넘다가 다치거나 죽는 경우가 비일비재하였다.

---

29) 《成宗實錄》 권 291, 성종 25년 6월 임신.
30) 《成宗實錄》 권 293, 성종 25년 8월 임술.

서울로 올라온 번상 기병들은 軍營에 거처하면서 기마·복마와 군장의 점고를 받아야 했다. 군영이라는 곳은 비좁고 불편했으며, 군장을 갖추는 것도 무척 힘들었다. 종이로 만든 갑옷이라도 값이 면포 50필에 해당하였다.[31] 이에 기병들은 아무런 군장도 지니지 못한 채 번상하기도 하였다.

특히 말의 문제는 심각하였다. 조선은 원래 "농사에는 소가 중요하고, 兵事에는 말이 중요하다"[32]라고 하여 말을 중시하였다. 그런데 16세기 지주제의 전개 속에서 확대되는 농지 개간 등에 의하여 목장이 줄어들면서 말의 수가 감소하였다. 14세기 후반부터 연해 지역의 낮고 평평한 곳에 설정된 목장이 해도로 옮겨지고 있었고, 16세기에는 해도의 목마장도 대부분 개간되어 가는 추세에 있었다.[33] 이에 따라 중종 17년(1522) 高荊山은 "성종조의 馬籍을 보면 말의 수가 4만여 필에 달하고 있는데, 지금은 겨우 2만여 필만 남아 있다. 또 그 중 쓸 만한 말은 없다"[34]라고 말할 정도에 이르렀다. 이런 상황에서 馬價는 폭등하였다. 말 한 필의 값이 면포 100~150필에 달하였다. 그래서 "예전에는 말을 탄 군사가 천여 명이었는데 지금은 겨우 40~50명에 불과하다"라거나, "말을 가지고 있는 군사가 백에 하나, 둘도 안 된다"[35]라는 탄식이 터져 나왔다. 모두 서울에 와서 남의 말을 빌려 탔던 것이다. 자신의 말을 소유하고 있는 자라도 서울에서 말을 사육하는 비용이 많이 들어 자신의 말은 돌려보내고 말을 대여해서 탔다. 정부에서는 말을 빌려 타는 자나 대여해주는 자나 '制書有違律'[36]로 엄단한다고 하였으나 이것은 그렇게 한다고 해결될 문제가 아니었다. 그래서 정부 내에서 시세와 인정에 따라 말을 빌려 타는 것을 용인하자는 의견이 나왔으나 말을 빌려 타는 것도 쉬운 일은 아니었다. "말 한 필을 하루 빌리는데 거의 40필이나 든다"[37]라는 실정이

31) 《中宗實錄》 권 89, 중종 34년 정월 기해.
32) 《世宗實錄》 권 116, 세종 29년 5월 병진.
33) 李泰鎭, 〈15·6세기의 低平·低濕地 開墾 동향〉(《國史館論叢》 2, 國史編纂委員會, 1989).
34) 《中宗實錄》 권 44, 중종 17년 2월 정해.
35) 《中宗實錄》 권 36, 중종 14년 9월 갑오.
36) 《大明律》 吏律 公式條에 制書(왕의 詔勅)를 받들어 시행하는데 위반함이 있는 자는 杖一百에 처한다는 규정을 가리킨다.
37) 《中宗實錄》 권 89, 중종 34년 정월 기해.

었다. 그래서 군사력 증강에는 아무 도움도 없으면서 빈한한 군사들은 말을 빌리는데 더욱 피폐해지고 오직 말을 빌려주는 자들만이 이익을 본다는 말이 나오게 되었다. 그래서 중종 15년 정부 내에서 騎·卜馬 중에서 복마는 폐지하고 기마만 세우자는 의견도 나왔으나 쉽게 합의를 보지 못하다가 선조 16년(1583) 병조판서 李珥에 의해서 복마가 폐지되었다.[38] 그후 기마까지 폐지되어 기병이 말이 없는 보군이 되어 군역에 임했던 것은 임진왜란 직후였다.[39]

(3) 보정병과 수군의 역졸화

양인 농민의 의무 군역인 정병은 騎兵과 步兵으로 병종이 구분되었다. 기병과 보병은 같은 정병에 속했지만 이들에 대한 국가의 대우는 현저히 달랐다. 기병은 보인을 3명 지급받았음에 비해 보병은 2명을 받았고, 보병의 역은 기병보다 훨씬 고된 것이었다. 앞에서 살펴본 바와 같이 기병은 16세기를 거치면서 점차적으로 보군으로 변해갔지만 번상보병은 이미 15세기말부터 군사라기보다는 役軍·役卒로 변하였다. 이에 성종 4년(1473) 大司諫 鄭佸의 상소에서 "이른바 보병이라 하는 자들은 서울에 올라오면 모두 토목공사에 동원되어 한 사람이라도 시위하는 자가 없다. 이들은 이름은 병사이지만 실은 역졸이다"[40]라고 하였다.

16세기에는 농업경제의 변동과 상품유통의 발달 속에서 사치풍조가 만연하면서 지배층들은 궁궐·저택들을 광대하게 짓는 등 토목공사가 급증하였다.[41] 원래 토목공사는 급료를 지급 받는 시취 군인인 彭排와 隊卒이 담당하였다. 앞의 〈표 2〉에서 보는 바와 같이 팽배는 정원이 5천 명이고, 대졸은 정원이 3천 명인데 그들은 遞兒給料를 받고 근무하였다. 그러나 성종 5년에

---

38) 《光海君日記》 권 106, 광해군 8년 8월 기해.

39) 金鍾洙, 〈17세기 軍役制의 推移와 改革論〉(《韓國史論》 22, 서울大, 1990).

40) 《成宗實錄》 권 35, 성종 4년 10월 경신.

41) 16세기의 사회 경향에 대해서는 다음 글이 참조된다.
李泰鎭, 〈16세기 韓國史의 理解 방향〉(《韓國社會史研究》, 지식산업사, 1986).
韓相權, 〈16世紀 對中國 私貿易의 展開－銀貿易을 중심으로－〉(《金哲埈博士華甲紀念 史學論叢》, 知識産業社, 1983).

팽배·대졸은 정원의 반도 되지 않았으며, 성종 24년에는 실제 번상 인원이 每番에 팽배 200~300명, 대졸 40~50명에 불과하였다.[42] 그리고 명종 5년(1550)에 이르러서는 "팽배와 대졸 중 남아 있는 자가 거의 없다"[43]라는 상황이었다. 이렇게 되자 이들 대신 보병과 수군들이 토목공사에 동원되어 역졸화하였다. 그래서 보병은 기병과 같이 군장을 갖출 필요도 없었고, 정부 역시 군장 點閱을 하지 않았다. "군사를 쓸 때 보병은 무기도 지니지 않았으니 제외한다"[44]라고 하여 보병은 아예 군사력으로 간주하지도 않는 실정이었다.

사실 보병은 입번하는 기간에 관에 매여 있는 상역자였으므로, 昇平이 오랜 시기에 이들이 역졸화되는 것은 당연한 추세이기도 했다. 하지만 보병이 이렇게 역졸화하기는 하였으나 요역과는 명확히 구분되었다. 요역은 민호를 대상으로 하여 민간의 노동력을 징발하는 戶役이었지만, 군역은 특정한 人身을 대상으로 특정한 역을 부과하는 身役이었다.[45]

16세기에 들어와서는 요역에 의해 징발되는 煙戶軍보다도 보병을 각종 役事에 우선적으로 동원시키고 있었다. "축성을 할 때 마땅히 當番步兵을 쓰고, 그것이 부족하면 연호군을 쓴다"[46]라는 말처럼 축성할 때는 당연히 당번보병을 동원하였다. 이것은 요역에 의해 징발되는 연호군은 단기간에만 입역하였으므로,[47] 공사기간이 긴 역사에는 군인을 동원하는 것이 번거롭지 않고 보다 효과적이었기 때문이다.

당번보병은 각종 토목공사에 동원되었을 뿐만 아니라, 병조나 도총부·승정원 등 각 사의 伺候使令으로도 끌려 다녔다. 원래 각 사의 사후사령으로서 皂隷와 羅將이 책정되어 있었으나,[48] 조예와 나장이 피역 저항함으로써 수가 부족함에 따라 보병으로 충당하였던 것이다.

---

42) 《成宗實錄》 권 44, 성종 5년 윤6월 경자 및 권 277, 성종 27년 5월 병술.
李載龒, 앞의 책, 143쪽.

43) 《明宗實錄》 권 10, 명종 5년 10월 임오.

44) 《成宗實錄》 권 278, 성종 24년 윤5월 기미.

45) 尹用出, 〈15·16세기의 徭役制〉(《釜大史學》 10, 1986).

46) 《中宗實錄》 권 40, 중종 15년 윤8월 병오.

47) 《經國大典》 권 2, 戶典 徭役條에는 '凡田八結出一夫 一歲不過役六日'이라 하여 연간 사역 일수를 6일로 정하고 있다.

48) 姜萬吉, 〈朝鮮後期雇立制發達〉(《世林韓國學論叢》 1, 1977).

한편 양인 농민의 또 하나의 의무군역인 水軍은 조선 초기부터 여러 가지 역사에 동원되었다.[49] 《경국대전》에서 수군으로 명명되기까지 이들은 일반적으로 騎船軍 또는 船軍으로 불렸다. 수군은 屯田耕作, 燔鹽, 해산물 채취, 병선 제작과 수리, 선내 필수품 제작, 공물·진상의 備納 그리고 漕運 등에 동원되었다. 이것은 수군들의 선상방어 임무와 더불어 신역으로 담당해야 하는 일이었다. 이것은 무척 苦役이어서 수군역을 기피하는 원인이 되었다. 이 이외에 원칙적으로 수군의 역사 동원은 면제되어 있었다. 그러나 세종 16년(1434) 工曹參議 張友良은 "築城·營繕 등의 工役에 감사가 주현마다 몇 명씩 差定하면 수령은 부득이 船軍戶에까지 그 차정을 명하여, 아들은 騎船하는데 아버지는 다른 일에 사역되고, 아우는 당번인데 형은 다른 일에 부역하는 일이 종종 있다"[50]라고 하였다. 또 세종 21년에는 "근래에 태평이 오래되어 舟楫諸緣 및 營田·번염 외에 무릇 民戶가 천시하며 싫어하는 역사는 모두 선군에게 맡겨 선군은 그 무거운 역을 이기지 못하여 여러 방면으로 謀避한다"[51]라는 실정이었다.

수군의 역사 동원은 성종초 보병이 역군화되면서 더욱 심해졌다. 이들의 역사 동원은 보병처럼 서울의 土木營繕에 가장 많이 동원되었다. 서울의 토목영선에 동원된 군사 중에서도 경기 수군의 동원이 번상보병보다 자주 있었으며, 심지어 下番의 수군에게도 소위 '引番'으로 동원되는 폐단까지 있었다. 이와 같이 수군의 동원이 잦아지자 수군의 留防者는 겨우 1/10~2/10에 불과하였다고 한다.[52] 서울의 토목공사에 동원되는 수군은 주로 경기 수군이었지만, 때로는 황해·충청·강원도의 수군이 동원되기도 하였다. 또 각 지방마다 그 지방의 여러 토목공사와 영선에 수군이 동원되었던 것은 말할 것도 없었다. 수군은 군역 중 가장 고역이어서 정병보다 앞서 代立과 放軍收布의 폐해를 초래하였다.

---

49) 수군에 대해서는 아래의 글이 참고된다.
李載龔, 〈朝鮮初期의 水軍〉(《朝鮮初期社會構造研究》, 一潮閣, 1984).
方相鉉, 《朝鮮初期 水軍制度》(民族文化社, 1991).

50) 《世宗實錄》 권 64, 세종 16년 4월 무진.

51) 《世宗實錄》 권 86, 세종 21년 7월 병인.

52) 《成宗實錄》 권 280, 성종 24년 7월 경술.

3) 대립제의 성행

대립이라는 것은 번상의 의무가 있는 군사가 스스로 번상을 하지 않고 어느 타인에게 일정한 대가를 지불하여 대신 군사로서 역할하게 하는 것을 말한다. 이러한 대립은 수군의 경우 이미 세종 때부터 있어 왔다. 수군은 군역 중에서도 가장 고역인데다가 세종대부터 이미 토목공사 등에 동원되는 역졸로 변하고 있었기 때문이다. 세종 5년의 기록에는 "수군이 立番하지 않았을 때 수령은 人吏로써 대립하게 한다"[53]고 하였으며, 세종 21년에는 "부강한 船軍은 스스로 입번하지 않고 빈궁한 사람에게 돈을 주어 대립하고 있다"[54]고 하였다.

수군의 대립이 문제시되자 세종 29년에는 수군에게 신분을 증명할 수 있는 漆圓木牌를 차고 다니게 하여 수군의 대립을 저지하려 하였다.[55] 그러나 수군이 입역하면 고된 사역에 끌려 다녔으므로 대립은 그치지 않았고 심지어 방군수포 현상까지 나타나게 되었다. 이같이 대립이 심해짐에 따라 富實한 수군은 일생 동안 대립을 통하여 浦에 赴防한 적이 없어 포가 어디에 있는지조차 모르는 경우도 있었다. 그러나 조선정부에서는 국토 방어의 제일선을 담당한 수군의 대립을 끝까지 인정하지 않고 불법으로 간주하였다.

16세기 들어 대립은 수군뿐만 아니라 모든 군인층에 걸쳐 진행되었다. 심지어 무반관직을 차지하고 있는 갑사들도 대립을 행하였다. 중종 21년(1526)에는 갑사들이 "上番할 때 다른 사람을 고용하고, 다른 馬로 대신 검열하는 것이 상례"[56]라고 하였다. 정병들도 대립을 행하였다.[57] 심지어 官屬들이 대립을 강요하기까지 하였다. 그러나 정부에서는 대립을 엄격히 금지하였다. 대립할 경우 "온가족을 변방지역으로 入居시킨다"고 엄포를 놓기도 하고, 신분증명을 위해 용모와 나이가 새겨진 圓牌를 차도록 하기도 하였다.[58] 그러

53) 《世宗實錄》 권 20, 세종 5년 5월 정미.
54) 《世宗實錄》 권 86, 세종 21년 7월 병인.
55) 李載龒, 앞의 책, 126~127쪽.
56) 《中宗實錄》 권 57, 중종 21년 7월 임진.
57) 李泰鎭, 앞의 글(1968), 239~249쪽 참조

나 대립은 끊임없이 전개되었다. 이러한 군인들의 저항 속에서 차츰 정부에서는 번상보병에 한하여 대립을 인정하는 방향으로 나아갔다. 이들은 정예군사인 갑사나 기병과 달리 군장도 없는 역졸이었고, 또 수군과 같이 방어의 제일선을 담당하는 국방 군사력도 아니었기 때문이다.

16세기 대립제의 성행과 번상보병들에 한하여 대립제를 허용하게 된 원인을 살펴보면 다음과 같다. 첫째, 노동력 수탈을 위한 국가권력의 통제로부터 벗어나서 농업 노동력을 확보하고자 했던 군역 농민들은 자신이 직접 입역하는 것보다 대립을 희망하였다. 보병들은 "오늘날 이른바 보병이라고 하는 자들은 병사의 이름은 있지만 실제 병사가 아니다.…왕래할 때 무릇 4, 5개월이 걸리고 番下하여 집에 있는 날이 없다"[59]라는 형편이었다. 농민의 피역저항 속에서 정상적인 보인의 지급도 되지 않는 터에 이러한 군역의 부담은 농민들의 정상적인 영농을 저해하였고 농업생산력을 감퇴시켰다. 정부내에서도 "농민들을 몰아 군인으로 만들어 농사지을 시기를 빼앗는다"[60]라고 하거나 "丁壯이 농토(南畝)에 있지 않으면 外寇가 이르기도 전에 나라가 위험하다"[61]라고 하는 우려가 분분하였다. 보병의 입번을 강요하는 것은 군역담당자인 농민의 입장에서나, 수취의 안정적인 기반을 확보해야 하는 정부의 입장에서나 모두 상반되는 것이었다.

둘째, 앞에서 언급했듯이 번상보병의 실제 임무는 군사활동이 아니라 가혹한 토목공사의 역이었기 때문에 보병들은 가능한 한 대가를 치르고 가혹한 노동에서 벗어나기를 원하였다. 당번보병과 수군들은 쉴 새 없이 役事에 동원되었다. 고역에 의한 군인들의 고통과 원망은《朝鮮王朝實錄》의 도처에서 나타나고 있다. 심지어 군인항쟁으로까지 나타날 정도였다. 중종 21년에는 月串에서 수군들이 鎭帥를 능욕하고 기치를 높이 세워 군인항쟁을 전개하기까지 하였다.[62] 이것은 월곶에 그치는 것이 아니라 지방의 도처에

58)《成宗實錄》권 197, 성종 17년 11월 기사.
59)《中宗實錄》권 22, 중종 10년 6월 무인.
60)《中宗實錄》권 29, 중종 12년 9월 을미.
61)《明宗實錄》권 23, 명종 12년 12월 임오.
62)《中宗實錄》권 57, 중종 21년 4월 신사.

서 비슷한 상황이 전개되었다. 고역에 대한 지방군인들의 저항 속에서 정부는 번상보병의 대립을 허용하는 추세로 나아가지 않을 수 없었다. 서울에서 군인들이 반란을 일으킬 경우 이것은 정권의 운명과 관련된 것이기 때문이었다.

셋째, 서울에서 원거리에 있는 보병이 번상근무를 하기 위해 왕래하는 데 엄청난 고통이 따랐고, 또 물가고 등에 의해 서울에서 복무하는 것보다 대립을 하는 것이 경비가 절감될 수도 있었다. 번상근무는 전국 각처에서 행해졌다. 極邊지방의 경우 번상에 걸리는 시일만 무려 8~9일이 되기도 하였다. 보병들이 번상을 하기 위해 高山峻嶺을 넘고 강을 건너 서울로 올라올 때 다치거나 빠져 죽는 사람 역시 부지기수였다. 한편 천신만고 끝에 서울에 올라온 보병들은 보인에게서 보포를 받아와 생활해야 했는데 서울은 '穀貴貨賤'이라 하여 면포 1필이 쌀 한 말밖에 안되는 경우도 있어 굶어 죽기까지 하였다.[63]

이 밖에 입역시 諸司官屬들의 침학 등으로 인해 군인들은 대립을 원하였다. 정부에서는 수군은 대립을 허용하지 않았으나 보병은 대립을 용인하는 방향으로 나아갔다. 16세기 조선사회 역시 보병의 대립제가 성행할 수 있는 사회경제적 조건이 성숙되고 있었다. 지주 전호제의 전개 속에서 토지를 상실하거나 각종 국역의 부담을 피하려는 농민들은 농토를 떠나 유망하고 있었고,[64] 도시로 집중하고 있었다. 유민, 혹은 피역인들의 도시집중은 이 시기에 있어서 중앙·지방을 통틀어 나타나는 현상이었다. 중종 28년(1533) 7월 경연 후 鄭光弼은 자신의 부모묘지 근처에 있던 마을들이 20년 사이에 모두 없어지고 그 마을 사람들이 서울에 올라와 토목공사가 있을 때 역졸의 대립인으로 생활한다고 말하였다.[65] 농민층의 분해 속에서 농토를 잃고 서울에 올라온 유민·피역인들은 지배층들에 의해 '惰農' 또는 '逃賦之人'으로 인식되어졌고, '市井之游手者', '京中無役人' 또는 '無賴之徒'로 불려지고 있었다.

63) 《燕山君日記》 권 46, 연산군 8년 9월 신묘.
64) 金泰永, 〈朝鮮前期 小農民經營의 추이〉(《朝鮮前期 土地制度史硏究》, 知識産業社, 1983) 참조.
65) 《中宗實錄》 권 75, 중종 28년 7월 을묘.

이들이 대립에 동원되었다. 이들은 군인들과 사적으로 계약을 맺거나 관속들과 결탁하여 대립을 얻어냈다. 한 사람이 한꺼번에 여러 명의 상번군의 대립을 맡아 수익을 올리기도 하였다.

그런데 16세기에 들어 代立價는 엄청나게 인상되어 갔다. 대립가는 풍흉에 따른 곡가의 변동과 면포의 생산량에 따라 유동하고 있었지만 특히 중종 23년 이후 폭등하고 있었다. 성종·연산군·중종 3대 동안의 대립가 변동은 다음 〈표 3〉과 같다.[66]

〈표 3〉 대립가 변동

연　　대	一　朔　番　價
성종 24년(1493)	(5升布)　8.5~9匹
〃　(公定)	(5승포)　3필
연산군 3년(1497)	(5승포)　7.5~8필
중종 13년(1518) (공정)	(5승포)　7필
23년(1528)	(常布)　50필
24년(1529)	(상포)　30~50필
31년(1536)	(상포)　100필
36년(1541) (공정)	(5승포) 3.5필　(粗布) 4필
39년(1544)	(상포)　60필

〈표 3〉에서 보는 바와 같이 중종 31년(1536)에는 보병 한 번의 번가가 100필이나 되는 경우도 있었다.[67] 代役者들은 '托以役重'이라 하여 대립가를 계속 올려 받았고, 諸司 관속이나 京主人들과 결탁하여 대립가를 받아냈다. 한편 각 사의 말단 관속들은 보병들의 자립을 방해하면서 강제로 대립가를 납부케 하기도 하였다. 이에 보병들은 '月利'을 내서 대립을 하고,[68] 또 대립인에게 후에 갚겠다고 약속하고는 고향에 내려와 이를 갚느라 家舍와 牛馬田畓을 방매하고 유망하지 않을 수 없었다.[69] 보병들은 가진 것을 모두 팔아도

66) 李泰鎭, 앞의 글(1968), 243쪽 참조.
67) 《中宗實錄》 권 81, 중종 31년 정월 정묘.
68) 《燕山君日記》 권 48, 연산군 9년 정월 갑자.
69) 《中宗實錄》 권 62, 중종 23년 8월 계축.

대립가를 갚지 못하기도 하였다.[70] 보병들이 대립가를 갚지 못했을 경우 가까운 친척은 물론이고 一族 전체가 도산하는 것이었다. 한편 번상보병의 대립제 성행과 더불어 경주인들이 각 지방 보병들의 대립가를 일괄로 받아다가 서울에서 사람들을 고용하여 입역시키면서 중간 차익을 챙기는 취리행위까지 성행하였다.

사적으로 이루어지는 대립가의 폭등 속에서 보병들이 고통을 겪을 뿐만 아니라 이에 따라 국가의 수취기반이 흔들리자 정부로서는 이러한 대립가를 국가체제내로 흡수하지 않을 수 없었다. 이는 우선 대립가의 공정조치로 나타났다. 정부에서는 성종 24년(1493), 중종 13년에 각각 한달의 대립가를 5升布 3필과 7필로 공정하였다. 그러나 앞의 〈표 3〉에서 보는 바와 같이 정부의 대립가 공정에도 불구하고 대립가는 계속 인상되어 갔고, 경주인들이 각 지방에서 대립가를 받아와 대립인을 고용하는 현상까지 나타났다. 이에 정부에서는 대립가의 공정에서 한 걸음 나아가 대립가의 징수를 국가에서 관리하는 방식 즉 이른바 '軍籍收布法'을 추진하였다.

이것은 전라도관찰사 金正國의 陳弊啓를 계기로 구체화되었다. 중종 33년 9월 김정국은 군역제의 모순 속에서 농민들이 유망하고 일족과 이웃까지 피해를 입어 邑里가 공허해진다고 하면서, 곡성의 경우 보병의 원액이 184호인데 絶戶가 무려 94호에 이른다고 보고하였다. 이러한 상태를 시정하기 위해서는 元軍額은 감할 수 없으므로 '軍多民少'한 지역의 군액을 '軍少民多'한 지역에 移額하고, 또 上番價布는 각 관의 수령들이 '監納踏印'하여 이를 다시 上番戶首에게 還授하고 上送하여 각처로 분송할 것을 주장하였다.[71] 이에 대해 다음달 영의정 尹殷輔와 吏·兵曹 당상들은 각 지방관들이 관할내의 보병번가를 '依數收合'하여 믿을 만한 자를 뽑아 병조로 올려보내고 병조는 이를 각처에 분송하게 하자는 보다 구체적인 개선안을 국왕에게 제출하였다.[72] 김정국은 답인된 가포를 호수 개인이 가지고 올라가자고 한데 반해 이것은 일괄수합해서 병조로 올려보내자는 것이었다. 그후 중종 36년 2월 同知事 梁

70) 《燕山君日記》 권 36, 연산군 6년 2월 병신.
71) 《中宗實錄》 권 88, 중종 33년 9월 경자.
72) 《中宗實錄》 권 88, 중종 33년 10월 계축.

淵의 발의로 이렇게 각 지방에서 상송된 대립가는 병조 소속의 司贍寺에서 관장하기로 결정되었다. 그리고 그 해 4월에 보병납포가는 한달에 3필 반으로 공정되었다. 이 공정가는 《大典後續錄》에 轉載되었다.

이상과 같이 보병의 納布軍化가 진행되었다. 이미 역졸화한 보병으로서는 납포군제의 진행은 당연한 귀결이었다. 그런데 납포제의 성립으로서 관속이나 대립인의 濫徵이 제거되고 番上直納의 번거로움은 없어졌으나, 보병이나 그 보인의 부담이 가벼워진 것은 결코 아니었다. 16세기 양인농민의 피역 저항 속에서 정군 및 보인의 절호가 많아지자 정부에서는 족징·인징으로 수탈을 강화하였기 때문이다. 물론 이 시기의 납포제는 토목사업의 역졸을 고용하기 위한 것으로서 17세기 이후 나타나는 급료병을 위한 납포는 아니었다. 그러나 이 시기의 납포제는 신분제와 병농일치에 입각한 군역제에서 탈피하여 상비군으로서 급료병제가 성립할 수 있는 전제를 마련하고 있었다.

4) 방군수포제

앞에서 대립제의 성행과 번상보병의 납포제에 대해 살펴보았다. 정병에는 번상하는 정병 외에 각 지방의 鎭營에 머물러 防戍하는 정병이 있었다. 이를 留防正兵 또는 鎭軍이라고 불렀다. 그리고 정병 외에 지방군 병력으로는 諸浦에 머무는 수군이 유방정병과 거의 비슷한 수를 차지하였다. 성종 6년(1475)의 군액 정수를 나타낸 앞의 〈표 2〉에서 보면 정병이 72,109명, 수군이 48,800명이며, 정병 중 번상정병은 27,620, 유방정병은 44,484명이다. 번상과 유방은 원칙적으로 상호 교체하도록 하였지만 번상정병과 유방정병이 고정되어 버리는 것이 일반적 경향이었다.

이러한 지방군의 경우 서울에서 멀리 떨어진 곳에서 근무하였기 때문에 군역의 문란이 서울보다 훨씬 심하였다. 즉 지방군은 번상병의 대립보다 더 일찍 지휘관인 兵使·水使·僉使·萬戶와 그 아래의 관속들에 의하여 이른바 '放軍收布'의 현상이 일어나고 있었던 것이다.[73] '방군수포'라는 것은 지방의 각급 지휘관들이 군역 복무를 하러 온 군사를 放歸시키고 그 대가로 布

를 거두어들이는 것을 말한다. 지방군의 경우 군사에 대한 모든 감독지휘권이 지휘관에게 맡겨져 있었으므로 특별한 감시가 없는 한 이러한 방군수포의 불법행위는 쉽게 자행될 수 있었다. 또 군사들도 군역에서 방귀되면 자기의 고향으로 돌아가 생업에 종사할 수 있었으므로 이익이 되는 것이 없지 않았다.

지방군의 대립 현상은 번상병의 그것보다 더 일찍 나타나고 있었다. 세종 26년(1444) 慶尙節制使와 水軍處置使 등에게 내린 교서에서 "水陸의 軍이 혹은 冒名代戍하거나 혹은 納貨代身하거나 혹은 관리가 다른 일로써 사역한다"[74]고 지적한 것과 신분증명을 위한 圓牌 착용의 실시 등은 그러한 경향을 말해주는 것이다. 이후 차츰 방군수포 현상도 나타났다. 문종 즉위년(1450)에는 각 浦의 만호와 천호 등이 당번의 선군이 입번하지 않으면 '月俸'이라 하여 1개월 당 포 3필 또는 미 9두를 징수하기도 하였다.[75] 이러한 부분적·산발적인 경향은 성종 때 급격히 불어났다.

성종대에 접어들면서 '어느 포 만호가 방군수포하여 이를 자신의 이익으로 삼는다'라거나 '어느 포 만호 아무개는 방군수포하여 그 벌어들인 면포가 얼마나 된다'라는 사례는 이 시기 《成宗實錄》에서 수없이 나타나고 있다. 방군수포의 초기적인 발생형태를 보면, "선군 立番이 고되어 一朔의 役價를 만호에게 주면 만호 역시 이득이므로 선군을 많이 放縱하게 되니, 양자가 서로 편하게 여겨 고소하는 자가 없다"[76]라고 하였다. 그런데 이러한 경향이 점점 심하게 되어 성종 23년 평안도 병마절도사 吳純이 1,234명의 군사를 放軍시키고 미·포를 징수한 혐의로 臺諫의 탄핵을 당했을 때, "赴防軍士를 冬除라 하여 방군시키고 미·포를 징수하는 것은 평안도의 예사이며 오순이 처음으로 한 바가 아니다"라는 사신의 평이 있을 정도였다.[77] 이 당시 정부 내에서 지방관의 비리에 대한 탄핵은 수없이 나타나고 있다.

지방군의 방군수포는 처음에는 군사의 편의를 위한 점이 없지 않았으나

73) 李泰鎭, 앞의 글(1968), 249~252쪽 참조.
74) 《世宗實錄》 권 106, 세종 26년 9월 기묘.
75) 《文宗實錄》 권 4, 문종 즉위년 10월 경진.
76) 《成宗實錄》 권 142, 성종 13년 6월 임자.
77) 《成宗實錄》 권 265, 성종 23년 5월 계미.

얼마가지 않아 지휘관은 사리축적을 위하여 이를 강요하고 있었다. 이들은 "수군 一分의 闕이 만호·첨사에게는 一分의 利가 되고, 十分의 궐은 만호·첨사에게 十分의 利가 된다"[78]라고 표현되듯이, 군인들이 군역 근무에 빠지는 것을 오히려 자신의 이익으로 삼고 있었다. 그래서 군인들이 부방 근무에서 빠질 경우 만호·첨사들은 자신의 심복을 군인들 집으로 보내어 布貨를 징수하여 착복하였다. 이것은 결국 지방군의 허약화를 의미하는 것이었다. "근래 각 포 수군이 역이 무거워 逃散하는 자가 태반이다"[79]라고 하는 바와 같이 지방군은 피역 저항을 감행하였고, "첨사·만호 등이 군졸을 侵漁하여 번가를 거두어 들이니 유방하고 있는 군사가 없으며, 병영·수영 등의 大鎭에도 유방하는 자는 소수에 지나지 않는다"[80]라고 하여 지방군의 방어실태는 지극히 허술한 실정이었다.

栗谷 李珥는 그의 〈萬言封事〉에서 군정 개혁의 첫번째 항목으로 지방군의 방군수포를 들고 있다. 그는 이러한 현상의 원인을 제도적 결함에서 찾고 있다. 즉 병사·수사·첨사·만호·權管 등의 관직은 설치되어 있으나 이들에 대한 녹봉제도가 마련되지 않아 이들 지방관들이 士卒들에게 모든 경비를 얻어내게 되었다는 것이다. 《경국대전》에 의하면 지방재정에 있어서 주현 등의 관아는 지방관의 祿으로 주어진 衙祿田, 빈객의 접대를 위한 公須田, 부족한 관아경비를 보충하는 官屯田이 있으며, 諸營鎭에는 아록전·공수전이 없고 다만 관둔전만이 있었다. 군사 지휘관들의 녹봉이 명확히 규정되어 있지 않고 지방재정 내에서 적당히 해결하도록 하고 있었던 것이다. 그래서 아록전·공수전 등은 모두 행정관 겸 군사지휘관인 수령들의 몫으로 돌아가고 그 아래 첨사·만호들은 일정한 녹봉이 없이 자신들의 임의적인 조달로 경비를 마련케 하고 있었다.

이에 이들 첨사·만호는 방군수포를 자행하였던 것이다. 중종 39년(1544) 홍문관 부제학 宋世珩은 그의 상소에서 "첨사·만호는 군사를 수탈하는 것으로 재산을 늘리고 관청을 시장으로 삼아, 뇌물로 자리를 얻으면 그것을 종

78) 《中宗實錄》 권 88, 중종 33년 9월 경자.
79) 《中宗實錄》 권 2, 중종 2년 2월 기축.
80) 《中宗實錄》 권 93, 중종 35년 9월 병진.

신토록 생계로 삼아 방군수포하여 집으로 실어나르는데 거리낌이 없다. 비록 이름은 武籍에 올라 있으나 소행은 장사꾼과 같다"[81]라고 그 실정을 말하고 있다. 따라서 지방관 임명시 "某鎭의 將은 그 가격이 얼마이고 某堡의 官은 그 가격이 얼마이다"라는 말이 공언되고, 그들에게는 '債帥'라는 별칭까지 붙어 있다고 하였다.[82]

각 지방에서 널리 행해지고 있던 방군수포의 현상은 이와 같이 불법적·음성적으로 시행된 채 끝내 번상보병의 경우처럼 布價의 공정 등이 취해질 수 없었다. 중종 36년의 대립가 공정 및 그 징포 절차상의 개혁 등에서도 지방군은 제외되었다. 동일한 정병 또는 수군이었지만 이들에게 동일한 시책을 적용시킬 수 없었던 것이다. 즉 지방군 納布의 공인은 곧 국방의 포기를 의미하는 것이기 때문이다. 그러나 방군수포에 대한 정부의 적극적인 대책 마련없이 이를 방기하여 둠으로써 지방군은 허약하게 되었다. 이는 동시에 조선 초기 국방체제의 근간인 鎭管體制의 허설화를 의미하는 것이었다.

〈金鍾洙〉

5. 국제교역의 발달과 마찰

1) 중국·일본 사이의 중개무역

(1) 책봉체제와 동아시아 국제교역

동아시아 국제질서는 명 황제와 주변국 왕을 군신관계로 맺는 冊封體制를 중심으로 이루어졌다. 조선은 태종 3년(1403) 4월, 일본은 같은 해 11월에 명의 책봉체제 속에 편입되었다.[1] 책봉체제 아래에서는 외교와 무역이 미분리

---

81) 《中宗實錄》 권 103, 중종 39년 5월 갑자.
82) 李珥, 《栗谷全書》 권 5, 疏箚 2, 萬言封事.
債帥란 돈을 주고 장수가 된 사람을 일컫는다.

1) 孫承喆, 《朝鮮時代 韓日關係史硏究》(지성의 샘, 1994), 27~70쪽.

된 채 정치적 지배자가 동시에 무역의 주체이기도 하고, 朝貢이라는 외교상의 의식에 수반된 무역이 이루어졌다.[2] 명에 대한 조공과 이에 대한 回賜가 유일한 합법적인 무역이었다. 명은 이 원칙을 관철시키기 위해 海禁정책을 실시하여, 공적 사절 외에는 자기 나라 사람이 해외로 나가는 것을 금지하였다. 또한 명에 오는 사절은 명이 지급한 渡航증명서를 휴대하도록 하였다.[3] 명의 책봉체제는 중국의 전통적인 華夷思想의 발로로서, 이웃 나라에 臣屬을 요구하였다. 그것은 신속의 구체적인 표시를 조공으로 요구하였듯이, 명분에 못지 않게 교역상의 실리도 가지고 있었다.[4]

책봉체제는 通交機構의 성립으로 규정되듯이, 동남아시아까지 확대된 교역권을 하나의 질서로 안착시키는 데 중요한 의도가 있었다.[5] 하나의 통교기구 아래 새로이 출범한 동아시아 국제교역은 활발하게 이루어졌다.[6] 특히 16세기 이후 동아시아 국제교역은 활발한 전개를 보여 동아시아의 발전에 큰 영향을 미쳤으며, 교역 참가국·상품·교역량 등에서 큰 변화를 보이기 시작하였다. 교역 당사자로는 중국·한국·일본 외에도, 포르투갈·琉球상인 등이 새로운 역할을 담당하였다.[7]

(2) 중국과의 무역

가. 조공무역

명과의 무역은 조공관계를 벗어날 수 없었다. 조공무역은 명에 대한 조공과 이에 대한 명의 회사 형태로 이루어졌다. 조공품은 금·은·綿紬·苧布·麻布·螺鈿梳函·龍紋簾席·細花席·貂皮·獺皮·貂鼠皮·豹皮·靴類·黃毛

---

2) 田代和生,《近世日朝通交貿易史の硏究》(東京;創文社, 1981), 3쪽.
3) 村井章介,〈冊封=海禁=勘合システムの崩壞〉(《環日本海と環シナ海》, 日本の歷史 別冊 14, 東京;朝日新聞社, 1995), 2쪽.
4) 李泰鎭,〈16세기 東아시아 경제 변동과 정치·사회적 동향〉(《朝鮮儒敎社會史論》, 지식산업사, 1989), 104쪽.
5) 田中健夫,〈東アジア通交機構の成立と展開〉(《岩波講座 世界歷史》9, 東京;岩波書店, 1970;《中世對外關係史》, 東京大出版會, 1975).
6) 李泰鎭,〈16세기 東아시아의 歷史的 狀況과 文化〉(《韓國社會史硏究》, 지식산업사, 1986), 312쪽.
7) 李泰鎭,〈前近代 韓·中 交易史의 虛와 實〉(《震檀學報》78, 1994), 174~177쪽.

筆・白綿紙・佛具・인삼・사향・오미자・松子・차・종마・해삼・김・전복・문어・대구・광어・홍합 등이 주종을 이루었다. 회사품은 彩段・금・은・말・약재・자기・서적・악기・보석・문방구・弓材・水牛角・예복・칠기 등이 주종을 이루었다.[8] 책봉체제 아래에서 조선은 조공의 부담을 줄이는 데 주력하였으므로 두 나라 사이의 통상은 처음에는 부진하였다.[9]

나. 공무역

15세기까지의 대명무역은 공무역이 중심이었다. 사무역은 《經國大典》 刑典 禁制條에 규정된 것처럼 엄격히 금지되었다. 《大典後續錄》에 공무역품이 章服・衣物・약재・수우각(弓角) 등에 한정된 것으로 보아, 공무역 수입품은 장복・약재・궁각・書冊 등이 중심이었던 것 같다.[10] 紗羅綾段・白鐵・綠礬 등을 수입하고 베로 바꾸었다고 한 것처럼,[11] 공무역은 대개 일정한 교환비율로 거래되었다. 역관들은 사행을 따라 중국에 가 있는 동안 국가가 필요로 하는 물품을 공무역을 통해 조달하는 임무를 띠고 있었다.[12] 그러나 이들은 공무역을 빙자하여 사무역에도 종사해 많은 이익을 취하였다. 공무역을 담당해야 할 역관들이 사무역에만 전력함으로써, 공무역은 형식적으로 수행될 뿐이었다. 역관・의원들은 공무역품을 중간에서 횡령하고 납부하지 않기도 하였다. 15세기말~16세기초에 사무역이 본격적으로 이루어지면서 점차 공무역을 압도하여 갔다.

다. 사무역

사무역은 법적으로 금지되었으므로, 공무역에 편승하여 밀무역의 형태로

---

8) 李鉉淙, 〈對明貿易〉(《韓國史論》 11, 國史編纂委員會, 1982).
朴元熇, 〈명과의 관계〉(《한국사》 22, 국사편찬위원회, 1995).
金龍基, 〈朝鮮初期의 對明朝貢關係考〉(《부산대논문집》 14, 인문・사회과학편, 1972).
朴南勳, 〈朝鮮初期 對明貿易의 實際〉(《關東史學》 1, 1982).

9) 李泰鎭, 앞의 책(1989), 105쪽.
韓相權, 〈16世紀 對中國 私貿易의 展開－銀貿易을 中心으로－〉(《金哲埈博士華甲紀念 史學論叢》, 知識産業社, 1983), 455쪽.

10) 韓相權, 위의 글, 455~483쪽.

11) 《成宗實錄》 권 250, 성종 22년 2월 신유.

12) 姜聖祚, 《朝鮮前期 對明公貿易에 關한 硏究》(仁荷大 博士學位論文, 1990).

행해지는 것이 일반적이었다. 사무역은 처음에는 주로 사신으로 가는 고위관료나 譯官·軍官 등의 使行員들에 의해 주도되었다. 사행원들은 사행을 기화로 사치품 등을 수입하였다. 그러나 15세기말부터 견직물이나 그 原絲(眞絲·白絲)를 대량 수입하면서, 새로운 국면을 맞이하였다. 사무역의 발달은 국내 사치풍조의 성행으로 사치품 수요가 늘어난 데 기인하였다.

사무역은 사라능단·백사·백저포 등 직물류와 珠翠·寶貝·珊瑚·瑪瑙 등 보석류가 대부분을 차지하였다. 원래 사라능단은 尙衣院의 御衣·冠佩 등 법전에 규정된 수요에 한정하여 충당되었다. 그런데 사치풍조가 성행하자 그 수요는 급증하였다. 왕실·고관·지주·私商層들이 사치품 수요의 중심을 이루었다. 서민층에서도 혼수의 필수품이 될 정도로 수요층의 범위가 확대되었다.

1520~30년대에 들어와 사무역은 종래 공무역에 편승하여 부수적으로 교역하던 것에서 탈피하여, 대중국무역을 주도하였다. 사무역 발달의 배경으로는 지주제의 전개, 국내상업의 발달, 사치품의 수요 증대 등을 들 수 있다.

16세기 사무역은 주로 은무역을 중심으로 전개되었다. 중국은 15세기 중반에 地丁銀制를 시행하여 각종 조세를 銀納化시켰다. 이러한 변화에 따라 국제교역에서 은이 결제수단으로 되어, 각국의 은이 중국으로 집중되었다. 은이 결제수단이 되면서, 국내 은광개발에 새로운 계기가 마련되었다.[13]

연산군 9년(1503) 金甘佛과 金儉同이 鉛덩어리에서 은을 분리·제련하는 鉛銀분리술을 발명하였다. 이 기술은 은광개발에 큰 도움이 되어 端川·江界·豊川 등에서 광산이 개발되었다. 함경도 단천은 보잘것없는 연 산지였으나, 이로 인해 조선 제일의 은광으로 개발되었다. 이 새로운 기술은 일본에 전해져 16세기 중반 이후 北九州지방 은광개발에 직접적인 계기가 되었다. 16세기 이후 鉛銀術·産銀處의 개발로 산은량은 증대하였으나, 사무역의 발달은 계속적인 은 부족사태를 초래하였다. 은 확보를 위한 富商大賈들의 潛採·濫採가 함경도에서 성행하였다. 은의 남채는 중종 25년(1530)을 전후하여

---

13) 사무역에 대해서는 다음의 글을 참고하여 요약·정리하였다.
韓相權, 앞의 글, 450~483쪽.
李泰鎭, 앞의 책(1986), 294~295쪽 및 312~313쪽.
柳承宙, 《朝鮮時代鑛業史硏究》(高麗大 出版部, 1993).

절정에 달하였다. 상인들은 잠채에만 의존하는 것이 아니고, 합법적인 채은권을 획득하기도 하였다. 정부는 상인으로 하여금 일정량의 곡물을 납부하는 대가로 채은권을 부여하는 納穀採銀制나, 정부에서 직접 채은하여 곡식을 사들이는 採銀貿穀制를 실시하였다. 채은권을 획득한 부상대고들은 단천에서 채굴한 은을 사행원에게 판매하였다. 중국물화가 단천에 유입되면서 단천은 흥성함이 서울과 다를 바 없다고 할 정도로 번창하였다.14)

16세기 사무역의 주도세력은 宮禁·戚臣·權貴 등 특권세력과 부상대고들이었다. 궁금·척신·권귀들은 대외무역에 종사함으로써 척신정치의 물적 기반을 확보할 수 있었다. 중종말~명종초 척신정치가 전개되면서 궁중·재상 등 특권층이 본격적으로 사무역에 손을 댔다. 중종대 권신 金安老나 명종대 尹元衡의 사무역은 대표적인 경우이다. 이들의 교역품은 市廛商人에게 전매되어, 서울시전이나 지방으로 유포되었다. 사무역 금지정책 아래에서 역관들은 자신들을 비호해 줄 권력이 필요하였다. 중국무역의 이권 때문에 왕실·권세가 등이 비호세력으로 등장하여, 양자의 결탁이 쉽게 이루어졌다. 사무역을 통해 부를 축적한 역관들은 부상대고로 등장하기도 하였다. 국내상업 발달과 함께 새로 등장한 부상대고들 중에는 양반 사대부는 물론 賤庶까지 포함한 전 계층이 속하여 있었다. 16세기 사무역은 역관·군관 등 사행원과 함께 京商·平壤상인·開城상인·義州상인 등 부상대고에 의해 이루어졌다. 사무역의 팽창은 궁금·척신·권귀, 경상을 중심으로 한 부상대고, 사행원들의 활발한 무역활동의 결과였던 것이다.

부상대고의 자산 규모가 커지면서, 부상대고들은 사행원과 결탁하여 점차 물주로 되어 갔다. 부상대고들은 16세기 이후 발달하는 유통질서를 장악하여 상업자본을 축적한 뒤 이를 대외무역 자금으로 재투자하였다. 부상대고의 상업활동과 자본축적의 배후에는 왕실·권세가를 비롯하여 관청의 서리·下隷 및 역관 등 봉건권력이 작용하고 있었다. 상인들의 상업자본 축적이 아직 미

14) 韓相權, 위의 글, 461~471쪽.
柳承宙, 위의 책, 121~161쪽.
李泰鎭, 앞의 글(1994), 177쪽.
백승철, 〈16세기 부상대고의 성장과 상업활동〉(《역사와 현실》 13, 한국역사연구회, 1994), 260쪽.

숙하였으므로 사무역은 국가권력과 결탁된 특권무역의 성격을 띠면서 전개되었던 것이다.

16세기 사무역은 15세기 국가 주도의 공무역 체계를 내부로부터 해체시키고 그 속에 자신의 세력을 구축하면서 성장하고 있었다. 15~16세기에 부상대고의 주된 상업활동과 초기 자본축적 과정은 納穀·防穀과 같은 정부재정 운영과 관련된 부문이나, 양반가의 사치품 수요를 위한 대외무역을 통하여 이루어지고 있었다. 이들은 축적한 상업자본으로 토지를 구입하여 상인지주로 성장하여 갔다.

부상대고들은 16세기 이후 서서히 부상하는 유통경제를 장악하면서 貢物防納, 惡布사용, 常平倉穀冒收, 納穀受價, 곡물 매점매석 등의 방법으로 부를 축적해 갔다. 의주의 大同島를 비롯하여 獐島·海狼島나 安州·鐵山 등은 서울·의주·개성상인 등이 밀무역을 하는 거점이었다. 특히 개성상인은 서울상인과 함께 가장 조직적이고 활발한 활동을 하는 상인으로 손꼽히고 있었다. 의주는 대외무역과 관련된 상업도시로 성장하고 있었다. 은 산지인 단천 역시 중국과의 무역이 성한 곳이었다. 16세기에는 대외무역의 확대에 따라 지방에서 상업도시가 발전하고 있었다.15)

(3) 일본과의 무역

가. 조공무역

일본의 幕府將軍과 對馬島主를 비롯한 서남지역의 중소 영주들은 進上이란 형태로 조선에 물건을 바쳤다. 조선은 이에 대해 회사라는 형태로 답례하였다. 진상품은 일본의 은·구리·납·유황·칼·철기·갑옷·병풍·연적 등과, 동남아시아산 蘇木(丹木)·胡椒(후추)·沈香·丁香·樟腦·犀角·수우각·상아 등이 대표적인 품목이었다. 조선의 회사품은 시기에 따라 약간 차이가 있으나 대체로 쌀, 면포를 비롯한 저포·마포·명주 등 직물류, 滿花席·彩花席 등 자리류, 인삼 등 약재류, 표피·초피·호피 등 피물, 그 밖에 불교경전인 大藏經 등이 중심이었다.16)

---

15) 이상 사무역에 대한 서술은 백승철, 위의 글, 252~273쪽 및 韓相權, 위의 글, 455~484쪽을 참고하여 요약·정리하였다.

나. 공무역

공무역은 정부가 관용 물품으로써 교역하는 형태로, 세종초에 국내에서 생산되지 않는 구리·납·소목·후추 등을 대상으로 시작한 것이다. 그 밖에 금·朱紅·丁香·白檀香 등도 공무역을 통해 수입되었다. 공무역은 물품의 교환비율이 정해져 있었다.[17] 구리의 경우 上品은 2근 반에 면포 1필, 下品은 4~5근에 1필 정도였다. 황금은 1냥에 면포 30필 정도였다.[18] 수입품의 값은 대개 綿紬·正布(麻布)·면포를 等分하여 지급하였다. 그러나 면포의 품질이 좋아짐에 따라 일본은 모두 면포로 지급해 줄 것을 요구하였다.[19]

15세기 중반 이후 면화재배 지역은 계속 북상하였다. 면화재배의 확대로 생산량이 늘어난 면포는 대일무역의 중요한 수출품이 되었다. 16세기말까지 면화재배 기술을 습득하지 못한 일본은 곡물 못지 않게 면포를 중요한 수입품목으로 여겼다. 면포 수출량은 15세기 후반부터 점차 늘어나는 추세를 보였다. 면포는 중요한 수출품이면서, 국내 경제에서는 교환의 척도인 화폐기능을 하여 상업 발날을 촉진시키는 역할을 하였다.[20]

일본에서 '應仁의 亂'이 한창일 때 막부의 政所執事 伊勢政親이나 近江·出雲의 守護인 佐佐木京極政經은 군복 원료용으로 조선에서 대량의 면포를 수입하였다. 성종 4년(1473)에는 '日本國 防長攝泉四州太守' 大內別駕多多良政弘이 淸水寺 재건 비용으로 동전·면주·면포 등을 요구하고, 정포 천 필, 면포 천 필, 糙米(현미) 500석을 얻었다. 이 때부터 일본의 大名이나 國人領主 등이 구리 등을 수출하고, 그 대가로 면포를 얻는 것이 일반화되어 갔

---

16) 홍희유, 《조선상업사》(고대·중세편)(과학백과사전종합출판사, 1989), 185~186쪽.
元裕漢, 〈무역〉(《한국사》 24, 국사편찬위원회, 1994), 202~203쪽.
金柄夏, 《李朝前期 對日貿易研究》(韓國研究院, 1969).
李鉉淙, 《朝鮮前期 對日交涉史研究》(韓國研究院, 1964).

17) 田中健夫, 《中世海外交涉史の研究》(東京大出版會, 1959), 69~75쪽.
中村榮孝, 《日本と朝鮮》(東京 ; 至文堂, 1966), 161쪽.

18) 《成宗實錄》 권 238, 성종 21년 3월 을축. 단 《成宗實錄》 권 225, 성종 20년 2월 무오조에는 "舊例에는 황금 1냥에 면포 25필을 지급하였다"고 하였다.

19) 《成宗實錄》 권 266, 성종 23년 6월 경신.

20) 李泰鎭, 〈國際貿易의 성행〉(《韓國史 市民講座》 9, 一潮閣, 1991), 69쪽.
宋在璇, 〈16世紀 綿布의 貨幣機能〉(《邊太燮博士華甲紀念 史學論叢》, 三英社, 1985).

다.[21] 그 결과 성종 6년(1475)에는 서울과 경상도 倭館에서 지급된 면포가 27,800필, 다음해에는 37,421필로 증가하였다.[22]

일본측은 성종 20년에는 구리 2만 근 값을 모두 면포로 지급하지 않으면 구리를 다시 가지고 오라고 대마도주가 지시할 정도로 면포를 선호하였다. 성종 21년 당시 대마도주가 보낸 황금과 주홍에 대한 공무역 지급 면포값이 10,750필 23척이나 되었다. 공무역 수입가로 지불되는 면포가 과다하여 국내 면포가 부족하게 되자, 조선정부는 대책을 강구하지 않을 수 없었다. 그래서 종전대로 면주·정포·면포로써 지급하도록 하였다. 그리고 주홍의 공무역 값이 사무역보다 많이 지급되므로, 이를 줄이자는 주장이 제기되었다. 또한 황금 1냥의 교환값은 본래 면포 30필이었는데, 25필로 낮추어서 면포의 평가비를 높이려고 하였다.

일본의 요구는 특히 목면에 한정되어 있었다. 대마도나 북구주·山陰지방에서는 작은 배로도 조선과 왕래하며 목면을 수입해 갔다. 따라서 민간상인의 거래까지 포함시키면, 일본의 면포요구는 조선 내수용분을 위협할 정도가 되었다. 15세기말~16세기에 목면의 대일수출은 점차 통제되어 갔다. 이에 일본은 중국으로부터 '唐木綿'을 수입하려는 움직임이 강하였다.[23]

처음 군수용으로 일본에 전래된 목면은 서민 衣料品으로 크게 보급 발전되었다. 15세기 후반에서 16세기 전반까지의 약 1세기 동안 조선에서 수출된 면포량은 비약적으로 증가하였다. 동시에 이식목면이 정착하여, 三河·遠江 등 東海道 지방산 목면이 상품으로서 일본 국내시장에 출회되기 시작하였다. 16세기 후반에서 17세기 초반에 걸쳐 조선측의 무역제한에 의해 면포 수입량이 감소하는 대신, 품질이 뛰어난 중국산 당목면이 수입되어 조선면포를 구축하여 갔다.[24]

---

21) 永原慶二, 《新・木綿以前のこと》(中公新書 963, 東京 ; 中央公論社, 1990), 60~67쪽.

22) 小野晃嗣, 《日本産業發達史の硏究》(東京 ; 至文堂, 1941).
永原慶二, 위의 책, 66~67쪽.

23) 永原慶二, 위의 책, 66~68쪽.

24) 佐佐木銀彌, 〈海外貿易と國內經濟〉(《講座日本史》3, 東京大出版會, 1970), 186~187쪽.

다. 사무역

16세기에 들어와 사상들의 활약으로 三浦를 중심으로 사무역이 크게 활기를 띠었다. 사무역은 관리들의 감독 아래 상인들 사이에서 이루어진 무역이다. 가격이 자유여서 이윤이 많으므로 상인들은 공무역보다 사무역을 선호하였다. 수입품은 구리·납·은·금·유황이나, 단목·주홍·침향·후추·서각 등 남방산 물자가 주종을 이루었다. 이 가운데서 가장 큰 비중을 차지하는 것은 구리였다. 수출품은 쌀·콩·면포·마포·면주·인삼·호피·표피 등이었다.[25] 일본의 수입품은 일본 국내 각 지역의 생산력 수준과 지배계급의 욕구에 따라 달랐다. 대마도와 같은 지역은 쌀·콩 등 곡물이 중요하였으나, 곡물자급이 가능한 島津氏 등 南九州 영주층의 관심은 정포(마포)·면포 수입에 집중되어 있었다. 사치품·일상필수품의 조달이 가능한 畿內의 지배계급이나 大內氏 등은 인삼·호표피·면주 등 사치품이나 대장경과 같은 문화유산의 수입에 주력하였다.[26]

연산군 6년(1500)에 내바도주는 特送船으로 구리 11만 근을 보내 와서 팔았다. 방대한 양의 구리를 공무역으로 다 소화하지 못할 경우, 정부는 일반상인의 사무역으로 넘기거나, 값을 낮추어 사들이기도 하였다. 상인들이 구리를 매입하기 위하여 싣고 간 면주의 양이 100여 同(5,000필)이나 되어 시전의 면주가 동이 나게 되었다고 할 정도로, 구리는 수입품 중 중요한 비중을 차지하였다.[27] 수입품 중에는 硫黃도 중요하였다. 유황을 대량 수입한 것은 15세기 이후 무기제작술의 발달로 제조가 널리 이루어졌기 때문이다. 중종 20년(1525)의 경우, 軍器寺는 259,034근, 경상도는 4,717근, 개성부는 37,940근 등 모두 301,691근이나 되는 많은 유황을 보유하고 있었다.[28] 단목과 주홍도 중요한 수입품이었다. 이것은 염료·자재 등으로 사용되었다. 특히 단목은 왕실·양반 등이 많이 사용하였다.

15세기말에는 금·은무역이 활기를 띠기 시작하였다. 15세기 후반부터 상

---

25) 李泰鎭, 앞의 책(1986), 295쪽.
金柄夏, 앞의 책, 31~32쪽.
26) 佐佐木銀彌, 앞의 글, 168~170쪽.
27) 韓相權, 앞의 글, 466~467쪽.
28) 《中宗實錄》 권 54, 중종 20년 7월 을축.

당량의 금이 일본에서 수입되었다. 국내 수요는 거의 대부분 일본의 수입에 의존하고 있었다. 금무역이 활기를 띠면서, 공무역으로만 해 오던 금무역을 상인에게까지 허가하여 주었다.[29]

선초부터 제한된 형태로 전개되어 오던 대일무역은 16세기를 전후하여 대중국 사무역이 발달하면서 활기를 띠기 시작하였다. 대일무역의 결제수단으로 주로 사용한 것은 마포·면포·면주 등 직물류와 콩·쌀 등 곡물류였다. 사무역의 발달로 3포가 대일무역의 중심지로 부상되면서, 이 지역이 상업중심지로 성장하였다. 安東의 䕺藺과 金海의 麻絲와 같은 특산물이 이곳에 집산되어 일본에 수송되었다.

사무역에 큰 변화가 일어난 시기는 중종 35년(1540) 전후이다. 수입품의 주종이 구리에서 은으로 바뀌었다. 이러한 변화는 연은분리술의 일본 전파로 인한 일본의 은 생산량 증대, 일본은의 대명 판로 단절, 중국의 은 필요성의 고조 등이 상호 결부되어 일어난 것이다.[30]

16세기 이후 연은분리술(일본에서는 灰吹法이라 함)의 전파와 금은 광산의 개발로 일본의 금은 산출량은 증가 추세에 있었다. 일본에서 은광산이 획기적으로 개발된 것은 1526년 博多 무역상인 神谷壽禎이 出雲國 鷺浦의 銅山主 三島淸左衛門과 공동으로 石見銀山을 개발하면서부터이다.[31] 석견의 大森銀山에 이 기술이 처음 전래되어 개발되면서, 대삼은산은 일본 戰國시기에 大內·小笠原·尼子·毛利 등 大名들의 쟁탈대상이 되었다.[32] 일본산 은의 최전성기는 慶長(1596~1614)·元和(1615~1623) 연간을 중심으로 한 전후 50년 사이이다. 은 생산량의 증대는 시세 변동을 가져와, 16세기 후반이 되면 은가가 현저하게 하락하였다. 일본의 산은량 격증과 은가 폭락으로 일본은의 수출량은 증대하였다. 조선에는 중종 33년 무렵부터 일본은의 수입이 시작되

29) 홍희유, 앞의 책, 185~188쪽.
小葉田淳, 《金銀貿易史の硏究》(東京 ; 法政大出版局, 1976), 2쪽.

30) 이상은 韓相權, 앞의 글, 466~467쪽 및 백승철, 앞의 글, 251~252쪽 및 李泰鎭, 앞의 책(1986), 295~296쪽을 참고하여 요약·정리하였다.

31) 小葉田淳, 《日本鑛山史の硏究》(東京 ; 岩波書店, 1968), 108~111쪽.

32) 佐佐木正勇, 〈16~19世紀における非鐵金屬製錬技術の導入と傳來－灰吹法と南蠻吹法－〉(《日本文化の原点の綜合的探究》 4, 日本大 綜合科學硏究所, 東京 ; 日本評論社, 1984), 40~41쪽.

었으나, 수입을 엄격히 제한하였으므로 밀수입이 증가하였다. 일본은이 널리 유포되어 시전에 가득하다고 할 정도였다.[33]

더욱이 중종 18년 명과의 勘合貿易을 중단한 일본이 은의 판로를 조선에서 구하였기 때문에 일본은이 더욱 많이 유입되었다. 많은 양의 은 유입과 이에 따른 시가의 하락은 중국과의 직물무역에 종사하던 사상들을 그만큼 유리하게 해주었다. 일본은이 유입되기 이전에는 중국과의 사무역 성행으로 은 유출량이 많아지면서, 은 부족현상이 나타났다. 1520년대 이후 국내 은가가 상승하기 시작했고, 상인들은 은 부족을 潛採나 納穀採銀, 貿穀採銀 등의 방법으로 해결하려 하였다. 그러나 채광기술이 미숙하고, 정부의 통제가 심하여 필요한 양을 얻기가 쉽지 않았다. 이러한 국내 사정이 일본은 수입을 촉진시키는 계기가 되었던 것이다. 일본은이 국내에 유포되면서 은의 유통량이 증대하고, 은가는 폭락하여 값싸게 매매되었다.[34]

대외무역의 발달은 상업도시의 발달을 촉진시켰다. 대표적인 상업도시로는 왜관이 설치된 東萊·熊川·蔚山의 3浦와, 평안도의 의주·철산, 경기도의 개성 등을 들 수 있다. 이들 도시는 사신이 왕래하는 교통요지나 대외무역의 관문으로 일찍부터 상업이 발달한 곳이었다. 사신이 머무는 동안 이곳에서는 이들과 상인들 사이에 사·밀무역이 활발하게 전개되었다. 16세기에 들어서면 3포가 있는 경상도나 개성부는 이미 상업적 이익이 많은 곳으로 손꼽히고 있었다.

熊川縣 報平驛은 일본인 거주지와 겨우 1리 정도 떨어져 있었다. 또한 일본인은 부채징수 명목으로 자주 민가에 왕래하였다. 이처럼 일본인들이 빈번하게 왕래하자, 서울의 부자나 부상들이 모여들었다. 이들 서울의 부자나 상인들은 동래나 웅천 보평역에 1~2년 내지 3~4년씩 상주하면서 禁制品을 몰래 매매하였다. 중종 37년의 한 보고에 의하면, 웅천 주민이 일본인에게 진 빚을 갚도록 요구하는 書啓를 보내왔는데, 명단에는 90여 명의 이름이 기

33) 韓相權, 앞의 글, 467쪽.
小葉田淳, 앞의 책(1976), 113~117쪽.
34) 韓相權, 위의 글, 467~468쪽.
李泰鎭, 앞의 책(1986), 295~296쪽.

록되어 있고, 부채 총액도 관포 천여 동에 달할 정도로 큰 규모였다. 이러한 양상은 동래도 마찬가지였다. 3포에는 지역 주민이나 상인들이 일본인과 활발하게 교역하고 있었다. 이곳 이서층들은 일본인과 밀접한 관계를 맺고 거래를 주선하여 이익을 얻었다. 薺浦에 인접한 웅천 보평역의 驛吏는 일본인과 호형호제할 정도의 관계를 맺고, 상인과 인근 주민의 거래를 주선하고 있었다.35)

공·사무역에 의해 일본에 수출된 조선면포는 '木綿革命'이라 불릴 정도로 생활과 기술문화에 혁신을 가져왔다. 일반 의복용뿐 아니라 군수용으로도 널리 사용되었다. 그리고 선박 돛의 개량을 가져와 교통의 발달에도 결정적인 기여를 하였다.36)

(4) 중·일 중개무역의 성격

16세기 동아시아의 국제교역은 교역 참가국·상품·교역량 등에서 큰 변화를 보이기 시작했다. 교역 당사자는 중국·한국·일본 외에, 포르투갈·유구상인 등이 새로운 역할을 담당하였다. 이들은 동남아시아 상품을 중개하거나 중국 비단을 일본에 중개하여 이득을 취하였다. 앞에서 언급하였듯이 16세기 동아시아의 국제교역은 은을 결제수단으로 삼았고 이에 따라 각국의 은이 중국으로 집중하는 추세를 보였다. 한국·일본으로부터도 많은 양의 은이 중국으로 흘러 들어갔다.

16세기 동아시아의 국제교역 활성화의 배경으로는 농업경제 발달을 빼놓을 수 없다. 15세기에 이르면 동아시아 3국은 休閑法의 제약을 극복하여 생산력 발전에 획기적인 성과를 거두고 있었다. 농업경제의 발달은 상품의 구매력을 증대시켜 국내 유통경제와 함께 국제교역의 활성화에 큰 도움을 주었다. 농업경제의 발달에 따른 지방 장시를 통한 貿穀活動은 대외무역에서 필수적인 募銀·採銀의 자본으로 활용될 대량의 곡물 확보를 가능하게 하였

35) 이상은 백승철, 앞의 글, 251쪽 및 韓相權, 위의 글, 466쪽을 참고하여 요약·정리하였다.

36) 杉山博, 〈中國·朝鮮·日本の技術と軍事力〉(《岩波講座 日本歷史》中世 4, 東京 ; 岩波書店, 1976).
李泰鎭, 앞의 책(1986), 315쪽.

다.[37] 그리고 貢納·軍役 징수에서 급격히 증가한 代納化의 진전에 따라 획득된 미·포를 주축으로 대외무역 자본의 축적이 가능하게 되었다.[38]

대외무역은 서울의 부상대고들이 장악하고 있었다. 이들은 직접 또는 지방상인과의 동업을 통해 대외무역을 장악해 갔다. 대일무역의 중심지인 3포에는 많은 서울상인이 일본의 구리나 은을 사기 위해 활동하고 있었다. 구리는 鍮器 제작에 필요한 것이었고, 은은 대중국무역을 목표로 한 것이었다.[39]

16세기 국제교역의 발달 속에서, 조선상인들은 사행원들과 결탁하여 대량의 비단과 원사를 중국에서 수입하여 三浦倭館에서 일본상인에게 판매하였다. 그리고 일본에서 수입한 은은 비단이나 원사를 수입하기 위해 다시 중국으로 수출되었다. 16세기 동아시아 3국은 중국의 비단·원사·도자기, 조선의 곡물·면포, 일본의 구리·은 등의 상품을 중심으로 상호교역체계를 발전시켰다. 이러한 중국－한국－일본을 연결하는 동아시아의 통교기구 속에서 조선은 중개무역을 통해 많은 이득을 올렸다.[40]

2) 여진과의 무역

조선 전기 女眞은 지역으로는 압록강·두만강 위쪽의 建州女眞, 송화강 유역의 海西女眞, 동북만주의 野人女眞으로 나눌 수 있다. 종족으로 분류하면 건주여진은 兀良哈[오랑캐]와 吾都里(斡朶里; 오도리), 해서·야인여진은 兀狄哈[우디캐]이다.[41] 오랑캐는 주로 농경생활, 우디캐는 수렵·어로·유목생활을 하였다. 여진은 생산력이 낮아 주요 생필품을 조선·명에서 수입하여 썼다.[42]

---

37) 이상은 李泰鎭, 앞의 책(1986), 296쪽 및 앞의 글(1994), 177~178쪽을 요약·정리하였다.

38) 古谷暢子, 〈16世紀朝鮮の大規模耕地開發と對中國·日本貿易－李泰鎭氏の一連の研究に寄せて－〉(《歷史評論》 516, 1993), 62쪽.

39) 백승철, 앞의 글, 272쪽.

40) 李泰鎭, 앞의 글(1991), 70쪽.

41) 金九鎭, 〈여진과의 관계〉(《한국사》 22, 국사편찬위원회, 1995), 345~346쪽.

42) 金九鎭, 〈朝鮮前期 對女眞關係와 女眞社會의 實態〉(《東洋學》 14, 1984), 514~518쪽.

(1) 조공무역

여진은 조선에 조공을 하고 그 대가로 관직을 받았다. 조공은 進上肅拜라고 불렀다. 조공품은 수렵생활에서 얻는 담비·표범·시라소니·사슴·여우·곰·이리 등의 모피와 말·매·魚膠(아교) 등이 주종을 이루었다. 여진이 조공을 하면 조선에서는 回賜와 賞賜(別賜)를 하였다. 회사품은 면포·삼베·모시·농기구·식기·종이·쌀·소금·술 등이, 상사품은 의복·笠靴·品帶類 등이 주종을 이루었다. 특히 면포는 회사품 가운데 가장 중요한 비중을 차지하였다. 상사는 값을 따지지 않고 주었으나, 회사는 대개 조공품의 값을 따져 하사하였다. 조공은 회사물을 얻는 데 목적이 있다고 할 만큼 경제적으로 중요한 의미를 가지고 있었다.[43)]

(2) 공무역

여진은 조공을 통하여 회사·상사품을 받았으나, 이것만으로는 생필품 등 경제적 욕구를 충족시키기 어려웠다. 이에 여진은 끊임없이 변경을 노략질하였다. 그래서 명이 요동에 馬市를 둔 것처럼, 조선도 貿易所를 두어 국가의 감시 아래 공무역을 허락하였다. 무역소는 태종 6년(1406) 5월에 鏡城과 慶源 두 곳에 설치되었다. 여진인은 무역소뿐 아니라 서울의 野人館에 머물면서도 무역을 하였다. 야인관은 세종 20년(1438) 北平館으로 명칭을 개칭하였다. 무역소와 야인관에서 무역하는 것을 허락한 것은 생필품 구입을 허용하는 대신, 변경의 소요를 예방하고 여진의 동태를 살피기 쉬운 효과를 기대할 수 있었기 때문이다. 조선은 이들을 회유·복속시키기 위해, 추장에게 관직을 주기도 하였다.[44)]

무역소는 태종 10년 2월에 우디캐인 金文乃·葛多介 등이 경원을 침략한 사건을 계기로 폐지되고 말았다. 무역소는 4~5년 정도밖에 존속하지 않았으나, 고려시대 保州·定州 榷場의 후신으로서, 조선 후기 會寧·경원의 北關

---

43) 金九鎭, 앞의 글(1995), 348~355쪽.
李仁榮, 《韓國滿洲關係史의 硏究》(乙酉文化社, 1954), 36~37쪽.

44) 李炫熙, 〈朝鮮前期 來朝野人의 政略的 待遇에 대하여〉(《史學硏究》 18, 1964).

開市나 평안도 中江開市의 전신이 된 점에서 중요한 의의를 갖는다.[45] 북평관에서는 공식적인 무역 외에 관리자인 房守나 시전상인이 여진인과 결탁하여 밀무역을 하기도 하였다.

무역소를 통하여 여진에 소금·철 등 생필품을 수출하는 대신, 여진의 모피를 비롯한 토산물이나 말 등을 수입하였다. 공무역은 대개 무역품의 교환 비율이 정해져 있었으나, 여진과의 무역에서는 그 비율이 어떠했는지 분명하지 않다. 여진과의 무역은 경제적으로 큰 이익이 있는 것은 아니었다. 그러나 그들의 경제적 요구를 충족시켜 줌으로써, 복속시키는 것이 용이하였다는 점에서 그 의의가 적지 않았다.[46] 국가의 통제가 약화되거나 여진과의 관계가 악화될 때마다 공무역이 수시로 폐지되었으며, 그 결과 사무역은 더욱 발달하여 갔다.[47]

(3) 사무역

15세기까지는 여진 추장을 주 대상으로 하는 공무역이 중심이고, 사무역은 부수적이었다. 여진족이 변경을 자주 침략·약탈함에 따라, 16세기 이후에는 공무역은 현저하게 줄어들고, 사무역이 크게 발달하였다.

수출품은 면포·저포·마포·금·은·농기구·식기·종이·쌀·콩·술·鹽醬 등이 중심이었다. 여진은 옷·식품 등 생필품과 철제 농기구 등을 수입하였다. 여진에서는 철이 거의 생산되지 않았으므로, 철은 무기·농기구·일용기구 등의 원료로서 가장 중요시된 물품이었다. 철 가운데 농기구·가마솥을 만드는 무쇠(水鐵)는 수출을 허용하였으나, 무기를 만드는 시우쇠(熟鐵, 正鐵)는 금하였다. 이러한 금지조치로 무기 등 철물을 밀무역하는 자가 증가하였다. 철을 수입하는 한편, 철 생산기술도 배워가 철제품 자체를 생산하기까지 하였다. 농경이 발달하면서 농경에 필요한 耕牛와 철제 농기구를 많이 수입

---

45) 李仁榮, 앞의 책, 31~42쪽.
李炫熙, 〈對女眞貿易-對野人 交涉政策의 背景-〉(《韓國史論》 11, 國史編纂委員會, 1982), 312쪽.
46) 홍희유, 앞의 책, 178쪽.
47) 金九鎭, 앞의 글(1995), 355~356쪽.

해 갔다. 사무역을 통해 수출된 소·말이나 철물은 여진이 농경사회로 넘어가는 데 큰 촉매역할을 하였다.

수입품은 모피·말 등이 중심이었다. 군사용 말은 공무역으로도 수입되었으나, 사적으로 비싼 값에 수입되는 경우가 많았다. 말을 교역하면서 금지물품까지 매매하여 폐단이 심해지자, 성종대 후기에는 사무역을 금지하였다. 모피는 여진의 토산물 중에서 가장 중요한 물품이었다. 모피로는 貂皮(담비가죽)·土豹皮·土皮·虎皮·熊皮·狸皮·海豹皮·海猪皮·海牛皮·海狗皮·鼲鼠皮·青鼠皮·紅鼠皮·黃狂皮 등을 들 수 있다.

사무역 발달을 크게 촉진시킨 것은 특히 초피 수입이었다. 성종초까지는 담비가죽옷(貂裘)이 주로 궁중 안에서 사용되었다. 초피가 널리 유행한 것은 성종 5~6년(1474~1475)경부터였다. 담비가죽옷을 입지 않으면 함께 모임에 참여하는 것을 부끄럽게 여긴다고 할 정도였다. 초피는 대부분 소·말·철제품을 주고 수입하였다. 초피무역을 주도한 사람은 邊將과 수령 외에 '興利之徒'·'謀利者'라 불리는 상인이었다. 이들 상인은 권세가와 결탁하여 활발한 무역활동을 하였다. 초피 수요의 증가로 값이 폭등하여, 모리배들이 北道에 구름처럼 모여든다고 할 정도였다.[48]

초피는 평안도·함경도에서 공물로 바쳤다. 그러나 생산량이 한정되어, 5진(회령·鍾城·穩城·慶興·경원) 주민은 소·말·농기구 등을 팔아, 여진에서 초피를 사서 바쳤으므로 많은 폐단을 일으켰다. 초피무역의 발전은 北邊 주민의 생활을 점점 궁핍하게 만들었다. 초피 수요가 급증하자, 여진인은 소·말·철제품을 얻기 위해 늘 초피를 준비해 두면서 교역을 요구하였다. 초피 값의 폭등으로 초피 1장 값이 큰 소 1마리 값 정도나 되었다. 초피를 공물로 상납하기 위하여, 京商에게서 구입하는 경우도 있었다.[49]

---

48) 이상 사무역의 내용은 다음의 글을 참고하여 요약·정리하였다.
홍희유, 앞의 책, 180~182쪽.
金九鎭, 위의 글, 360~362쪽.
李仁榮, 앞의 책, 43~46쪽.
李鉉淙, 〈對明關係〉(《한국사》 9, 국사편찬위원회, 1973), 445~447쪽.
河內良弘, 《明代女眞史の硏究》(京都 ; 同朋舍出版, 1992), 625~637쪽

49) 韓相權, 앞의 글, 465쪽.

이처럼 변방 주민의 폐단이 심해지자, 중종 때는 소·말·철제품을 私賣하는 사람을 처형하는 등 초피무역에 대한 단속이 강화되었다. 그러나 초피의 국내수요가 계속 증가하였으므로 단속 책임을 맡은 변장·수령의 암묵 아래 초피무역은 더욱 발달하였다. 명종 때 와서는 중앙 재상의 수탈까지 가중되어 북변 주민의 궁핍은 더욱 심각해졌다. 재상의 주구와 변장·수령의 수탈 때문에 몰락한 주민들 중에는 여진이나 중국으로 건너가 새로운 삶을 개척하는 사람도 늘어났다.[50]

5진 부근에 살던 城底 야인들이 성안에 살던 조선인과 교역함에 따라, 성저의 교역이 활발하였다. 조선에서는 원칙적으로 사무역을 인정하지 않았기 때문에, 여진의 사무역을 엄금하였다. 그러나 사무역은 後市로 점점 성행하였고, 淸나라가 수립된 뒤 인조대에는 회령의 개시가 성행하여 互市로 공인되었다.[51] 여진과의 무역은 국가의 강한 통제에도 불구하고 증가하여 함경도를 중심으로 한 국내상업 발달에 일정한 역할을 하였다. 여진도 조선과의 무역을 통하여 경제적으로 많은 이득을 얻었으며, 기술·문화적으로도 많은 영향을 받았다.[52]

3) 왜변의 발발

(1) 삼포왜란의 발생 배경

조선 전기 일본과의 관계는 조선국왕과 幕府장군 사이의 對等交隣, 對馬島主를 매개로 한 그 밖의 통교자와의 羈縻交隣이라는 다원적·계층적 구조로 전개되었다. 조선은 일본의 통교자를 기미질서 속에 편입시키기 위해 여러 가지 통제책을 실시하였다.[53]

일본인에 대한 통제는 태종 7년(1407) 浦所를 富山浦와 乃而浦(薺浦)로 제

50) 초피무역은 河內良弘, 앞의 책, 596~637쪽을 참고하여 요약·정리하였다.
51) 金九鎭, 앞의 글(1995), 357~358쪽.
52) 홍희유, 앞의 책, 182쪽.
53) 孫承喆, 앞의 책, 51~90쪽.
河宇鳳, 〈朝鮮前期의 對日關係〉(《講座 韓日關係史》, 현음사, 1994), 274~278쪽.

한하는 데서 시작되었다. 포소는 치폐를 거듭하다가 세종 8년(1426) 鹽浦가 추가됨으로써, 3포제도가 확립되었다. 三浦倭館은 일본인 도항자의 정박처·접대처·무역처의 기능을 하였다. 3포에 한하여 일본 무역선의 왕래를 허락하였으며, 무역과 어로가 끝나면 곧 돌아가게 하였다. 다만 恒居倭人이라 하여, 거류한 지 오래된 자는 잠시 잔류하는 것을 허락하였다.[54] 그러나 일본인은 이를 어기고 계속 거류하여 그 수가 증가하였다. 15세기 후반 3포 항거왜인의 수는 대략 다음 〈표 1〉과 같다.

〈표 1〉 15세기 후반 3포 항거왜인의 수

연 대	제 포		부 산 포		염 포		합 계	
	호	구	호	구	호	구	호	구
세 종 初 (1420년대) 약정호수	30		20		10		60	
세 조 12 (1466)	300	1,200여	110	330여	36	120여	446	1,650여
성 종 5 (1474)	308	1,722	67	323	36	131	411	2,176
성 종 6 (1475)	308	1,731	88	350	34	128	430	2,209
성 종 25 (1494)	347	2,500	127	453	51	152	525	3,105

출전 : 中村榮孝, 《日鮮關係史の硏究》(上)(東京 ; 吉川弘文館, 1965).
村井章介, 《中世倭人傳》(岩波新書 274, 東京 ; 岩波書店, 1993), 85쪽.

세종初에는 항거왜인 수를 60호로 한정하였다. 그러나 〈표 1〉에서 보는 것처럼, 1466년에 1,650여 명이던 것이 1475년에는 2,200여 명, 1494년에는 3,100여 명으로 늘어나, 1466~1494년의 약 30년 동안에 약 2배 정도 증가하였다. 이처럼 급속히 늘어난 것은 생활의 안정을 찾기 위해 도항하는 일본인이 많았기 때문이다. 항거왜인의 수가 늘어나면서, 여러 가지 정치·경제·사회적인 문제가 일어났다.

이런 문제들 중에서 공무역으로 국가재정이 궁핍해지는 것이 큰 문제였다.

54) 中村榮孝, 《日鮮關係史の硏究》(上)(東京 ; 吉川弘文館, 1965), 481~498쪽.

성종 6년(1475)에 일본인에게 지급된 면포는 서울에서 9,827필, 경상도에서 17,381필이었다. 다음해에는 서울에서 21,588필, 경상도에서 15,833필로 증가하였다. 성종 25년에는 일본국왕사신이 가지고 온 私進物이 면포 28,839필분으로 算定되었다. 조선정부는 이러한 재정 부담을 견딜 수 없게 되어, 사진을 일체 금지하는 억제책을 실시하였다.[55]

한편 왜구의 침입에 대비하여 전라도·경상도를 중심으로 邑城·鎭城의 축조가 성종 때 활발하게 이루어졌다. 15세기 후반의 읍성 축조는 성종 8년과 성종 17~23년 두 차례에 걸쳐 크게 추진되었다. 그리고 水軍營鎭의 축성도 활발하게 이루어지고 있었다.[56]

항거왜인의 수가 늘어나면서, 이들이 토지를 점유하여 그 경작지가 크게 늘어났다. 그래서 성종 25년에는 경작지에 대한 수세 조치가 취해졌다. 뿐만 아니라 호구조사의 실시 등 일본인에 대한 통제가 점점 엄격해졌다. 연산군 때는 국가재정이 파탄에 처하자 일본인이 받던 세금까지 탈취하는 등 일본인에 대한 정책이 일관성을 잃어 갔다.[57] 또 통교왜인에 대한 접대가 부실하고, 관리의 횡포와 접대위반이 빈번해져 일본인의 불만이 높아졌다.[58] 중종 원년(1506)에는 통교와 접대를 癸亥約條대로 환원하도록 하였다. 그러나 재정 악화와 접대비용 과다로 4년 후에는 다시 긴축재정을 시행하게 되었다. 통제가 강화되자 일본인의 저항도 강해져, 성종 5년에서 중종 4년 사이에 왜구의 약탈이 12회나 있었다.[59]

연산군 6년(1500)에는 대마도주가 구리 115,000여 근을 보내왔는데, 조선정부는 양이 많다고 하여 1/3만 사고 나머지는 가지고 돌아가도록 하였다. 동왕 8년에 다시 나머지를 가지고 왔으나, 구리 5근 반=면포 1필 반의 공정가격을 5근=1필 값으로 깎고 1/3만 사려고 하였다. 그러자 일본측은 공무역값의 새 비율에 불만을 가지고 대가를 받지 않고 돌아갔고 중종 3년에 옛 비

55) 村井章介, 앞의 책, 130~131쪽.
56) 車勇杰, 〈행성·읍성·진성의 축조〉(《한국사》 22, 국사편찬위원회, 1995), 190~195쪽.
57) 村井章介, 앞의 책, 131쪽.
58) 中村榮孝, 앞의 책(上)(1965), 653~665쪽.
59) 河宇鳳, 앞의 글, 278쪽.

율로 사기를 요청하였다.

1506년 中宗反正으로 즉위한 중종은 정치개혁의 일환으로 일본인에 대한 통제를 강화하였다. 중종은 受圖書人의 정리를 단행하여, 공로가 뛰어난 자를 제외하고는 도서를 받은 지 50년 이상되는 자의 통교를 거부하였다. 일본인의 불만이 고조되면서 조선인과의 충돌이 잦아져 중종 3년 11월 제포에 인접한 加德島에서 해적사건이 일어나기도 하였다. 이에 경상도경차관 金謹思를 파견하여 3포의 頭倭에게 경고하였다.

가덕도왜변을 조사중인 중종 4년(1509) 3월 전라도 甫吉島에서 濟州貢馬船이 왜선 5척에게 습격당하였다. 조선정부는 유능한 인물을 수령·邊將에 선임하여 난국을 타개하려 하였다. 이 때 3포의 수령·변장을 당상관으로 지명하려 했지만, 실현된 것은 부산첨사 李友曾뿐이었다. 이우증은 항거왜인의 접대, 도항선의 조사, 상행위의 단속 등을 엄격하게 하였다. 이 밖에 제포첨사 金世鈞, 웅천현감 韓倫 등 3포의 책임자는 조정의 방침에 따라, 일본인에 대한 통제를 강화하여 반감을 샀다.[60] 이러한 불만의 증가는 三浦倭亂을 일으키게 하는 중요한 요인이 되었다. 일본인의 법규위반과 침략에 대해서 규제 논의가 있었으나, 조선정부는 항상 미봉책과 회유책으로 일관하였다. 정책의 일관성 결여 또한 삼포왜란의 한 요인이 되었다. 또한 항거왜인이 기동성과 무력을 겸비한 조직을 가지고 있어서 무력도발이 쉬웠던 점도 하나의 요인으로 작용하였다.[61]

(2) 삼포왜란의 발생

중종 4년 4월 대마도주 宗材盛이 죽자, 새 도주 宗義盛의 도서를 받기 위해 宗盛明이 조선에 파견되었다. 제포·부산포 항거왜인은 종성명에게 사정

60) 田中健夫, 〈朝鮮との關係の推移と貿易權の對馬集中〉(《日本歷史大系》 2, 井上光貞 外編, 東京 ; 山川出版社, 1985), 970쪽.
村井章介, 앞의 책, 145쪽.

61) 中村榮孝, 앞의 책(上)(1965), 665~681쪽.
李鉉淙, 앞의 책, 268~273쪽.
村井章介, 위의 책, 131쪽.
河宇鳳, 앞의 글, 278~280쪽.

을 호소하고, 代官 宗盛親에게 부탁하여 무장봉기를 계획하였다. 종의성은 200여 척의 선단을 파견하여, 3포 항거왜인의 폭동을 도왔다.[62] 중종 5년 4월 제포·부산포의 恒居倭酋 大趙馬道 등 4천~5천여 명이 제포·부산포를 공격하는 대규모의 폭동을 일으켰다. 이것이 삼포왜란이다. 삼포왜란은 15일 만에 진압되었다. 이 사건으로 조선측에서 272명이 피살되고, 민가 800여 호가 불탔으며, 일본측에서는 선박 5척이 전파되고 300여 명이 참살되었다. 이 난이 발생하자 조선과 대마도와의 통교는 일시 단절되었으며 삼포왜란은 조선 전기 조일관계를 바꾸는 중요한 계기가 되었다.[63]

(3) 삼포왜란의 결과와 임신약조

난이 진압된 지 1년 후 일본막부에서는 국왕사로 승려 弸中을 파견하여 강화를 제시하고, 대마도와의 통교 재개를 요청하였다. 조선에서는 통교단절이란 강경론도 나왔으나, 조건부로 화의에 응하였다. 붕중이 강화교섭을 하는 중에, 대마도수가 주모사의 斬首來獻, 피로인 송환 등 조선측 요구조건을 이행하였다. 조선도 통교단절로 동남아시아산 후추·소목의 수입이 곤란하게 되자, 완전한 단절을 바라지 않았다. 이에 중종 7년에 壬申約條를 체결하여 교역재개를 허락하였다.[64] 약조는 ① 3포에서의 일본인 거주 불허, ② 대마도주 歲遣船을 50척에서 25척으로 반감, ③ 島主 歲賜米豆를 200석에서 100석으로 반감, ④ 도주 特送船制의 폐지 등 9개조로 되어 있었다. 삼포왜란 전에 비해 교역조건을 대폭 제한한 것이다. 약조의 실시로 접대비용이 줄고 일본인의 이익이 줄었지만, 근본적으로 문제가 해결된 것은 아니었다.[65]

---

62) 田中健夫, 앞의 글(1985), 971쪽.
63) 中村榮孝, 앞의 책(上)(1965), 714~720쪽.
田中健夫, 위의 글, 971쪽.
河宇鳳, 앞의 글, 280쪽.
64) 池上裕子, 〈戰國の群像〉(《日本の歷史》 10, 東京 ; 集英社, 1992), 154~155쪽.
河宇鳳, 위의 글, 280쪽.
65) 中村榮孝, 앞의 책(下)(1965), 111~142쪽.
河宇鳳, 위의 글, 280~281쪽.
李鉉淙, 앞의 책, 285~293쪽.

(4) 삼포왜란 이후의 왜변

임신약조 이후 세견선 수는 삼포왜란 이전의 210척에서 60척으로 줄었다. 교역의 규모가 축소되자 대마도주는 세견선의 증가, 대마도내의 수직인·수도서인의 복권과 증가 등을 요구하면서, 무역상의 이권을 대마도에 집중시키려고 하였다.[66] 중종 16년(1521) 8월에 제포 1곳 외에 부산포를 추가하고, 동왕 18년 9월에는 세견선수 5척을 증가시켜 주었다. 이러한 상황에서 중종 39년 4월에 왜선 20여 척이 경상도 蛇梁津을 침략·약탈해 간 사량진왜변이 일어났다. 이 왜변은 삼포왜란과는 달리 왜구의 일종으로, 피해자 수는 10여 명에 지나지 않았으나 그 영향은 매우 컸다. 일본인의 도항을 일체 거절하는 '絶倭論'이 강하게 제기되어, 양국 관계는 室町幕府와 大內·小貳氏를 제외하고는 단교상태가 되었다.

막부와 소이씨의 거듭된 통교재개 요청과 대마도주의 간청으로, 명종 2년(1547) 丁未約條를 맺어 교역재개를 허락하였다. 정미약조는 ① 대마도주의 세견선을 25척으로 감소, ② 50년이 경과된 수도서인·수직인 접대 폐지, ③ 潛商의 금지 등 6개 조로 되어 있었다. 정미약조는 임신약조를 재확인하면서 규정을 보다 강화한 것이다. 포소는 제포를 폐지하고 부산포 1곳에 한정하였다. 정미약조 체결로 교역은 재개되었으나, 평화로운 통교관계는 더 어려워졌다.[67]

사량진왜변 이후 명종 말년까지 30여 차례의 왜구 침략이 있었다. 가장 규모가 큰 것이 명종 10년의 乙卯倭變이었다. 五島지방에 근거를 둔 王直을 비롯한 대해적단이 5월 70여 척을 이끌고 전라도 達梁浦(전남 해남군 북평면)를 침략하여, 전라병사·장흥부사를 살해하고 靈巖까지 침입하였다. 달량왜변에서 퇴각한 해적은 6월말 천여 명의 왜적을 이끌고 다시 제주도 禾北浦를 침입하였다. 이 두 차례의 왜변을 을묘왜변이라 한다.[68] 제주왜변이 일어

---

66) 田中健夫, 앞의 글(1985), 972쪽.
67) 中村榮孝, 앞의 책(下)(1965), 170~181쪽.
李鉉淙, 앞의 책, 294~297쪽.
河宇鳳, 앞의 글, 281~282쪽.
田中健夫, 위의 글, 972~973쪽.

나기 10일 전에 대마도주 宗盛長은 적선에 관한 정보를 보냈다. 그 내용은 천여 척의 적선이 대마도를 습격한 후 90여 척이 셋으로 나누어 조선으로 갔고, 나머지는 잘 단속하여 가지 못하게 했다는 것이었다. 이러한 정보제공은 도주 세견선과 세사미두를 임신약조 이전의 구례대로 회복시켜 줄 것을 조건으로 한 것이었다.69)

명종 11년 10월 대마도주의 뜻을 받은 일본국왕사 天富·景轍이 파견되어 10개 조의 약조 개정을 교섭하였다. 그 결과 명종 12년 4월 도주의 세견선 4척을 증가시켜, 원래의 30척으로 복구시키는 것을 골자로 하는 丁巳約條가 체결되었다. 이 세견선의 정액은 임진왜란으로 국교가 단절될 때까지 지속되었다.70)

조선과의 무역 확대를 추구하려던 일본측의 바램은 마침내 삼포왜란으로 귀결되어, 오히려 무역축소를 지향하는 조선측 입장에 따라 무역량이 반으로 줄었다. 畿內以西·若狹·信濃의 상인·大名들의 배가 잇따라 조선으로 건너갔던 室町시기의 열기는 사라지고, 대내씨 등을 제외하면 전반적으로 침체일로를 걷게 되었다.71)

삼포왜란이 일어난 지 10여 년 후인 중종 18년에 명의 무역항 寧波에서 일본인들이 난을 일으켰다. 近畿지역의 堺 상인세력과 細川氏, 九州지역의 博多 상인세력과 大內氏 두 세력의 치열한 무역 쟁탈전이 영파의 난으로 발전한 것이다. 이 난을 계기로 대내씨가 對明 감합무역의 패권을 차지하게 되

---

68) 金泰能, 〈川尾浦의 倭亂과 乙卯倭變〉(《제주도》 36, 제주도청, 1968).
宋正炫, 〈乙卯倭變에 대하여-康津周邊을 中心으로-〉(《湖南文化硏究》 12, 全南大, 1982).
岡本敬二, 〈乙卯達梁の倭變について〉(《內陸アジア史硏究》 3, 1986).
金柄夏, 〈乙卯倭變考〉(《탐라문화》 8, 제주대, 1989).
鄭瑛錫, 〈朝鮮前期 湖南의 倭變에 대하여-乙卯倭變을 중심으로-〉(《전통문화연구》 3, 조선대, 1994).

69) 田中健夫, 앞의 글(1985), 973쪽.

70) 田中健夫, 《倭寇と勘合貿易》(東京;至文堂, 1961), 191쪽.
中村榮孝, 앞의 책(下)(1965), 196~205쪽.
金柄夏, 〈乙卯倭變이 對日貿易經營에 미친 영향〉(《韓國經營理念史》, 啓明大出版部, 1994), 453쪽.

71) 池上裕子, 앞의 글, 154~155쪽.

었다.[72] 그러나 이 난으로 말미암아 명종 2년(1547) 이후 감합무역이 폐지됨에 따라, 일본은 큰 경제적 타격을 받았다. 일본을 통일한 豊臣秀吉은 대명무역의 새로운 전기를 마련하려고 하였다. 선조 22년(1589)경 그는 왜구를 종식시키는 대가로 감합무역의 기회를 다시 얻는 방안을 검토하였다.[73] 그러나 3년 뒤 선조 25년 풍신수길은 이를 포기하고 중국침입을 목표로 전쟁을 일으켰다. 그것이 바로 壬辰倭亂이다. 임진왜란은 정치적인 면에서는 전국 大名들 사이의 갈등을 해소하려는 의도를 가지고 있었으며, 경제적인 면에서는 일본이 처한 교역상의 열세와 불리함을 한꺼번에 타파해 보려고 한 체제변혁전쟁의 일환이었다.[74]

17세기는 세계사적으로 '소빙하기'를 맞이하여 자연재난이 심하였다. 소빙하기의 재난이 본격적으로 전개되자 만주일대의 여진족이 남하하게 되었고 이에 따라 중국·조선과의 충돌이 불가피하였다. 15~16세기에 생활기반이 농경으로 바뀐 것이 더욱 사정을 어렵게 만들었다. 이들의 남하는 1616년에 재위한 누르하치대에는 다소 자제되었으나, 팽창주의적 성격이 강한 태종이 1626년 제위에 오르면서 더 이상 유보되지 않았다.[75]

임진왜란에 의해 붕괴되기 시작한 명 중심의 중화적 국제질서는 後金의

---

72) 田中健夫, 앞의 책(1961), 97~108쪽.
武野要子, 〈堺と博多〉(《中世史講座》 3, 東京 ; 學生社, 1982), 394~397쪽.

73) 藤木久志, 《豊臣平和令と戰國社會》(東京大出版會, 1985), 218~238쪽.
李泰鎭, 앞의 글(1994), 178쪽.

74) 中村榮孝, 앞의 책(中)(1965), 55쪽.
李泰鎭, 앞의 책(1986), 315쪽.
감합무역 부활 요구가 임진왜란의 근본원인이라고 주장한 대표적인 견해로는 田中義成, 《豊臣時代史》(明治書院, 1925 ; 東京 ; 講談社 學術文庫 520, 1982) 및 辻善之助, 《增訂 海外交通史話》(內外書籍, 1930)을 들 수 있다.
이에 대해 이 전쟁이 동아시아 통상권의 변동에 대응하는 동시에 일본국내의 상품유통 진흥과 통제를 도모하려는 織豊政權이 안고 있던 경제적 과제의 해결과 관련이 있는 것은 분명하지만, 국제적 지식이 없는 豊臣秀吉이 이것을 감합무역의 부활이라는 형태로 대처하려고 처음부터 생각한 것은 아니라고 하면서, 풍신수길의 영토확대 욕구가 원인이라고 주장하는 견해도 있다(中村榮孝, 앞의 책, 1966, 178~179쪽).
曾根勇二, 〈秀吉の朝鮮侵略の眞のねらいは何か〉(《新視点 日本の歷史》 5, 東京 ; 新人物往來社, 1993), 24쪽 참조.

75) 李泰鎭, 앞의 글(1991), 74~75쪽.

성장에 의해 더욱 급속히 붕괴되었다. 여진족 지배층 출신인 누르하치에 의해 건국된 후금은 인조 5년(1627) 丁卯胡亂을 일으켜, 조선과 형제관계를 맺었다. 그후 인조 14년 후금은 국호를 大淸으로 고치고, 丙子胡亂을 일으켜 조선을 침략하였다. 조선은 청에 굴복하여 丁丑和約을 체결하고 청과 군신관계를 맺었다. 이로 인해 명의 책봉체제를 바탕으로 한 중화적 국제질서는 마침내 붕괴되고 말았다.[76]

〈金東哲〉

76) 孫承喆, 앞의 책, 229~236쪽.

Ⅱ. 사림세력의 등장

1. 사림세력의 성장기반
2. 사림세력의 진출과 사화
3. 사림세력 구성의 특징

Ⅱ. 사림세력의 등장

1. 사림세력의 성장기반

士林은 士類와 같은 의미로 통시대적으로 사용되어 왔다. 먼저 '士'의 용례를 우리 나라 문헌에서 찾아보면 士族, 士流 또는 士大夫 등의 용어는 고려 후기부터 나타난다. 이들은 무신집권으로 문벌귀족이 몰락하고 지방의 鄕吏子弟가 과거를 통해 대거 등장하면서 能文能吏의 학자적 관료로 대두하였다. 이는 중국의 경우, 唐末五代에 걸쳐 귀족사회가 무너지고 지방의 지식인이 新儒學에 훈도되어 중앙에 진출하면서 사대부계급으로 등장하던 추세와 대략 동일한 시대적 배경을 갖고 있다. 門閥과 祖蔭보다는 개인의 후천적 자질이 존중되고 학문적·행정적 기능이 중시됨에 따라 '士'의 신분이 등장하기 마련이었다.[1)]

《고려사》에 의하면 士人·士流 또는 사족이란 용어가 나오는데, 사인·사류는 고려시대의 出仕路 가운데 武와 吏 출신을 제외하고 文科출신의 登科者를 지칭하였다. 무반은 무예 등 실기가 위주이고 吏가 문음과 향리로서의 入仕路인데 반하여, 士는 문학 즉 지식인이란 뜻이다. 사족은 향리·서리의 吏族과 대칭되는 의미에서 사용된 것 같으며 대체로 고려 중기 이후 일반적으로 사용되었는데, 그것은 관리가 될 수 있는 신분, 仕宦을 할 수 있는 가문을 의미하였다.

한편 사대부란 용어도 거의 같은 시기인 14세기부터 자주 나온다. 사대부는 과거의 문신·무신과 유형을 달리하는 지배계급이었다. '讀書曰士, 從政爲大夫'라고 한 바와 같이 '학자적 관료'이며 '관료적 학자'인 이 신흥계급은 고려 말기로 접어들면서 정치적·사회적 기반을 확립시키고 나아가 조선의 건

1) 李樹健, 《嶺南士林派의 形成》(嶺南大 出版部, 1979).

국에 주동적 사명을 담당했던 것이다.[2] 세종대에는 중국의 예에 따라 4품 이상을 大夫라 하고 5품 이하를 士로 호칭하였다. 사대부란 말은 사족과 함께 여말선초에 집중적으로 사용되었고 이는 현직관료와 관료후보자까지 포함한 지배계급이란 뜻으로 쓰였던 것이며 조선 후기의 양반과 같은 의미로 사용되었다.

사대부계급은 왕조교체기와 세조의 집권을 전후하여 집권세력과 재야세력으로 분화되었다. 재야세력으로 밀려났던 鄭夢周→吉再의 학통을 계승한 이른바 金宗直일파가 15세기 후반에 중앙정계에 크게 진출하면서 사림이란 용어가 공식적으로 쓰이게 되었다. 이들은 주자학적 실천윤리를 강조하던 신진사류로서 처음에는 嶺南지방 출신이 주류를 이루고 있어 영남사림파라고 할 수 있다. 그러나 이 때까지는 자신들을 직접 사림파라고 부르지는 않았다.[3]

대체로 사림이란 용어가 집중적으로 사용되던 시기는 己卯士禍를 전후한 중종대였다. 사림파는 성종대의 김종직일파를 비롯하여 4대 사화 때 피해측의 신진사류를 지칭하였다. 고려 후기 권문세족의 지배하에 신흥사대부가 성장하였듯이 15세기의 사림파는 勳舊派의 집권하에 성장하였다. 15세기의 사림파는 길재→김종직으로 이어지는 영남지방의 재지사류가 중심이 되어 형성되어 갔다. 그 계보는 여말의 왕조교체기에 '不事二君'의 절의를 지켜 재야세력으로 밀려났던 私學派와 15세기 중엽 세조의 등극을 불의로 간주하였던 낙향 및 신진사류가 주축이 되었다.

그러나 같은 사림파라 하더라도 전일의 훈구가문에서 사림파로 전향되는 경우가 있는가 하면 15세기의 사림파가문이 16세기에는 훈구파로 전향하는 경우가 있는 등 그 구성은 시기에 따라 상이하였다.

그런데 15세기의 김종직을 중심으로 한 재지사림파는 그 형성배경과 출신

---

2) 李佑成, 〈高麗朝의「吏」에 대하여〉(《歷史學報》 23, 1964).

3) 사림의 개념 및 이에 대한 구체적인 검토는 다음의 논저가 참고된다.
李樹健, 앞의 책, 18~22쪽.
李秉烋, 《朝鮮前期 畿湖士林派硏究》(一潮閣, 1984), 5~10쪽.
李泰鎭, 〈士林派의 留鄕所 復立運動－朝鮮初期 性理學 定着의 社會的 背景－(上・下)〉(《震檀學報》 34・35, 1972・1973).
E.W. Wagner, 〈李朝 士林問題에 관한 再檢討〉(《全北史學》 4, 1980).

기반 및 학문적 경향과 정치적 성향에 있어서 대체로 다음과 같은 특징을 갖고 있었다. 먼저 그들의 가계를 추적해 보면 훈구파에 비해 郡縣吏族에서 사족화하는 시기가 늦었다. 사대부가 고려 후기에 대두했다면 사림파의 가문은 주로 여말선초에 성장하였다. 이들은 대개 군현이족에서 科擧·添設職·散職 등을 통해 사족화하였고 자신의 학문적 소양과 文才를 발판으로 출세하였다. 그들은 중소지주로서 생활기반이 향촌사회에 두어졌고 비록 한때 上京從仕하더라도 마음은 항상 處士的 취향을 가졌으며, 따라서 농촌의 실정과 민중의 애환을 직접 보고 느낄 수 있었다. 그들은 관직보다는 학문을 더 중시하였고 그들의 宦歷도 대개 侍從·文翰·敎授之任과 養親을 위한 수령직을 역임하였다. 그들은 중앙정계에 투신하더라도 소극적인 태도를 취하여 권력구조에 깊이 참여하지 않았다. 그 결과 사림파에는 國婚을 하는 예가 거의 없었고 또 역대 공신계열에 참여한 자도 별로 없었다.[4]

15세기 사림파는 經術과 문장을 다같이 중시한 점에서는 훈구파와 다를 바 없었다. 그러나 이들은 詩賦詞章에 능한 동시에 《小學》과 《家禮》를 교육과 行身의 기초로 삼아 孝悌를 몸소 실천하고 婚喪祭禮를 《朱子家禮》대로 실행하려 하였다.

1) 사림의 경제적 기반

사림의 경제적 기반을 올바로 이해하기 위해서는 먼저 여말선초 향촌사회의 변화에 대한 구체적 검토가 있어야 한다. 여말선초의 향촌사회의 변화는 고려 후기 이래 정치·사회·경제적 변동과 함께 군현제와 지방통치체제의 개편과 정비에 따른 鄕·所·部曲의 소멸과 任內의 直村化,[5] 토지의 사적 지배권의 발달에 따른 재지사족의 광범한 존재, 儒佛교체에 따른 재지세력의 불교적인 시설과 기반의 인수, 北虜·南倭와 기타 전란·기근으로 인한 流移民의 대량 발생 및 새 선진농법의 수용에 따른 재지사족들에 의한 임내 또는 외곽지대에 대한 활발한 지역개발이란 사실 등을 들 수 있다.[6]

4) 李樹健, 위의 책, 22쪽.
5) 李樹健, 《朝鮮時代 地方行政史》(民音社, 1989).

고려 전기 이래 광범하게 존속했던 屬縣과 향·소·부곡 등은 후기 이래 승격과 소속의 변동, 혁파 등으로 인해 점차 소멸의 길을 걸었다. 그 시기는 크게 3기로 나눌 수 있는데 제1기는 고려 후기부터 여말까지, 제2기는 15세기 전반, 제3기는 임란을 전후한 시기로 구분할 수 있다. 제1기에는 무신집권, 원의 지배, 북로·남왜 등 내외정세의 격변으로 外官의 증설과 향·소·부곡의 소멸현상이 나타나고 한편으로는 權臣·入朝宦侍들의 청탁으로 임내가 무질서하게 승격되기도 하였다. 특히 몽고의 침입과 왜구의 창궐은 임내의 土姓吏民의 대규모 이동을 유발시켜 조선 초기 군현제 정비를 보다 용이하게 할 수 있는 기반을 제공해 주었다. 제2기에 오면 조선왕조의 중앙집권적 지방제도가 확립되면서 당시까지 잔존했던 속현과 향·소·부곡이 정리되고 여말에 무질서하게 승격된 임내가 새로이 정비되어 갔다. 즉 영세한 主縣을 다시 속현으로 환원시키고, 수개의 小縣을 병합, 하나의 주현을 만드는 작업이 15세기에 걸쳐 활발히 진행되었다. 그 결과 잔존했던 속현은 임란을 전후하여 직촌화하면서 面里制로 개편되었다. 향·소·부곡의 직촌화과정은 속현보다는 그 시기가 훨씬 앞서서 진행되었고 15세기 후반까지 잔존했던 향·소·부곡도 16세기에 와서는 모두 직촌이 되었던 것이다. 이러한 각종 임내의 소멸은 이제까지 그 곳을 장악·지배했던 土姓吏民을 流散시키고 그들의 향촌지배기반을 박탈하는 계기가 되었다.

고려시대의 지방행정은 임내의 경우 토착이족(鄕吏·長吏)에 의해 邑治의 중심에 위치한 邑司를 발판으로 발동되었던 것이며 향촌사회의 지배권도 읍치지역을 장악한 그들에 의해 운영되고 있었다. 《新增東國輿地勝覽》의 각 군현 古跡條에 실린 廢縣 및 향·소·부곡 등의 소재지를 현지 답사해 보면 실제 두 가지 특징을 발견하게 된다. 첫째는 군현과 각종 임내를 막론하고 그 구역의 유래가 강인하게 후대까지 존속되고 있다는 사실이며, 둘째는 고을의 邑格高下와 주읍·속현 및 향·소·부곡의 구분은 그 위치가 당시 농업생산성의 우열, 농경지의 廣狹과 대체로 비례한다는 사실이다. 즉 大邑의 읍치보다 다소 협소한 곳에 중소군현의 읍치가 있으며 그보다 더 열악한 곳

6) 李樹健, 〈古文書를 통해 본 朝鮮朝 社會史의 一硏究〉(《韓國史學》 9, 韓國精神文化硏究院, 1987).

에 향·소·部曲司가 있었다. 따라서 읍격의 고하는 동시에 그 곳을 본관으로 한 土姓勢의 대소·강약과 대체로 비례하였다. 여기에서 바로 본관의 우열이 나오게 되었던 것이며 각기 토성들의 上京從仕나 사족화에도 현저한 차이가 있었다.

고려초 이래 지방관청의 소재지인 동시에 그 고을 토성이민의 집거지였던 읍치지역은 15세기 이전에 이미 그 나름대로 개발되어 있었다. 주읍의 읍치는 임내의 그 곳과 외곽지역에 비해 비교적 넓은 면적의 농경지를 보유하였고 그 위치가 대개 하천의 중·하류유역에 해당하여 토질이 비옥하였다. 더욱이 당시의 보편적인 농법인 休閑法과 直播法하에서는 16세기 이래 移秧을 전제한 水稻作 재배 적지인 산간·계곡지대에 비해 농경이 편리하고 수확량도 많이 올릴 수 있었다. 또한 읍치지역은 왕권의 대행자인 수령의 직할 감독하에 있어 量田과 徵稅체제가 임내나 벽지·오지의 외곽지대에 비해 철저했다고 볼 수 있다. 이곳 토지는 각종 職役田을 비롯한 公田과 土豪的 위치에 있던 토성이민의 사유지로 구성되어 있어 여말선초 이래 신흥사족이 새 농장을 설치하거나 새 터전을 마련할 소지가 없었던 것이다. 수령의 직할통치하에 있고 또 토성이민의 장악하에 있던 읍치지역은 여말 이래 농업생산성 향상을 위한 官民의 노력이 경주된 결과 오지·벽지에 위치한 속현이나 향·소·부곡 등 임내지역보다는 개발이 훨씬 앞섰던 것이다.

대체로 고려 후기까지 토착향리·장리들의 장악하에서 미개발된 상태로 있었던 임내지역은 고려 후반 이래 조선 초기에 걸쳐 기성사족의 낙향과 재지사족의 확산에 따라 본격적으로 개발되어 갔다. 한편으로 인구의 증가와 개간, 새 농법의 수용과 移秧法의 보급은 각 주읍의 접경지대에 위치한 오지·벽지의 개발을 촉진시켰다. 그 결과 이러한 지역은 이앙을 전제한 수도작 재배지로서 또는 漁鹽(해안)과 임산지 및 別業·書院 설치의 적지로서 列邑의 재지세력이 주목하는 대상이 되었다.

한편 신흥사족들은 새로운 선진농법을 수용하면서 지역개발에 주력하였다.[7] 주자학을 통치이념으로 채택한 조선왕조의 사대부층은 대농민시책과

7) 李泰鎭, 〈14, 5세기 農業技術의 발달과 新興士族〉(《東洋學》 8, 1978).
——, 〈16세기의 川防(洑)灌漑의 발달—士林勢力 대두의 經濟的 背景 一端—〉

대향촌시책에 있어서도 朱子의 사상과 시책을 모범으로 하려고 하였다. 신왕조를 개창한 사대부들은 주자의 이상을 실제 정치에 적용하여 과전법을 제정 실시하고 적극적인 권농책과 향촌안정책을 추진해 갔다. 세종을 비롯한 역대 군주들의 勸農策과 《農事直說》의 반포, 姜希孟의 《衿陽雜錄》, 申洬의 《農家集成》 등에서는 주자의 勸農文에서 제시한 이상향을 실현하려는 의지가 깃들어 있었다. 15세기에 와서 농서의 편찬, 농법의 개량 및 농경지의 확대정책은 주로 영남출신 인사들에 의해 추진되었는데 특히 이들은 이앙을 전제한 '苗種法'과 川防(洑) 축조를 적극 건의하였다.[8] 15세기초 이앙법은 주로 경상도와 그 인접지역인 강원도 일부지방에서만 시행되고 있었으나, 임란 때의 日錄인 《瑣尾錄》에 의하면 충청도를 중심으로 한 중부지방에서도 直播하여 苗가 난 뒤 묘가 성글면 총밀하게 자라고 있는 곳에서 拔秧하여 그 묘를 성근 곳에 이식하는 방법이 유행하고 있었다. 이후 17세기초에는 이 시기 선진농법을 대변하는 柳袗의 《渭濱明農記》에서 '還種秧法'·'秧糞法'·'養秧法'·'養乾秧法' 등의 항목을 설정하여 이앙과 관계되는 새 농법을 채록한 바 있다.

이러한 이앙법을 비롯한 선진농법은 여말 이래 신흥사족 및 재지사족의 노력에 의해 추진되었으며 이와 함께 川防灌漑法과 人糞·家畜糞의 활용, 퇴비제조와 같은 施肥法도 이앙법의 보급과 궤를 같이 하면서 발달해 갔다. 특히 이앙법은 관개수리를 전제한 농법이기 때문에 그것의 보급은 필연적으로 수리시설의 확충을 가져오기 마련인데 종래의 堤堰에 대신하여 천방(보)의 축조가 16세기 이래 재지사족들에 의해 활발히 추진되었다. 제언은 천방에 비해 工役이 훨씬 많이 들고 규모가 적어 조그만 한재에도 쉽게 고갈되었으므로 수전에 물을 안전하게 공급해 줄 수 없었다. 이에 이앙법의 보급과 함께 사림파에 의한 천방축조도 본격화되었다.

이러한 신흥사족 또는 재지사족들에 의한 南中國의 선진농법과 농서·목

(《韓沽劤博士停年紀念史學論叢》, 1981).
金容燮, 《朝鮮後期農業史硏究》(一潮閣, 1977).
李樹健, 위의 글, 29~57쪽.

8) 李樹健, 위의 글. 이하 서술은 이 논문을 주로 참고하였다.

면의 전래 및 우리의 독자적인 새 농서편찬과 농법개발 등은 그들로 하여금 재지적 기반을 다지는 한편 정치·사회적 세력의 성장을 가져오기도 하였다. 즉 선진농법을 활용하여 향토를 적극 개발함으로써 그들의 세력도 함께 성장할 수 있었던 것이다.

재지사족들은 강의 상류와 중류유역 및 거미줄처럼 연결되어 있는 크고 작은 지류와 산간 계곡을 따라 卜居하거나 농장을 개설하였다. 이렇게 개설된 농장은 앞에서 언급한 여러 선진농법을 활용할 수 있는 유리한 조건을 구비한데다가 하천이나 계곡의 물을 이용하여 관개할 수 있어 한해가 적었고 또 河床이 낮기 때문에 홍수와 같은 수해가 적었다. 또한 재지사족들은 대개 중소지주였으므로 비록 평원 광야지대는 아니더라도 자기들의 농지획득의욕을 충족시키는 데는 크게 부족함이 없었다.

한편 이러한 곳은 대개 避兵·避世하는 데는 유리한 자연지세를 갖추었고[9] 한재와 수해를 동시에 최소로 줄여서 비교적 안정된 생활을 영위할 수 있었기 때문에 학문을 닦고 유한한 정경을 선호하는 사림파의 성향에 맞았던 것이다. 또한 이러한 곳은 대개 背山臨水하여 각종 농산물과 땔감 및 부식용의 淡水魚를 쉽게 조달할 수 있었다. 외관상 이러한 거주지는 교통이 불편하고 관청과의 거리가 멀다는 데서 취락의 적지가 아니라고 생각되기 쉽지만 중세사회하에 있던 재지사족들의 입장에서는 오히려 그러한 면이 장점이 되기도 하였다. 안팎으로 노비가 있어 항상 시중을 들고 또 필요로 하는 물자를 공급받을 수 있었으며 관청과 격리되어 있는 것도 그들에게는 오히려 번잡한 시정의 분위기와 관권의 감시 및 관리의 침학으로부터 벗어날 수 있었기 때문이다.

중소지주였던 재지사족의 田民(토지와 노비)은, 대지주였던 在京勳戚·관료의 토지와 노비가 각지에 분산되어 있는 것과는 달리 거주지를 중심으로 한 通婚圈 내에 분포되어 있었다. 사족의 재산은 크게 노비와 토지·가옥 및 기타 가재도구로 구분되며 재산상에 있어서 토지와 노비의 비중은 시대에 따라 한결같지 않았다.

---

9) 李重煥, 《擇里志》 八道總論, 慶尙道 및 卜居總論, 山水 참조.

사족의 재산 증식방법으로는 첫째 父·母·妻邊에서 전래되는, 즉 상속과 분배 및 기타 친척으로부터 수증하는 경우, 둘째 卜居와 개간에 의한 새 가옥과 전답의 확보, 셋째 이러한 자산의 기반 위에서 매득하거나 증식하는 경우 등 세 가지가 있다. 첫째는 祖業계승과 자녀균분상속제하의 혼인에서 증식되는 것으로, 이는 家勢와 명망 또는 貴婚과 富婚에서 가산이 축적되는 경우이며 名門들의 복거나 지역개발의 경우는 둘째에 해당된다. 그들은 父祖傳來의 세거지를 떠나 자신이 새 터전을 잡거나 처향·외향을 따라가서 이주하였는데 그러한 곳은 대개 피병·피세에 적합하며 배산임수하여 山水勝景이 있었다. 또한 그들은 내외조상의 배경과 현지 外官의 관권비호하에 無主地·陳荒地를 수령으로부터 立案을 받거나 影占하기도 하며 개간가능지를 찾아서 새 전답을 확보하기도 하고 廢寺의 토지와 노비를 冒占하기도 하였다. 첫째와 둘째에서 축적된 재력으로 다시 長利나 商行爲를 통하여 토지와 노비를 계속 증식시켜 나갔던 것이다.

특히 당시 양반들의 노비를 통한 상행위는 주목할 만하다. 당시는 농업과 현물을 위주로 한 봉건경제하에 있어 상업유통은 침체하고 자본축적이 빈약함으로써 産地와 소비지에 따라 상품의 가격에 격차가 심했다. 따라서 일정한 자산을 가진 사족들은 幹奴들에게 상술과 갖가지 利殖을 올릴 수 있는 방법을 알려 주고 상행위를 시켜 막대한 이득을 올리게 했다. 계절에 따른 곡물과 布木 가격의 등락을 고려, 作米 또는 作木하여 그 차액을 얻는다든지, 곡물과 魚鹽을 교환하는 행위, 과실·소채·약재 기타 생활용구 등을 지방 場市를 통해 거래하는 경우가 많았다. 이러한 사례는 吳希文·趙靖·鄭維翰·李聃命 등의 일기에서 확인할 수 있다. 이담명일기에 의하면, 이 가문은 내륙(石田)에 거주하면서 하도나 동해안 쪽에 솔거노비를 보내 어염을 구입하여 수로·육로를 통해 운반해 와서 등짐·우마차에 싣고 내륙 각지의 장시 등을 통해 米·米牟·稷·小豆·포목·과실 등과 교역하였다. 특히 貿鹽은 당시 웬만한 가문이면 모두 소규모로 행하고 있었다. 기호학파의 成渾도 〈答安邦俊書〉에서 海陸産物의 조달과 貿販, 농업생산성과 風氣를 고려하여 卜居地를 정해야 한다고 주장한 바 있다.

각종 分財記와 토지·노비관계 明文을 종합적으로 고찰해 보면 조선 전기는 토지보다는 노비에 더 많은 비중이 두어졌음을 알 수 있다. 사실 노비는 당시 사족들의 사회·경제적 생활에 있어서나 재산의 생산성·수익성에 있어서 대단히 중요한 존재였다.[10] 그래서 훈구파나 사림파 또는 재조·재야세력을 막론하고 엄청나게 많은 노비를 갖고 있었다. 성종 때 永膺大君의 노비 수는 "만 인 아래로 내려가지 않는다"[11]고 하였고 洪吉汶·柳漢 등의 노비도 천여 口나 되었던 것이며, 승려 惠敬은 자기 노비를 龜巖寺에 시납했는데 그 노비도 번식하여 수천 구에 달했다고 하였다.[12] 李孟賢(성종 때 부제학) 부처의 노비는 700여 구에 달하였고 柳義孫(세종 때 예조판서) 남매가 나눠 가진 그 부모의 노비도 381구나 되었다.[13] 일반적으로 재지사족들의 가문에서도 노비가 보통 수백 명은 넘었다.

在京權貴들의 노비는 토지와 함께 거의 전국에 분포되어 있는데 비하여 재지사족들의 노비와 토지는 주로 거주지를 중심으로 부근지역에 분포되어 있었다.[14] 노비의 증식방법도 토지와 비슷하게 자신의 공훈과 관직을 매개로 하여 획득하기도 하고 부변·모변·처변 등에서 分衿·和會·別給형식으로 전래된 것도 있으며 구매하기도 하였다. 이렇게 확보한 노비는 노비 신분 내지 소유의 世傳法에 의하여 시간이 흐름에 따라 기하급수적으로 증가하였는가 하면, 소유노비의 奴妻婢夫라는 良賤交婚에 의해서 더욱 증식되어 갔다. 흉년·기근·전란 등으로 인한 救恤노비도 노비획득의 한 방편이었다.[15]

私家의 노비 상속은 토지와 함께 자녀균분을 원칙으로 하였다.[16] 국왕의 입장에서는 사족전체의 보호와 권익을 위하여 조상 전래의 토지와 노비가 자녀에게 균분되도록 종용하였는데, 그것은 권력의 집중을 예방하듯이 富의 집중을 방지하려는 데 목적이 있었다. 왕권의 안정은 당시의 정치·사회적

10) 이러한 현상은 15, 6세기 財産文書上에서도 확인된다.
11) 《成宗實錄》 권 251, 성종 22년 3월 계묘.
12) 《太宗實錄》 권 11, 태종 6년 6월 갑신 및 권 13, 태종 7년 2월 경자.
《文宗實錄》 권 12, 문종 2년 2월 병진.
13) 李樹健 編著, 《慶北地方 古文書集成》(嶺南大 出版部, 1981), 266·273·281쪽.
14) 金容晩, 〈朝鮮時代 在地士族의 財産所有形態(1)〉(《大丘史學》 27, 1985) 참조.
15) 李樹健, 앞의 책(1981).
16) 士族들의 토지·노비상속에 대한 구체적인 검토는 金容晩, 〈朝鮮時代 均分相續制에 關한 一研究〉(《大丘史學》 23, 1983) 참조.

지배세력을 대표한 사족 전체의 지지기반 위에서 가능한 것이며 사족 공동의 이익을 위해서는 자녀균분상속제가 무엇보다 요망되었던 것이다. 家産의 상속규정에 있어서 조·부모가 자손에게, 외조부모가 외손에게, 처부모가 처에게 許與 또는 別給하는 데 제한을 두지 않는 대신 혈연적으로 이어지지 않는 즉 '孫外與他'해서는 안된다는 강한 관념을 견지하였다. 財主는 조상의 유산이 대대로 혈족자녀에게 世傳되기를 바랐고, 법제적인 면에서도 그것을 적극적으로 뒷받침해 주었다. 조업을 계승할 자녀 및 내외손 가운데 혈손이 없을 경우에는 使孫(4촌까지)에 傳係되었고, 출가녀가 자녀가 없이 사망했을 경우에는 특별한 사전조치가 없는 한 그녀가 가져온 재산은 친정으로 환속되었다.[17] 한편 토지·가옥·노비 등 조상의 유산을 放賣하는 행위를 불효로 간주하였는가 하면 부득이 매각할 경우에는 내외자손 사이에 매매 또는 교환하기를 바랐다.

재주가 자녀에게 노비와 토지를 分衿할 때는 대체로 분할주의를 지켜 분배하는 방식을 취하였다. 가령 여러 자녀에게 각처에 산재한 노비와 토지를 거주 지역별이나 노비호 단위, 소재지 전답별로 배정하지 않고 각처 소재의 토지와 노비를 세분하여 자녀 수대로 분할·분급했던 것이다. 이러한 전민분급방식은 겉으로 보기에는 매우 번잡하고 불편한 것 같지만, 재주의 입장에서는 조상의 유산이 자손 이외의 사람에게 전계되는 것을 예방하고 자기자녀가 공동 연대의식을 갖고 관리한다는 데서 위험부담을 그만큼 감소시킬 수 있다고 생각했던 것이며, 노비주의 입장에서 노비의 족적 유대를 약화시키고 공동관리에 편의를 도모하기 위한 조치였다. 국가적 차원에서도 한 신분계층으로서 노비의 자기보호 역할을 사전에 봉쇄하여 도망과 같은 그들의 신분상승을 위한 운동 등을 약화시키는 데 의도가 있었다.[18]

사족의 노비지배체제가 확고했던 조선 전기에는 노비가 토지에 비해 생산성과 수익성이 훨씬 높았다. 따라서 노비는 사족의 수족으로서 또는 중요한 재산으로서 그것의 多寡가 家運의 성쇠에 직결되었다. 뿐만 아니라 사족의 禮俗과 체통을 유지하는 것도 모두 노비노동의 바탕 위에서 가능하였다. 使

17) 《經國大典》 권 5, 刑典 公賤.
18) 李樹健, 앞의 글.

喚·居家·處鄕·농경·길쌈·상행위 등 그 어느 경우도 노비 없이는 사족으로서의 생활이 거의 불가능할 정도로 필수 불가결한 존재였다. 그렇기 때문에 집권세력과 재야사림이 일반 政論에 있어서는 의견이 상반되는 경우가 많았으나 노비문제에 한해서는 양자의 이해가 거의 일치하였다.

노비 수의 증감은 대체로 왕권과 집권력의 강약에 비례하였다. 15세기 전반기의 국가적 良多賤少策에 의하여 줄어들었다가 그후 훈구세력의 비대와 재지사족의 성장에 따라 15세기말부터는 다시 증가하여 당시의 전체 인구 가운데 노비층이 거의 절반을 차지하였다.[19] 家內奴婢는 上典內外의 분신과 같은 존재로 가내사역과 잡역은 물론 幹奴·庫直 등으로 행세하기도 하였고, 외거노비는 상전의 토지를 경작하거나 묘지기로서 墓山을 수호하고 墓位土를 경작하기도 하였다. 그리고 무자식 노비의 재산은 그 소유주에 귀속되었고(記上), 노비가 개간한 토지는 동시에 그 소유주의 것이 되기도 하였다.[20]

재지사족의 전답은 재경훈척세력과는 달리 공신전과 賜牌地는 별로 없고 衿得·매득 및 개간에 의한 것이 내부분을 차지하였다. 재경훈척가문의 토지는 노비와 함께 그 분포지역이 광역화했다면 재지사족의 전답은 財主의 거주지를 중심으로 한 통혼권 내에 분포되어 있었다. 여기서 우리는 재경권귀와 재지사족 사이에는 그들의 토지·노비소유체제에 있어서 차이점이 있음을 엿볼 수 있다. 선초 이래 훈구세력들은 관직과 권력을 이용, 토지·노비를 축적한데다가 기존 토지와 노비의 유지에도 항상 집권세력과 관권의 협조가 필요하였다. 여기에서 재경관인들과 京在所와의 긴밀한 관계가 성립되었다. 사족소유의 토지·노비가 父邊·母邊·祖母邊·曾祖母邊·妻邊 및 본관·출신지·任官地 등으로 전래 또는 획득된 것과 마찬가지로 경재소도, 재경관인들의 토지·노비 소재지와 같이 연고지별로 구성되었다. 이러한 체제가 바로 재경관인들이 서울 및 근기지방에 살면서 전국에 산재하다시피한

19) 成俔은 《慵齋叢話》에서 "我國人物 奴婢居半"이라 한 바 있다. 광해군 원년(1609)도 蔚山府戶籍臺帳에서 인구통계가 가능한 6개 面의 것을 정리해 보면 良人 이상이 51.4%, 賤人이 48.6%로서 公賤이 12.9%, 私賤이 35.7%였다.

20) 上典과 奴婢의 생생한 主奴관계는 吳希文(《鎖尾錄》)과 趙靖(《壬亂日記》), 李聃命, 鄭維翰 등의 일기를 통해 노비들의 구체적인 활동과 존재 모습을 엿볼 수 있다.

토지와 노비를 관장하여 효과적인 收租·收貢을 할 수 있었던 것이다. 재경관인들은 인맥·학맥·혈연·지연 또는 동료적 결합에서 각기 소유 토지·노비의 소재지 수령과 연결될 수 있기 때문에 관권의 협조와 경재소 및 유향소와 연결된 상태하에서 도망노비의 추쇄와 外地의 토지·노비에 대한 수조·수공체제를 원활히 수행할 수 있었다. 그런데 가세가 몰락하거나 실세 또는 낙향하게 되면 기존 토지·노비의 소유체제가 붕괴되고 그 노비는 그 틈을 타서 상전을 바꿔 비호를 받거나 도망가서 신분향상을 꾀했던 것이다. 16세기 이래의 사회·경제적 변화와 함께 왜란과 호란을 겪은 17세기부터는 사족의 토지·노비소유와 그 지배체제에 있어서 획기적인 변혁이 있었다. 즉 사족의 경제적 비중이 노비에서 토지로 옮겨왔고, 재지사족의 확대로 종래의 不在地主가 재지지주로 전환되었으며, 종래의 노비노동에 대신하여 노비의 佃戶·雇工化 내지 양민화가 급격히 진행되는 과정에서 경재소는 마침내 광해군 4년(1612)에 완전 혁파되었다.21)

사족의 토지·노비 소유체제는 이 양자가 항상 유기적인 관련하에 賜與·기증되거나 분금·매매·교환되었다. 일정한 토지에 그 관리인과 경작인이 반드시 붙어다니듯이, 고려 이래 공신전과 사패지 지급에는 꼭 노비가 함께 지급되었다. 이처럼 私家의 재산 분금에도 반드시 일정량의 토지와 함께 노비가 분급되었다. 각종 분재기상에는 노비의 이름과 전답, 경작지의 명칭이 기재되어 있는데 양자를 비교해 보면 서로 상관관계를 갖고 있다.

전답매매명문의 분석에서 밝혀지듯이 사족들은 조상으로부터 전계받은 유산을 어떤 필요가 있어 방매할 때는 '孫外與他'하거나 '손외방매'해서는 안된다는 원칙을 견지하여 매매가 주로 분재자의 혈통을 이은 내외 친척간에 이루어졌다. 물론 예외가 많았지만 조선 전기의 사족가문에서는 대체로 이러한 원칙이 지켜졌다. 그런데 17세기부터는 내외양변의 재산을 분급받은 당사자 또는 그 당사자의 자녀나 내·외손 사이에서 전답의 상환행위가 많아졌다. 상환의 이유가 바로 '먼 곳에 경작이 불가능', '거주지 부근 전답을 대신 구매'라는 경우처럼 종전의 부재지주에서 점차 재지지주화하는 경향을 띠고 있

21) 《光海君日記》 권 49, 광해군 4년 정월 기미 및 권 58, 광해군 4년 10월 경인.

었다. 사족간의 토지매매행위는 실질적으로 사고 파는 경우보다는 각자 편의대로 거주지 중심의 토지를 서로 교환하는 데 주안점이 두어졌다. 그것은 농업생산성의 향상과 재지사족의 재산증식에 중요한 의미가 있다고 볼 수도 있으나 17세기 이전에 비해 토지·노비의 분포범위가 그만큼 축소됨을 의미하기도 한다. 사족의 외지전답은 대개 幹奴나 佃戶에 의해 관리되고 경작되었으니 집약적인 영농과 효과적인 수조체제가 되지 못하였다. 이러한 면을 시정한 보다 효율적인 토지경영책이 바로 외지전답을 거주지 중심으로 집적하는 데서 성취될 수 있었다.

사족의 토지집적에는 무엇보다 양천민의 것을 매입 또는 겸병하는 것이 큰 비중을 차지하였다. 양인의 경우는 대개 還上(환자)·장리상환, 병역수행상, 부채상환, 기근 또는 艱難 등의 이유로 자기 전답을 부근에 사는 사족에게 방매하였다. 더구나 凶荒과 기근이 빈번하게 일어났던 당시에 일정한 재산을 갖고 있던 사족의 입장에서는 적은 재화로써 많은 토지를 매득할 수 있었다. 천인의 경우도 양인과 마찬가지로 飢寒을 벗어나기 위해서, 또는 부채나 身貢의 독촉에 못 이겨 전답을 방매하거나 상납(記上)했던 것이다.

재지사족들은 여말선초에는 閑良으로 존재하면서 과전법하에서 外方軍田을 수급할 수 있었으며, 선조로부터 물려받은 田地와 노비를 갖고 거기에다 매득·개간·겸병 등의 수단을 통하여 중소지주로서의 안정된 생활을 누릴 수 있었다. 한편 중앙정계에서 낙향하는 재경관인들도 당시 가족제도와 자녀균분상속제에 의하여 각기 외향과 처향으로 가서 안착할 수 있었다. 또 재지사족들은 유불교체기에 편승하여 廢寺의 토지와 노비를 影占하기도 하였고, 소유노비로 하여금 황무지를 개간하여 전지를 확대해 나갔다. 이러한 개간가능지는 노동력만 있으면 쉽게 얻을 수 있었고 외거노비를 시켜 경작케 함과 동시에 일정한 노비신공도 얻을 수 있었다.

그러면 15세기 대표적인 몇몇 사림파 가문의 경제적 기반을 구체적으로 살펴보기로 한다.[22]

① 金宗直家門 : 이 가문은 善山의 土姓吏族에서 여말에 비로소 사족으로

22) 李樹健, 앞의 책(1979), 184~195쪽 참조.

성장하였고 따라서 그의 父子代 이전에는 관직과 혼인으로 재산을 획득하지는 못하였다. 그의 父 金叔滋는 密陽의 토성사족으로 일찍이 상경종사한 朴弘信의 女壻가 되면서 선산에서 밀양의 처가로 이주하였고, 장인이 죽자 그의 田宅奴婢를 아내가 상속하게 되었다. 또한 김숙자는 大小科를 거쳐 내외 관직을 역임하면서 소수나마 토지와 노비를 확보해 나갔다. 김종직은 밀양 외가에서 생장하였고 출사 후에는 선산과 밀양을 왕래하였으며 결혼 후에는 처가를 따라 金山에 농장을 두었다. 그의 아들 緄도 처가의 재산을 분금받아 開寧에 전택을 마련하였다. 그 외 이 가문은 당시 사족이 그러하듯 매득·수증 또는 卜居란 수단을 통해 家財를 증식할 수 있었다. 김종직가문의 고문서 분석에 의하면[23] 16세기 중반 전체 재산은 노비 100여 구, 전답 수백 마지기 정도로 나타나며 이후 확대되는 추세였다. 이들 재산의 분포지는 16세기말까지 전답은 처가·외가 등 2~3개 지역에 분포되어 있었으며 노비 또한 이와 유사하였다.

② **鄭汝昌家門** : 정여창은 河東縣吏의 7세손이며, 그의 증조 鄭之義 때 본관지 하동에서 咸陽으로 처음 이주하였다. 증조모는 寶城宣氏로, 그 가문은 여말에 사족화하면서 본관지를 떠나 상경종사하였으며 그 일부는 함양에 이주하였다. 이 가문은 15세기 훈벌가로 성장하였는데 정여창의 증조가 하동에서 함양으로 옮긴 것도 처향을 따라온 것이다. 이 가문의 경제적 기반은 선조전래의 전택·노비에다 증조모·조모 및 모변의 재산이 첨가되었다. 또한 그의 처가 定宗의 子인 桃平君 李末生의 女였으니 京中 재산 중에는 처변의 재산이 또한 많았다. 그의 증조모가 훈벌가에서 왔고 父가 순절한 대가로 국가적인 포상을 받았고 또 그가 종실의 사위가 되었으니 누대에 걸쳐 내외변으로부터 전래된 토지와 노비가 많았던 것이다. 이처럼 그는 一門의 노비가 '幾百口'였다고 할 정도로 부호가였던 것이다.

③ **金宏弼家門** : 김굉필의 先世는 본래 瑞興土姓으로 고려 후기에 사족으로 성장하였다. 그의 증조 金士坤이 처향을 따라 玄風에 이주하면서 드디어 현풍인이 되었다. 그의 조부 金小亨은 개국공신 趙胖의 사위였으니 처변으로

23) 金容晩, 〈佔畢齋 金宗直家門 硏究〉(《嶠南史學》 1, 嶺南大, 1985).

부터 분급된 재산이 많았다. 서울 貞陵洞私第는 바로 父祖 이래 전래해온 京中田宅이다.

성종 3년(1472)에 그는 陜川郡 冶爐縣의 順天朴氏의 사위가 되면서 처가를 따라 야로현에 이주하였다. 그의 가문은 누대에 걸쳐 명문사족과 혼인하였으니 부조 이래 현달하지 않아도 경제적 기반은 공고했다. 김굉필의 전택·노비도 그의 연고지에 산재하였다. 그는 경중의 정릉동과 好賢坊에 주택이 있었고 세거지 현풍을 위시해서 야로(처가)·星州 伽川(처외가)·城南·迷原 등지에 토지와 노비가 있었다.

④ 金馹孫家門 : 그의 先世는 본관 金海에서 향리를 세습하다가 6대조 金管代에 와서 비로소 사족으로 성장하였으며, 그의 고조대에 淸道人이 되었다. 조부는 한성부윤 李暕의 女壻였으며, 父는 龍仁士族 李宋順(工曹典書)의 曾孫女壻가 되어 처가를 따라 용인에 우거하기도 하였다.

이 가문의 전택·노비도 청도(부가)·김해(본관)·용인(외가)·木川(처가) 및 경중 등지에 흩어져 있었다. 이것은 당시 자녀균분상속제하에서의 혼인관계에 의한 결과였다. 이 가문은 당시 재지사족들과 마찬가지로 농장뿐만 아니라 精舍와 樓亭 같은 건물도 여러 곳에 건축하였는데, 이는 당시 그들의 경제력을 대변해 주는 것이라 하겠다.

2) 사림의 사회적 기반

사림파 형성의 사회적 배경을 구명하는 데는 먼저 각 읍 土姓의 존재실태와 土姓吏族의 사족화과정 및 사족과 이족의 분화, 재지사족의 혼인 등 재지사족의 존재양상이 밝혀져야 한다. 나말여초에 걸쳐 형성되었던 각 읍의 토성은 바로 후삼국시대 그 지방을 대표하던 재지세력으로, 그 군현을 실질적으로 지배하고 있었다. 이들 호족은 왕건과의 연결과정에서 왕건의 麾下將相이 되거나 새로 姓을 하사받기도 하고 혹은 본관지를 떠나 상경종사하면서 귀족과 관인이 되었고 재지토착의 토성은 상급향리층을 구성하여 군현을 지배하였다. 이러한 토성의 분화는 고려초부터 재경관인과 재지세력으로 나누어졌다. 국가는 중앙정부와 지방 군현과의 사이에 事審官制와 其人制를 이용하여 재지세력을 조종하였다. 기성세력인 재경관인들은 고려왕조의 진전과 끊임없는 권력투쟁의 와중에서 세력교체가 빈번하여 지배세력의 신진대사가 계속되었던 것이다. 이에 신진세력을 공급해 주는 자원은 다름 아닌 지방군현을 지배하고 있던 재지토성이었다. 군현토성이 상경종사하여 귀족과 관인이 되었지만 이들은 동시에 계층분화를 계속하고 있었다.[24)]

지방은 이미 고려 이전부터 州·郡·縣과 村 또는 鄕·部曲 등의 구역으로 구획되어 그 구획마다 각기 토성이민이 존재하였다. 이러한 지역적인 구획과 토성은 각기 그 형세에 있어서 대소·강약의 차가 있었다. 한 군현이 주위의 지역을 흡수함으로써 대읍이 되고 많은 군현과 향·소·부곡을 보유함으로써 강력한 토성이 될 수 있었다. 그래서 군현구획의 광협과 재지세력의 강약은 서로 비례하였다. 그리하여 당초에는 대등했던 군현이 이제는 主邑 또는 領·屬縣으로 분화되고 같은 토성이 한쪽은 지배하는 위치에 있게 되고, 다른 한쪽은 그 지배하에 들어가게 되었다. 그것은 마침내 토성의 질적 변화를 가져왔다. 읍세가 큰 곳의 토성들은 그 관내에 많은 任內土姓들을 거느리고 있었으니, 여초부터 상경종사한 세력은 주로 이들 주읍의 토성들이었다.

군현토성이 역대 지배세력의 공급원이라 하지만 거기에는 질적인 차가 많았다. 종전의 九州·五小京이나 고려시대의 京·州·府 등 大邑의 토성들은 귀족과 관인들을 계속 배출시키고 있는가 하면, 어떤 군현은 수백년이 경과하도록 이렇다 할 관인을 내지 못하기도 하였다. 이러한 현상은 왕경과의 거리의 원근과 외관의 유무에 따라 현저한 차가 있었다. 재지토성의 진출과정을 살펴보면 대체로 개경에 가까운 군현일수록 상경종사의 시기가 빨랐고 외관이 있는 주읍일수록 그 고을 토성의 진출이 활발하였다.

역대 지배세력의 변천과정은 재경세력이나 재지세력을 막론하고 계속 교체되어 갔다고 볼 수 있는데, 대체로 중앙에서는 세력교체가 빈번한 반면 지방에서는 완만하였다. 재경세력도 그 일문이 고관요직을 장악하는 데서 계속 權貴의 지위를 유지해 나갔듯이, 재지토성들도 그 고을 戶長層을 확보하는

24) 李樹健,《韓國中世社會史硏究》(一潮閣, 1984).

데서 一邑의 영도권을 계속 지닐 수 있었다. 그러므로 여초 이래 상경종사하는 가문은 대개 군현 호장층의 자제였고 후세의 명문거족의 시조 가운데는 호장이 많았다.

고려 이래 군현은 邑治(邑內)·직촌 및 임내로 구획이 편성되어 있었다. 군현의 읍치는 관아와 邑司를 중심으로 관청시설이 있고, 토성이족을 비롯하여 官屬과 시정배가 거주하는 異姓雜居지역이었다. 임내는 본읍의 축소판에 불과하였다고 보이며 직촌에도 村姓을 중심으로 異姓이 혼성되어 있었다. 이와 같이 대체로 15세기까지도 일반 촌락에는 두 개 이상의 성씨가 혼성되어 있었을 가능성이 더 높다. 후세에 일반적으로 호칭되는 사족 중심의 동족(同姓) 부락은 17세기 이후에 보급되었다.

여말선초의 호적이나 읍지를 통해 살펴보면 재지토성의 통혼은 대개 同邑土姓간의 신분內婚과 동성동본간의 族內婚이었다. 토성이족이 상경종사하여 재경관인이 되면서부터 통혼권은 확대되었다. 각 읍의 호장층은 正朝戶長 또는 徵稅調役 등 업무로 경향간을 사주 왕래하게 되었고 서울에서 其人·京邸吏 등 각 읍 이족간의 접촉이 빈번해지자 현직호장과 재경관인간에 인간관계를 맺는 경우가 있었다. 또 이족에서 사족화하면서 동성혼을 기피하고 遠婚하거나 '동성불혼'의 원칙을 지키려는 경향이 점차 일반화하였다. 특히 여말선초에는 자녀균분상속제가 철저히 지켜지고 外孫奉祀가 흔한 동시에 친손·외손의 차별이 별로 심하지 않았다. 이러한 가족제도와 사회적인 관념으로 인해 사족이 거주지를 옮길 때 대개 처향을 택했던 것이다. 나중에는 동족부락으로 성장하였지만 16세기 이전까지는 대개 子와 壻가 동촌에 거주하였고 그 결과 친가·외가 또는 처가의 일문이 한 촌락을 점거하였던 것이다.

사림파의 가계는 대부분 군현의 토성이족에서 유래하였고 사족화의 시기는 가문에 따라 선후의 차가 있지만 대체로 14세기에 가장 많았다. 우리는 17세기 이후의 관념으로 여말선초를 관찰하려는 데서 과오를 범하고 있다. 첫째 당시의 향리존재를 과소평가하고 중앙집권체제와 외관의 통치체제를 지나치게 강조하며 지방 토성의 出仕路 가운데 과거에 지나치게 비중을 많이 두는 감이 없지 않다. 이와 함께 향리세계도 호장층과 하급향리층과는 구분되어야 한다. 15세기까지도 호장층의 자제는 비록 제한된 범위에서나마 관인화의 길이 열려 있었다. 지방토성은 재경세력이 교체될 때마다 진출이 활발하였다. 무신간의 빈번한 정권쟁탈과 정권의 불안정, 신분제도의 문란, 원의 지배 및 끊임없는 북로남왜로 인해 군현이족은 사족화할 수 있는 기회가 많았다. 그들은 과거를 통해 진출하기도 하였고 麗元관계에서 출세하기도 하였으며, 군공으로 첨설직을 얻어 品官으로 향상하였다. 사림파의 가계를 분석해 보면 工曹典書·版圖判書 등 첨설직과[25] 令同正·史同正·軍器監 등 影職과 檢校職 및 軍職·雜職 등을 발판으로 하여 점진적으로 신분을 고양시켜 나갔다. 그래서 여말을 경계로 하여 군현이족의 사족화가 활발히 진행되어, 그 때까지 그 고을의 이족을 대표하던 토호들은 그 기회를 최대한으로 포착하여 품관이 되었으며, 이들은 선초에 閑良계층으로도 나타났다. 이에 반해 현임 향리들은 현직에 만족하다가 미처 시대의 대세를 파악하지 못하고 신왕조에 들어와서는 사족화의 기회를 끝내 얻지 못하고 계속 이족으로 남게 되었다.

여말선초에 걸쳐 사회신분면에 있어서의 획기적인 변화는 재지사족이 광범하게 존재하게 된 점과 토성에서 사족과 이족이 확연하게 구분되어 간 것이라 하겠다. 무신란을 계기로 田柴科體制가 붕괴되면서 토지의 사유화와 농장의 발달이 일반화되어 갔다. 또 기성 관인들의 낙향생활과 지방의 중소지주층이라 할 수 있는 향리 자제의 대거 관계진출은 마침내 지주적 성격을 강하게 지닌 신흥사족을 창출하게 되었다. 이와 함께 고려·조선왕조의 중앙집권화와 군현제의 정비에 따라 외관의 지배하에 들어간 이족의 지위는 현저히 저하되어 갔고 그들의 권한도 계속 위축되어 갔다. 또한 고려 후기 이래 지방향리 자제들의 급격한 관계진출과 첨설직의 남발은 결과적으로 관료군의 포화상태를 유발시켜 여말에 오게 되면 기성사족만으로도 內外官僚기구를 충당하고도 남았기 때문에 더 이상 새로운 관인의 배출을 바라지 않게 되었다. 향리자제의 계속적인 관계진출은 기성사족의 입장에서 본다면 그들의 독점적인 특권을 위협하는 요인이 되므로 이족의 새로운 관계진출을 봉

25) 李樹健, 앞의 책(1979), 158~160쪽.
鄭杜熙, 〈高麗末期의 添設職〉(《震檀學報》 44, 1978).

쇄한 데서 사족과 이족의 분화가 점차 명확해져 갔다.

조선 초기까지도 '吏'職은 文·武와 함께 3대 출사로의 하나였다. 그러던 것이 양반지배체제의 확립에 따라 文·吏의 업무 한계가 점차 명확해지면서 사족과 이족의 분화는 더욱 촉진되었다. 사족과 이족의 분화에는 또한 세대의 소원에서 오는 친족 관념의 희박과 향촌사회의 변모에서도 그 배경을 찾아 볼 수 있을 것이다. 여말까지만 하더라도 부자형제 사이에 향리와 관인이 공존하기도 하였다. 그러나 그러한 현상도 시간이 흐름에 따라 종전의 형제·숙질관계가 三從·四從관계가 되고 有服之親이 이제 路人과 다름없는 관계가 되면서 양자의 구분은 더욱 확실해졌다.

고려시대에는 군현토성에서 분화된 재경관인과 재지이족이 제각기 자기의 위치를 지키면서 부여된 권한을 행사함으로써 양자의 공존이 가능했다. 그러나 여말부터 상경관인들의 낙향생활과 재지적 기반구축 및 그로 인한 재지사족의 광범한 존재로 인해 결국 중앙의 관직에만 의존하지 않고 지방에 적극 관심을 가지면서 비로소 留鄕所가 나타나게 되었다. 이러한 유향소의 설치 운영과 함께 社倉·鄕規·鄕案 등이 사족과 이족을 더욱 분화시키는 촉진제가 되었다고 볼 수 있다.

이러한 양자의 분화 현상은 15세기로 넘어오면서 더욱 촉진되어 같은 토성 출신이면서 한쪽은 상경종사하여 재경관인이 되고 다른 한쪽은 다시 이족과 재지사족으로 구분되고 더 나아가서는 양반과 중인이란 계층 분화로까지 발전되어 갔다. 이는 또한 양반은 관리직인 '官'을, 이족은 행정실무인 '吏'事를 담당한다는 데서 소관직무까지 확연히 구분되어 갔다. 양자의 구분은 다시 그들의 주거지까지 구분짓게 되었다. 대체로 여말까지는 재지토성이 각기 읍치에 거주했으나 그 이후부터 이족(향리)에서 벗어나 사족화하면서 읍치의 외곽 촌락 또는 부근의 임내지역이나 인근 타읍의 외곽지대로 복거하거나 이주하는 것이 일반적인 경향이었던 것이다.

이러한 추세는 당시 가족제도와 재산상속제도에도 하나의 요인이 있었다. 즉 男歸女家婚制의 보편화와 자녀균분상속제가 철저히 지켜진 사회에서 자녀 嫁娶를 시킬 때 딸을 출가시킨다는 의미보다는 사위를 영입한다는 뜻을 더 강하게 지니게 되었다. 따라서 이들은 娶妻와 동시에 처가로부터 처남과 동일한 양의 妻財를 분금받았던 것이며, 그 분금받은 재산은 처가소재지나 그 처가의 연고가 있는 곳에 분포되어 있었기 때문에 결혼과 함께 분가하여 처향으로 이주하는 것이 일반적인 경향이었다. 그 결과 고려말 이래 재경관인이 낙향하거나 기성사족이 거주지를 옮길 때는 대개 처향과 외향을 택했던 것이다. 한편 임내의 이족들은 그 임내의 소멸과 동시에 주읍 향리에 흡수되거나 다른 지방으로 유망함으로써 기존의 토착적 기반을 상실하게 되고 그러한 곳은 신흥 재지사족들의 세력권화하였다.

한편 재지사족들은 여말선초부터 지방사회를 실질적으로 장악하기 위해 군현에 따라 그 鄕邑을 영도할 수 있는 문벌과 학덕을 갖춘 사족의 父老·子弟에 의한 조직을 갖추고 있었다. 그 조직은 고려 이래 邑司를 구성했던 향리들의 '壇案'과 같이 조직 참가자의 명부, 즉 향안(鄕錄·鄕座目)을 갖추고 있었던 것이며, 의결기관이면서 鄕射·鄕飮酒禮·養老禮·鄕約讀會 등의 거행과 기타 회의 친목의 장소이기도 한 鄕會 또는 사무소이면서 공동의 집합장이기도 했던 유향소를 갖고 있었다. 향안에는 이른바 '世族'이어야 입록할 수 있었다. 세족이란 그 고을에 세거하면서 문벌과 地望을 갖춘 사족이란 의미를 지녔다.[26] 군현토성에서 상경종사했다가 낙향한 가문, 이족에서 재지사족으로 성장한 가문, 타읍·타도출신의 기성사족으로서 이주하여 벼슬·학문·덕행을 갖춘 가문의 인사들이 향안에 들 수 있었다. 대·소과에 응시하거나 仕宦上의 署經에서 결격사유가 없는 그런 가문이 1차대상이 되었으며, 향안을 '三參錄'이라 하듯이 父系를 비롯하여 外系와 妻系에 하자가 없는 가문이어야 했다. 이러한 유향소는 재경관인들의 조직체인 京在所와 연결되어 명실상부한 재지사족의 조직체로 존재하였다.

경재소는 신왕조를 창건하는 데 주역을 담당했던 신흥사대부 세력이 이제까지 군현의 지배권을 갖고 있던 향리를 배제하고 재경관인과 연결된 재지사족 주도의 지방통치와 성리학적 향촌사회를 확립하려는 과정에서 유향소와 함께 거의 동시에 중앙과 지방에 각각 설치 운영되었다. 그 조직은 품계에 따라 2鄕에서 8향까지로 한정했다. 경재소는 관할 유향소 임원의 任免權

26) 鄭經世, 《愚伏集》 권 15, 尙州鄕案題名錄序.

을 가지며 향리규찰과 인재천거권을 가지고 있었다. 따라서 향중 인사들로부터 갖가지 청탁을 받는 경우가 많았다. 경재소의 예산은 해당 고을의 유향소나 京邸에서 공급되었다.

한편 이와 동시에 향촌사회에서는 그 운영에 필요한 제규약으로 鄕規·鄕約·洞約 및 각종 契가 조직되어 있었다. 향규는 유향소의 조직과 운영 및 향촌규제에 관한 규약으로, 향안 작성과 함께 여말 이래 재지세력들에 의한 유향소가 설치 운영되자 각 읍별로 제정되었던 것이다.27) 이러한 규약은 종래의 향도관계 규정과 함께 실시해 오다가 중국의 향약이 보급되자 종전의 불교적이고 음사적인 의식과 관습이 주자학적 실천윤리로 대체되어 나가는 과정에서 향규의 향약화 현상을 가져왔다. 사족들은 이러한 규약들을 통해 그들 상호간의 결속력을 강화하고 다른 한편으로는 그들 지배하에 있던 하층민을 통제하고자 하였다. 이와 같이 재지사족들은 위와 같은 자체 조직과 내부규약을 통해 향촌지배 기반을 다져 나갔던 것이다.

사림의 사회적 기반도 이러한 시대적 추세에서 찾아야 할 것이다. 사림파 형성의 사회적 기반은 무엇보다 강력한 토성이 반근착절하여 재지세력을 대표하던 이족과 사족을 공급시키는 데 있었다. 각 읍 토성들은 고려 후기부터 상경종사를 활발하게 하여 재경관인이 되어 기성세력과 혼인관계를 맺음으로써 타도 출신 사족을 끌어들일 수 있었던 것이다.

3) 사림의 교육과 학통

사림파의 계보와 같은 학문적인 師友淵源 관계는 시대의 변화와 후세인에 의하여 지나치게 획일화된 감이 없지 않다. 주자학의 보급과정과 사림파의 형성배경은 상호 유기적인 관계를 가지면서 전개되었다.

조선왕조의 국가통치 이념인 주자학은 安珦·權溥·李齊賢 등 신흥사대부에 의해 수용되어 여말의 成均館과 지방의 鄕校교육을 통해서 보급되었다.

---

27) 田川孝三, 〈鄕案について〉(《山本博士還歷記念東洋史論叢》, 1973).
———, 〈鄕憲と憲目〉(《鈴木俊古稀記念東洋史論叢》, 1975).
———, 〈李朝の鄕規について〉(《朝鮮學報》 76, 78, 81, 1975, 1976).

공민왕은 재위 16년(1367)에 성균관을 重營하고 李穡으로 하여금 成均館 大司成을 겸하게 하고 金九容·鄭夢周·李崇仁 등 經術之士를 敎官에 겸직하게 하였다. 이후 성균관을 중심으로 문풍이 크게 진흥되었다.[28] 특히 국초에는 진취적인 분위기에다 능력위주의 인재등용책이 강조되었기 때문에 전국의 사류들이 과거를 거쳐 성균관에 모였고 거기에서 학덕이 인정된 자는 성균관 교관으로 발탁되었다.

한편 중앙의 성균관을 중심으로 새로운 유학 즉 程朱性理學이 진흥되어 재경관인이 그것에 훈도되어 나갔듯이, 지방군현에서는 향교가 많이 정비되고 문과 및 성균관 출신의 문신들이 수령으로 나가서 지방교육을 장려하였다. 여말에 신흥사대부의 대거 등장과 국가의 문교정책 장려로 수령의 직무에 '興學校'란 조항을 중시하였고 또 성리학에 훈도된 登科士類들이 수령으로 부임하는 예가 많았기 때문에 지방교육이 발전할 수 있었다. 특히 선초에 오게 되면 재지사족으로 상경종사한 신진사류들은 일반적으로 부모봉양을 위한 '爲親乞郡'을 숭상하여 본관지 또는 부모소재읍의 수령으로 나갔다. 15세기 사림파에 속하는 인사들은 대부분 이러한 목적으로 지방의 수령을 역임하였다. 그들은 지방교육을 진작하고 성리학적 사회윤리를 몸소 실천하면서 敎民化俗하였던 것이다.[29]

신흥사대부들은 왕조 교체과정에서 양분되어 하나는 집권세력으로 계속 재경관료가 되었고 다른 일파는 정몽주·이숭인 등과 같이 순절하거나 吉再·元天錫 등처럼 재야세력으로 남았다. 그런데 15세기 전반까지는 전자가 관학을 중심으로 관료양성을 주도하면서 신왕조의 문물제도 정비에 주역을 담당하였다. 이색의 학통을 이은 鄭道傳·權近·河崙 등이 바로 이 계열에 속하였다. 한편 유교적인 정치이념에 투철했던 태종·세종은 적극적인 문교정책으로 이색·정몽주 문하에서 훈도된 하륜·黃喜·許稠·趙庸·尹祥 등을 비롯한 문신들을 文翰과 교관직에 포진시켰다. 또 한편으로는 학덕을 겸비한 文士를 적극적으로 선발하여 성균관과 향교에 배치하였다. 이에 성균관을 중심으로 신흥사대부들이 운집하여 마침내 일군의 성리학파를 형성하였다. 특

28) 《高麗史》 권 115, 列傳 28, 李穡.

29) 李樹健, 앞의 책(1979).

히 태종은 전왕조의 대표적인 충신으로 정몽주를 추숭하였다. 정몽주는 여말에 이색이 추허한 대로 당시 사류 중에서 성리학에 가장 정통하였고 《朱子家禮》에 의거, 家廟를 세우고 喪祭를 받들며 안으로는 五部學堂을 세우고 밖으로는 향교를 정비하였다.

이와 같이 15세기 전반의 교육은 관학이 주도한 종래의 儒佛未分化 상태에서 완전히 벗어나 程朱의 《四書集註》와 《小學》을 교본으로 한 經學 위주였으며 또한 종전의 詩賦 일변도에서 벗어나 經術과 詞章을 다같이 중시하는 실용적인 교육이 실시되었다.

사림파가 대거 중앙정계에 진출한 시기는 훈구세력이 정권을 장악하고 있던 성종대부터였다. 그들의 가계는 전술한 바와 같이 대개 여말의 혼란기에 군현 이족에서 과거·군공 또는 첨설직 등을 통하여 품관으로 신분이 상승된 재지의 중소지주 계층이었다. 그들은 祖先전래의 탄탄한 사회 경제적 기반과 성리학적 소양을 발판으로 향촌사회의 지배기반을 구축해 갔다. 동시에 이들은 절의와 명분을 숭시하여 여말의 왕조 교체기에는 낙향하였고 세조의 왕위 찬탈을 불의로 간주하는 공통의 정치적 성향과 학문적 경향을 갖고 있었다.

金宗直→金宏弼→趙光祖일파로 이어지는 사림파의 특징 가운데 가장 대표적인 것은 《소학》을 학문과 처신의 기본으로 삼았다는 것이다. 《소학》은 주자가 三代의 교육이상을 실현하기 위해 經史子集의 여러 경전에서 추출 선집하여 편찬한 것으로 유교적인 이상 실현에 가장 적합한 교과목이었다.[30]

《소학》은 제경전에서 立敎·明倫·敬身의 3대 강령에 적합한 내용을 선집한 것이기 때문에 4서와 5경을 유교의 강령이라 한다면 《소학》은 이 강령을 실천하는 시행세목이라 할 수 있다. 주자학이 안향을 위시한 여말의 신흥사대부에 의하여 수용되고 보급되었듯이 《소학》은 유교적인 실천윤리를 강조하는 사림파에 의하여 숭상되고 보급되어 갔던 것이다. 《소학》은 주자학의 수용과정에서 《주자가례》와 함께 성리학 보급의 2대 수단이었다. 결국 양자의 보급과정은 궤를 같이 하였고 김종직의 학통을 이은 김굉필은 《소학》의

30) 李樹健, 〈李朝時代「小學」敎育에 대하여〉(《嶺南大論文集》 2, 1969).

화신이라 해도 과언은 아니었다. 당시 《소학》을 교육의 기본으로 삼았다는 것이 다른 학파와 구별되는 김종직학파의 특징이었던 것이다. 15세기 사림파가 16세기 조광조일파에 의하여 계승 발전되어 나갔듯이, 《소학》교육도 '己卯名賢'들에 의하여 정책적으로 더욱 숭상되어 갔던 것이다.

15세기초 관학에 의해 주도되었던 《소학》장려책은 문교정책의 일환으로 제도적인 차원에서 다분히 형식적으로 관학기구에 의하여 타율적으로 실시되어 제대로 효과를 거두지 못했다. 이에 반하여 김종직일파에 의해 주도되었던 사학계통에서의 《소학》교육은 그야말로 실천궁행하는 차원에서 어디까지나 자발적인 입장에서 실시되었다. 그 결과 《소학》은 '爲己之學'의 기본교재가 되었고 사림파를 훈구파와 구별하여 학문적 내지 교육적으로 특징짓는 하나의 기준이 되었다. 김종직일파에 의하여 고조되었던 이러한 《소학》 숭상풍조는 戊午·甲子士禍로 인해 한때 침체되었으나 김굉필의 학통을 계승한 조광조일파에 의하여 다시 존숭되었을 뿐만 아니라 문교정책의 기본과제로 운용되었다.

《주자가례》는 여말의 신흥사대부에 의해 수용되어 조선왕조의 성립과 함께 정책적으로 권장되었으나, 초기에는 일부 사림파가문에 한해 실시되다가 성종대부터 사림세력의 성장과 함께 확대 보급되어 갔다. 《소학》교육이 김종직일파에 의하여 주도되어 나갔듯이 《주자가례》에 의한 喪祭禮의 시행도 이들 사림파에 의하여 솔선 실천되어 갔다. 정도전·권근·하륜·허조 등 집권사대부들의 건의에 의하여 국가가 각종 의례를 제정 실시하고 정책적으로 《가례》를 刊頒하여 家廟를 세우고 상제의식을 《가례》대로 실천하게끔 導民化俗하려 했지만 그것은 단시일 내에 성취될 수 없었다. 오히려 그것은 재야사대부인 사림파에 의하여 자발적으로 실천되어 나갔고, 한편 그들의 솔선수범에 의하여 향촌사회가 따라갔던 것이다.

이러한 《소학》과 《가례》 등 성리학적 실천윤리의 전국적인 확산과 함께 사림은 점차 확산되어 갔다. 여기에는 특히 각 지방 군현에 사림파 인사가 수령으로 부임하여 지방교육을 일으키고 성리학을 보급시켜 나간 것이 크게 작용하였다. 각 군현별로 성리학의 보급과정과 사림파의 형성배경을 살펴보면, 길재가 선산지방에 낙향함을 계기로 이곳에 성리학적 분위기가 먼저 조성되었고 김종직이 선산과 밀양을 왕래하고 함양군수로 재임한 관계로 이 일대에 사림파 인사가 배출되었다. 이와 같이 문풍을 진작시키는 데는 당대를 대표하는 학자가 거주하거나 수령으로 재임하는 것이 하나의 계기가 되었다.

사림의 세계는 길재→김숙자·종직 부자→김굉필·정여창으로 이어지는 단선의 좁은 범위만은 아니었다. 성리학이 결코 사림파의 전유물이 아닌 것과 마찬가지로 사림파도 또한 김종직을 중심으로 한 그 일파에만 국한시킬 수 없다. 정몽주의 학통 계승문제에 있어서 그것이 길재로 이어져 私學계통으로 내려온 줄기보다는 권근·하륜·변계량 등 재경관료와 성균관 내지 집현전으로 이어지는 관학계통의 줄기가 훨씬 굵었던 것이다. 그리고 유학의 교육에 《소학》을 기반으로 하고 《주자가례》에 의한 喪祭奉行, 3년상과 廬墓 실행, 闢佛과 淫祀禁斷 등의 '爲己之學'과 성리학적 실천윤리는 결코 영남지방에 한정된 것도 아니며 또 김종직일파만이 실행한 것도 아니었다. 이미 김종직 당시에는 성리학과 사림이 성장할 수 있는 기반이 두텁게 구축되어 있었던 것이다.

여말선초에 걸쳐 대표적인 학자나 文士들의 행적을 추적해 보면, 충절을 제하면 그들은 정몽주·길재 등 이른바 정통 성리학자의 학문 태도와 처신을 거의 같이 하고 있다. 정도전·권근·하륜·허조·河演·조용·윤상·鄭麟趾·申叔舟·姜希孟 등이 모두 기초적인 교육을 《소학》에 두었고 벽불과 음사금단을 실행하였으며 《가례》대로 상제를 봉행하고 있었다.

김종직의 3대 제자라 할 수 있는 김굉필·정여창·김일손의 학문적인 연원을 살펴보아도 알 수 있듯이 그들이 김종직의 학통만을 받았다고는 결코 볼 수 없다. 김굉필은 서울에서 출생하여 현풍과 야로 및 성주를 왕래하면서 독서하였고, 金孟性과 교제하면서 강론을 하기도 하였으며, 內院寺에 들어가 독서하다가 20세가 넘어서 김종직 문하에 들어갔던 것이다. 정여창은 처음에는 李寬義에게 수학하여 성리학을 알게 되었고 나중에 김종직이 함양군수로 부임해 오자 비로소 그에게 수학하였으며, 그의 동향인인 兪好仁·趙孝仝·金悌臣과도 일찍부터 학문적인 교류가 있었다. 김일손 형제도 金克一→金孟으로 이어지는 가학을 계승하면서 《소학》을 비롯한 기초 교육을 가정에서

받았고 외가·처가를 왕래하면서 수학하다가 17세에 처음으로 김종직의 문하에 들어갔다.

성리학이 기호지방에 보급된 시기는 영남지방의 경우와 거의 같고 농도에 따라 차이가 있을 뿐이다. 여말선초의 신흥사대부 가운데 영남지방과 인연이 없는 인사 중에서도 성리학을 수용하고 유교적인 실천윤리를 실행하는 자가 많았다. 尹龜生·朴尙衷·李詹·李坡·李克培·金時習·許琮·尹孝孫 등이 대표적이었다.

이상과 같이 사림파의 기반은 15세기에 이미 기호지방에도 보급되어 있었고[31] 영남지방에도 김종직일파만이 사림파를 독점했다고는 볼 수 없다. 그렇기 때문에 무오·갑자사화를 겪으면서 김종직일파는 거의 몰락했지만 직접 연루되지 않은 사족에서 사림파가 공급될 수 있었던 것이다. 사림파의 성장은 15세기 이래 하나의 시대적인 대세였다. 조선왕조의 지배세력이 사대부였고 그들은 신유학에 철저히 훈도되었으니 그들의 진로는 이미 정해져 있었다. 위의 양대 사화가 이러한 진로를 잠시 지체시킨 데 불과하였다. 다시 말하면 15세기에 조선왕조는 유교적인 통치체제와 그 통치기구를 운영해 나갈 인적 자원인 사대부가 확보되어 있었기 때문이다. 그 결과 15세기말부터 16세기 중반까지 4대 사화를 차례로 겪었지만, 그것은 훈구파의 몰락과정인 동시에 사림파의 성장과정이었던 것이다. 김종직계통이 김굉필·정여창·김일손 등으로 이어진 것은 그만큼 성리학과 사림파의 확산을 의미하는 것이며, 그것이 다시 조광조·金安國 등 기묘명현으로 계승되면서 사림파는 마침내 16세기 중반에는 兩界지방을 제외하고 전국에 전파되었던 것이다. 특히 영남지방은 바로 김종직일파의 淵藪였으니 사림파의 성장은 타도에 비하여 가속도로 급진전하였다. 중종 10년(1515)경을 전후하여 김종직→김굉필→조광조일파로 이어진 기묘명현이 집권하자 성리학적 이상을 직접 정치에 이용하여 《소학》교육과 《가례》에 의한 유교적인 실천윤리를 정치일선에서 강조하였다. 그 결과 양대 사화로 인해 칩거하던 영남의 잔류사림과 신진사류가 우후죽순처럼 대두하였다. 조광조일파가 바라는 인재는

31) 李樹健, 앞의 책(1979).
李秉烋, 앞의 책(1984).

바로 사림파적 성향의 인사였다. 이들은 김종직·김굉필 등의 문하와 조광조와 교유하던 인사에 많았으니 자연히 영남과 기호지방에서 많이 공급될 수밖에 없었다.

15세기 영남사림파를 16세기에 와서 크게 발전시킨 사람은 金安國이었다.[32] 그는 김굉필의 제자인 동시에 조광조와는 동문이었다. 그는 기묘명현이 집권할 당시인 중종 13년(1518)에 경상도감사로 재임하면서 도내의 재지사류를 발굴하여 조정에 적극 천거하였고 列邑을 巡歷할 때마다 지방자제 교육과 성리학적 실천윤리를 권장하였다. 그가 천거한 사람은 모두 32명이며 재행을 겸비하고 효제를 실천하는 재지사족으로, 김종직·김굉필의 문도가 많았다. 김안국은 기묘사화 후에도 사림파를 영도해 나가는 위치에 있었다. 李彦迪과 權橃·李滉 등 나중에 영남학파에 속하는 학자들이 그의 거처에 출입하였으니 김안국은 15세기의 영남사림파와 16세기 영남학파와의 교량적인 역할을 했던 것이다. 그리하여 孫昭·孫仲暾의 계열에서 이언적이 나오고 권벌·李堣·李賢輔 등의 기반 위에서 이황이 나왔으며, 정여창·김굉필·김일손 등의 학문적 전통 위에서 曺植이 경상우도에서 나왔다. 마침내 이들 학자에 의하여 영남학파가 확립되어 갔던 것이다.[33]

신왕조의 건국을 내심으로 반대하였던 국초의 재야세력과 15세기 중엽 세조의 등극을 내심 불의로 간주하였던 절의파의 계통을 계승한 사림파는 마침내 정몽주→길재→김숙자·종직→김굉필로 학통을 이었고, 기묘사화를 치른 뒤 인종대에 가서는 조광조를 김굉필에 연결시키면서 이와 같은 계보의식이 정설화되어 갔다. 또 기묘명현의 입장에서는 자기들의 영수인 조광조의 학통을 그의 스승 김굉필에 잇고 그것을 다시 '東方理學之祖'인 정몽주와 연결시키는 데서 위와 같은 계보가 형성되었던 것이다. 이는 16세기 후반 이황·기대승 등에 의하여 하나의 국론으로 통일되다시피 하였다. 또 16세기말에 가서 사림파가 중앙정계를 장악한 후 동방 5현의 文廟從祀論이 성균관을 중심으로 대두되자 성리학 내지 사림파의 학문적인 계보가 道統문제로 발전하

32) 李秉烋, 〈慕齋 金安國과 改革政治〉(《碧史李佑成敎授定年記念論叢 民族史의 展開와 그 文化》上, 창작과비평사, 1990).

33) 李樹健, 《嶺南學派의 形成과 展開》(一潮閣, 1995).

였다. 이러한 학문적인 사우연원관계와 계보는 이미 전술한 바와 같이 시대의 진전에 따라 후세인들이 자기의 학맥과 지연 내지 자기 당색의 우월을 강조한 나머지 그렇게 도식화하였던 것이다.

위의 사림파에 의해 제시된 계보는 문제가 없지 않다. 먼저 정몽주[34]→길재의 관계는 당시의 실정과 거리가 있다. 길재의 학문적인 授受에는 家學을 비롯하여 朴賁·이색·권근 및 정몽주가 거론되면서 그 중에서 정몽주와의 관계가 가장 박약했다고 보이는데 후대의 계보는 정몽주→길재로 정리되었다. 당시 신왕조의 입장에서는 전왕조의 대표적인 충절로 정몽주와 길재를 선정하여 褒崇을 아끼지 않았고 조정의 공론도 양인에게 돌아갔던 것이다. 이는 물론 태종의 의도와 관련되고 정몽주와 사우관계에 있던 인사가 조정에 포열해 있었다는 데도 이유가 있겠지만 양인의 학덕과 처신이 전왕조의 충절을 대표하는데 충분하였기 때문이다. 정몽주는 끝내 '以身殉國'하였고 길재는 '不事二君'의 절의를 지켰으며 양인은 나란히《삼강행실》의 충신전에 등재되었다. 이러한 연유로 인하여 정몽주→길재의 학통관계가 성립되었던 것이다.

다음은 길재와 김숙자와의 관계를 살펴보기로 한다. 길재는 여말에 낙향한 후 태종의 부름을 받고 정종 때 잠시 상경한 것을 제하면 줄곧 고향인 선산에서 성리학적 사회윤리를 몸소 실천하면서 지방자제 교육에 전념하였다. 길재는《주자가례》대로 관혼상제를 실천하고 주자가 편집한《소학》과 程朱集註의 四書를 교본으로 하여 지방자제를 교육하였다. 그 때 동향인인 김숙자도 그의 문하에 나아가 수업하였고 나중에는 향교에서 수업하였다.[35] 당시 '불사이군'의 절의를 지키겠다는 여말의 사류들이 길재와 함께 대거 낙향하면서, 의리와 명분을 중시하는 성리학자들은 자연히 이들과 연결되었던 것이며 나중에 세조의 등극에서 단종 지지세력들이 다시 여기에 가담하였다.

김숙자는 선산부에서 출생하여 어릴 때는 父祖 밑에서 수학하였고 16세 때에 향교에 출입하였으며, 26세에 司馬試에 합격하여 성균관에 입학하고 세종 원년에 문과에 합격하여 이후 내외 교관과 수령을 역임하였다. 그는 선

34)《高麗史》권 117, 列傳 30, 鄭夢周.
35) 吉再,《冶隱言行拾遺》年譜.

산·성주 敎授와 高靈·開寧 현감을 지내면서 길재의 학풍을 전파시켜 나갔다. 그의 宦歷은 대개 미관한직으로 대부분 교수직이었다. 그의 祖 金恩宥는 判官과 司宰令을 역임하였고 父 金琯은 進士출신으로, 그는 어릴 때 父祖로부터 직접 수학한 가학의 전통을 지니고 있었다. 이러한 가정적인 수학의 기초 위에 다시 鄕先生인 길재의 문하에 나아가 수업하고 다시 향교에 속하였는데 당시 선산부사는 鄭以吾였다. 김숙자는 선산향교에 속해 있을 때는 일반 校生의 모범이 되었고 黃澗현감이었던 尹祥을 찾아가서 《周易》을 배웠으며, 사마시에 합격한 다음에는 성균관에서 유생들과 경술을 강론하면서 자기 학문을 심화시켜 갔다.36)

그의 師友관계를 보면 대·소과 때의 試官을 위시하여 林載(同鄕人, 인척)·길재·趙庸 및 윤상 등을 들 수 있으며 金峙·金彭老·金從理 등의 친족과 동향인 河澹·李孟專·蔣敦義·黃郁·康愼·盧浩 등이 포함되었다. 이와 같이 선산은 김종직이 태어나기 전에 이미 길재와 김숙자를 중심으로 성리학자들이 운집하여 하나의 학문세계를 형성하고 있었다.

이렇게 보면 김숙자는 가학과 길재를 중심으로 한 사우 외에 재경사대부와 접촉하였고, 권근의 학통을 이은 변계량·허조 등과 성균관을 중심으로 조용·윤상·金末 등과도 교유하면서 학문적 소양을 축적해 나갔던 것이다. 즉 그는 사학적인 기반 위에서 관학을 포용하였으며 재경관인과 재지사족간을 왕래하면서 그의 아들 김종직이 진출할 수 있는 포석을 놓았던 것이다.

김종직은 세종 13년(1431)에 밀양부 서쪽 大洞里에서 출생하여 가학을 전수하였다. 길재의 교육방법을 그대로 계승한 김숙자는 자기의 제자교육에 《童蒙須知》·《幼學字說》·《正俗篇》을 거쳐 《소학》·《孝經》·《大學》 및 《論語》·《孟子》 등 순으로 단계적인 과정을 철저히 밟게 하였다. 그는 4서 5경을 父로부터 차례로 배운 다음에 특히 《소학》을 학문의 기초로 삼았고 어릴 때부터 시를 잘하여 문명이 크게 떨쳤다. 그는 가정에서 또는 부의 任地에서 그의 여러 형들과 함께 교육을 받았던 것이다. 19세에는 부를 따라 상경하여 南學에 입학하였는데 그 때부터 성리학에 전념하였다. 22세에 김맹성과 함께

---

36) 金宗直, 《彝尊錄》 下, 先公事業第四.

能如寺에서 독서하였으며 23세 때인 단종 원년(1453)에 진사에 합격하여 성균관에서 《주역》 등 경전을 탐독하였다. 세조 원년(1455)에 東堂試에 합격하고 그 3년에 〈弔義帝文〉을 지었다. 29세에 문과에 급제한 후 세조의 年少文臣 선발에 李坡·李孟賢 등과 함께 참가하여 이후 학문으로 유명해졌다.

당시 세조는 소장문신들을 天文·風水·律呂·醫學·陰陽·史學·詩學 등 7개 부분으로 분류하여 선발하였는데 김종직은 史學門에 속하였다. 이 7문에 분속된 문신들은 김종직과 같은 재지사족은 얼마 되지 않고 대개 훈구세력에 속하는 京華子弟가 많았다. 김종직은 이들과 교유하면서 앞으로의 사림파의 진출에 포석을 놓았던 것이다.

그런데 김종직은 세조 10년 8월에 이러한 세조의 '文臣分隷七學' 조치에 반대하고 사학과 시학을 제하고 나머지 잡학은 儒者가 힘쓸 바가 아니라고 上奏하여 세조의 노여움을 사서 한때 파직되었으나 곧 복직되었다. 이후 그는 嶺南兵馬評事가 되어 여러 읍을 순행하였으며 세조 13년에는 藝文館副修撰으로서 《世祖實錄》을 편찬할 때는 記事官으로 참가하였다. 한편 그는 성종 원년(1470)의 재행겸비자 30명 선발에 선정된 바 있었다. 그후 예문관수찬 겸 知製敎에다 經筵檢討官과 春秋館記事官을 겸하고 있다가 養母를 위해 함양군수로 부임하였다. 이 때부터 그의 문하에 학도가 운집하였다. 그는 治郡에 있어서 성리학적 실천윤리를 실행하였고 제자교육에는 길재·김숙자의 교육방법대로 《소학》을 기본으로 하였다. 또 김종직은 봄·가을로 향음주례와 양로례를 행하고 孝悌와 《주자가례》대로 喪祭봉행할 것을 권장하였다. 이 때 김굉필·정여창 등이 수학하였다.

김종직은 성종초부터 신숙주·강희맹 등 영남출신의 훈구대신들로부터 적극적인 후원을 받았고 자신의 학문적인 소양과 시문 및 치군 성적으로 성종의 총애를 받기 시작하였다. 그를 중심으로 주위에 兪好仁·曹偉 등 당대를 대표하던 문사들이 '好文之主'인 성종에게 영합될 수 있었다.

그는 성종 7년에 '爲親乞郡'하여 선산부사로 부임하게 되었는데 이 때 친척과 故舊 등 同府人을 위시하여 각지로부터 그에게 수학하기 위해 학도들이 모여들었다. 성종 초년은 함양군수와 선산부사의 재임기였고 이곳을 중심으로 재지사족의 자제는 물론 遠方에서도 사류들이 來學하였다. 성종 10년 이후 그는 侍從·文翰·銓注의 淸要職을 계속 맡으면서 성종의 총애를 받았다. 그는 당시 鄭昌孫·尹弼商·李克培·徐居正 등 훈구대신과 함께 경연에 입시하면서 강론에 참가하기도 하였다.

다음으로 김종직의 사우관계와 문도들의 성분을 분석해 보기로 한다. 그의 학문적 연원 및 배경은 앞에서 살펴본 바와 같이, 父祖 이래의 가학에다 길재→김숙자로 이어지는 선산이란 지역의 성리학적 분위기가 기반이 되었다. 그는 성균관 생활과 경연 侍講 등의 과정에서 재경문신들과 강론하면서 자기 학문을 심화시켜 나갔다. 그의 부친인 동시에 유일한 스승이었던 김숙자에 의하여 김종직의 학문은 자리가 잡혀졌고 선배 또는 동년배의 재경학자들과 교유하면서 학문의 폭이 넓어졌다. 그는 경술과 문장을 겸비하고 성리학적 실천윤리를 실행함과 동시에 詩賦와 詞章에 능하여 일대를 풍미하게 되었으므로, 그의 문하에서 많은 제자를 배출하였고 따라서 훈구파에 대칭되는 사림파의 영수로 군림하게 되었다.

당시 사림파의 학문적인 전수관계를 살펴보면, 이는 일단 가학 등을 통해 학문이 성취된 다음에 경향간을 왕래하는 과정에서, 혹은 座主와 門生관계에서, 혹은 사환상의 교유나 학문적인 토론과 질의와 같은 접촉을 통해 사우관계가 형성되는 경우가 많았다. 성균관에 출입하는 유생도 기초적인 교육은 가학이 중심이었다고 본다. 15세기 사림파의 학문적인 전수관계와 사우관계를 살펴보면 바로 가정적인 학문의 전통이 기초가 되었고 거기에다 혈연적인 관계와 지연적인 유대가 서로 얽혀 있었다. 당시까지만 하더라도 성리학의 수용범위는 극히 제한되어 있었으며, 서울을 중심으로 각지의 사류가 모여들어 학문세계를 형성하였고 그들은 또한 경향간을 왕래하면서 상호 교유하였기 때문에 학문의 세계와 사림간의 접촉범위는 아주 좁았던 것이다.

김종직의 문인록은 실록과 후세의 문집에 따라 차이가 난다. 먼저 출신지역별로 보면 영남출신과 비영남출신으로 나눌 수 있고, 학문적인 경향에 따라 살펴보면 정통성리학의 입장을 견지한 金宏弼·鄭汝昌 등과, 시문으로 유명하였던 金馹孫·조위·表沿沫·유호인 등이 있겠고 이른바 方外人에 속하는 鄭希良·南孝溫·洪裕孫 등으로 구분된다 하겠다. 또 정치적 성향으로 보면 강경파와 온건파로 나눌 수 있다. 전자에는 비영남 출신과 방외형문사와

宗室출신이 많고 후자에는 영남출신과 처사형인사가 많았다. 김굉필은 한때 그의 사문 김종직의 현실안주 태도를 비판하였지만 자신은 정여창·유호인·조위 등과 함께 온건파에 속하였다.37)

이와 같이 세조의 등극을 내심 불의로 간주하였던 사림파가 표면상으로는 공통의 정치적 성향을 갖고 있었지만 그 내부는 여러 파로 나뉘었다. 金時習과 남효온 등은 경화자제로서 서울의 분위기에서 생장하였고 홍유손은 현직 향리의 자제라는 데서 처음부터 김종직을 중심으로 한 영남출신 인사와는 성향이 달랐다.

한편 성종대부터는 종실 가운데 시문과 가악에 능하여 당시 대두하고 있던 사림파와 교유하는 자가 많았다. 李深源 부자를 비롯하여 李摠·李賢孫·李貞恩 등이 그 대표적 예이다. 이들은 종실이란 이유로 상당한 경제적 기반을 가지고 학문과 가악을 수련하면서 朝士들과 교유하였다. 그러나 그들은 文才가 있으면서도 '宗室不任官'이란 국가의 제도에 얽매어 관직에서 배제된 유한계층이 되었다. 따라서 이들은 세상을 경시하고 時政과 當路者를 비판하기도 하였으며 이런 연유로 사림파와 연계되었던 것이다. 이와 함께 김종직 문도 가운데서도 젊고 재능있는 소장인사는 서울의 분위기에서 생장한 일부 경화자제와 합세하여 훈구파에 전면 도전하는 방향으로 나아가게 되었다.

여기서 다시 남효온의 〈師友名行錄〉, 김굉필과 정여창의 〈사우문인록〉을 살펴보면 서로 중복되는 경우가 많다. 우리가 일반적으로 15세기 사림파의 범위를 말할 때 위의 김종직 문인을 위시하여 김굉필·정여창·남효온 3인의 사우문인록을 포함한다면 거의 누락된 자가 없다고 볼 수 있다. 사림파가 영남지방에서 형성되어 다른 지방으로 확산되어 나가듯이 김종직의 문인은 그 구성비율이 영남출신이 절대 다수를 차지한 데 반해 김굉필과 정여창의 문인은 기호지방 출신이 많이 포함되어 있었다.

---

37) 金宗直·金宏弼·鄭汝昌 3인의 문인록에 의거해 그들의 성분을 분석하면 다음과 같다. 김종직의 문인 59명을 姓貫 및 거주지별로 분류하면 (1) 嶺南姓貫으로 영남거주가 30명, (2) 영남성관이나 타도거주가 6명, (3) 타도성관으로 영남거주가 9명, (4) 타도성관으로 타도거주가 14명이며, 김굉필의 사우 30명은 영남이 15, 비영남이 15명이며, 정여창은 영남과 비영남이 19 : 20명으로 나타난다.

15세기 후반에 김종직을 宗匠으로 하여 확립된 사림파는 정치의 公道와 官人의 正道를 내세우면서 당시 세조를 도와 권세를 누리고 있는 훈구파의 권귀화를 비난하였다. 사림파는 대개 재경시간보다는 재야시간이 많고 지방 수령을 역임했기 때문에 농촌의 실정과 민중의 생활상을 누구보다도 소상하게 알고 있었다. 그들은 경제적 기반은 중소지주이면서도 자신들은 청빈한 선비의 생활을 하였고, 자기들의 경작농민과 노비를 地主 대 佃戶 내지 主奴의 관계에서 이해하고 민생안정의 편에서 훈구파와 대결하였던 것이다. 사림파의 대거진출이 마침내 戊午士禍를 유발하였고 그 후 세번의 사화를 통하여 가혹한 탄압을 받았지만 꾸준히 자기성장을 계속하여 16세기 후반에 가서는 결국 사림파가 중앙정계를 장악하는 결과를 이루어 놓았다.

15세기의 사림파는 고려시대의 불교적이고 음사적인 생활양식을 《소학》과 《주자가례》에 의한 유교적인 것으로 바꾸어 놓았으며, 성리학적 실천윤리와 의리정신을 내세워 훈구세력의 권귀화를 어느 정도 제재할 수 있었다. 뿐만 아니라 그들은 유향소와 사마소를 중심으로 향촌지배체제를 종래의 이족에서 사족 주도형으로 대치시키고 지방교육을 진흥시킴으로써 성리학 발전에 크게 기여하였다. 그들은 16세기 후반의 사림과는 달리, 아직 중소지주의 위치에 있었고 經術과 詞章 및 吏事(행정기능)를 겸비하였던 것이며 집권층의 秕政을 비판하고 민중의 편에서 제도적 개혁과 민생의 향상을 위하여 대안을 제시함으로써 그들의 역사적 사명을 수행했다고 볼 수 있다.

그러나 그들도 16세기로 넘어오게 되면서 사정은 달라지게 된다. 조선왕조 집권체제의 해이와 함께 그들은 토지와 노비를 증식시켜 가면서 鄕曲을 무단하는 존재로 변질되었다. 학문경향도 성리학의 현실적·정치적 기능이 약화되고 반대로 사변적인 理氣哲學과 번쇄한 禮學 중심으로 흘러가게 되었다. 시간이 흐름에 따라 사림세력은 확대되어 갔고, 그들의 토지·노비증식책에 의하여 公田의 私田化와 양인의 노비화가 급격히 진행됨으로써 과거의 중소지주가 대지주 또는 지방 토호로 탈바꿈하기도 하였다. 그러한 추세는 결국 자영농민의 몰락과 농촌의 피폐를 초래하고 말았다.

〈李樹健〉

2. 사림세력의 진출과 사화

1) 사림의 중앙진출

우리 나라의 경우 '士林'이라는 용어는 여말선초부터 사용되기 시작하여 戊午·甲子士禍를 체험한 후인 중종 때 집중적으로 등장하고 있다. 원래 초기의 사림은 여말선초의 왕조교체와 그에 따른 변동 속에서 향촌에 은거하여 성리학의 탐구에 몰두하던 성리학자들을 주축으로 하되, 좀더 폭 넓게는 약간의 성리학적 소양의 바탕 위에 詞章學에 더 깊은 관심을 가졌던 儒士까지를 포괄하는 의미를 가졌다. 이처럼 처음에는 독서인층 또는 선비의 무리라는 평범한 뜻으로 사용되기 시작한 사림은 그 일부가 중앙정계에 진출하여 정치적 영향력을 지닌 집단으로서의 기능을 발휘하면서부터 그 개념상에도 변화를 가져와 오늘날 우리가 정의하고 있는 士林派[1]란 뜻을 지닌 역사적 용어로 되었다.

곧 재지사족들은 중앙정계에 진출하여 金宗直과 같은 인물을 중심으로 결속하여 어느 정도의 조직성을 가지게 되었으며, 성리학과 《朱子家禮》의 보급을 통해 현실적인 여러 가지 제도의 개혁을 도모하였고, 그를 통해 자파세력의 확립을 모색하는 현실적이고 구체적인 공동의 목표를 지니기 시작하였다. 그리고 상호간의 지속적인 접촉을 유지하면서 강렬한 동류의식을 가지게 되었으며, 명문화된 규약은 없었지만 성리학적 가치관에 의해 상호 규제되고 있었던 것이다. 이같은 사실에 비추어 볼 때, 사림파는 정치세력으로서 그 역사적 기능을 제대로 행사하고 있었다고 할 수 있겠다.

사림파는 고려 후기 재지중소지주인 향리층에서 진출한 新進士大夫[2]들

---

1) 사림파의 정의에 대해서는 아래의 연구가 참고된다.
李樹健, 《嶺南士林派의 形成》(嶺南大 出版部, 1979).
李秉烋, 《朝鮮前期 畿湖士林派硏究》(一潮閣, 1984).
李泰鎭, 《韓國社會史硏究》(지식산업사, 1986).

2) 李佑成, 〈高麗朝의 「吏」에 對하여〉(《歷史學報》 23, 1964).

이 고려·조선의 왕조교체과정을 계기로 입장을 달리하면서 갈라진 두 계열 가운데 전왕조에 대한 충성을 고집하며 향촌사회에 숨어 학문연구에 전념한 계열에서 그 연원을 찾을 수 있다. 이들은 조선왕조의 정통성에 회의를 가지고 향촌에 은거하여 '沈潛性理'하는 학문적 자세와 후진 교육활동에 치중하는 입장을 견지하였다. 勳舊派 주도의 강력한 중앙집권체제하에서 수행된 사림의 이러한 노력은 향리 주도하의 향촌사회를 재지사족 중심의 향촌사회로 변화시키는 결과를 가져와, 향촌사회는 장차 집권 훈구파에 대응되는 세력으로서의 사림을 배출하는 공급원 역할을 할 수 있었다.3)

향촌사회에 은거하여 침잠성리하며 '修己' 지향의 자세를 견지했다고 하더라도 사림은 성리학과의 접촉을 체험한 사대부란 母胎에서 파생된 존재로서 권력지향의 속성을 지니고 있었다. 또 정치·사회적 여건의 향상을 도모하지 않고는 성리학의 이상 구현이 불가능한 만큼, 정계 진출에 전혀 무관심할 수만은 없었다. 또한 '忠臣不事二君'의 명분도 왕조교체를 직접 체험한 세대에 국한하는 것이었으므로, 이들도 결국 수기에만 만족할 수는 없었고 그 이상을 현실정치에 구현하는 '治人'의 경지까지를 기대하게 되었다.

이러한 사림의 동향과는 달리 조선왕조의 건국을 지지 내지 주도함으로써 공신가문 또는 舊來의 정치세력으로 등장한 훈구계열은 畿湖지방 특히 近畿지역에 근거지를 두면서 정치권력과 경제력에 있어 우위를 확보하고 있었다. 그러나 이들도 유교적 통치이념의 기반 위에 세워진 국가의 官人으로서 성리학에 대한 최소한의 관심마저 거부할 수는 없었다. 게다가 그들의 학문적 관심이나 성과도 嶺南지역 사림의 그것에 못지 않았다. 이는 우선 조선 성리학의 연원을 제공한 鄭夢周의 문하에 吉再나 趙庸과 같은 영남 출신뿐만 아니라, 權近·權遇 형제와 같은 기호 출신의 인물들도 있었던 데서 알 수 있다. 또 실제로 李穡이나 권근 등의 학문이 정몽주나 길재에 미치지 못하였던 것도 아니었다. 《牧隱集》과 《圃隱集》에 나타난 그들의 학문적 관심이나 성과는 그 우열을 논할 만한 처지에 있지 못하며, 길재와 권근의 경우도 마찬가지이다. 권근이 《入學圖說》에서 보여 준 성리학에 대한 관심은 당시의 수

3) 李樹健, 《韓國中世社會史硏究》(一潮閣, 1984), 342~343쪽.
———, 《朝鮮時代 地方行政史》(民音社, 1989), 100~109쪽.

준에서는 높이 평가될 만한 것이며, 길재 자신도 정몽주에게서 뿐만 아니라 이색에게서도 사사한 바 있었다. 이처럼 이색·권근 등 기호학파나 길재·조용 등 영남학파 사이에 뚜렷한 차이가 드러나지 않았음에도 불구하고 뒷날 후자가 성리학의 정통을 차지하게 되었던 것이다. 그 이유는 권근·이색 등 기호계 사림은 새 왕조에 出仕하여 명분상 절의를 버렸고, 그 문하에 名官은 많았으나 名儒는 배출되지 못하여 학통을 계승할 문인을 얻지 못하였을 뿐더러, 그들의 가계가 그 뒤 계속 훈구가문의 주축을 이룸으로써 재야사림으로부터 상대세력으로 주목받은 결과가 되어 버렸기 때문이다.

이와 같이 성리학의 학문적 전통은 있었으나, 그 맥락은 거의 단절된 분위기 속에서 성장해온 기호지방의 사림은 자연히 영남지방에 대해 깊은 학문적 관심을 지니게 되었으며, 마침내 이 두 지역 사림간의 접촉으로까지 발전하게 되었다. 이들의 접촉은 여러 계기에서 이루어지고 있었지만, 그 가운데서도 학문의 授受關係가 일반적이고 결정적인 계기가 되었다. 영남지방의 성리학자 가운데서도 그 학통을 유지한 것은 길재→金叔滋→김종직으로 연결되는 경우에 불과하며, 후진 교육활동이 본격화한 것은 김종직부터였다. 그는 세조 5년(1459) 29세의 나이로 문과에 급제한 이래, 성종 23년(1492) 62세로 죽을 때까지 많은 문인들을 길러냈다. 그의 교육활동은 京職에 종사하던 세조 11년부터 시작되었다고 하나, 본격화한 것은 성종 원년부터였다.

김종직과 그의 문인인 金宏弼·鄭汝昌의 교육활동은 여러 갈래의 접촉계기에서 이루어졌다. 이들의 접촉계기는 친족 및 인척관계, 동향인 또는 거주지의 근접함, 지방관 재임시, 服喪廬墓時, 在京(從仕)時 등이었다. 이외에 김종직이 고시관으로서 擧子와 문인관계를 맺은 경우도 있었다. 그의 문인으로 파악되어 문인록에 등재된 인물 가운데 崔溥·權景裕·李繼孟·李胄·李黿 등은 바로 이 경우에 속한다. 蔡壽·金詮·申用漑 등은 같은 경우인데도 문인록에서 제외되어 있다. 이들은 각기 다른 계기나 다른 장소에서 개별적·산발적으로 사제관계를 맺었음에도 불구하고 연대의식이 매우 강인하였다. 그들간의 접촉은 대체로 김종직·김굉필·정여창 등 師友가 매체가 되고 구심점이 되어 이루어졌지만, 서로 직접적인 접촉이나 교류가 없었던 경우에도 서로가 매개가 되어 접촉범위가 점차 확대되어 간 경우를 흔히 볼 수 있다.

이러한 사림이 중앙정계에 진출하여 정치적 영향력을 지니고, 당시 유일한 정치세력집단으로서의 지위를 누려오던 훈구파에 대해 견제 내지 압력 기능을 행사함으로써 기존세력으로부터 그 상대성을 인정받게 될 만한 수준의 집단이 된 것은 성종 15년 이후이다. 성종 8년 김종직은 善山府使로 있을 때, 그를 방문한 몇몇 門人을 餞別하면서 쓴 詩에 註記한 가운데에서 '吾黨'[4]이라는 말을 사용하였다. 이 '오당'이라는 개념 속에 師友·문인이 느끼는 원초적인 공동체의식 같은 것이 엿보이고 있으나 이는 학문적인 차원의 것이 아니었고 그들 가운데서 중앙정계에 진출한 인물은 아직 별로 없었다. 성종 13년 김종직은 성종 원년부터 12년간에 걸친 咸陽군수·선산부사 등의 외직 생활과 복상기간을 끝내고 京職에 복귀하였다. 이 때부터가 중앙정계에서의 그의 정치활동이 본격적으로 시작되는 시기였으며, 그 이전은 향촌교화 및 후진교육 기간이었다.

김종직의 문인과 김굉필·정여창 등의 사우 중에서 문과 급제자와 중앙정계 진출자가 급격하게 증가한 것은 성종 16년부터이다. 즉 성종 원년에서 동왕 15년까지 문과에 급제한 인물은 金訢·表沿沫·曹偉·兪好仁·金諶·楊熙止·金孟性·姜景敍·康伯珍·李義亨·姜謙·周允昌·최부·金驥孫 등 14명이었다. 이 수는 점차 늘어 성종 16년부터 연산군 4년(1498)까지는 朴漢柱·李宗準·권경유·洪瀚·權五福·姜渾·金馹孫·柳順汀·이주·李守恭·이원·이계맹·方有寧·孫仲暾·任由謙·정여창·趙廣臨·김굉필·鄭承祖·安覯·南袞·李穆·鄭希良·康仲珍·李鐵均·任熙載·許磐·趙有亭 등 28명에 달하였다.

요컨대 嶺南士林間, 畿湖士林間, 더 나아가서는 영남·기호사림간의 접촉이 진전됨에 따라 원래의 '林下儒賢'이란 비조직적인 사림은 '吾黨'의 단계를 거쳐 '慶尙先輩黨'의 수준으로, 거기에서 다시 영남·기호를 묶는 '사림파'로의 성립이 가능하게 되었다. 곧 영남사림과 기호사림이 각기 지닌 현실적 조건과 기반의 한계가 양자의 相補에 의해 극복되면서 사림파로의 성립이 가능하게 되었다.

---

4) 金宗直,《佔畢齋文集》年譜, 成化 13년 정유.

이 시기 사림파는 김종직의 문인이 주축이 되고 김굉필·정여창의 사우·문인이 그에 첨가된 것이었다.[5] 이들의 문집과 《東儒師友錄》에 따르면, 김종직의 문인은 65인, 김굉필의 사우·문인은 41인, 정여창의 사우·문인은 47인으로 각각 집계된다. 이들 사이에 중복된 인물을 감안하면 실제로는 105인으로 집계된다. 이들의 가계를 분석해 보면, 鉅族이 21인(23%)이고, 非鉅族이 55인(60%)에 달한다. 이러한 성향으로 볼 때 사림파에 속한 인물들은 재지사족 출신들로서 훈구가문과는 대조적인 성격을 지녔다는 일반적인 이해와 큰 차이가 없다. 그런데 1급거족 출신 13인(14%) 가운데는 11인이 기호지방 출신으로서 그들이 지닌 여러 가지 유리한 여건과 환경을 거부하고 사림파로 전향했다는 사실에 주목할 필요가 있다. 학문적 취향이나 현실대응의식 및 자세와 같은 매우 가변적인 하나의 요인이 다른 몇 가지의 고정적인 조건을 극복하고 그 전향을 가능케 한 것이다. 요컨대 이 시기에 성립되어 정치적 영향력을 행사한 사림파는 비거족계 재지사족 출신이 주축이 되고 소수의 훈구계 가문 출신이 전향하여 가담한 세력이었다.

이 시기 사림파의 거주지는 영남지방출신이 49%를 웃도는 50인으로 집계되며, 나머지 타도 출신이 51%에 가까운 51인으로 집계된다. 그 중에서도 기호지방출신이 47%를 넘는 48인으로서 영남지방세에 거의 필적할 만한 수준이었고, 특히 김굉필의 문인에 있어서는 기호계가 훨씬 우세하였다. 이러한 사실은 성종대의 사림파가 거의 영남출신으로 구성되어 있었던 것처럼 이해되어 오던 통념이 시정되어야 함을 뜻한다.

사림파는 經學, 특히 성리학의 탐구에 주력하는 세력으로 이해되고 있다. 그러나 그것은 상대적인 의미이며, 그것도 그들의 입지가 확고하게 다져진 뒷날의 일이었다. 다시 말해서 건국 후 1세기는 성리학 자체의 깊이를 천착하기보다는 그 정착을 위한 기반을 다지는 준비기였다고 말할 수 있다. 따라서 《朱子家禮》의 보급과 같은 실천적인 면이 강조되었던 것이다. 그것은 사림파의 영수로 추앙받던 김종직대에 와서도 크게 달라진 바가 없었음을 보면 더욱 분명해진다. 그는 經術과 詞章을 초목의 根枝와 柯葉으로 비유하여

5) 사림파의 성분에 대해서는 李秉烋, 앞의 책, 23~34쪽 참조.

그 불가분성을 강조하였는데,[6] 이것이 곧 그의 학문이 지닌 과도기적인 양면성이었다. 그의 학문적 성향이 지닌 양면성은 그의 문인대에 와서는 사장을 추구하는 부류와 경학, 즉 성리학을 탐구하는 부류의 두 갈래로 분기, 계승되었다. 성리학에 주력한 인물로는 김굉필·정여창·유호인·박한주 등이 손꼽히며, 사장·政事·節義·孝行 등으로 이름 난 인물로는 南孝溫·洪裕孫·茂豊副正 摠·김일손·조위·이철균·이종준·이목·이주·권오복·이수공·이원·이계맹·권경유·강겸·홍한·표연말·김흔·유순정·강경서·최부·정희량·안구·임희재·강백진 등이 손꼽힌다. 사장에 관심을 가진 인물들은 학문이나 교육활동을 통해 문인을 배출하지는 못했으나, 그들의 저작은 중종대에 증보된《續東文選》속에 큰 비중을 차지하면서 그 자취를 남겼다. 반면《소학》의 實踐躬行에 충실한 김굉필·정여창 등은 상당수의 문인을 배출하였으며, 특히 김굉필의 학문은 조광조에게 연결되면서 조선왕조 성리학의 정통 속에 자리잡게 되었다.

이들의 현실대응의식은 그 세력의 성장과 더불어 점차 적극적인 경향을 지니게 되었다. 김종직은 훈구파가 정치권력을 독점적으로 장악하고 있던 현실에 적응하면서 스스로의 위치를 굳혀가기 위해 그들과 긴밀한 관계를 유지하지 않을 수 없었다. 따라서 그의 현실대응의식 및 자세는 현실개혁적이기보다는 오히려 現實自足的이고 現實安住的인 경향을 띠게 되었다. 이는 그가 성종 15년(1484) 이조참판이 되어 "冗官을 汰去하고 賢良을 薦用하자"[7]고 주장한 바 있었다고는 하나, 문인들의 기대에도 불구하고 실제로 그의 천거로 진출한 사림파 인물은 거의 눈에 띄지 않은 데서도 확인된다.

이 같은 그의 현실대응의식 및 자세는 학문의 경우에서와 마찬가지로 그의 문하도 두 갈래로 갈리는 경향을 띠게 되었다. 그 하나는 보수적·고답적이며 소극적인 성향을 띠면서 '修己'를 지향하는 계열이고, 다른 하나는 매우 진취적이며 적극적인 '治人' 傾斜의 계열이었다. 이는 학문적인 성향과도 연관을 지녀서, 전자는 김굉필 등과 같은 '爲學' 지향의 인물에게서 발견되며, 후자는 김일손·남효온 등 사장 지향의 인물에게서 찾아진다. 성종·연산군

6) 金宗直,《佔畢齋文集》권 1, 尹先生祥詩集序.
7) 金宗直,《佔畢齋文集》年譜, 成化 20년 갑진.

초의 사림파가 지닌 학문, 현실대응의식 및 자세의 두 가지 성향은 중종대의 조광조에게서 묘한 조화를 이루게 되었다. '小學童子'를 자칭한 김굉필에게서 '爲己踐履之學'을 수업한 그는 학문면에서 《소학》의 실천궁행을 강조하면서 '치인'에 깊은 관심을 보이고 있었으며,[8] 현실대응자세에서도 흔히 급진적이라고 평가될 만큼 적극적이고 진취적인 성향을 지니게 되었던 것이다.

2) 훈구세력과의 갈등

조선 초기, 곧 건국에서 성종 중엽까지의 정치권력은 역대의 공신을 주축으로 한 훈척세력에 의해 장악되었다. 開國·定社·佐命 등 국초의 3공신[9]이 책봉되면서 공신 자신이나 그 후손들은 관직과 토지의 분배에 있어서 일방적인 특혜를 누리게 되었으며, 그 권력과 부는 후대로 가면서 더욱 증대되어 갔다. 이러한 추세에 더욱 큰 계기를 마련해 준 것은 세조의 집권과 즉위라는 정치적 격변이었다. 이 과정에서 세조의 簒位를 도와 공신이 되어 정치적 실권을 장악한 집권정치세력은 훈구파로 불려졌다. 이들은 세조의 집권과 즉위에 수반된 논공행상과정에서 권력과 부의 확대를 가속화하였다. 단종 원년(1453)의 靖難功臣과 세조 원년(1455)의 佐翼功臣이 된 훈구계열은 功臣田을 분급받았고, 이후 의정부 대신과 이조·병조판서 등 요직을 독점하여 인사권과 병권을 장악하였다. 특히 세조 때의 강화된 왕권하에서 지지세력에게 베풀어진 지위의 보장은 잠재적으로 진행되어 온 집권 훈구계열의 權貴化 추세를 촉진하여 그 지위가 가문별로 세습되는 경향을 띠게 되었다.

이같은 양상은 두 공신이 대개 兼帶되었기 때문에 더욱 심화되었으며, 여기에서 파생되는 소외 집단의 불만을 부분적으로나마 무마하기 위하여 취해진 조치가 李施愛亂 평정 후의 敵愾功臣 책봉이었다. 이시애란 이후 훈구대신들은 南怡 등 신진세력에 의해 일시 정치적 실권이 약해졌다. 그러나 그들은 남이가 韓明澮·盧思愼·金國光 등 훈구대신들의 제거를 모의한다는 柳

---

8) 趙光祖, 《靜庵集》 附錄 6, 行狀(洪仁祐撰).

9) 鄭杜熙, 《朝鮮初期 政治支配勢力硏究》(一潮閣, 1983).
朴天植, 《朝鮮建國功臣의 硏究》(全北大 博士學位論文, 1985).

子光의 고변으로 발단이 된 '南怡獄事'를 일으켜 신진세력을 제거하고 정치적 지위를 만회하였다. 그 결과 훈구세력은 정치의 전면에 재등장하였고, 翊戴功臣에 책봉되면서 정치적 위치가 더욱 강화되었다. 왕권이 위축된 가운데 예종이 재위 1년 만에 죽고 어린 성종이 즉위하여 세조비의 섭정이 이루어지게 되자, 견제세력이 없는 상황에서 훈구대신들의 정치권력 독점현상은 심화되어 갔다.

성종 즉위 이후 책봉된 佐理功臣[10]은 그 수에 있어서도 전례없는 수준이었지만, 그 다수가 세조대의 공신들로 채워져 있었던 사실에서 이는 훈구세력의 독점적 권력장악을 확고히 해 준 최종적 조치였던 것으로 풀이될 수 있다. 좌리공신에는 형제·부자·숙질 등 친척·姻婭 관계에 있던 인물들이 다수였고, 이미 두 차례의 공신을 겸대한 인물도 포함되고 있었다는 사실이 특징으로 나타난다. 이 점에서 좌리공신은 세조 때의 공신이 확대 재생산된 것으로 볼 수 있으며, 그에 따라 대응세력이 없는 정치세력인 훈구파로서 그 역사적 위치를 굳히게 되었나.

아울러 이들은 권력이 왕에게 집중되어 있던 세조 말년에 그의 건강악화로 생긴 일시적 공백을 메우려고 고안된 院相制를 강화하였다.[11] 時·原任大臣으로 구성된 원상제는 署事制 아래의 의정부에 承政院이 더해진 것과 같은 권한을 가진 것이었다. 성종이 親政하게 되는 동왕 7년(1476) 5월까지 승정원에서는 정사를 처리하고 경연의 領事로서 2員씩 번갈아 참석하여 고문에 응했으며, 國政諸事에 대한 收議를 전담하다시피 하였다. 그래서 성종도 매사를 원상인 한명회·鄭麟趾·申叔舟·鄭昌孫·洪允成 등 세조대 이래의 핵심적 훈구대신들의 자문을 받아 처결하였다. 그리고 원상제 실시 이래 있었던 두 차례의 錄勳도 원상 주도하에 이루어졌다. 요컨대 원상제는 세조 공신세력의 권귀적 기반을 다지는 한편 왕권을 제약하여 훈신의 이익을 실현하는 장치로 기능한 면이 컸던 것이다.

---

10) 全宗燮, 〈朝鮮成宗朝 佐理功臣에 關한 一考察－그 性分과 動向을 中心으로－〉(《大丘史學》 18, 1980).
鄭杜熙, 위의 책, 241~257쪽.
李秉烋, 앞의 책, 14~41쪽.

11) 金甲周, 〈院相制의 成立과 機能〉(《東國史學》 12, 1973).

또한 그들은 제도적 장치 이외에도 왕실과의 혼인을 통한 혈연적 관계를 설정하여 대응세력의 성장 가능성을 배제코자 하였다. 韓確은 성종의 생부인 덕종과, 한명회는 예종·성종과, 韓伯倫은 예종과, 尹壕는 성종과 각각 國婚관계를 맺었다. 그 결과 그들은 성종대 중반까지는 실제로 도전받지 않는 독존적 집권세력으로 건재하였으며, 훈구세력 주도체제를 영속화하기 위해 새로운 법제의 마련, 시혜적 문화사업 실시 등 여러 가지 노력을 장기간에 걸쳐 지속적으로 전개해갔다. 《東國輿地勝覽》에 '人物條'를 두어 그들의 선조를 대거 등재함으로써 '名族意識'을 과시한 사실[12]에서도 조선 초기의 권력구조 내에서 그들이 차지하는 비중을 간접적으로 엿볼 수 있다.

왕조 개창 후 약 1세기 만인 15세기 후반에 이르면 관료사회에는 특별한 지위를 지닌 특권적 부류가 양산되었으며, 科田과 공신전을 통해 경제기반까지 확고히 다진 이들 세습적 관료집단이 정국을 주도하는 형세로 변화해갔다. 그러나 이러한 정치체제는 훈구파의 권귀화와 戚臣系의 새로운 등장에 따라 그 한계를 노정하기에 이르렀다. 그들의 권귀화·보수화가 심화되면서 변칙적인 관료제 운영을 통해 권력은 훈구파 계열의 중앙 權臣들에게 집중되는 형세로 발전하였던 것이다. 그리고 이들이 자신과 연고가 있는 지방에 대한 경제적 私利를 추구해 나가는 과정에서 京在所·守令·留鄕所 등으로 연결된 비리의 구조적 기반이 형성·고착되었고 이로 인해 중앙정부의 지방사회에 대한 통제기능이 취약해져 갔기 때문이다.[13]

훈구파에 의해 자행된 이러한 정치·경제·사회적 모순과 비리가 고조되어 가고 있을 때, 향촌에서 중소지주적 기반을 가지고 성리학에 대한 이해를 심화시켜 가던 사림은 중앙정계에 진출하여 훈구파와 대립되는 정치세력으로서의 사림파를 형성하였다. 그러나 성종 중기 이전에는 김종직을 비롯한 金孟性·曹偉·金訢·楊熙止 등 몇몇 인물의 진출이 눈에 띌 뿐, 중앙정부의 모든 권력기구는 훈구세력에 의해 독점되어 있었다. 정책을 입안하고 실행하는

12) 李泰鎭, 〈15世紀 後半期의 「鉅族」과 名族意識-《東國輿地勝覽》 人物條의 分析을 통하여-〉(《韓國史論》 3, 서울大, 1976).

13) 李泰鎭, 〈士林派의 留鄕所 復立運動-朝鮮初期 性理學 定着의 社會的 背景-(上·下)〉(《震檀學報》 34·35, 1972·1973).

政曹는 물론이고, 이를 비판·견제하는 대간 등 언관계통도 마찬가지였다.

이러한 양상은 성종 중기를 고비로 조금씩 달라지기 시작하였다. 성종의 문치가 궤도에 오르고, 김종직이 경직에 복귀하게 되었으며, 그의 문인들도 연령상 혹은 학문적으로 점차 성장하여 문과에 급제한 인물이 늘어나 중앙 정계로의 진출이 다소 활발해졌기 때문이다. 그에 따라 종래 소수의 인물이 홍문관에 포진하고 있었던 데 불과했던 사림파는 대간직에도 서서히 진출하여 언관에 골고루 분포되는 추세를 나타내게 되었다. 성종 15년(1484)부터 연산군 4년(1498)까지 대간에 진출한 사림파를 보면, 김심·李仁亨·이수공·박한주·이계맹·표연말·홍한·김일손·이주·임유겸·강경서·최부·남곤·손중돈·유순정·강백진·강겸·양희지·이종준·유호인·김굉필 등이 있었다. 같은 기간에 홍문관에는 김흔·조위·이인형·유호인·최부·강경서·김심·권오복·김일손·이원·표연말·강겸·홍한·임유겸·남곤·이수공 등이 진출해 있었다.[14] 이를 통해 볼 때, 사림파는 정조나 승정원 등의 관직보다는 언관직에 집중적으로 진출했으며, 언관직 가운데서도 홍문관에 보다 많이 진출했음을 알 수 있다. 물론 아직까지 수적인 열세의 극복이나 정조 계통 고위직에의 진출 부진 등 근본적인 한계를 벗어나지 못했지만, 이러한 현상은 사림파 세력의 성장을 뜻하는 것이며, 훈구세력 견제를 겨냥한 그들의 언론활동을 어느 정도나마 가능케 하였다.

사림파의 언관직 진출에 의한 훈구파의 견제는 弘文館의 언관화[15]와 새로운 언론 관행의 수립을 통해 가능하게 되었다. 성종 초반부터 사림은 사헌부와 사간원을 중심으로 중앙에 진출하기 시작하였으나, 당시 양사는 정치구조적으로 볼 때 그 위치가 취약하여 사림파 성장의 거점으로 기능하기에는 뚜렷한 한계를 가지고 있었다. 그러나 성종 9년 3월 예문관에 參外官 4員을 둠으로써 홍문관으로 분립되고, 그 기능도 점차 文翰과 顧問에서 언관화되어

14) 이들은 모두 김종직의 문인 또는 김굉필·정여창의 師友·문인들이다. 그러나 그 중에는 사림파답게 처신하지 않음으로써 사림파로 인정받지 못하게 된 인물들도 다수 포함되어 있다.

15) 崔承熙, 〈弘文館의 성립경위〉(《韓國史硏究》 5, 1970).
——, 〈弘文錄考〉(《大丘史學》 15·16, 1978).
崔異敦, 《朝鮮中期士林政治構造硏究》(一潮閣, 1994).

가자 변화의 전기를 맞이하게 되었다. 특히 弘文錄의 선발과정을 통해 사림파의 언관직 진출이 보다 유리해졌다. 홍문관원 후보자 명단인 홍문록의 선발은 먼저 참하관이 중심이 되어 이루어진 후 그 명단이 吏曹郎官을 거쳐 의정부에서 최종적으로 결정되는 과정을 밟았다. 그 과정에서 의정부 대신들의 관여를 거쳐야 하는 한계는 있었지만, 이는 대간들의 도움으로 어느 정도 배제할 수 있었다. 그러므로 홍문록은 半自代的인 인선을 통해서 왕이나 대신들의 자의적인 인사로부터 보호받을 수 있는 장치를 확보한 것이며, 사림은 이를 통해 언관으로 진출할 수 있게 되었다.

홍문록의 성립으로 인선에서 자신의 영역을 확보한 홍문관원은 경연에 나아가 언론을 행사하였고,[16] 성종 19년(1488) 무렵에는 국왕의 지지하에 言責을 담당하는 기관으로 인정되어 언관화하였다. 홍문관은 이에 그치지 않고 대간의 언사를 규찰할 수 있는 대간 탄핵권을 확보하였고, 홍문관원들이 양사의 언관으로 진출하게 되면서 대간들과 밀접한 연관을 맺게 되었다. 이로써 언론 3사는 강력한 언사를 행할 수 있었고, 훈구재상들의 비리를 들추기 시작하면서 이들과 격렬한 마찰을 빚게 되었다.

홍문관의 언관화와 더불어 언론 관행에서도 새로운 변화가 일어났다.[17] 성종 4년에 이르러 先發議者를 推聞·處罰치 않도록 하는 관행이 성립되면서 대간의 의사결정 장치인 圓議의 독자성에 대한 보장이 이루어졌다. 아울러 院相의 간섭을 덜 받으면서 원의의 결과임을 쉽게 드러낼 수 있는 새로운 언론 방도인 箚子가 도입되었다. 또한 사간원 正言과 사헌부 監察의 職次도 대간의 언론기능이 감찰기능보다 중요시됨에 따라 언론을 맡은 정언이 우위에 두어졌다. 그리고 성종 8년부터 국왕은 '不問言根'하게 하여 기왕에 '風聞擧劾'의 금지로 제한되어 왔던 대간의 언론소재·대상의 제약을 해소시켰다. 이는 대간이 사림의 풍문을 자유로이 언론의 소재로 택하여 원의를 거쳐 언론활동을 펼 수 있게 한 것으로, 대간언론과 公論과의 공유부분이 확대되어 갔음을 의미하는 것이다. 이리하여 사림파가 언론계통을 장악하는 성종 말경에는 원의가 독자성을 확보한 위에 사림파의 언론 빈도가 급격히 증가

16) 權延雄, 〈成宗朝의 經筵〉(《韓國文化의 諸問題》, 時事英語社, 1981).
17) 南智大, 〈朝鮮 成宗代의 臺諫言論〉(《韓國史論》 12, 서울大, 1985).

하여 대간언론이 더욱 활성화되었으며, 한편으로는 내실화의 정도도 높아지게 되었다.

사림파는 언관계통 이외에도 史官職과 銓郞職으로 진출하였다. 사관직은 전임자가 후임자를 천거하는 翰薦法을 이용하여 하나의 정치세력으로 형성될 수 있었고, 대간의 직접적인 언론활동에 버금가는 비중을 지닌 간접적인 견제 기능을 가지고 있었으며, 사관을 거친 뒤에는 그 정치적 성장 속도가 빨랐다.[18] 그래서 사관직은 사림진출의 주요 통로가 되었으며, 재야사림이 정계에 진출하여 사림파를 형성하는 데 크게 기여하였다. 후일 士禍에서 해를 입은 핵심 사림파 가운데 사관 출신자를 살펴보면, 진출시기가 서로 연결·집중되어 있는 점이나, 戊午士禍 피화자 27명 가운데 12명이 사관 출신이고 이들에 대한 형량이 다른 피화자보다 컸던 사실, 그리고 사림파가 본격적으로 진출하는 성종 15년부터 연산군 4년(1498)까지 전체 사관 42명 가운데 23명이 사림파였던 점 등은 이를 뒷받침해준다.

사림파는 전랑직에도 진출하려고 노력하였다.[19] 이는 무오사화를 일으킨 李克墩이 이조판서로서 전임 전랑이 후임으로 천거한 金馹孫을 거부하여 알력이 생겼던 데서 잘 나타난다. 그러나 이 시기까지 그들은 전랑직에 그다지 많이 진출하지 못하여 큰 의미를 지녔다고는 할 수 없다.

훈구파 지배하의 사림파 언관을 중심으로 한 구제도의 개혁과 현실개조의 주창은 곧 앞으로 사림파와 훈구파와의 갈등과 충돌이 전개될 조짐을 보여주는 것이었다. 그 갈등의 조짐은 朱溪副正 深源의 상소와 그에 따른 대응에서 이미 드러나기 시작하였고, 柳子光과 任元濬·任士洪 부자의 탄핵에 이르러 더욱 증폭되었다. 그리고 그것은 南孝溫의 昭陵復位 상소와 李穆의 尹弼商 탄핵으로 최고조에 달하였다.

이 시기 사림파의 훈구파 탄핵은 우선 戚里로서 권력을 장악하고 있거나 정치적 비중이 큰 인물(한명회·임원준·임사홍·尹壕·任光載)에 집중되었다. 그리고 그 탄핵대상이 相位 또는 척리임을 기화로 많은 부를 축적한 인물(윤필상·尹殷老), 인척관계를 기화로 관직에 濫陞된 인물(閔永肩·朴元宗), 공신으

18) 車長燮, 〈史官을 통해서 본 朝鮮前期 士林派〉(《慶北史學》 8, 1985).
19) 金宇基, 〈朝鮮前期 士林의 銓郞職 進出과 그 役割〉(《大丘史學》 29, 1986).

로서 불법·비리를 저질렀거나 청렴치 못한 인물(申瀞·梁誠之·李鐵堅·金國光), 相位에 있으면서 왕의 뜻을 逢迎한 경우(李克培·盧思愼·洪應), 非士族·非文臣 당상관(유자광·嚴用善·宋欽·權瓚·魚有沼·李季仝) 등으로 분류되어 있었던 것도 파악된다.

다만 성종대 사림파의 언론활동은 훈구파 세력에 대응될 만큼 높이 평가될 수준의 것은 아니었다. 이는 사림파가 성취한 유향소의 복립도 오로지 그들의 힘에 의한 것이라기보다 향촌지배에 대한 중앙정부 및 훈구파의 이해관계의 부분적인 합치의 소산인 데서도 잘 나타난다. 그리고 그 정도의 언론행사가 가능했던 것도 사림파의 결속된 힘에 의한 것만이라고는 할 수 없고, 문치지향적인 성종 자신의 의지와 관용이 첨가적으로 작용한 것으로 보아야 할 것이다. 성종은 세조 때 예문관 내의 겸예문관직에 의해 그 기능의 일부가 유지되어 오던 집현전의 기능을 강화하기 위해 즉위초 예문관 내에 집현전직제를 壘置하였다가, 9년(1478)에 명실상부한 집현전의 후신으로 홍문관을 설치하였다. 또 세조 때 停罷되었던 경연을 강화하는 등 문운을 발흥코자 하였다. 그 과정에서 자연히 언론활동이나 학문활동도 권장되기 마련이었다. 성종이 사림파 인물들에 주목하고 그들을 총애한 사실이나, 그들의 급진적인 언론에 대해 언로 폐쇄의 불가함을 내세워 중재하고 변호한 사실은 모두 그러한 그의 뜻을 담고 있는 것이다. 그리고 그는 훈구파 일변도의 현체제를 지양하고 상호견제를 통한 세력균형의 기반 위에서 왕권을 안정시키려는 의도에서 훈구파의 독주를 견제할 수 있는 대응세력의 출현을 기대하기도 했던 것이다.

3) 무오사화

성종대에는 정치문제화되지 않는 수준에서 마무리되거나, 비록 정책에 반영되지는 못했지만 순수한 건의로 용납되었던 사림파의 언론내용이 연산군대에 와서는 그 보호막이 소멸되면서 정치문제로 노출되어 치명적인 결과를 가져오게 되었다. 유자광·이극돈·윤필상 등이 주도한 戊午士禍[20]는 사림파 언관의 도전에 대한 훈구파와 政曹系 老成大臣의 대응조치였으며, 훈구파가 사림파 탄압의 빌미를 김일손의 史草에서 찾았다는 점에서 이후 세 차례 더 일어난 사화와 구별하여 '史禍'라고도 한다. 무오사화의 발생원인으로는 일반적으로 김종직의 〈弔義帝文〉을 김일손이 사초로 작성한 사실을 들고 있으나, 그 전개과정은 복잡하였다.[21]

무오사화는 연산군 4년(1498) 7월에 《成宗實錄》을 撰修하기 위해 史局을 열면서 시작되었다. 실록청 당상관이였던 이극돈은 일찍이 자신과 사이가 좋지 않던 김일손이 史官으로 재직하면서 사초에 자신의 비행을 기록했음을 알고, 그에게 이 사실을 삭제해 줄 것을 요구하였으나 거절당하였다. 사초에 기록된 이극돈의 비행은 세조 때에 불경을 외고, 전라도관찰사 재임시에 貞熹王后喪을 당하였음에도 長興 官妓와 더불어 주연을 베풀었다는 사실이었다. 그런데 그는 이를 김일손과의 불화 때문이라고 주장하였다. 그는 그 근거로 '丙午年(1486)'에 자신이 고시관으로 있으면서 좌중의 모든 관리들이 김일손의 試卷을 '能作'으로 일등에 두고자 했으나 科場製述의 程式에 맞지 않는다고 하여 끝내 이등에 둔 점을 들었다. 또 이조판서로 재임 중 이조·병조낭청이 모두 김일손을 여러 차례 낭청으로 천거했음에도 불구하고 김일손의 인물됨이 좋지 않다 하여 備望하지 않았던 점, 그의 비행을 기록한 사초를 김일손이 封해서 탄로나게 한 점 등을 제시하였다. 그러나 이는 표면적인 감정 차원의 문제일 뿐, 근본적으로는 앞서 논급한 것처럼 사림파가 세조대 이래 정치·사회·경제적 제특권을 장악하고 있던 훈구파를 견제하려던 데서 빚어진 것이었다. 이 점은 이후 김종직이 南怡獄事를 일으켰던 유자광을 미워하여 유자광이 함양군수로 있을 때 누각현판에 걸어 두었던 시를 자신이 후에 함양군수로 내려와서 철거해 불태워 버렸으며,[22] 이러한 양자의 평소 감정대립이 무오사화의 전개과정에서 사건이 확대되는 요소로 작용했다는 이해에도 마찬가지로 적용된다.

---

20) 姜周鎭, 《李朝黨爭史研究》(서울大 出版部, 1971).
洪淳昶, 〈士禍와 黨爭과의 關係〉(《大丘史學》 7·8, 1973).
申解淳, 〈官僚間의 對立〉(《한국사》 12, 국사편찬위원회, 1977).

21) 이하 무오사화의 전말에 관해서는 《燕山君日記》 권 30, 연산군 4년 7월조에 의거하였다.

22) 李肯翊, 《燃藜室記述》 권 6, 燕山朝故事本末 戊午士禍.

김일손의 사초로 인해 비행이 드러나게 된 이극돈은 사초의 改作이 어렵다는 것을 알고, 당상인 尹孝孫과 함께 이 사초를 배당받은 成重淹에게 김일손의 사초는 '逐日記事'하지 않아 어느 날짜에도 넣기 어렵다는 것을 이유로 싣지 말도록 압력을 가했다. 이 사실을 실록찬수에 참가하고 있던 사림파 李穆이 알고 성중엄에게 만약 김일손의 사초를 기록하지 않으면 그 사실을 실록에 기록하겠다고 위협하는 한편, 김일손에게 이를 알렸다. 이극돈의 비행을 기록한 김일손의 사초를 둘러싸고 이극돈측과 김일손측의 갈등이 깊어지면서, 이극돈은 사초를 실록에 싣지 않을 수 없는 상황에 몰리자 김일손의 사초에 실린 또 다른 내용을 문제삼기에 이르렀다. 곧 김일손이 세조대의 宮禁秘事를 사초화했음을 들추어내어 魚世謙·韓致亨·盧思愼·尹弼商 등 훈구대신들과 논의하여 사초를 국왕이 열람할 수 없다는 원칙에도 불구하고 연산군에게 알리기로 하였다. 여기에는 세조 당시에 어린 나이에 지나지 않았던 김일손이 어떻게 그 당시의 궁중비사를 기록했는지를 밝히려 한다는 구실을 붙였다. 연산군은 사초 전체를 封入하도록 했으나 이극돈 등은 군주는 사초를 볼 수 없으나 宗社에 관계된다면 관련된 부분만 취할 수 있다고 하여 김일손의 사초 6조만을 봉입하였다. 이후 사건이 확대되면서 연산군은 사초 전체를 봉입하도록 했다.

김일손은 붙잡혀 오면서 이미 이극돈의 비행을 기록한 사초 때문임을 짐작하고 있었다. 그는 여러 차례 鞫問을 받는 과정에서 주로 세조의 집권을 부정하여 세조 및 집권공신들의 비행을 기록한 점과 이들에 의해 핍박을 받은 반대측 인물들을 推奬한 내용과 관련하여 집중적으로 추궁을 받았다. 궁중의 비사로는 세조가 덕종의 후궁인 權貴人을 불렀으나 권씨가 이를 받아들이지 않았던 사실, 덕종의 昭訓尹氏事, 승려 學祖가 內旨로서 해인사 주지를 자신의 眷屬으로 바꾼 사실, 永膺大君夫人 宋氏가 窖長寺의 法會에 갔다가 侍婢가 잠든 후에 學祖와 사사로이 통한 사실, 학조가 廣平大君·영응대군의 田民을 많이 획득한 사실 등이 문제가 되었다. 세조의 집권을 부정하고 반대자를 추장한 내용으로는 昭陵追復事, 後殿曲을 기록한 점, 皇甫仁과 金宗瑞의 죽음을 死節로 기록한 점, 昭陵梓宮을 海濱에 내버려두었다는 것을 기록한 점, 趙文琡·李塏·崔叔孫이 서로 대화한 내용, 朴彭年事, 金淡이 河

緯地 집에 가서 위험한 나라에서는 살 수 없다고 한 점, 李尹仁이 박팽년과 나눈 대화, 세조가 박팽년의 재주를 아껴 살리고자 신숙주를 보내어 권유했으나 따르지 않고 죽음에 나아간 사실, 坦禪이 癸酉靖難 때 光陽에 付處되었다가 絞死당한 鄭苯의 시신을 호송했음을 기록한 사실, 남효온과 진사 權綽의 죽음을 卒로 기록한 점, 魯山君(단종)의 후궁인 淑儀 권씨의 노비와 田山을 權擥이 취한 점 등이 문제가 되었다.

이러한 추궁에 대해 김일손은 황보인·김종서·정분 등은 두 마음이 없었기 때문에 帝王이 마땅히 추장해야 하므로 정분을 鄭夢周에 비유하고, 황보인과 김종서를 死節로 기록했으며, 세조대는 이미 과거의 일이므로 許磐·崔孟漢 등에게서 들은 바를 거리낌없이 기록했다고 하여 세조의 집권을 부당하게 여기는 자신의 뜻을 분명히 밝혔다.

김일손의 국문에 적극적이던 유자광은 사초에 실린 또 다른 내용인 〈弔義帝文〉을 발견하고 사건을 더욱 확대하였다. 김일손은 사초에서 노산군의 시신이 숲속에 버려져 거두는 자가 없어서 까마귀밥이 되었는데, 한 동자가 밤에 시신을 업고 달아나서 水火에 던져버렸는지 모르겠다고 기록하였으며, 이어서 김종직이 지은 〈조의제문〉은 忠憤이 깃들어 있다고 논평한 바 있었다. 〈조의제문〉은 외견상 秦末 項羽가 초나라의 義帝를 죽인 사실을 두고 의제를 조문하여 지은 제문이나, 실은 의제를 단종에, 항우를 세조에 빗대어 그의 집권을 반인륜적인 것으로 은유한 것이었다. 훈구대신들은 이전의 供草과정에서 드러난 세조대의 비행 기록만으로도 사림파가 세조의 집권을 부정하고 있음을 짐작하였지만, 〈조의제문〉은 이를 뒷받침하는 결정적 근거로 받아들였다. 〈조의제문〉은 김종직의 제자들 사이에 이미 상당한 논의가 있어서 의제가 단종을 은유한 사실을 인식하고 있었고, 김일손 이외에 사관으로 있던 權五福과 權景裕도 사초에다 이를 기록하였다.

〈조의제문〉을 둘러싼 논란과정에서 연루자의 범위는 김종직의 문인 전체로 확대되었고, 훈구파는 김종직의 문집 속에 있는 또 다른 방증기록을 찾으려 하였다. 그리하여 그의 문집에서 陶淵明의 述酒에 화답한 시의 서문을 찾아내어 문제로 삼았다. 그 서문은 湯이 아니었다면 劉裕의 簒弑罪와 도연명의 忠憤의 志가 숨겨질 뻔했다고 하면서, 春秋筆法에 비유할 것이라는 내용을 담고 있었다. 윤필상 등은 이는 〈조의제문〉보다 더 심한 것으로 유유를 세조에 비유하고 있다고 주장하는 한편 훈구파와 평소 갈등이 있었던 李穆・任熙載・李黿・表沿沫・洪瀚・朱溪副正 深源 등 사림파 인물들을 차례로 국문하였다. 임희재와 이목은 이극돈의 아들 世銓을 길에서 모욕한 바 있었으며, 이원은 김종직의 謚狀에서 그를 칭송하였고, 표연말은 김종직의 행장을 지었을 뿐만 아니라 사초에 소릉을 훼철함은 문종에게 어긋난 도리라고 기록했고, 홍한은 사초에 정창손이 스스로 신하로서 섬겼던 노산군을 '首唱請誅'했다는 사실을 기록했으며, 이심원은 성종대에 세조의 舊臣을 등용하지 말 것을 주장한 사실이 있는 등 모두 훈구파의 공격에 앞장선 인물들이었다.

이와 같은 추국과정을 통해 이미 죽은 김종직은 剖棺斬屍되었고, 그의 문인들 대부분이 화를 당하게 되었다. 윤필상 등은 그들의 죄명과 형량을 다음과 같이 議啓하였다.

金馹孫・權五福・權景裕 : 大逆 → 凌遲處死
李穆・許磐・姜謙 : 亂言切害 → 斬・籍沒
表沿沫・鄭汝昌・洪瀚・茂豐副正 摠 : 亂言
姜景敍・李守恭・鄭希良・鄭承祖 : 知亂言不告
→ 決杖 100, 流 3,000里, 烽燧軍庭爐于定役
李宗準・崔溥・李黿・康伯珍・李胄・金宏弼・朴漢柱・任熙載・李繼孟・姜渾 : 朋黨 → 決杖 80, 遠方付處

이와 같은 의계에 대해 유배부처인을 15일 거리 밖으로 쫓아버리라는 연산군의 명이 내려지자, 윤필상 등은 다시 다음과 같이 각자의 유배지를 의계하여 윤허받았다.

강겸－江界, 정희량－義州, 박한주－碧潼, 표연말－慶源, 홍한－慶興,
최부－端川, 정여창－鐘城, 임희재－鐘城, 이주－珍島, 강경서－會寧,
무풍부정 총－穩城, 김굉필－熙川, 이수공－昌城, 이종준－富寧, 이원－宣川

이 가운데 강겸은 원래 허반으로부터 세조대의 궁중비사를 듣고 김일손에게 옮긴 죄목으로 처참케 되어 있었으나 감형을 받았다.

실록청당상인 이극돈·柳洵 및 6방당상도 파직되었으나, 무오사화를 주도한 훈구대신들은 사건처리 후에 정치적 실권뿐만 아니라 경제적인 보상도 받았다. 윤필상·노사신·한치형 등은 추관당상으로 伴倘 10인과 奴·婢 각 13口, 丘史 7인, 田 100결, 表裡 1단, 內廐馬 1필, 罪人家舍 1坐, 부모 작위 등을 하사받았고, 유자광은 반당 8인, 노·비 각 10구, 구사 5인, 전 80결, 표리 1단, 내구마 1필, 加 1급, 죄인가사 1좌, 부모 작위 등을 하사받았다.

성장일로에 있던 사림파가 이처럼 쉽사리 무너져버린 것은 훈구파와의 갈등과정에서 열세를 면치 못하였기 때문이다. 그들은 대개 언관계통 또는 한직에 묶여 버렸고, 그들 가운데 간혹 정조 계통에 진출한 예가 있었다 하여도 하위직이었으며, 정책결정과 그 실행을 주도하는 정조의 상위직은 훈구파가 독점하였다. 이러한 사실은 당시의 사림파가 수행한 역사적 기능과 역할의 한계를 잘 대변해 준다.

4) 갑자사화

무오사화가 일어난 지 6년이 지난 연산군 10년(1504) 4월에 또 한 차례의 대옥사가 일어났는데, 이 해가 갑자년이어서 이를 甲子士禍라 한다. 이 사화는 연산군의 생모인 尹妃가 폐위·사사된 사실이 연산군에게 전해진 것이 계기가 되었지만, 보다 근본적인 요인은 궁중과 결탁한 朝臣과 府中의 조신이 서로 갈등을 빚은 데서 기인한다는 견해가 지배적이다.

연산군은 자신의 무절제한 처신을 비판·견제하던 사림파를 제거한 후 한층 더 무도한 생활을 영위하였다. 이리하여 국가의 재정이 곤궁하게 되자, 백성들에게 貢物의 수량을 늘려 부과하는 한편 공신들에게 지급되었던 賜田과 노비 등을 몰수하려고도 하였다. 대부분이 공신인 훈구파는 이에 반대하는 한편 궁중의 支用을 절약할 것을 청하였고, 나아가서는 왕의 무절제한 생활에 제한을 가하려고 하였다. 그러나 연산군 측근의 일부 조신들은 궁중과 결탁하여 왕의 방종을 충동하였다. 이로 인해 조신들은 宮中派와 府中派로 나뉘어져 서로 대립하게 되었다.[23)]

23) 甲子士禍의 전말은 申解淳, 앞의 글, 174~176쪽 참조.

궁중과 인연이 있던 임사홍24)은 이 기회를 이용, 연산군비 愼氏의 오빠인 愼守勤과 결탁하여 조정의 훈구파뿐 아니라, 무오사화로 세력이 꺾인 사림파의 잔존세력까지도 모두 거세하려고 하였다. 이를 도모하기 위해 임사홍은 연산군 생모의 폐비·사사사건을 연산군에게 몰래 고하였던 것이다. 연산군의 생모 윤비의 폐위·사사사건은 성종 11년(1480)에 윤비가 투기죄를 이유로 폐비되었다가 얼마 뒤에 사사된 사건을 말한다. 그 당시 연산군은 4세의 유년시절이었기 때문에 장성하기까지 그러한 사실을 전혀 모르고 있었다. 그러다가 즉위 후 10년 4월에 임사홍의 밀고로 비로소 자기 생모가 성종의 후궁 嚴·鄭 兩淑儀의 참소에 의해 폐위된 사실을 알게 되었다. 이에 그는 두 숙의를 內庭에서 撲殺하고 그들이 낳은 왕자 安陽君 㤚과 鳳安君 㦀을 죽였다. 나아가 자신의 이러한 폭행을 책망한 祖母 仁粹大妃를 머리로 받아 얼마 후에 죽게 하는 패륜행위도 서슴지 않고 저질렀다.

한편 연산군은 생모 윤씨를 왕후로 추숭하고 성종묘에 配祀코자 하였지만, 이에 대하여 대부분의 조신들은 감히 이의를 제기하지 못하였다. 다만 應敎 權達手와 李荇만이 이에 반대하였다가 권달수는 사형당하고 이행은 유배당하였다. 나아가 그는 생모 윤비의 폐출·사사 당시의 관련 조신들을 모두 追罪하기에 이르렀다. 사건이 이 상황에까지 확대된 것은 전술한 바와 같이 궁중파와 부중파가 서로 대립하는 가운데 궁중파인 임사홍 등이 정권을 장악하기 위하여 연산군을 책동한 데 있었던 것이다.

임사홍은 이 기회를 통해 무오사화 때 화를 면한 사림파의 잔존 세력까지도 일소하려고 하였다. 그것은 사림파의 종장인 김종직에 대한 개인적인 원한이 있었기 때문이기도 하지만, 근본적으로는 사림파가 앞으로 자신들의 弄權에 방해가 될 존재로 여겨졌기 때문이다. 그 일파는 사림파가 國事를 비방한다고 무고하여 윤비폐출·사사사건의 연루자들과 함께 치죄의 범주에 포함시켰다.

그 결과 무오사화 때 '遠方付處'에 처해졌던 박한주·이수공·강백진·무풍부정 총·최부·이원·김굉필·이주·강겸 등은 사형되고, 그 형제 및 아

24) 임사홍은 성종에 의하여 '亂政之人'으로 지목받아 중용되지 못하였다. 그러나 그의 아들 任光載는 예종의 부마였으며, 任崇載는 성종의 부마였다.

들은 決杖, 外方黜送되었다. 그리고 정여창·조위는 무오사화 때 杖流되었다가 그 사이에 죽었지만 다시 추죄되었으며, 남효온은 소릉복위 상소건으로 추죄되는 등 사림파는 일대 타격을 입었다.[25] 동시에 훈구파도 윤필상·成俊·李世佐 등이 사형을 당하였으며, 이미 사망한 韓致亨·韓明澮·鄭昌孫·魚世謙·沈澮·李坡 등이 부관참시의 형을 받았고 아울러 그들의 자제와 동족까지도 벌을 받게 되었다.

무오사화가 기성세력인 훈구파와 신진세력인 사림파의 대립·갈등의 소산이었다고 한다면, 이 갑자사화는 궁정 중심의 관료세력과 신진사림을 포함한 정부 중심의 관료세력의 대립이 표면화되어 나타난 사건이라고 할 수 있다. 이로 인하여 사림파 세력은 중앙 정계에서 거의 도태된 것이나 다름 없었다. 그러나 이러한 희생에도 불구하고 사림파는 잠재적인 성장을 지속해갔다.

한편 갑자사화에서 주목되는 것은 훈구파 대신을 포함한 보수적 성향의 인물들이 다수 피화하면서 그들 자신이나 자손 중에서 학문적 성향이나 교우관계, 그리고 현실대응의식 및 자세에 큰 변화를 일으킨 예가 다수 발견되고 있는 점이다. 鄭光弼·李長坤·李繼孟·李思鈞·洪彦弼·趙元紀 등은 스스로가 被謫 또는 수난당한 바 있었으며, 이들을 제외하더라도 부·조 혹은 至親에 연좌되어 피적, 不遇를 체험한 훈구계열의 인물도 매우 많았다.[26] 이들 가운데 상당수는 학문적 성향 및 현실대응의식과 자세면에서 훈구파로부터 사림파로 전향하였다. 또 사림파로 전향하지는 않았지만 사림파의 진출에 협력한 인물, 그리고 보수적이기는 하나 사림파의 정치적 처지나 그들의 이념·이상을 어느 정도 이해한 인물 등이 나타나게 되었다. 이는 중종대에 조광조와 같은 사림파의 영수가 진출할 기회를 제공해 주었을 뿐 아니라, 언관에 자리잡은 수많은 인물들의 진출을 가능케 한 하나의 요인으로 작용함으로써 결국 사림파의 세력확대를 가져오게 하였다.

---

25) 李秉烋, 앞의 책, 49쪽.
26) 李秉烋, 위의 책, 104쪽.

5) 기묘사화

연산군은 무오·갑자사화를 통해 자신의 실정을 견제하던 사림파와 부중파의 관료들을 제거한 후, 한층 강도높은 秕政을 펴게 되었다.[27] 이러한 상황이었으므로 연산군의 실정과 비행을 直言極諫하는 조신은 거의 존재하지 않았다. 그의 폭정은 백성들에게도 미쳐 그들의 원성 또한 극도로 높아졌다.

그리하여 훈구대신들은 왕의 폐립을 도모하게 되었다. 연산군 12년(1506) 朴元宗·成希顔·柳順汀 등은 왕을 폐출하고 晋城大君을 옹립하였다. 이것이 곧 '中宗反正'이다. 중종반정은 117명에 달하는 靖國功臣을 배출하였는데, 특히 그 주도자인 박원종·성희안·유순정 등 소위 3공신의 위치는 거의 절대적이었다. 따라서 중종 초기의 정치는 필연적으로 이들을 중심으로 운영될 수밖에 없었다.[28]

먼저 의정부는 박원종·유순정·성희안·柳洵·金壽童·宋軼 등의 공신이 중종 8년(1513)까지 이끌어갔다. 비록 2·3등 공신으로 책록된 유순·김수동·송질 등이 의정부 구성에 참여하고 있었지만, 그들은 반정계획 당초부터 가담했던 것이 아니라 정치적 상황의 변동에 편승한 데 불과했으므로 실제로는 3공신 중심체제가 되기 마련이었다. 다만 이러한 체제도 중종 5년 4월에 박원종이 죽고, 이어 동왕 7년 12월에 유순정까지 죽자 서서히 약화되어 가는 추세를 보였다. 그러다가 동왕 11년부터는 송질·유순마저 의정에서 물러나면서 공신주도체제는 해체되고 비공신 훈구계열이 의정부를 구성하게 되었다.

이러한 현상은 六曹에 있어서도 거의 마찬가지였다. 즉 공신세력은 중종 2

---

27) 연산군은 자신의 실정에 대한 문신들의 直諫을 기피하여 經筵을 혁파하였고, 성균관을 宴樂의 장소로 만들었으며, 심지어 行獵을 위하여 한성부 주변 30리 이내의 민가를 철거시키기도 하였다. 그리고 각 도·각 읍에서 미녀와 관기들을 뽑아 오게 하여 이를 運平·興淸이라 불렀는데, 그 수가 1,000명에 달하였다. 또한 궁녀의 수도 막대하였을 뿐 아니라, 그 칭호도 130여 종류에 달하였다. 이 밖에도 鷹·犬을 뽑는 採鷹犬使를 8도에 나누어 파견하고, 準坊·瑞蔥臺를 두어 진기한 동물들을 기르기도 하였다(申解淳, 앞의 글, 177~178쪽).

28) 이하 중종초의 권력구조에 대한 서술은 李秉烋, 앞의 책, 52~79쪽 참조.

년까지는 그 구성면에서 우세하였으나 3년 이후부터는 수적 열세를 보이게 되었다. 공신세력은 이러한 수적 열세를 인사권과 병권을 장악함으로써 극복하려 하였다. 당시의 인사권은 吏曹보다는 공신들이 장악하고 있었으며, 특히 병권은 兼兵曹判書制를 이용하여 공신이 계속 장악하고 있었다. 요컨대 6조도 공신주도체제를 유지하였던 셈이다. 그러나 중종 6년을 전기로 하여 겸병조판서제가 폐지되고 專任 병조판서가 임명되면서 6조에서의 공신의 영향력은 다소 쇠퇴해 갔고 서서히 비공신계 훈구세력의 우세현상이 나타나게 되었다.

政曹에서의 공신우위체제와는 달리 三司 등의 언관계통은 주로 비공신계 훈구파로 구성되어 있었다. 그것은 반정이 원래 소수인의 擧事로 성취되었으며, 논공행상과정에서 반정에 실제 참여하지 않은 인물을 친·인척 또는 朋舊·賄賂를 인연하여 공신을 濫授하였으므로 언관에 임명할 인적 자원이 적었기 때문이다. 이상과 같은 중종 초기의 정계구성을 보면 공신세력은 언관을 장악하지 못한 약점을 지니고 있었으나, 대체로 정조를 중심으로 그들 주도의 지배체제로 운영하였다고 할 수 있겠다.

중종 초기의 공신중심의 지배체제하에서 사림파의 동향은 크게 주목할 만한 것이 없었다. 무오·갑자사화 이후 사림파의 피해의식이 아직 해소되지 않은 상황이었으며, 정권을 장악한 정국공신들도 새 시대 건설의 정치적 방향을 제시하지 못했기 때문에 사림파가 중앙정계에 등장할 분위기가 마련되지 못하였던 데에 기인하였다. 다만 소수의 사림파만이 개인적인 능력에 의해 정계에 진출해 있었을 뿐이었다. 그러나 중종 9년 이후 특히 조광조의 정계진출 이후 사림파 세력은 중앙정계에서 급성장을 보였는데, 그 요인으로는 대체로 세 가지를 들 수 있다.[29]

첫째는 사림파 스스로의 노력이었다. 김굉필·정여창 등이 謫居生活을 하는 과정에서도 지속했던 교육활동은 사림파 세력성장의 중요한 요인이 되었다. 또한 중종대의 사림파는 주로 3사와 같은 언관직에 진출하여 훈구대신을 비판함과 동시에 자파를 인사행정의 실무자인 銓郞職에 포함시켜 세력 확대

29) 이하 세 가지 요인에 대한 서술은 李秉烋, 〈朝鮮前期 中央權力과 鄕村勢力의 對應〉(《國史館論叢》 12, 國史編纂委員會, 1990), 144~145쪽 참조.

를 꾀하였다.[30] 그리고 그들은 과거·문음으로 등용할 수 없는 遺逸·學生을 선발하여 인재등용의 폭을 확대한다는 명분을 내세워 薦擧制의 활용을 주장하였다.[31] 賢良科로 대표되는 이러한 천거제의 주목적이 사림파의 등용이었던 것으로 보아 세력확대를 위한 사림파 자신의 노력이 매우 컸음을 짐작할 수 있다.

둘째는 일부 대신의 引進이었다. 성분상으로는 훈구파에 속하면서도 사림파를 이해하거나 사림파와 뜻을 같이 하는 온건보수파 대신인 鄭光弼·安瑭의 노력에 의하여 사림파 인재의 등용이 이루어졌다. 특히 안당은 이조판서 재직시인 중종 10년(1515) 조광조·金湜·朴薰을 천거하여 擢用의 길을 터줌으로써 사림파 진출의 결정적 계기를 마련했다. 그 결과 그는 사림파의 성장 이후 그들에 의해 우의정으로 陞秩되는 기회를 제공받는 등 반대급부를 받게 됨과 아울러 훈구파·사림파간의 가교역할을 담당하게 되었다.

셋째는 국왕의 입장이었다. 중종이 정국공신에 의해 추대되어 즉위초에는 반정 주도세력에게 영향을 받는 입장이었다 하더라도 점차 자기 위치를 확보하려 한 것은 당연한 일이었다. 따라서 왕권행사에 제약을 가하던 훈구파를 견제하기 위해서는 그에 대응할 새로운 세력형성이 필요하게 되었고, 그러한 의지는 곧 중종 10년부터의 사림파의 본격적인 등장에 투영되어 나타났다고 볼 수 있다.

그러한 상황에 힘입어 중앙 정계에 재진출하게 된 중종대의 사림파는 조광조를 중심으로 정국공신 중심의 집권체제에서 야기되었던 각종 정치적·사회적 모순을 시정하고 堯舜三代의 유교적 이상주의, 즉 至治를 실현하기 위하여 과감한 개혁을 주장하였다. 당시 사림파의 개혁론이나 개혁정치는 대체로 두 측면에서 추진되었다. 그 한 갈래는 단절된 명분을 이어줌과 아울러 낡은 제도와 인습을 혁파함으로써 새 통치질서가 자리잡을 수 있도록 하는 방향에서 전개되었다. 다른 한 갈래는 새 통치질서 수립을 위한 사회·문화

30) 金宇基, 앞의 글.

31) 李秉烋, 〈賢良科 硏究〉(《啓明史學》 1, 1967)..
崔異敦, 〈16세기 士林派의 薦擧制 강화운동〉(《韓國學報》 54, 1989).
鄭求先, 《朝鮮時代의 薦擧制硏究》(東國大 博士學位論文, 1992).

적 분위기와 여건을 조성하는 방향에서 추진되었다. 이 같은 개혁의 추진과정에서는 현실적인 이해관계가 상반된 훈구파의 완강한 저항에 직면하지 않을 수 없었다. 개혁의지가 강하면 강할수록, 개혁의 수준이 높으면 높을수록 그만큼 저항도 크기 마련이었다. 심지어 사림파에 온정적이었던 정광필과 같은 온건보수세력의 대응도 집요하였으며, 金正國과 같은 동료 개혁론자도 비판적 시각을 가질 정도였다.

특히 '僞勳削除'의 경우는 중종대 사림파의 과감성을 확연히 보여 준 사례였다. 조광조 등장 이후 사림파의 언론활동 및 개혁으로 자기 기반을 상실해 가던 훈구파에게 위훈삭제사건은 집권기반을 송두리째 빼앗으려는 의도로 인식되었다. 한편 중종도 당초에는 훈구세력의 지나친 천단을 막고, 정국의 안정을 위해 사림을 중용하고 그 정책에 호응해 왔으나, 사림파의 급속한 성장에 따른 정국의 불안정과 왕권에까지 영향력을 행사하려 하는 그들의 과격함에 불안과 염증을 느끼게 되었다. 이러한 양자의 의지가 결합되어 나타난 것이 己卯士禍였다.

기묘사화는 위훈삭제가 결정된 4일 이후 갑작스럽게 일어났지만, 이미 이전부터 불안감을 지녀 오던 훈구대신과 국왕의 감정이 위훈삭제사건을 계기로 표면화한 것에 지나지 않았다. 중종의 밀명에 의해 洪景舟·南袞·沈貞 등이 중종 14년 11월 15일에 조광조 등 사림파를 체포·하옥함으로써 사화가 시작되었다. 훈구대신들은 사림파에게 "서로 붕당을 맺어 자기를 따르는 자는 이끌어 주고 자기와 뜻을 달리하는 자는 배척한다"[32]는 명분을 내세우고, 이의 처벌규정을 《大明律》 名例律 姦黨條에서 끌어와서 조광조·金淨 등에 대해서는 賜死를, 그 외의 인물에게는 그에 버금가는 重刑을 부과할 것을 주장하였다. 처음에는 정광필·이장곤 등 일부 온건파 대신의 만류로 사사 대신 圍籬安置로 결정되었으나, 심정·남곤 등의 계속적인 加罪 요청으로 결국 조광조는 사사되었고, 金絿·김정·김식은 絶島安置, 尹自任·奇遵·朴世熹 등은 極邊安置, 정광필·이장곤·金安國 등은 파직되었다. 그들 중 상당수는 조광조 등장 이후 정계에 진출하여 사림파의 引進에 의해 성

32) 《中宗實錄》 권 37, 중종 14년 11월 을사.

장한 신진사류로서 대체로 조광조와 정치적 이해관계를 같이 한 인물들이었다. 이들이 기묘사화를 통해 대거 제거됨으로써 사림파의 세력은 크게 위축되었다.

물론 소수의 사림파는 정계에 잔존해 있었지만, 그 일부는 다시 辛巳誣獄으로 제거됨에 따라 이후의 정국운영은 당분간 훈구파 주도로 이루어질 수밖에 없었다. 기묘사화 직후 집권훈구파는 사림파의 개혁성과를 하나씩 제거해 가는 방향으로 정국을 이끌어 갔다. 즉 삭훈된 靖國功臣의 작위를 회복해 주는 한편, 현량과의 罷榜, 향약의 폐지 등 개혁정치를 청산하는 데 힘을 기울임으로써 모든 통치질서를 개혁 이전의 상태로 환원시키고 말았다. 이에 따라 道學政治의 실현은 좌절되었으며, 이후 사림파는 주로 향촌에 은거하여 그 곳의 세력기반을 다지는 잠재적 활동을 지속해 나갈 수밖에 없었다.

6) 을사사화

기묘사화에서 중종말까지에 이르는 治世는 대체로 세 시기로 세분될 수 있다.[33] 기묘사화 이후 중종 26년(1531)까지는 起禍人을 주축으로 한 훈구파 주도의 정국이 지속되었다. 그리고 동왕 26년에서 32년말까지는 權臣 金安老의 擅權期였다. 끝으로 동왕 33년에서 39년까지는 김안로가 실각하면서 훈구파가 주도하는 정국으로 환원되었다. 단 마지막 시기에는 일부 사림파가 재등용되면서 잔존 사림파와의 연결이 이루어진 점이 주목된다.

기묘사화 직후 의정부는 남곤·홍경주·심정 등을 위시하여 金詮·柳聃年·李荇 등이 장악하게 되었고, 정광필·안당 등 사림파와 일정한 연관을 가졌던 인물들은 散職으로 밀려났다. 6조와 언관도 高荊山·李沆·金謹思·李蘋·金克愊 등이 주도하는 체제로 바뀌었으므로 사림파에 의해 제기되었거나 성취된 개혁의 거의 대부분을 원점으로 환원시키는 것이 가능해졌다. 그러나 중종 16년에 홍경주가 죽고, 22년 남곤이 죽음으로써 3인 주도체제는

33) 이 시기 정국의 추이에 대한 서술은 李秉烋, 앞의 글(1990), 153~157쪽 및 〈朝鮮前期 支配勢力의 葛藤과 士林政治의 成立〉(《民族文化論叢》 11, 嶺南大, 1990), 176~186쪽 참조.

일단 해체되었고, 홀로 남은 심정과 그의 우익인 이항 등이 훈구세력의 구심점을 형성하면서 다소 약화된 채로 종전의 체제를 유지해 나갔다.

그런데 그 과정에서의 김안로의 등장은 상당한 변수로 작용하였다. 그는 지난 날 사림파와도 일정한 거리를 유지하면서 관련을 가져왔던 인물인데, 사화 이후 훈구계에 가담함으로써 중종 19년 이조판서에 보임되는 기회를 얻게 되었다. 그 뒤 그는 남곤·심정 등과 갈등을 빚으면서 일시 유배를 당하였지만, 아들 禧가 부마임을 적극 활용하여 동왕 24년에는 放還되었으며, 그의 우익인 金謹思·沈彦光 등을 요직에 앉힐 수 있었다. 뿐만 아니라 남곤이 죽고 난 이후의 취약한 심정 주도체제를 붕괴시킴으로써 중종 25년에는 직첩을 환급받게 되었고, 이듬해에는 심정의 죽음과 함께 재서용되는 기회를 얻었다. 그는 다시 이조판서를 거쳐 좌의정에까지 오르면서 정치를 농단하였다. 그러나 그는 중종의 제2계비인 文定王后를 폐하려 한다는 대사헌 梁淵 및 문정왕후의 族親인 尹安仁의 탄핵을 받아 사사되었고, 그의 우익이었던 許沆·蔡無擇 등도 같은 조처를 받았으며, 김근사는 관작을 삭탈당하고 門外黜送되었다.

남곤·심정 집권하에서나 김안로 천권하에서나 정부가 그들을 주축으로 하는 훈구파에 의해 장악되어 있었던 것은 마찬가지였다. 다만 소수의 사림파가 잔존하여 정부의 일각에 고립되어 있을 따름이었다. 그들은 대개 사림파의 계보에 속하면서도 개혁정치에는 깊이 관여하지 않아 화를 모면한 인물들이거나, 처음부터 사림파와의 관계를 가깝게 설정하지 않은 인물들이었다. 그리고 기묘사화 당시에는 출사 전이었거나 官歷이 짧아 개혁에 참여할 기회를 미처 얻지 못한 인물들도 더러 포함되어 있었다.

김안로의 실세 이후 실권은 다시 훈구파에게 돌아갔다. 그리하여 의정부는 尹殷輔·柳溥·洪彦弼·金克成 등에 의해, 6조는 權輗·曹繼商 등에 의해 주도되었다. 6조나 언관에 있어서는 다소의 변동이 있었으나, 의정부의 경우는 중종말까지 윤은보(영의정)-홍언필(좌의정)체제가 그대로 유지되었다. 그런데 이 시기에 있어서는 앞 시대에 비해 사림파의 진출이 다소 활발한 양상을 띠게 되었다. 중종 33년초에는 김안국·김정국·申光漢 등이 재서용되어, 이미 재등용되어 있던 權橃과 연결되면서 이후 사림파 재등장의 전기를 마련하게 되었다. 그리하여 시간이 흐름에 따라 중앙정부 내에 사림파의 분포가 눈에 띄게 증가하는 추세를 보이게 되었다. 이는 '己卯人'의 재등용에 말미암은 것보다는 신진 사림파의 진출이 더욱 큰 몫을 한 때문이었다. 언관, 특히 홍문관의 구성에서는 李浚慶·林億齡·具壽聃·李滉·羅世纘·尹希聖·李瀣·羅淑·鄭希登·宋世珩 등의 사림파가 포진하게 되었다.

인종대에도 중종 말기의 정치적 상황은 그대로 유지되었으나, 다만 중앙정부의 구성상 사림파의 비중이 좀더 커진 것이 하나의 변화였다. 의정부의 구성은 이제까지의 윤은보·홍언필 주도체제가 홍언필·尹仁鏡 주도체제로 바뀐 변화가 있었으며, 그 과정에서 成世昌·李彦迪·권벌 등이 貳相의 직에 있었음이 특징적으로 드러난다. 그리고 6조에서는 신광한이 이조판서에 오랫동안 재임하는 가운데 柳仁淑·尹漑 등의 존재가 확인된다. 대간에서는 閔齊仁·이해·宋麟壽 등이 대사헌을 맡았고, 朴光佑·宋希奎·丁熿 등이 그 밑을 받치고 있었으며, 구수담·李潤慶 등이 대사간에 재직하였고, 許伯琦·郭珣·金鸞祥·盧守愼 등의 존재가 그 하부에서 확인된다. 홍문관에서는 宋世珩이 부제학을 오래 지내면서 그 곳을 주도하였다. 그러다가 인종 원년 6월, 즉 인종의 죽음에 임박한 시기에는 柳灌과 성세창이 각각 좌·우의정이 되었으며, 이언적이 좌찬성에 올랐고, 6조에서는 尹任이 형조판서에 보임된 것이 눈에 띈다. 대간은 큰 변화가 없었지만, 홍문관에서는 李若海·이황·박광우의 존재가 확인된다.

위와 같이 중종말 이래 인종대에 걸쳐 사림파의 정치적 영향력이 점증하는 가운데 외척의 동향 또한 미묘한 양상을 띠게 되었다. 왕세자(인종)의 외삼촌인 윤임과 慶原大君(명종)의 외삼촌인 尹元衡 및 그 지지세력간의 미묘한 갈등이 곧 그것이었다. 그 와중에서 사림파는 명분상 세자측을 옹호하는 입장에 서게 되었는데, 그것이 乙巳士禍 때 피화의 직접적인 원인이 되었다.

인종의 짧은 치세는 중종대의 연장선상에서 사림파의 복권이 성취되는 성과를 가져왔다. 그리고 명종 즉위 초에도 중앙정부의 구성성분이나 정치적 분위기는 그다지 달라진 것이 없었다. 政曹 내에서는 이언적·권벌·신광한 등이 나름대로의 역할을 수행하고 있었고, 언관은 사림파 우세의 상태가 유지되면서 그들 특유의 公道·公論을 창출해 내고 있었다.

이러한 상황하에서 문정왕후와 연결된 李芑와 윤원형 등은 그 세력의 취약점을 보강하고 상대세력을 견제함으로써 그들 주도의 정치운영체제를 구축하려 하였다. 그 결과 명종 즉위년(1545) 8월 하순에 을사사화의 대옥사가 일어난 것이다.[34] 사화는 문정왕후의 밀지를 받은 이기·윤원형 등이 대간으로 하여금 윤임·유관·유인숙 등을 탄핵케 하려는 데에서 시작되었다. 대간이 이를 거부하자, 부득이 이기·윤원형을 비롯한 鄭順朋·林百齡·許磁 등의 주도하에 대신들만이 忠順堂에 모여 이 문제를 논의하게 되었다. 그 결과 윤임은 '不自安之心'하고 유관·유인숙은 '形迹'이 있었다는 애매모호한 죄목으로 각기 유배, 파직, 遞差에 처해졌다. 이에 대해 홍문관의 관원과 執義 송희규·사간 박광우 등이 그 부당성을 논박하였으나, 그것은 그들에게 加罪의 결과를 가져다 주었다. 뒤이어 권벌이 유관·유인숙의 억울함을 극력 변론함으로써 그 자신도 '護黨'으로 몰리면서 3인에게는 더욱 죄가 늘어나는 결과를 가져왔다. 그리하여 위의 3인과 李輝·李德應 등은 참형에 처해졌고, 권벌은 체차되는 것으로 일단 마무리되었다. 그 과정에서 衛社功臣 28인, 原從功臣 1,400인이 冊錄되었다. 그러나 상대세력에 대한 분쇄작업은 거기서 그치지 않았다. 경기도 관찰사 金明胤이 桂林君 瑠와 鳳城君 岏을 역모로 고변함으로써 피해의 범위는 더욱 확대되었으며, 그 결과 사림세력은 크게 위축되었다.

을사사화에 의해 지배 기반을 구축하는 데 어느 정도는 성공했지만, 권신 이기와 척신 윤원형이 주도한 공신 중심의 지배체제는 애초부터 구조적 취약점을 지니고 있었다. 이에 그들은 이를 보강하는 방안으로써 사화를 확대시키는 방향을 택하였다. 그리하여 여러 가지 사건들이 조작되거나 무고되었다. 그 하나는 명종 2년 9월에 일어난 '良才驛 壁書事件'인데, 이는 척신계열의 鄭彦慤이 양재역의 벽 위에 첨부되어 있던 문정왕후와 이기의 弄權을 비난한 내용의 글을 보고함으로써 비롯되었다. 이 사건으로 宋麟壽·李若氷·林亨秀·봉성군 완·成子澤 등은 사사되었고, 이언적 등 3인은 極邊安置되었

34) 을사사화의 전개과정 및 이후의 정국 추이에 대해서는 다음의 글이 참조된다.
禹仁秀, 〈朝鮮 明宗朝 衛社功臣의 性分과 動向〉(《大丘史學》 33, 1987).
金宇基, 《16世紀 戚臣政治의 展開와 基盤》(慶北大 博士學位論文, 1995).

으며, 노수신·정황·柳希春·김난상 등은 絶島安置, 權應挺 등 8인은 遠方付處, 권벌·송희규 등 14인은 中途付處의 처벌을 받았다. 그리고 명종 3년(1548) 2월에는 을사사화 당시 사관이었던 安名世가 이기의 죄상을 사실대로 기록한 것이 《武定寶鑑》 편찬 준비과정에서 드러나면서 또 한 차례의 타격이 잔존 사림파에 가해졌다. 그 뒤 명종 4년 4월에는 이약빙의 아들 洪男이 양재역 벽서사건에 연루되어 寧越에 귀양가 있던 중, 그 아우 洪胤을 역모로 무고한 사건이 일어났다. 이로 인해 희생된 사람은 주로 忠州에 거주한 이약빙의 문인들이었는데, 피해 범위가 워낙 넓어서 죽은 자만 士庶를 합쳐 300명에 달했으며, 한 面이 텅 빌 정도였다고 한다.

이처럼 사화가 연쇄적으로 확대되어 가는 과정에서 김안로의 실세 이후 점증의 추세를 타고 중앙정부 내에 상당한 세력을 형성하여 '己卯人'의 복권, 현량과의 復科를 가능케 했던 사림파는 그 구심점이 분해되었고, 그 피해는 주변에까지 파급되는 타격을 입었다. '기묘인'의 복권은 백지화되었고, 현량과도 다시 罷榜되었다. 이후 척신정치가 지속되는 과정에서는 설사 소수의 사림파가 정부 일각에 남아 있었다 하더라도 그들의 의지가 정책 결정에 영향을 끼칠 수는 없게 되었다. 을사사화를 비롯한 일련의 獄事는 좁게는 외척의 실력대결에서 비롯된 것이었지만, 넓게는 성장일로의 사림세력에 대한 훈구세력의 위기의식과 공도와 공론에 입각하여 정치를 운영하고자 한 사림파의 통치원리에 대한 훈구파의 괴리감정 등이 첨가되면서 더욱 확산되고 더욱 격화된 모습을 드러내게 되었다. 공도론의 출처는 사림세력이었고, 척신정권의 통치형태는 다수의 공론에 입각하지 않고 소수 특권층에 의한 과두지배 방식을 택하려 했기 때문이다.

을사사화 이후의 정권은 이기와 윤원형에 의해 재단되었다. 그러나 '안명세사건'의 처리를 둘러싸고 양자는 갈등을 빚게 되었다. 이기가 이 사건을 계기로 사림파에 대해 추가적 타격을 가하려 한 데 반해, 윤원형은 그를 견제할 목적으로 사건의 확대를 반대하였기 때문이다. 그로 인해 이기는 좌의정에서 일단 물러났으나, 뒤이어 일어난 '李洪胤事件'을 계기로 조정에 복귀하여 이후 병사하는 명종 6년까지 영의정에 재직하였다. 이기의 죽음은 공신세력의 실질적인 붕괴를 뜻하는 것이었다. 그동안 핵심 인물들이 노환으로 죽거나 공신호를 삭탈당한 상황이어서 윤원형을 비롯한 척신세력이 자연스럽게 정권을 천단할 수 있게 되었던 것이다.

척신지배체제가 유지되는 가운데 沈連源·沈通源 등 또 다른 외척세력이 가세함으로써 그 체제는 더욱 굳어졌으며, 장기화의 조짐을 보이게 되었다. 명종비의 조부인 심연원은 명종 3년 우의정에 卜相된 후 좌의정을 거쳐 동왕 6년 영의정에 올라 13년 병사할 때까지 윤원형의 체제에 순응하였다. 심연원이 이끈 의정부에는 비공신계의 尙震이 좌의정에, 공신이면서 윤원형의 族叔인 尹漑가 우의정에 보임되었고, 이들 3인은 윤원형의 막후 조정을 받으면서 상당 기간 동안 의정부에 재직하였다. 그 뒤 명종은 중전의 외삼촌인 李樑을 등용함으로써 윤원형의 독주체제에 일정한 견제를 가하려 하였다. 그러나 이량은 沈義謙에 의해 제지되어 명종 18년 유배당함으로써 실세하고 말았다. 그리하여 윤원형 주도의 지배체제는 명종 20년 문정왕후가 죽기까지 오랜 기간 지속되었다.

명종초의 몇 차례에 걸친 옥사를 통해 소수를 제외한 대부분의 사림파는 중앙정계에서 도태되었다. 이 시기에 화를 입은 사림파 계열의 인물은 거의 100여 명을 넘는 큰 규모였다. 얼마 뒤 몇몇 사림파 계열의 인물들이 중앙정계에 진출하였지만 수적인 면에서나 세력면에서 열세를 면치 못하였다. 그렇다고 해서 그들의 맥이 완전히 끊긴 것은 아니었으며, 다음 시대를 준비하는 노력은 꾸준히 경주되고 있었다. 세력의 저변확대를 위한 그들의 노력으로는 書院의 건립활동을 들 수 있다.[35]

기묘사화 이후, 鄕約을 통해 향촌질서를 확립하려는 사림파의 노력은 더 이상 정책적으로 제기되지 못하였다. 이는 사림파의 중앙정계 진출이 억제된 결과이기도 하지만, 당시의 사회적 혼란은 이미 교화적 방식으로는 해결할 수 없는 단계에 이르렀음을 의미한다. 이에 그들은 방향을 전환하여 향약보다는 서원건립활동에 주력하게 되었던 것이다. 이는 향촌의 재지적 기반 강화 및 사회·문화적 분위기의 개선을 통한 새 통치체제 수립에의 접근이라는 우회적이고 점진적인 방법이자, 상대세력의 경계권 밖에 있으면서도 현실

35) 사림파의 서원건립활동에 대해서는 李泰鎭, 〈士林과 書院〉(《한국사》 12, 국사편찬위원회, 1977) 참조.

적으로 재지 사림파의 세력 결집의 구심처를 얻을 수 있는 묘책이었기 때문이다. 그리하여 중종 38년(1543) 豊基郡守 周世鵬이 白雲洞書院을 세운 것을 효시로 그들의 서원건립활동은 진전을 보여, 명종대 20여 연간의 척신정치 아래서도 18개소가 세워지는 성과를 올렸던 것이다.

〈李秉休〉

3. 사림세력 구성의 특징

1) 학파의 형성

고려 이래 유학이 연구되고 사회에 보급되었던 것은 정치권의 필요에 따른 수요가 증가하였기 때문이다. 즉 왕실의 정치적 권위를 세우기 위한 정치논리에서부터 행정 운영을 위한 현실적인 정치 도구적 수요가 유학의 발전을 촉진하게 하였다. 유학이 과거제도와 연결되자, 지배신분층은 유학교육과 학문연구에 관심을 갖게 되었다. 지배층은 단지 정치 참여라는 수단으로서가 아니라 학문적 탐구를 위한 대상으로 유학을 인식하고 교육과 연구를 심화시키고 있었다.

유학이 지향하고 있는 이상사회 구현과 역사현실이 요구하는 정치적 절충은 儒者들에게 유학의 합리적 논리 안에서 제도의 제정과 아울러 이를 지속적으로 유지·보호하도록 유도하였다. 국가적 차원에서 관학 교육제도인 成均館·四部學堂·鄕校 등의 학교를 세워 유학을 교육하고, 과거제도로써 다시 그 성과를 수렴한 것은 바로 그러한 정신의 구현 내용이라 하겠다.

유학에서 교육과 학문의 수수라는 면만을 주목한다면 비정치적인 것으로 인식될 수 있으나, 유학의 학문 영역 안에 이미 정치적 요소를 폭 넓게 포함하고 있었기 때문에 학문상으로만 맺어진 인간 관계라 하더라도 스승과 제자들간에는 같은 정치 성향을 가지게 되었다. 따라서 學派라는 학문적 관계만을 강조하는 조선시대에서도 정치성을 배제할 수는 없었다.

조선 초기부터 이러한 유학 교육에서 파생되는 인맥 관계는 일차적으로 학파적 관계로 인식될 수 있으나, 이는 곧 정치적 성향으로 분류될 수 있음을 유의해야 할 것이다. 조선 중기에 이미 士林勢力이라고 했을 때는 유자들의 정치적 활동을 전제하는 것이다.[1]

실제 사림이란 단순히 유학을 공부하는 학자들의 집단이 아니라, 성종대 이후 조선왕조에서 정치적 영향력을 갖고 있었던 유자들의 집단을 가리킨다. 이른바 '己卯黨籍'에 기재된 유자들을 사림세력의 핵심적 인맥으로 지적하려는 역사인식도 바로 이러한 정치적 인식에 기초하는 것이다.

조선시대 유학이 정치적 도움을 받으면서 발전하게 된 것은 주지의 사실이다. 조선왕조는 官學體制인 성균관·4학·향교 조직으로 유학을 교육한 것은 물론이고, 유학 교육과 과거제, 그리고 入仕라는 과정을 통하여 정치입문과 동시에 정치세력을 지속하게 하였다. 그러나 이러한 관 주도의 유학 교육이 하나의 학문 성향, 또는 하나의 정치 성향으로 학자와 정치인만을 육성한 것은 아니고, 朝野에서 소위 勳舊와 士林으로 유자들의 집단을 만들고 있었다. 그것은 여말선초에 성균관으로부터 비롯되는 유학의 전수와 수용과정에서, 유학교육과 연구가 왕조정치와 일치된 입장을 유지한 것이 아니라, 정치적 입장과 학문의 성향을 달리하는 것에서 비롯하는 것이었다.

사림들은 조선 초기 이래 재야의 정치성향을 가졌으나, 성종대부터 중앙정계에 등장하면서 자신들의 정치적 이상을 구현하고자 하였다. 이들은 자신의 재지적 기반을 표시하여 자신들을 영남학파 또는 기호학파로 인지하고 있었다. 그것은 조선왕조의 건국과 함께 정치적 성향을 달리하면서 서울을 떠나 자신들의 거처를 영남지역과 기호지역으로 옮겨 교육활동을 하면서 점차 정치세력으로 모습을 갖추게 되자 붙여진 이름이다. 이들 학파들이 정치적 또는 학문적으로 이와 같은 계보를 가지는 데는 다음과 같은 내용이 고려되어야 한다.

---

1) 成樂熏, 《韓國思想論攷》(同和出版公社, 1979).

첫째로, 재야에서 유학교육과 학문연구가 가능케 된 것은 家學的 배경이었다. 유학이 가학으로서 전수되고 이를 바탕으로 혈족적 기반으로 형성된 종족 내지는 친족집단이 정치에 참여하게 되었다. 고려시대 이래 조선왕조에 이르기까지 이와 같은 사례들이 발견된다. 예컨대 安珦과 安軸, 權溥와 李齊賢, 李穀과 李穡, 金宗直과 金叔滋, 孫仲暾과 李彦迪, 李堣와 李滉 등에서 나타나는 가학적 상황, 즉 이들은 아버지와 아들, 삼촌과 조카, 외삼촌과 조카, 장인과 사위의 관계이면서 자연스런 학문적 관계를 형성하고, 나아가 정계에 진출하고 있었다.[2)]

둘째로는 영남과 기호지방이 유지하여 온 삼국시대 이래 토착적 지방문화 풍토를 고려할 수 있다. 즉 경상·경기·충청·전라도지방 유자들의 지적 풍토는 지방사회에서 갖는 문화적 자존의식으로 발현되고 있었다. 중앙정부와의 관계없이도 지배신분층의 영향력을 자신들의 지역사회 안에서 발휘할 수 있었기 때문에 학자적 자세를 고수하면서 학문에 정진할 수 있었다. 이들은 삼국시대 이래 자신들의 본관지에서 토호적 사회전통을 유학연구와 연계할 수 있었다는 것이다.[3)]

재야에서 사림의 학문적 내용이 정치력으로 구현되면서 이들은 자신들의 학통을 정비하고 있었다. 사림은 鄭夢周를 조선조 성리학의 鼻祖로 연원하고 있었다. 정몽주를 학통으로 연원하려는 조선조의 유자들이 정치적으로 사림파로 자칭하려는 자세는 바로 이들의 학문성과 정치성향을 시사하는 것이다. 이들 재야 출신의 사림 정치인들은 기성 정치권의 학문과 정치내용을 비판하고 일정한 개혁을 시도하려는 자세를 갖고 있었다.

중종대에 개혁정치를 실현하고자 하였던 趙光祖 역시 자신의 학문적 연원에 대하여 말하기를, "金宏弼은 비록 한때 벼슬로 이름을 떨치지는 못하였으나, 오늘날 선비 중에 그의 학업을 듣고 좇아 배우기를 원하는 사람이 역시 많다. 이것은 바로 김굉필의 공적이다.…김종직이 처음 吉再에게 수업을 받고, 길재 역시 정몽주의 문인이었으니, 김종직의 학문 연원은 진실로 비롯함이 있다고 하겠다"[4)]고 하였다.

---

2) 李樹健, 《嶺南士林派의 形成》(嶺南大 出版部, 1979).

3) 위와 같음.

정몽주→길재→김숙자→김종직→김굉필→조광조로 이어지는 사림의 학통은 학문에서 정통으로 인지되는 계보로서, 성리학의 정통성으로 주장되는 동시에 자신들의 정치적인 대의명분으로 수식되는 것이었다. 그것은 성리학의 정치이념을 구현하기 위한 사림의 학문과 정치력이 일원화되어 표출된 것이라 할 수 있다. 실제로 정몽주와 길재 사이의 학문적 연계 사실은 고증 차원에서 문제점이 없지 않으나, 이를 통해서 알 수 있는 것은 정치성이 강조되어 조선시대 사림의 계보 구성에서 학문상의 연결이 분명하지 않다는 사실이 무시되고 있었다는 점이다.

더욱이 사림파가 주장하는 학문상 계보는 국가가 조정하거나 국가조직 가운데에 내재된 것이 아닌, 사림 사이에서 공론으로 형성된 사적 계보라는 점에서 왕조의 정치적 입장과는 대립될 수 있었다. 그것은 정치적으로 재야 또는 개혁적 성향의 정치성을 시사하여 주는 것이다. 실제로 정몽주는 조선왕조의 성립에 반대한 유자이면서도 조선 성리학의 비조로 평가되는 학자였다. 이것은 왕조의 차원에서 조정되어 교육되고 선발된 집단에 의해 권위가 부여된 것이 아니라, 국초부터 왕조에는 비판적이면서도 보다 도덕적인 가치관으로 수식되고, 충절사상에 기초하여 전개되는 성리철학과 정치활동으로부터 재야 유자들의 학문적 권위와 정치세력으로서의 위상이 정립된 것이라는 근거가 된다.

이들 사림은 성종대 이래 과거로 입사하여 조선조의 개혁세력으로 등장하게 되면서 그들 스스로의 정치적 집단화와 권위를 갖기 시작하였다. 이들은 조선 초기 이래 왕실 측근에 머물면서 이른바 훈척세력을 형성한 유자집단과는 일정한 거리를 유지하였다. 중종대에 조광조의 급진적 정치개혁이 갖는 역사성과 학파적 연원이 갖는 공통점은 바로 여기에서 찾아지는 것이다. 이러한 사림세력의 정치집단과 기왕의 훈척 정치세력이 공존하면서 정치적 갈등, 이른바 '士禍'가 발생하였다. 사림은 현실 세계와 학문의 세계에서 훈구세력의 유자와는 첨예한 시각차를 가지고 정치적으로 대립하면서 사림파의 계보를 정립하였다.

---

4) 《中宗實錄》 권 32, 중종 13년 4월 정유.

이들은 文集의 門人錄을 통하여 자신들의 학문적 연계가 있는 인물들을 망라하거나, 더 나아가 조선왕조 전체 유자들의 정치적 동향을 총정리하였다. 이같은 내용을 대표하는 저술이 바로 朴世采의 《東儒師友錄》인데, 그 이전에도 유자들의 계보는 吳希吉의 《道東淵源錄》, 曹植과 金宏弼의 師友錄, 金堉의 《海東名臣錄》, 李喜朝의 《海東儒先錄》 등으로 정리되어 왔다. 이러한 것들은 유자들 각자의 필요에 의해서 자신들의 학문적 연결고리를 밝히려는 것이지만, 동시에 자신들의 정치 성향을 밝혀보려는 데서 비롯되었다고 하겠다.[5]

사림파에서 다시 嶺南學派·畿湖學派라고 부르는 것은 유자들의 거주지와 사승의 연고지가 영남 또는 기호지역이라는 데서 연유하는 것이다. 학파의 명칭 또한 국가기관의 공적인 사승관계를 통해서 얻어진 것이 아니라, 사림들의 가학적 성향과 재지지주적 요소에서 만들어진 것이다. 따라서 영남학파 또는 기호학파라고 했을 때, 그것은 재지적 기반을 갖고 있는 유자가 사사로운 사승관계를 유지하면서 유학을 연구하고 교육하였던 사실을 지칭하는 것이라 하겠다. 이들 학파간에는 확연한 경계선이 있었던 것은 아니지만, 일정한 정파로의 분리, 학문내용상의 차이가 있었다. 그러나 이들간에 분명한 경계가 있어 출입이 차단된 것은 아니었고, 때로는 상호 존중과 협력의 관계를 유지하면서 발전하고 있었다.

조선 초기에 유학교육의 열기는 관학의 퇴조로 인하여 냉각되었다. 그러나 지방에서의 관학의 퇴조는 오히려 사림의 유학교육과 학문에 대한 열정으로, 재지 유자들에 의해서 書院건립과 교육활동으로 나타났다. 서원을 중심으로 전개된 이들의 학문활동과 학문적 관심은 훈구적 유자와는 차이가 있었다. 이들의 학문에서 추구하는 지표는 정치권력과 운영이라는 차원이 아니라 자연관과 인생관에 대한 궁극적 질문에 답하려는 유자적 접근이었다. 理氣로 표현되는 존재원리에 대한 학문적 구도자세로 성리학 연구의 학문적 즐거움을 가진 사림은 학문적 동호집단으로 성장하게 되었다. 물론 이들은 자신들의 학문적 성취에 대한 만족에 그치는 것이 아니라, 국가운영의 참여

---

5) 朴世采, 《東儒師友錄》(尹絲淳 解題, 韓國教會史研究所, 1977) 참조.

와 자신들의 처지를 개선하기 위해서 정치개혁에도 적극적으로 관심을 갖게 되었다.

이언적·이황·조식 등으로 연결되는 영남학파와 徐敬德·李珥·成渾 등으로 이어지는 기호학파의 학문 성향과 교육의 기회는 이들의 학문활동과 정치세력의 성격을 특징지웠다.[6] 일차적으로 이들은 재지적 토착 생활기반에서 상호관계를 갖고 유학(성리학)을 공부하였으며, 그 유학 속에 내재되어 있는 현실세계의 정치적 난제들을 해결하려는 의욕을 가질 수 있었다. 특히 節義와 名分論, 그리고 《朱子家禮》가 갖는 향촌사회의 질서논리는 이들 유자들에게는 매력적인 학문과 교육의 내용이 되었다. 이것은 향촌사회내에서 지도자적 위상에 아주 걸맞는 사회사상 체계였고, 나아가 국가사회 단위에서 국가사회의 모순을 개혁할 수 있는 논리와 개혁사상이 될 수 있었기 때문이다.

서원을 중심으로 전개되는 유학교육과 학문의 정진은 지주이자 향촌의 지식인인 유자들의 지배신분적 사회의식과 정치의식을 기초로 하는 것이다. 그 의미는 한편으로 왕실과 중앙 정치권과 연계하면서도 자신들의 정치적 입지와 학문의 지속성을 유지하려 했다는 것이다.

재지 유자들은 조선 초기에는 향교에서 수령과 협력하였고, 중기에는 서원을 건립하여 보다 적극적으로 사림의 교육활동을 활성화하였다. 그리고 학문적 동호집단으로 학파를 구성했다. 이들 유자들은 理氣哲學으로 몰입하면서 主理論 또는 主氣論的 보편 논리로서의 宇宙觀·國家觀·人生觀의 인식을 토대로 하는 정치 성향의 국가의식을 갖게 되었다. 동시에 향촌사회의 안정을 위한 보다 실용적 학문의 발전을 위해 재지적 사림의 의욕을 보이는 학파가 사림세계에서 출현하게 되었다.

2) 향당적 색채

사림의 학문활동이 재지적 토대 위에서 이루어져 왔다는 점은 이들의 정

6) 李樹健, 앞의 책.
李秉烋, 《朝鮮前期 畿湖士林派硏究》(一潮閣, 1984).

치성과 사회성이 매우 鄕黨的이라는 것을 시사해준다. 나아가 각 지역적 특징을 나타내는 영남사림이니, 기호사림이니 하는 역사용어에서도 사림의 기반이 재지적이라는 사실을 시사해주고 있다. 여기서는 이들의 학문내용이 중앙정치를 위한, 또는 중앙 정치무대에 남기 위한 것만이 아니라, 재지적 사회활동과 정치행위를 위한 내용으로 구성되고 있다는 사실을 지적하려는 것이다.

물론 이들의 정치적 기반이나 학문적 기반이 재지적 성격과 내용을 지니고 있었다고 하더라도, 그들의 정치적 관심과 학문적 성취 목표가 국가적 내지는 중앙정치와 무관하다는 것은 아니다. 다만 사림의 학문과 정치적 성향이 이전의 유자들에 비하여 상대적으로 재지적이며 사림의 조직과 활동범주가 향당적임을 지적하려는 것이다.

사림파가 주장하는 학문의 논리와 구조는 성리학의 체계를 기반으로 하는 것이다. 조선 성리학의 발전축에서 중앙 정치무대가 아니라 재지적이고 재야적인 사림이 조선 성리학을 발전케 한 사실에 유의한다면 성리학의 체계가 향당적 요소를 갖고 있음을 인정해야 할 것이다. 즉 성리학은 우주론의 보편적 시각을 갖고 학문과 인간의 문제에 접근하고 있었기 때문에 제왕 또는 왕실만을 위한 학문만이 아님을 유의할 필요가 있다.

보다 광범하고 본질적인 학문적 진리에 접근하려는 유자들의 학문 자세는 바로 사림의 성리학 수용자세였다. 이와 같은 인식을 토대로 한다면, 이들 유자들은 왕실 또는 조정만을 위한 것에서 그치는 것이 아니라, 확대된 정국, 지방사회, 지방문화에까지, 특히 지방인사들에게 존재 의의를 부여하는 논리로 인식하여 성리학을 받아들였던 것이다. 따라서 이들은 성리학의 사회질서 논리인 鄕飮酒禮·鄕射禮 등을 주목하기에 이르렀다. 그것은 지역사회에서 지켜야 할 횡적 질서를 추구하는 의전의 내용이다. 향음주례·향사례의 보편적 규범례는 우리 역사 안에서 鄕約·鄕規 등과 함께 향촌사회를 안정시키는 질서의 규범이자 의례로 받아들여지고 있었다.

재지적이며 향당적인 사림의 활동은 서원건립과 留鄕所復立運動 등에서도 확인된다. 서원에서 보여준 사회활동과 학문에 대한 열성은 바로 자신들의 주거지 중심의 서원에서 성리학에 대한 학구적 자세를 가다듬고 사림파의 정치활동을 변호하려는 노력이었다고 하겠다. 사림은 향촌의 자치를 통한 백성의 교화를 주장하면서 정치적 영향력을 유지하기 위한 유향소복립을 도모하였으며, 薦擧制를 내세우게 되었다. 유향소복립운동은 조선시대 사림의 중요한 사회활동의 중심 과제이었으며, 사림의 遺逸들을 천거하려는 운동 또한 지금까지 과거와 蔭職만으로 관료선발을 유지해온 제도적 한계를 극복하려는 움직임이었다. 이러한 사림의 정치운동은 바로 향촌을 기반으로 하는 것이었다.7)

지방에서의 지주적 생활을 중심축으로 하는 경제구조가 이들 유자에게 자신들의 경제활동, 학문과 사회활동, 나아가 정치활동을 보호하고 신장할 수 있는 성리학의 학문구조에 공감하게 하고, 사림은 이 학문을 수용·연구하면서 자신들의 사회세력 입지강화의 수단으로 성리학의 발전을 가속화시켰다.

이와 같은 사림의 재지적 기반에서 성리학 연구와 교육을 지속적으로 가능케 한 역사상은 조선 초기 이래 지방사회의 경제적 발전과 문화적 발전이 상승 작용한 결과였다. 이것이 결과적으로 재지적인 사림파의 활동을 활성화시켰다고 하겠다.

그러나 중앙집권적 정치·문화의 전통을 가진 조선 유교정치의 속성은 이들 사림의 재지적 활동의 활성화를 그대로 용납하지는 않았다. 초기의 유향소운동에 반대한 중앙 정치세력은 재지세력이 자치적 입장에서 조직한 유향소를 혁파한다든가, 部民告訴禁止法 등으로 지방의 실력자라고 할 수 있는 유자들로 구성된 品官이나 향리 또는 民의 정치운동을 억제하였다는 사례 등이 그것이다. 그러나 여말 이래 지방 토호층에서 起身한 향리로부터 사족으로 신분을 상승시킨 사림은 꾸준히 자신들의 경제력을 토대로 하여 중앙 정계에 진출하여 중앙 정치세력과 대결하면서 자신들의 정치적 입지를 확고히 다져갔다.8)

물론 이들의 중앙정계로의 진출과 정치적 대결에서 확고한 입지를 정립한

---

7) 李秉烋, 앞의 책.
李泰鎭, 〈士林派의 留鄕所 復立運動－朝鮮初期 性理學 定着의 社會的 背景－(上·下)〉(《震檀學報》 34·35, 1972·1973).

8) 李泰鎭, 위의 글.

것은 몇 차례의 士禍라는 정치적 탄압을 통해서 얻어낸 결과였다. 사림이 기반으로 하는 전국에 걸친 재지적 기본 요소는 이들 사림의 정치력을 강인하게 하는 것이었다. 이들은 경제적인 자활 능력을 가진 토호적 지주라는 요소뿐만 아니라, 자신들의 사회적 역할을 강조해 주는 성리학을 학문적으로 접근할 수 있는 서원을 자신들의 온상으로 활용하였다. 즉 사림은 지금까지 성균관과 향교로 되어 있는 관 주도의 유학교육과 맞서, 서원운동으로 성리학을 연구하고 심화·발전시키는 기회를 통해서 자신들의 향당적 색채를 강화하고 있었다.

지주제 농업경영을 옹호하고 보편론과 합리론으로 왕실과 중앙집권적 정치현상에 대하여 일정한 비판적 시각을 갖게 한 성리학의 정치적 안목은 사림의 적극적인 정치참여의 기회를 갖게 하였다. 사림은 민본사상을 내세우면서 유자 자신들의 역할의 장을 얻고자 왕실과 함께 정치에서 역할분담을 주장하였다.

사림의 정치적 성공은 중종대 사림세력의 대표격인 조광조의 정치개혁에서 찾아진다. 조광조의 정치개혁에서 주장된 주요 내용은 역시 향당적 요소를 토대로 한 것이다. 인륜의 명분에 정치적 정당성과 '至治'의 지표를 설정하여 추진하였던 昭陵 복위의 건이라든가(소릉은 문종비인 顯德王后의 陵號로, 단종의 폐위에 이어 폐릉되었다), 중종비 端敬王后 愼氏의 복위(신씨는 반정 후 朴元宗·柳順汀·成希顔 등 靖國功臣들에 의해서 폐출되었다) 주장은 사림파의 공신세력에 대한 정치적 견제라는 이해도 있을 수 있겠으나, 인간이 갖는 보편적 인륜의 규제가 왕실에도 가해져야 한다는 인식에서 발의된 것이다. 그것은 바로 향촌에서 기거하는 일반 민의 생활윤리가 모든 사람에게 적용될 윤리라는 것이었다. 나아가 지금까지 궁중에서 보존되어 온 궁중 女樂을 폐지하고 男樂을 시행케 한다든가, 지금까지 궁중의 사적 재정의 요소로 훈구세력의 경제적 이해와도 깊은 연계가 있는 內需司 長利制度를 혁파케 한 것은 농민의 생활과 사림의 향촌생활의 안정에 필수적인 선결과제라고 보아야 할 내용이었다.

향촌질서를 성리학적 윤리로 정착시켜야 할 과제가 이들 사림에게 부여된 것이었다. 관학인 향교에 대한 관심은 물론이거니와 사림의 書齋와 서원에서

《朱子家禮》와 《小學》의 교육을 강조한다든가, 유향소를 통한 향리의 규찰, 鄕風敎化, 社倉制의 운영, 鄕約의 실시 등은 사림이 추진한 것이다. 이것은 유교정치에서 향촌질서의 확립이 성리학적 윤리질서와 통치질서의 기축이 됨을 시사하는 것이다.

조선의 정치에서 公論의 조성 또한 향촌에 기반을 두고 있었다. 이는 중종대에 이르러 안정된 중앙과 지방을 막론하고 사림이 공론의 형성층으로 간주되었다는 사실에서 알 수 있다. 그리고 정치의 무대가 왕실을 중심으로 하는 조정이 아니었고 전국을 무대로 한 유교의 공론정치가 중종대에 보였다는 사실은 사림의 향당적 요소 위에서 형성된 공론의 정치여론이 숙성되었음을 의미하는 것으로 주목된다.9)

3) 사림의 성향과 특징

성종대 이후 정계에 등장한 사림의 역사적 위상 중에서 재지적 색채 그 자체도 사림의 성향과 특징을 시사하고 있으나, 여기에서는 특히 이들이 추구한 성리학의 학문 가운데 《소학》과 《주자가례》의 실천을 강조한 내용에 관한 역사적 인식의 의미를 밝혀보고자 한다.

《소학》은 사림의 학문적 계보를 밝히는 과정에서 金宏弼의 인물됨을 평가하는 기준으로서 강조되었고, 《주자가례》는 정몽주를 우리 나라의 道學, 성리학의 비조로 평가하면서 항상 강조되는 주제였다.10)

《소학》과 《주자가례》의 주제가 사림의 학문적 관심사에서 매우 주요한 위상을 차지한 점은 그들이 성리학을 학문의 대상으로서 뿐 아니라, 그 이념을 생활 속에서 실천하려는 구체적 사항을 예시하는 것으로서 《소학》과 《주자가례》를 이해하고 있었기 때문이다. 즉 인간교육의 교과서를 대표하는 《소학》의 내용을 생활 속에서 재현하려는 학문적 의지가 이들 학통의 중심사상 속에서 강조되었던 것이다. 《소학》은 사림계 인사들에게는 필수적인 교육내용이 되고 있었고, 그들 스스로 유교적인 가치관을 자신들의 생활에서 재현하려고 하

9) 崔異敦, 《朝鮮中期士林政治構造硏究》(一潮閣, 1994).

10) 金駿錫, 〈朝鮮前期 社會思想〉(《東方學志》 29, 延世大, 1981).

였다. 이 점은 이들의 정치개혁의 의지와 개혁 논리 안에도 내재되어 있었다.

《소학》은 주자가 三代의 《소학》에서 교육하였던 내용을 복원하고자 의도했던 교과서이다. 《소학》의 敎人法은 灑掃·應對·進退의 節度와 愛親·敬長·隆師·親友하는 도리이다. 즉 《소학》이 지향하는 인간형이 《소학》교육에 내재되어 있는 것이다. 나아가서 인간의 완성은 국가질서의 확립이라는 논리로 연결되어 있다. 즉 '修身齊家治國平天下'라는 《大學》의 논리는 이 《소학》교육의 실천과 연계되어 있다. 말하자면 바람직한 사회, 良村과 善俗의 사회가 되기 위해서는 일차적으로 敎人으로 완성된 인간을 얻어야 한다는 것이었다.

주자는 《소학》이 신분에 구애됨이 없이 모든 童蒙에게 강조되어야 할 책이라고 역설하였다. 《소학》은 지배자이거나 피지배자이거나를 막론하고 가르쳐야 할 교재였던 것이다. 주자학을 수용하려는 유자들은 《소학》을 중시하고 이를 '化民成俗'의 길로 생각하고 있었다. 조선 초기에 權近은 백성을 다스림에는 교육을 근본으로 해야 한다는 인식을 가지고 《소학》을 중시하면서 교인을 위한 정책수행을 주장하였다.

유교 교화론의 바탕에는 《소학》이 반드시 깔려 있었다. 사림의 학문내용을 지적하는 많은 자료에서 《소학》의 내용이 강조되고 있었다. 예컨대 김굉필은 '소학동자'로 호칭되면서까지 《소학》을 생활화하려는 면모를 보이고 있었다. 송대의 주자가 구상한 地主와 佃戶의 원만한 관계가 성립되는 사회질서를 위한 선량한 풍속, 양질의 인간을 위한 교육을 이루려는 교과서가 《소학》임을 확신하는 유자들에게는 바로 《소학》이 자신들의 행위 교범서임을 자부하려는 인식이 팽배하였다. 중국사회에서만이 아니라 우리 나라에서도 그것이 가능한 것이고, 또한 그래야만 된다고 확신했던 것이다.

또 한 가지 이들에게서 공통적으로 나타나는 특징은 《주자가례》의 실천적 수용자세와 인식이다. 《주자가례》가 주자의 저작물이냐, 아니냐에 대한 논쟁이 있기는 하지만, 이미 우리 나라의 주자학 수용단계에서 주자의 저작물 이상의 역사성을 갖고 유자들에게 접근되어 이해되고 있었다.[11]

---

11) 琴章泰, 〈朱子家禮의 形成過程〉(《東洋哲學硏究》 14, 東洋哲學硏究會, 1993).

《주자가례》는 冠·婚·喪·祭라는 의례를 통하여 혈연공동체인 종족공동체의 삶을 질서있게 운영하려는 구체적인 생활규범이다. 《소학》이 지배·피지배 신분을 구별하지 않는 범사회적 규범인 인간윤리를 내용으로 한다면, 《주자가례》는 종족공동체를 기반으로 하고 있는 또 하나의 보편적 사회질서의 가치를 기저로 한 생활규범인 것이다.

의례의 형식에서는 중국의 그것과 큰 차이를 가질 수밖에 없는 것이 사실이지만, 여말선초 이래 유자들은 인간이 공통적으로 갖는 通過儀禮的 내용, 즉 관·혼·상·제의 의례를 동일하게 하였을 때 문화의 동일화가 가능하다고 인식하였다. 중국문화를 수용하려는 원인은 문화적·사대사상적 요인도 없지 않으나, 그보다는 성리학에서 강조하는 보편적 문화능력이 우리에게도 있다는 의식에서 《주자가례》를 습용하고, 의례를 통해서 전달되는 유교문화를 수용한 문화인으로서 자부심을 표출한 것으로 이해된다.

관례는 남녀 모두에게 책임의식을 갖도록 하는 성인식의 의미가 있다. 성인이 되면 혼례를 하게 된다. 혼례는 곧 다른 종족과의 첫번째 교섭과 협력의 절차를 의례화한 것이고, 동시에 도덕성을 마련하는 것이다. 다른 종족과의 일정한 의식을 통해서 사회구성원간의 신뢰를 구축하며, 동시에 인간애를 촉발케 하는 의례였다. 상례에서는 인간의 존엄성을 재인식하게 하면서 生者와 死者와의 관계설정과 동시에 세대교체에서 파생되는 사회혼란의 문제를 상례의식을 통해서 처리될 수 있다는 지혜였다고 하겠다. 제례는 인간의 성장과 주변 종족집단간의 관계와 세대교체에서 파생될 수 있는 갈등을 미연에 방지할 수 있도록 하는 의례였다. 따라서 관혼상제는 사대부의 종족집단 공동체의 사회적 권위를 지킬 수 있는 내용을 가지고 있었다.

이와 같은 社會儀式의 의미를 갖는 《주자가례》의 습용은 현실적으로 이들 유자들에게 학문적 욕망과 이상의 대상일 수밖에 없었다. 그것은 우리 역사 속에서 우리 역사 전통이 《주자가례》와 차이가 있다는 것을 인정할 때 스스로 밝혀지는 것이다. 중국의 그것과 차이가 있는 관·혼·상·제의 내용을 이 시기의 유자들 곧 사림이 주자의 관·혼·상·제와 합일시키려는 노력이 《주자가례》의 연구로 나타났으며, 이러한 노력이 심화되어 사림내에서 하나의 禮學派가 성립하게 되었다.

《가례》에 대한 연구가 심화되어 17세기에 와서 소위 '禮學'시대라는 단계에 이르렀음은 주지하는 바이다. 그러나 우리가 지금 사림이 《주자가례》를 실천하고 이를 소화·수용하려 한 의지에 대한 역사적 평가를 하기 위한 작업에서 지적해야 하는 내용은 《주자가례》가 갖는 보편적 가치론에 의거한 질서체계와 재지적 사림의 위상을 정립하는 것에 이 《주자가례》의 의미가 중요했다는 점이다.[12)]

예론은 고전적 유학체계에서 이미 禮經으로 파악되는 《儀禮》·《周禮》·《禮記》에 그 기반을 두고 있다. 그것은 원론적으로는 인간의 개별적인 질서 의식의 자각을 강조하고, 다음 단계에서는 보다 정치적으로 유학의 질서체계로 정립되어, 이른바 '五禮'의 형식으로 나타나 皇帝權을 중심으로 한 국가의례의 체계로 구성되었다. 다음으로 宋代의 사대부 유자들이 자신들의 사회적 위상과 정치적 욕망을 황제권과 어울리면서 주장할 수 있는 질서론을 보편적 가치체계와 기초적인 논리 안에서 예제를 정리했을 때, 바로 관·혼·상·제라는 통과의례적 의례를 주목하게 되었다고 할 것이다.[13)]

황제로부터 사대부, 서인에 이르기까지 어느 누구도 피할 수 없는 통과의례적 내용인 관·혼·상·제의 의례는 황제 중심의 5례의 구조와 대립하는 것은 아니었다. 그러나 《가례》가 갖는 보편적 가치체계는 황제권을 구속하는 보다 기초적 가치론에 있다는 점이 후일 왕권을 제약하는 정치적 논리로까지 발전할 여지가 있음에 유의해야 할 것이다.

조선의 사림이 순수한 학문의 세계에 머물러 있지 않고, 정치세력으로 전환하였을 때, 보편적 가치론에 기초한 《주자가례》는 이들의 정치적 보호막이 될 수 있었다. 이 점에서 조선의 사림세력이 《소학》과 《주자가례》의 수용에 열정적이고 적극적인 자세를 갖게 되는 이유를 발견할 수 있다.

재지적 지주로서 유학을 공부한 유자들은 지역사회의 안정을 추구하는 것이 국가차원의 정치적 안정에 기여한다는 자부심과 의무감을 가지고 있었다. 물론 이와 같은 성향이 모두 역사발전에 긍정적으로 기여한 것만은 아니었다. 재지적 성향에서 비롯한 지방적 색채와 종족적 집단의식의 팽배는 소위

12) 高英津, 《朝鮮中期 禮說과 禮書》(서울大 博士學位論文, 1992).
13) 李範稷, 《韓國中世禮思想硏究》(一潮閣, 1991).

'朋黨的' 성향으로 발전될 수 있었기 때문이다. 따라서 조선의 성리학은 학문 자체가 갖는 보편적이고 세계사적인 논리를 그 내용 안에 가지고 있었음에도 불구하고 정치현장에서는 사림의 사회활동에서 당색적 내용을 찾을 수 있는 근거를 남겼다. 학파가 지역성과 가계에 연결·세습되면서 사림은 붕당적 단계를 거칠 수밖에 없었던 것이다.

4) 문묘배향운동

文廟儀禮는 유교정치문화를 상징하는 왕조의 祀典체제 속의 吉禮儀 가운데 중요한 의례이다. 문묘는 왕실의 宗廟와 함께 정치세력의 정통성과 대의명분을 상징하였다. 종묘가 왕권의 정통성을 정치적으로 상징하면서 祖宗의 位牌(神主)를 봉안했다면, 유자들은 유학 안에서 教學에 커다란 업적을 남긴 학자들 가운데 주요 인물의 위패를 문묘 안에 奉崇하였다. 이것은 국가적 차원의 인준과 유자들의 동의가 이루어낸 정치와 학문의 종합적 상징물로 이해된다.

중국에서는 孔子를 비롯하여 공자의 학문을 계승한 유학자들의 위패가 문묘에 봉숭되고 있듯이, 우리 나라에서도 공자의 신주를 비롯한 중국의 유학자와 우리 나라에서 유학을 수용·발전시키는 데 크게 기여한 유자들의 신주를 문묘에 봉숭하였다.[14]

고려시대에는 신라의 薛聰·崔致遠과 고려의 安珦이 공자의 신주와 함께 문묘에 配享되고 있었다. 고려시대의 문묘 설립과 그 안에 배향한 유자들의 선정작업의 성격과 조선시대의 문묘배향 인물의 선정 배경에는 일정한 차이가 있다. 조선시대의 문묘배향에서는 고려시대보다 정치적 성향이 더욱 고려되었다.

조선왕조의 사전에서 문묘의 설립과 새로운 유자의 배향 문제는 역시 崇儒抑佛의 왕조답게 왕실에서 왕조례인 五禮를 수용하고 습용했다. 그러나 고려시대와는 달리 문묘배향에서 순수하게 공자의 학문을 계승·발전시켰는가

---

14) 朴贊洙, 〈文廟享祀制의 成立과 變遷〉(《藍史鄭在覺博士古稀記念東洋學論叢》, 1984).

의 여부만이 아니라, 당사자들의 정치적 성향이 작용하면서 문묘배향의 인물 선정에 어려움이 있었다. 이를테면 조선 초기 문묘배향에서 李齊賢·李穡·權近이 거명되고 있었으나, 이들의 정치적 거취가 문제되면서 결국 문묘배향에 실패하였다.[15] 이와 같은 사실을 통해 조선 초기에는 왕실과 유자 관료들 간에 정치력이 조화를 이루지 못하여 문묘에 배향할 새로운 인물을 선정할 수 없었음을 알 수 있다.

사림세력이 증가하고 왕실이 이들 사림을 견제하여 정치적 안정을 이루자, 이 정치력의 균형을 상징한 문묘배향의 위패 선정이 결정되었다. 문묘배향 인물이 정몽주를 비롯한 사림이 추천한 유자들로 선정되기에 이르렀다. 16세기 道學政治思想의 대두가 사림세력의 정치력에서 비롯되었다고 이해할 때, 이들의 상징적 운동으로 문묘배향이 역사에 등장하고 있었다. 사림은 중종대에 정몽주를 문묘에 배향하고, 선조대에는 金宏弼·鄭汝昌·조광조·이언적·이황 등의 문묘종사를 논의하고 이를 추진하였다. 그러나 조선조의 문묘에 공자와 함께 배향될 수 있는 인물을 새로이 선정하는 작업은 쉽게 결정되는 것이 아니었다. 사림의 발의와 왕실의 동의가 필요한, 정치적으로 매우 합일되기 어려운 과정을 거치면서 문묘배향이 결정되고 있었다.

이미 문묘는 국가의 祀典 안에서 정치적 위상을 높이고 있었고, 또 이를 통해서 국가는 유자들의 정치적 영향력을 인정하고 있었다. 그러므로 문묘에 배향되는 인물의 위상은 학문적 성취를 인정하는 것은 물론이고 왕실의 정치적 보호를 획득하였다는 상징적 의미를 갖는 것이었다.

왕실편에서도 문묘의 정치적 영향력을 무시할 수 없었다. 유자의 문묘배향을 쉽게 결정할 수 없었던 이유가 바로 여기에 있었다. 특정 인물의 문묘배향을 위해서 사림이 왕실에 요구하는 경우, 대체로 왕실은 이를 조심스럽게 다루었다. 문묘종사에 선정된 인물과 연계된 유자들의 학파는 왕실에 대한 정치적 영향력을 갖게 되므로, 왕실로서는 종묘와 더불어 신성시할 수밖에 없었던 문묘배향에 현실적으로 사림의 인물을 극소화하려고 했던 것이다.

---

15) 金鎔坤, 《朝鮮前期 道學政治思想 硏究》(서울大 博士學位論文, 1994).

결국 중종대에 가서야 처음으로 조선의 문묘에 정몽주의 배향을 결정하였다. 이 경우에서도 왕이 결정하기까지에는 여러 차례 주저함이 있었다. 그러나 사림세력의 대두와 이들 세력의 정치력이 결국 정몽주를 자신들의 학연과 학문적 성향인 도학의 내용을 명분으로 해서 중종을 설득하여 문묘배향하였다. 이후 정몽주의 문묘배향이 계기가 되어 점차 배향인물이 증가되어 갔다. 이러한 현상은 사림의 정치력의 강화로 이해될 수 있는 것이다.

문묘배향 인물의 선정과정에서 보여준 왕실과 사림 사이의 정치적 긴장 중 가장 극적인 것은 선조대의 문묘종사 논의과정에서 나타난 사례이다. 사림의 세력이 강성해지는 선조대에 와서 김굉필·정여창·조광조·이언적·이황 등이 일거에 문묘배향 인물로 제기되고는 있었으나, 결정이 미루어졌다.[16] 왕실의 정치력을 견제하는 사림의 정치력이 하나로 결집되지 않고 있었기 때문이다. 문묘에 배향할 인물을 선정하기 위해서는 학문과 정치에서 사림의 합일된 힘의 표출이 필요하였으나, 선조대 사림의 분열은 선조로 하여금 문묘배향에 새로운 인물의 선정을 미루도록 하였다.

다음 광해군 2년(1610)에 가서야 김굉필·정여창·조광조·이언적·이황 등, 이른바 '五賢'이 문묘에 종사되었다. 이는 광해군이 사림의 협조를 받아야 할 정치적 상황에서 사림의 요구를 더 이상 미룰 수 없었기 때문으로 보인다. 이것은 당쟁이 본격화되기 전, 사림의 합일로 문묘배향 인물을 선정한 경우라 하겠다.

문묘배향 인물의 선정이 매우 정치적이라는 점은 南冥 曺植의 문묘배향운동이 결국 무산되었던 사례에서도 알 수 있다. 조식의 문묘배향을 위한 사림의 움직임은 전국적인 상소운동으로 나타났다. 鄭逑가 首論한 儒疏를 비롯한 경상도 유소가 7번, 成均館 館學疏가 10번, 四學疏가 2번, 公洪道 유소가 7번, 전라도 유소가 4번, 開城府 儒疏·玉堂箚·司諫院疏가 각 1번, 경기·충청·경상좌도 유생소가 각 1번 등 8도의 유생소가 총 36회에 달하였으나, 결국 왕의 不允으로 조식의 문묘배향은 실패했다.[17]

---

16) 金鎔坤, 위의 책.
朝鮮陞廡諸賢文選刊行會, 《朝鮮陞廡諸賢文選》(民族文化社, 1925).

17) 權仁浩, 《朝鮮中期 士林派의 社會政治思想 研究》(成均館大 博士學位論文, 1990).

학문적 업적면에서 당대의 山林으로 퇴계와 함께 쌍벽을 이루었던 조식이 결국 문묘에 배향되지 않았다는 것은 왕실과의 정치적 협상이 이루어지지 않았던 당시 유학계의 정치성의 일면을 반영한 것이라고 하겠다.[18]

이미 문묘에 배향된 정몽주를 비롯하여 문묘종사 인물의 선정과정에서 왕실은 쉽게 결정하지 못하였다. 항상 왕의 결심은 완만하였으며, 사림의 정치적 압력이 강화되어 어찌할 수 없었을 때에야 마지못해 결정하는 경향을 보였다. 당쟁이 정돈되어 西人 老論系의 정치세력으로 사림의 세력이 강화되었을 때 서인 노론계의 유자들이 문묘에 배향된 것은 바로 이러한 상황을 보이는 것이다.

학통과 정치적 연계 속에서 李珥·成渾의 위패가 문묘에서 黜享, 復享의 과정을 거치게 된 것 또한 문묘배향이 갖는 이러한 정치적 단면을 보이는 것이라 하겠다. 숙종 15년(1689)에 南人이 집권하자 이이와 성혼이 출향되고, 甲戌換局으로 서인이 집권하자 이이와 성혼이 복향된 것이다.[19] 뒤이어 金長生이 배향되고, 영조대에 와서 다시 宋時烈·宋浚吉·朴世采가 문묘에 배향되었다.

송시열의 문묘배향운동에서도 역시 사림과 왕실과의 정치적 힘 겨루기가 나타나고 있었다. 송시열의 문묘배향운동은 그의 스승인 김장생의 문묘종사운동과 함께 비롯되었다. 숙종 37년 영남유생 천 수백 인이 상소하여 김장생의 문묘종사를 청하였다. 이후 동왕 38년 10월까지 8도 유생의 상소가 4소까지 이르는 전국적인 사림의 운동으로 확대되고, 동왕 39년 9월에 8도 유생소가, 41년에는 관학 유생소가 있었으나, 결국 43년 2월에 가서야 김장생의 문묘배향이 윤허되었다.

숙종 43년 노론의 정치적 안정세가 이루어진 다음, 전라도 유생 鄭敏河가 송시열과 송준길의 문묘종사를 청하였다. 그러나 노론·소론의 정치적 불균형으로 이 문제를 결정하지 못하였다. 蕩平策이 정치권에서 운위되는 기간에도 역시 미루어지고 있었다. 당쟁이 완화되었을 때 문묘종사 문제가 다시 제기되었으나, 결국 노론에 의해 정권이 장악된 후인 영조 31년(1755)에야 송시

18) 金忠烈, 〈生涯를 통해 본 南冥의 爲人〉(《大東文化硏究》 17, 成均館大, 1983).
19) 許捲洙, 《朝鮮後期 南人과 西人의 學問的 對立》(法仁文化社, 1993).

열과 송준길의 문묘종사 문제가 결정된 사실에서도 이 문묘종사(배향)의 상징성이 왕실과 사림간의 정치적 산물임을 알 수 있다. 문묘의 원리가 도학의 정통성, 대의명분으로 수식되는 것은 외피적 표현이고, 조선 유학 정치논리 안에서 사림과 왕실간의 정치적 균형이 이루어졌을 때 배향인물이 선정되었던 것이다.

이어 정조 20년(1796)에는 金麟厚, 고종 20년(1883)에는 趙憲과 金集이 종사되었다. 우리 나라 유자로는 18명이, 공자 이하 중국의 유자들은 113명이 조선 문묘에 위패가 봉안되고 있었다.

중국에서는 漢에서 유학을 정치이념으로 채택하여 공자의 신주를 향사함으로써 정치적으로 유자들과 협력하는 관행이 시작되고 있었다. 그러나 문묘제도가 정립되는 것은 唐의 五禮체제가 정리되는 玄宗代로서, 孔門의 70제자가 향사되는 것으로 문묘제가 완성되었다.

南宋 말기부터 주자학이 정치사상계를 풍미하자 문묘향사자에 대한 도덕성 문제가 시비의 대상이 되어 결국 明의 世宗 때에는 광범한 개편이 있었으며, 이에 송대 이래 최소 규모인 105인으로 축소되었다. 그러나 淸의 중국지배와 더불어 문묘종사는 민심회유의 한 방편이 되어, 그 수가 156명으로 증가되었다.[20)]

다음 〈표 1〉 에서 보이는 문묘종사의 특징은 바로 조선정치사에서 유자들로 구성된 정치세력이 자신들의 學統과 연계하면서 政派를 안정시키기 위하여 간접적으로 문묘종사에 많은 노력을 보이고 있었다는 점이다. 광해군 정권은 대의명분에서 사림의 지원을 의식했던 정치적 취약 시기에 대거 5인의 문묘배향인을 선정하게 되었으며, 붕당의 균형이 있었던 시기에는 또다시 배향이 정돈상태에 있었다. 문묘종사가 다시 시작되는 것은 붕당간의 균형이 깨지는 숙종대(栗谷・牛溪・沙溪)와 영조대(同春堂・尤庵・玄石)로, 이것은 서인정권의 압도적 정치세가 배경이 되었음을 시사한다. 이와 같은 문묘배향 인물의 선정은 일차적으로는 당사자의 학문적 업적이 요인이 되고는 있으나, 또 병행해서 정치력의 협력이 가세되었음을 알 수 있다.

---

20) 朴贊洙, 앞의 글.

〈표 1〉 조선 문묘배향 인물

이 름	號와 諡號	生沒年代	文廟從祀年代	主祀 書院	비 고
薛 聰	弘儒侯(고려)	新羅 神文王?	고려 현종 11(1022)	慶州 西岳書院	
崔致遠	文昌侯(고려)	858~ ?	현종 9(1020)	慶州 西岳書院	入唐求學
安珦(裕)	晦軒, 文成公	1243~1306	충숙왕 6년(1319)	順興 紹修書院 (조선 중종)	元에 留學
鄭夢周	圃隱, 文忠公	1337~1392	조선 중종12년(1517)	開城 崧陽書院	
金宏弼	寒暄堂	1454~1504	광해군 2(1610)	玄豊 道東書院	小學童子, 甲子士禍
鄭汝昌	一蠹, 文獻公	1450~1504	광해군 2(1610)	咸陽 藍溪書院	金宗直門徒 甲子士禍
趙光祖	靜庵, 文正公	1482~1509	광해군 2(1610)	龍仁 深谷書院	己卯士禍
李彦迪	晦齋, 文元公	1491~1553	광해군 2(1610)	慶州 玉山書院	配明宗廟庭 乙巳士禍
李 滉	退溪, 文純公	1501~1570	광해군 2(1610)	禮安 陶山書院	配宣祖廟庭
金麟厚	河西, 文靖公	1510~1560	정조 20(1796)	長城 筆巖書院	
李 珥	栗谷, 文成公	1536~1584	숙종 8(1682) 숙종 20(1694)복위	白川 文會書院	配宣祖廟庭 숙종 15년 黜享
成 渾	牛溪, 文簡公	1535~1598	숙종 8(1682) 숙종 20(1694)복위	坡州 坡山書院	配宣祖廟庭 숙종 15년 黜享
金長生	沙溪, 文元公	1548~1631	숙종 43(1717)	連山 遯巖書院	栗谷門下
趙 憲	重峯, 文烈公	1544~1592	고종 20(1883)	金浦 牛渚書院	李之菡과 교유 栗谷門下
金 集	愼獨齋, 文敬公	1574~1656	고종 20(1883)		配孝宗廟庭
宋浚吉	同春堂, 文正公	1606~1672	영조 32(1756)	尙州 興巖書院	沙溪門下
宋時烈	尤庵, 文正公	1607~1689	영조 32(1756)	驪州 江漢祠	沙溪門下 配孝宗廟庭
朴世采	玄石·南溪, 文純公	1631~1695	영조 40(1764)	長湍 鳳陽書院	金尙憲門下 配肅宗廟庭

5) 절의사상의 고취

사림은 왕실과 자신들 사이에서 대립되는 정치세력의 정치적 공격으로부터 자신을 방어하고 스스로의 결속을 다지기 위한 대의명분을 節義思想에서 찾았다.

군왕과 신료의 관계에서 설정된 정치적 내용을 도덕적 가치개념으로 승화한 忠의 정신과 유자들 사이의 지식인으로 지켜야 할 도덕률로서 義의 이념은 사림의 정치적 위상을 지켜줄 도덕률의 내용이 되고 있었다. 사림들은 역사에서 忠節을 상징하는 인물로 정몽주를 찾아 그들의 학맥의 비조로 삼고 왕조에 대한 사림의 상징적인 인물로 강조하고 있었다. 사림은 정몽주가 조선 건국에는 반대하였으나 왕조가 안정된 다음 단계에서는 그와 같은 인물이 필요하다는 논리로써 왕을 설득하였다. 그러한 변호논리는 곧 정치적 방어벽을 삼으려는 것으로, 조선왕조에 대한 충절을 실천적으로 보일 수 있는 유자로서 정몽주가 필요했던 것이다. 즉 사림들은 그들의 정치활동에서 자신들의 방어벽이 될 수 있는 명분을 정몽주의 충절과 연계하였던 것이다.

성리학은 정치활동에서 윤리적 내면성을 至公無私한 德으로, 충은 자신을 희생하여 국가와 군주를 위해 전심 노력하는 것으로, 절의사상은 人欲을 제거하고 天理를 보호하기 위한 예절이라는 인식을 갖는 것이었다.

사림의 절의사상은 이 시기에 강조되었던 《주자가례》의 준용과도 연계된다. 《주자가례》는 실천적인 면으로 사림의 세계에 침투되어 갔다. 조선왕실로서는 절대적 충성을 표시하는 정치인이 필요할 때 사림이 그 대상이었다. 사림은 국왕에게 표하는 충절을 실천적으로 수행하는 훌륭한 유자가 바로 자신들이라는 인식을 학행으로 보여주고 있었다. 유학의 예사상과 합일되어 복합적 사회질서의 기준으로 평가된 《주자가례》는 외형적 형식과 내면에서의 충절사상이 강조되는 사림의 정치운동에서 매우 적절한 주제가 될 수 있었다.

앞에서 사림의 학문적 정통성과 정치력 표출의 면을 문묘종사운동으로 인식할 수 있음을 언급하였는데 절의사상은 이들 문묘배향운동에서 배향인들의 학행을 상징하였던 주제였다. 이는 정몽주의 문묘종사를 건의하는 사림의 상소문에서 잘 표현되고 있다. 중종 때 成均生員 權磌은 다음의 상소문에서 정몽주를 문묘에 종사할 대표적 인물로 결정하는 조치와, 사림이 이를 통해서 나타내려는 대의명분 안의 정신이 군왕에 대한 충절과 유자 자신들의 결속을 상징하는 의리사상이 예절에 맞는 것임을 강조하였다.

> 道學이 전해진 것은 堯舜으로부터 시작하여 孔子의 門下에서 융성하였으며, 孟子 이후로는 천여 년간 계승하는 자가 없어서 참으로 道統을 잇기 어려웠습

니다.…우리 나라를 생각하건대 檀君 이래로 말하면, 먼 옛날이라 징험할 수 없으며, 箕子가 나라를 세우고서야 겨우 八條를 시행하였을 뿐이었는데, 다행히 하늘이 도와 고려말 儒宗 정몽주가 태어나 성리를 연구하여 학문이 깊고 넓어서 깊은 뜻을 혼자 알되 先儒와 잘 맞았으며, 忠孝와 大節이 당대를 聳動하였으며, 부모의 喪을 입고 祠堂을 세우는 것은 한결같이 家禮대로 하였으며, 文物·儀章이 모두 그가 다시 정한 것이었으며, 학교를 세워서 유학을 크게 일으켜 이 道를 밝혀서 후학에게 열어준 것은 우리 나라에 이 한사람뿐이니, 학문은 周子·程子에 비하면 참으로 차이가 있겠으나, 공로는 주자·정자에 비하면 거의 같습니다(《中宗實錄》 권 29, 중종 12년 8월 경술).

己卯·乙巳士禍 이후에도 조정에서 박해를 받았던 사림은 재야에서 꾸준히 유학을 연구, 성리학에 침잠하고 있었다. 유학이 심화된 학문으로서 발전할 수 있었던 것은 무엇보다도 그것이 조선왕조의 정치적 지표가 되었기 때문이지만, 유학을 학문으로 소화·발전시킬 수 있는 사림층이 두텁게 형성되고 있었다는 점에 기인한다.

사림은 과거시험을 통해 왕실에 접근하여 관료로 진출하는 것만이 아니라, 자신들의 학문으로 유학을 연구하고, 동시에 자활적인 생활방법을 개발하여 정계를 관망하며 비판도 하고 협력을 하는 다양한 생활모습을 소유하고 있었다.

조정을 이루고 있었던 중앙정계에서는 이 시기에 이른바 당색의 조짐이 보이면서 여러 갈래의 학파로 일컬어지는 스승과 학생들의 모임이 결성되고 있었다. 유자들은 조선 초기 이래 누적되어 온 역사적 모순을 자성하고 이를 개혁하려고 하였으며, 한편으로는 이를 거부하려는 보수세력과 정치적 갈등을 빚었다. 이 때 사림들이 정치적 지표로 주장한 것은 충절과 개혁이었다. 이는 곧 왕과 협력하면서 역사 모순을 극복하려는 노력으로 이해된다.

유교정치이념의 기초는 왕을 중심으로 하는 권력구도 논리와 재야사림을 중심으로 하는 정치논리로 양분되는 경향을 보였다. 이 때 사대부 관료들의 정치력을 강화해야 한다는 주장과, 왕권을 강화하여 사회안정을 추구해야 한다는 정치명분이 맞서면서 보수와 개혁의 논리, 또는 당색의 경색으로 사림사회의 구조가 형성되고 있었다. 자파의 학통과 논리의 발전, 보호를 위한 사림의 활약이 조선 중기 이후 문묘종사운동·서원배향운동으로 표출되고, 내면에서는 이른바 절의운동으로 전개되고 있었다.

정치적 입장에 따라 사림파는 보수적 사림파와 진보적 사림파로 구분되기도 한다. 왕실에 기탁하여 자신들의 사회경제적 여건을 유지·보호하려는 사림을 전자라고 한다면, 민초들을 보호하기 위해서 누적되는 상부구조의 모순을 제거해야 한다고 주장하는 정치적 비판세력으로의 사림의 존재가 후자이다. 후자는 이른바 민중을 위하자는 명분으로 기득권층의 정치세력을 비판하려는 존재로서 조선 중기 이후의 사림 세계의 한 실상을 보여준다.

조선 후기에 이르러 이들 중에는 이른바 實學이라는 학문상의 방법으로 특징지어지기도 하고 당색으로도 구분되어 재야유자층으로 규정되면서 사회비판적 지식인으로 활약하는 사림층이 존재하게 되었다. 후자 그룹에는 남인·북인계의 재야사림이 속한다. 정치적으로는 집권정치세력과 재야의 유자로 구분되고 있지만, 이들 모두는 유학을 자신들의 학문으로 인지하고 있었다. 그들의 공통된 주제는 절의사상을 기저로 하면서도 방법론으로는 왕실의 위상을 절대적 권력으로 강화시켜 현실세계의 모순을 극복·개선해야 한다는 주장과 왕실과 협력하면서도 관료의 위상을 중심으로 개혁해야 한다는 논의가 대립되고 있었다. 사림층은 貢納의 개선책, 문무의 균형적 국방 대비책, 胥吏들의 개선책 등 현실정치의 치유 노력을 제안하고 있었다.

절의사상에서 주목되는 것 중의 하나는 그 실천적 내용이다. 사림들은 죽음으로써 왕에게 충성을 바치는 정치적 소신이나, 정치모순의 개혁을 위하여 적극적인 실천의지와 사상적 내용을 가지고 民人과 국가재정을 위한 개혁을 제안하고 실천하기 위하여 한 평생을 학문과 함께 생활하는 모습을 보였다. 사림은 예에 맞는 가장 이상적인 정치활동을 하는 충절의 모습을 자신들의 생활에서 발현하고 있었다. 《주자가례》의 勵行이 갖는 의미가 성리학의 심화과정과 일치되는 것을 시사한다고 하겠다. 정몽주를 자신들의 학통과 연계시키고 있는 점에서 이미 지적하였거니와, 이후 김굉필·정여창·조광조·이언적·이황 등으로 이어지는 사림의 학통과 문묘배향에서 주장되는 이들의 행적에서 공통되는 것은 모두 실천적인 유학사상의 면모를 읽을 수 있다는 점이다.

중기 이후 문묘배향에서는 정치적 성향이 지나치게 나타나 당색이 다르다는 이유로 문묘배향이 이루어지지 않은 유자가 있었지만, 현실문제에 대한 문제의식과 이를 개선하려는 학문적 노력, 《주자가례》의 실천에서 연유되는 절의사상의 기저는 사림이 공유하는 이념이었다. 바로 이러한 관점에서 조선의 유자들, 사림으로 형성된 정치세력은 강한 실천력을 수반하는 이념으로 무장되어 있었다. 이른바 사림의 사회사상을 절의사상이라고 해도 무방하지 않을까 한다.

〈李範稷〉

Ⅲ. 사림세력의 활동

1. 도학정치의 추구
2. 향촌질서 재편운동
3. 서원건립활동
4. 성리학의 연구와 보급
5. 경제개혁의 추진

Ⅲ. 사림세력의 활동

1. 도학정치의 추구

1) 도학정치의 이념

고려말의 신진사대부들은 조선의 건국을 두고 참여파와 은둔파의 두 계열로 분화되었으며, 그 중 참여파가 건국초의 정국을 주도하였음은 이미 앞에서 논급한 바 있다. 勳舊派라는 이름으로 불리던 이들은 건국 이후 잦은 功臣冊封으로 정치적·경제적 특권을 구축하면서 權貴化하여 갔다. 반면 조선 건국에 반대한 은둔파의 계열을 이어 받은 士林派는 성리학적 질서에 충실하려는 입장을 지니면서 향촌에서 학문연구와 교육을 통해 세력확대에 노력하고 있었다. 이들이 중앙정계에 등장하기 시작한 것은 성종대부터였다. 훈구파가 권귀화하면서 왕권을 능가할 정도로 권력을 강화하자, 성종은 훈구파를 견제하기 위하여 사림파를 중용하였다. 이렇게 중앙무대에 등장한 사림파는 훈구파를 견제하기 위한 활동에 나섰으나, 그들을 보호하던 성종이 사망함으로써 일단 정계에서 도태되고 말았다.

사림파가 정계에 다시 등장할 수 있었던 것은 中宗反正 이후였다. 반정을 주도한 靖國功臣들은 연산군대의 폐정을 개혁한다는 명분하에 정국을 운영하였으나 그들도 점차 권귀화함에 따라 그 대응세력으로 사림파가 다시 정계에 나올 수 있었다. 훈구파의 권력독점에 따른 문제점을 해소하고 그들이 추구하는 이상정치를 실현하기 위해 중종대의 사림파는 道學政治라는 새로운 정치질서의 수립을 명분으로 내세우면서 세력기반을 확대해 갔다.

“天命을 性이라 하고 성에 따르는 것을 道라고 한다”[1]는 유교의 논리구조

---

1) 《中庸》 제1장.

에 의하면, 도를 따르는 것은 곧 천명을 따르는 것이 된다. 이러한 사상을 바탕으로 사림파는 군주나 백성 모두가 천명에 따라 행동하고 생각하는 사회를 至善의 정치가 행해지는 '至治' 즉 이상사회로 규정하였고, 堯舜三代가 그에 해당된다는 인식을 가지고 있었다. 이런 인식은 물론 사림파만의 것이 아니라, 모든 성리학자들의 공통된 이상이었지만, 당시의 사림파는 이러한 지치주의를 재현할 수 있다는 확신하에[2] 모든 노력을 경주했던 점에서 역사적 의미를 가지는 것이다. 따라서 그러한 노력이 결실을 맺기 전에 좌절하게 된 것도 오히려 이 시기 도학정치의 역사적 의미를 부각시키는 이유가 될 수 있는 것이다.

사림파는 요순시대와 같은 이상사회의 구현에 정치적 목표를 두었는데, 이의 실현을 위해서는 몇 가지의 전제가 필요하였다. 그 전제를 몇 가지 분야로 나누어 살펴보면 도학정치 이념의 구조를 이해할 수 있게 될 것이다.

유교사회에서 정치의 근본목표는 백성의 생활을 안락하게 하는 데 있었다. 그래서 '民惟邦本'이라는 정치적 구호가 상징하듯이, 民의 존재는 정치의 대상이자 목적이었다. 유교사회를 지향하는 조선시대에도 물론 민의 권리를 제약하거나 민생을 피폐케 하는 양상이 나타나기는 하였지만, '민유방본'의 이념과 구호만은 지속적으로 계승되어 왔다. 이 점은 사림파에게도 마찬가지였다. 즉 이들이 제시한 도학정치도 역시 백성의 존재를 염두에 두지 않을 수 없었던 것이다.

> 무릇 임금과 신하는 백성을 위하여 있는 것입니다. 윗사람과 아랫사람이 마땅히 이 뜻을 알고 밤낮으로 백성을 마음속에 새긴다면 잘 다스리는 방도를 이룩할 수 있을 것입니다(趙光祖, 《靜庵集》 권 3, 檢討官時啓 六).

이것은 당시 위정자 일반에 대한 공통적인 警句이기도 하였지만, 사림파의 입장에서는 더욱 선명하게 실감되는 사항이었다. 왜냐하면 당시 훈구파의 대토지 소유, 貢納制度의 모순, 軍役의 徭役化, 還穀의 高利貸化 등으로 인하여 민생은 더욱 피폐해져 갔는데, 사림파는 향촌에서 직접 그러한 상황을 목도

2) 趙光祖, 《靜庵集》 권 3, 侍讀官時啓 六.

하였기 때문이다. 그리하여 그들은 정계에 등장하면서 이러한 문제들을 먼저 제기하지 않을 수 없었다. 그 결과 그들은 도학정치의 근본이념을 爲民·愛民에 두게 되었으며, 이러한 상위의 이념을 실현하기 위해 몇 가지 하위 이념을 제시하였다.

사림파는 이상정치의 실현을 위해 먼저 정치 및 권력의 주체인 군주의 자질이 賢哲함이 필수적이라는 '賢哲君主論', 즉 聖君論을 제기하였다. 이는 군주는 賢者이어야 하며, 항상 성심성의껏 학문에 힘써 삼대의 聖治에 도달하도록 힘을 기울여야 한다는 주장이었다. 그러기 위해서 군주 자신이 먼저 덕을 배양하고 이를 실천한다면 백성들이 감복하여 스스로 교화될 수 있다[3]는 德治를 특히 강조하였으며, 덕치는 반드시 仁政으로써 백성을 다스려야 함과 표리관계에 있으므로 '현철군주론'은 곧 올바른 정치로 가는 道程이라는 것이 그들의 주장이었다. 이와 같이 사림파가 이상정치의 실현에 군주의 훌륭한 자질이 무엇보다도 필수적이라고 주장한 이유는 연산군대의 학정에 의한 여러 가지 폐단을 직접 경험하였기 때문이다.

사림파는 도학정치의 실현을 위해 군주 자신의 덕성과 자질 함양에 노력해야 함을 강조했을 뿐만 아니라, 국가의 '股肱之任'인 大臣을 성의로 감동시키고 예로써 대접해야 한다[4]고 주장하였다. 곧 군신 상호간에 믿음이 있어야 한다는 그들의 신념을 그 바탕에 깔고 있는 것이다. 그리고 대신들도 군주가 賢君이 될 수 있도록 군주를 보필해야 하며, 조정의 공론에 따라 여러 신하의 의견을 수렴하여 왕에게 건의할 수 있어야 한다고 하였다. 요컨대 정권이 군주에게로 귀일되는 것은 군주의 專制를 가져오고, 반대로 대신이 정권을 천단하는 것은 국가의 체통을 상실하는 것이므로 모두 배제되어야 하며, 왕권과 신권이 상보적인 입장에서 균형을 유지할 수 있을 때 비로소 至治를 실현할 수 있다는 논리로서, 이는 권력구조에 대한 사림파의 정치철학의 일단을 보여주는 것이다.

또 그들은 도학정치의 실현을 위해 정권의 담당자인 군주와 대신의 잘못을 지적할 수 있는 言路가 열려 있어야 한다고 주장하였다.

---

3) 趙光祖, 《靜庵集》 권 3, 參贊官時啓 一.
4) 《中宗實錄》 권 33, 중종 13년 6월 경오.

> 언로의 通塞은 국가에 가장 관계되니, 통하면 다스려져 편안하고 막히면 어지러워져 망하는 것입니다. 그러므로 군주는 언로를 넓히는 데 힘써 위로 公卿百執事로부터 아래로 閭巷·市井의 백성에 이르기까지 모두 말할 수 있게 해야 됩니다. 그러나 言責이 없으면 스스로 다 말할 수 없기 때문에 諫官을 설치하여 주관하게 하는 것입니다. 그 말하는 바가 혹 지나치더라도 허심탄회하게 받아들이는 것은 언로가 막힐까 두려워하기 때문입니다(趙光祖, 《靜庵集》 권 2, 司諫院請罷兩司啓 一).

그들은 언로의 通塞이 국가의 운명과 직결된다고 여겨 언로의 개방을 무엇보다도 중요시하였고, 군주 역시 言官의 언론을 적극 수용해야 한다고 주장하였다. 언관의 활동이 활발하게 나타날 때, 군주는 올바른 정치를 할 수 있게 되며 도학정치의 실현이 가능해진다는 것이었다.

또 사림파는 이러한 언로의 개방을 바탕으로 "臺諫은 국가의 일에 있어서 그 기미를 알면 마땅히 자신을 돌보지 않고 기강을 붙들어 일으켜야지 한 가지 일의 잘못을 논하고 한 사람의 비행을 논박하는 것으로 직분을 다했다고 생각해서는 안됩니다"[5]라고 하였다. 언관은 탄핵활동도 중요하지만 기강을 확립하는 것과 같이 국가를 위한 원대한 활동을 하는 것이 더욱 중요하다는 인식을 가졌던 것이다. 이는 그들이 언관의 활동이 단순히 탄핵이라는 범주에 국한되지 않고 국가정책을 수립하는 것과 같은 보다 차원 높은 영역에까지 도달되기를 기대하고 있었음을 보여주는 것이다. 그것은 政曹를 세력기반으로 삼고 있던 훈구파와 상대적 입장에 서 있던 그들로서는 당연히 언관을 주목할 수밖에 없었고, 그들이 갖고 있는 탄핵권을 이용하여 훈구파를 견제함과 동시에 자기들의 이상정치를 실현하기 위한 기반으로 삼으려 했음을 뜻하는 것이다.

인재등용의 중요성에 대한 인식은 사림파만의 관심 영역은 아니었다. 그러나 지치의 실현을 이상으로 추구하고 있던 그들에게 있어서 그 문제는 더욱 절실한 과제일 수밖에 없었다. 먼저 그들은 훌륭한 인재의 조건으로 君子·小人의 구별을 제시하고 군자를 등용해야만 지치를 이룰 수 있다고 보았다. 그러나 군자·소인의 구별은 그리 쉽지 않기 때문에 군주의 역할이 매우 중요함을 지적하였다. 즉 군주의 학문이 깊지 않으면 군자를 소인으로, 소인

5) 《中宗實錄》 권 37, 중종 14년 10월 갑신.

을 군자로 오해하기 쉬우므로 군자와 소인의 구별이 어렵다고 전제하고, 군자와 소인을 구별하여 소인을 퇴진시키고 군자를 등용하는 것이 국가의 안위와 직결된다고 다음과 같이 역설하였다.

> 군자가 진출하면 천하가 태평하고 소인이 등용되면 천하가 어지럽게 됩니다. 대개 군자와 소인이 섞여 혼용되면 서로 해치니, 소인은 반드시 군자를 제거해야 술수를 쓸 수 있고 군자도 반드시 소인을 억제해야 도를 행할 수 있기 때문입니다. 여기에서 국가의 安危가 결정되는 것이니, 조정의 급선무는 군자와 소인을 구별하여 진퇴시키는 것입니다(《中宗實錄》 권 33, 중종 13년 6월 경오).

그런데 그들이 이렇게 군자와 소인의 분별을 강조한 것은 실상 인재등용 방법과 깊은 관련을 가지고 있었다. 기존의 보편적인 인재선발 機制는 물론 科擧制였고, 당시의 사림파도 대부분 과거를 통해 진출하였다. 그러나 詞章 중심의 과거는 성리학에 침잠하고 이를 실천하려는 도학과는 일정한 거리를 가질 수밖에 없었다. 그리하여 才士는 등용될 수 있었지만, 덕망을 갖춘 인물은 등용될 수 없는 한계에 부딪히게 되었다. 게다가 훈구파로 구성된 기득권층이 과거를 이용하여 자신들의 자제를 등용하는 '行私'의 병폐가 나타나는 등[6] 과거제의 모순이 드러나게 되었다. 사림파는 이러한 모순의 극복과 아울러 훈구파 세력을 견제하고 자파세력을 대거 진출시켜 요순삼대의 지치를 실현하기 위한 인적 기반으로 삼으려는 의도에서 군자와 소인의 구별 등용을 위한 새로운 인재등용방법을 모색하였던 것이다.

---

6) 당시 훈구파에 의해 자행된 대표적인 科弊로는 借述·代作·科場挾冊 등을 들 수 있다. 차술·대작이란 타인의 제술을 빌려 쓰거나 타인을 위해 대신 제술해 주는 것으로 科場 안에서 이루어지는 것이 일반적이나 가끔은 과장 밖에서 이루어지는 경우도 있었다. 과장협책은 반입이 인정된 韻書 이외의 책을 과장에 가지고 들어가는 것을 의미한다. 이러한 과폐들은 대부분 응시자(擧子)의 단독 행위로 이루어졌지만, 그 중에는 試官과 결탁하고 자행하는 경우도 있었다. 이런 과폐가 일반적인 것이 아니라 해도 상당수가 훈구파에 의해 이루어지고 있었던 것은 그들이 과거를 이용하여 자파세력을 확장하려 했다는 것을 보여주는 것이다(曺佐鎬, 〈學制와 科擧制〉, 《한국사》 10, 국사편찬위원회, 1974, 170~177쪽 및 李秉烋, 〈賢良科 硏究〉, 《朝鮮前期 畿湖士林派硏究》, 一潮閣, 1984, 233~236쪽).

그들은 또 요순시대를 모범으로 하는 도학정치를 추구하면서 그 실현에 있어서는 모든 법제를 마땅히 현실에 맞게 고쳐야 함을 강조하였다. 이는 祖宗之法은 쉽게 고칠 수 없다는 것을 명분으로 기득권을 유지하려고 한 훈구파의 그것과는 상반된 대응방식이라고 할 수 있다. 지치의 실현을 이상으로 삼고 있던 그들로서는 훈구파의 기득권을 보장하고 있던 법제를 고치지 않을 수 없었고, 그에 따른 變法論을 주장하게 되었던 것이다. 사림파는 그대로 두어도 좋을 것을 변통하는 것도 문제지만, 변통해야 할 것을 그대로 두는 것은 더욱 불가하다는 명분[7]을 내걸고 祖宗朝의 成憲이라 해도 후세에 와서 폐단이 생기면 후손이 이를 당연히 고쳐야 한다는 견해[8]를 적극 제시하였다. 이는 곧 조종지법을 경솔하게 변경해서는 안되지만, '時王之俗' 곧 현실상황에 적합하게 고칠 것은 고치고 삭제할 것은 삭제해야 한다는 변법론적 입장을 보여주는 것이다. 이 변법론의 구체적 시행방법에 있어서는 급진적인 견해와 온건한 견해로 다시 나뉘었으나,[9] 일단 정해진 법의 개폐에 부정적인 시각을 지니면서 당시의 폐해를 개혁하려 하지 않았던 훈구파에 비해서는 진일보한 면을 보여주는 것이다. 이러한 이념이 곧 사림파 개혁정치의 이론적 근거가 되었다.

이상에서 살핀 것처럼 사림파가 추구한 도학정치는 외견상 요순삼대의 지치의 실현을 목표로 하는 복고적인 것으로 보이기도 한다. 그러나 실상은 훈구대신의 집권과 그에 의해 파생된 제반 모순을 극복하고 유교사회의 이상적 정치를 구현하려는 목적을 지닌 것이었으므로 오히려 진보적인 성격을 지니고 있었다. 이러한 이념을 딛고 서 있었으므로 사림파의 집권에는 개혁정치가 수반되기 마련이었던 것이다.

---

7) 《中宗實錄》 권 33, 중종 13년 5월 병진.
8) 《中宗實錄》 권 34, 중종 13년 8월 경인.
9) 이 점은 후술할 개혁정치의 방법에 있어서도 金安國을 중심으로 하는 온건파가 성리학적 통치질서를 수립하기 위하여 점진적으로 그 기반을 확립하고 풍토를 조성하는 식의 온건한 길을 모색한 반면, 趙光祖 등은 舊習과 舊制의 과감한 개혁만이 새로운 통치질서 수립의 첩경이라고 믿고 이를 급진적으로 시행하려 하였다는 것에서 잘 나타난다(李秉烋, 앞의 책, 112쪽).

2) 언론과 경연활동

도학정치의 실현을 위한 사림파의 개혁정치는 주로 언론과 경연활동을 통하여 이루어졌다. 臺諫·弘文館과 같은 言官職에 자파를 진출시켜 그 관직이 갖는 권한과 기능을 이용하여 그들이 추구하는 도학정치를 실현하려 하였기 때문이다.

유교의 정치적 이상 가운데는 요순시대부터 모든 사람은 자기의 의사를 표현할 수 있고 군주는 백성의 이런 의사를 수용하여 백성을 위한 정치를 해야 한다는 하나의 인식이 내포되어 있었다. 그러나 모든 사람이 각자의 의사를 표현하고 이를 실현한다는 것은 하나의 이상일 뿐이므로 백성의 의사를 수용하여 그들을 대신하여 군주에게 건의할 수 있는 기구로 언관직이 필요하게 되었다. 그래서 언관은 항상 군주 가까이에서 발언할 수 있는 '耳目之官'으로 인식되어 그 중요성이 높이 평가되었다.

우리 나라의 경우, 언관제도가 하나의 제도로 정착되어 본격적인 활동을 하게 된 것은 고려시대부터였으며, 조선시대에 이르러 그 활동은 더욱 활발해졌다. 조선초의 언론기구로는 司憲府와 司諫院, 곧 兩司가 있어 각각 일반 관원에 대한 탄핵기구, 국왕에 대한 諫諍기관으로서의 기능을 지니고 있었으나, 실제로는 기능의 명확한 구별 없이 대간으로서 함께 활동하는 것이 일반적이었다. 이 언관제도는 왕권의 전제성을 견제하고 臣權의 독점적 장악을 방지하면서 관료체제의 균형과 안정을 도모하는 데 목적이 있었다.[10)]

이 대간 외에 조선시대에는 홍문관이 언관으로서의 기능을 하고 있었다. 원래 홍문관은 궁중의 도서관 기능을 지니고 있었으나, 성종대에 이르러 集

10) 우리 나라의 언관제도와 그 기능에 대한 대표적 연구로는 다음을 들 수 있다.
李洪烈, 〈臺諫制度의 法制史的 考察〉(《史叢》 5, 高麗大, 1960).
宋春永, 〈高麗御史臺에 관한 一硏究〉(《大丘史學》 3, 1971).
朴龍雲, 《高麗時代臺諫制度硏究》(一志社, 1980).
李載浩, 〈李朝臺諫의 機能變遷〉(《釜山大論文集》 4, 1963).
崔承熙, 《朝鮮初期 言官·言論硏究》(서울大 韓國文化硏究所, 1976).
南智大, 〈朝鮮 成宗代의 臺諫言論〉(《韓國史論》 12, 서울大, 1985).
鄭杜熙, 《朝鮮 成宗代의 臺諫 硏究》(韓國硏究院, 1989).

賢殿의 기능을 이어받아 학문 연구와 국왕의 자문에 응하는 역할을 하였다. 특히 홍문관원은 經筵官을 겸하였기 때문에 경연에 참석하여 정책을 논의하거나 時事를 비판할 수 있었다. 성종은 하루 세 차례의 경연을 빠뜨리는 일이 거의 없었다고 할만큼 자주 참석하였으며,[11] 그 활성화를 위한 여러 제도를 강구하였다.[12] 성종의 이러한 노력으로 그 곳은 군주에게 학문을 강독하는 일차적 기능을 넘어서서 教化·諫諍 등 論思의 이차적 기능을 부여받게 되었으며, 따라서 홍문관원도 언관으로서의 기능을 수행하기에 이르렀다.

이와 같이 홍문관이 경연을 통하여 언론활동을 행하게 되자, 점차 대간과 더불어 언관으로 인식되기에 이르렀으며, 경연 이외의 언론기능까지도 인정받는 결과를 가져왔다. 홍문관의 언론은 처음에는 대간 언론의 한계를 보완하는 수준이었으나, 학문 연구를 바탕으로 한 전문성을 이용하여 점차 대간 언론보다 수준 높은 언론을 행사하게 되어 3사 언론을 주도하는 위치를 차지하였다.[13] 이런 현상은 사림파의 정치적 진출이 두드러지는 성종대 이후에 나타난 것으로 그들이 언관과 경연을 이용하여 활동했음을 보여주는 것이다.

사림파가 언관과 경연을 정치적 도구로 활용한 것은 그 기능이 상대세력의 독주를 견제할 수 있다는 점에 근거를 두고 있었다. 그 외에 또 다른 현실적인 이유도 있었다. 훈구파는 정책을 결정하고 집행하는 기구인 政曹를 장악하여 정치적 제특권을 향유하고 있었지만, 정계 진출이 日淺한 사림파로서는 아직 품계상 정조의 상위직에 진출할 단계에 이르지 못하였다. 그들 가운데 일부가 정조에 진출하기는 했으나, 대개 하위직에 그쳤으므로 그를 통한 훈구파의 견제를 기대하기는 어려웠다. 따라서 그들은 언관직에 진출하여 활발한 언론활동과 경연활동을 전개하여 훈구파를 견제하는 한편 스스로의 정치적 성장을 도모하려 했던 것이다.[14]

---

11) 조선 초기의 경연제도 및 그 운영실태에 관해서는 權延雄의 다음 연구가 크게 주목된다.
Yon-Ung Kwon, The Royal Lecture of Early Yi Korea, *Journal of Social Sciences and Humanities*, 1979·1980.

12) 성종대의 홍문관에 대해서는 다음의 논고가 참고된다.
崔承熙, 〈弘文館의 成立經緯〉(《韓國史硏究》 5, 1970).
崔異敦, 〈성종대 弘文館의 言官化 과정〉(《震檀學報》 61, 1986).

13) 홍문관의 言官化에 대해서는 崔承熙, 앞의 책 및 崔異敦, 위의 글 참조.

중앙정계에 진출한 사림파가 그들의 이상을 실현하려 했을 때, 가장 큰 한계로 인식되었던 것은 여러 가지 특권을 향유하고 있던 집권 훈구파의 존재였다. 따라서 그들의 언론활동은 훈구파에 대한 비판에 그 초점을 두고 시작되었다. 이 점은 성종대에 3사에 진출한 사림파가 훈구파의 대표적 인물이었던 柳子光·任士洪 등의 탄핵에 나섰던 것에서 잘 나타난다. 성종 9년(1478)에 홍문관과 藝文館의 上書로 시작된 都承旨 임사홍에 대한 탄핵은 이 일에 앞장 선 소장 사림파 언관이 처벌받는 등 그들의 피해도 적지 않았으나, 임사홍과 유자광을 유배시키는 성과를 가져왔다. 물론 이러한 일정한 성과는 훈구세력을 견제하고 사림파를 지원하려는 성종의 의도에 힘입은 바 있었지만, 사림파의 성장을 바탕으로 한 언론활동이 중요한 토대가 되었다. 훈구파에 대한 이와 같은 탄핵활동은 통시대적인 일반 언론활동과는 구별되는 사림파 특유의 것이었다.

그런 성격을 보여주는 다른 하나의 예로는 昭陵復位 문제를 들 수 있다. 소릉이란 문종비이자 단종의 母后인 顯德王后의 능을 말하는데, 세조의 즉위 과정에서 단종의 폐위와 함께 폐릉된 바 있었다. 이러한 소릉의 복위문제를 처음 제기한 이는 南孝溫이었다. 그는 일개 유생으로 時務八條를 상서하는 가운데 '追復昭陵'할 것을 주장하여 파문을 일으켰다. 이 주장은 臣子로서 감히 발설할 수 없는 것이며 또한 유생이 정치에 간섭하는 것은 불가하다는 훈구파의 주장에 의해 실현되지 못하였다. 이후 성종말 연산군초에도 金馹孫에 의해 재차 건의되었으나 역시 이루어지지 않았다. 사림파의 소릉복위 건의가 받아들여지지 않았던 것은 소릉복위가 세조 즉위 자체와 그로 인해 탄생된 공신의 존재를 간접적으로 부정하는 것이 되기 때문이었다. 비록 실현된 것은 아니었지만, 사림파가 이러한 모험적인 시도를 할 수 있었던 것은 그들의 정치적 성장이 뒷받침되고 있었기 때문이다. 훈구파의 지배적 위치가 유지되고 있던 당시에 그들의 기반을 뒤흔들 이런 문제가 제기되었다는 것은 사림파의 언론활동이 종전의 그것과는 성격이 달랐음을 잘 보여주는 것이다.

그러나 성종대의 사림파가 이러한 언론활동을 했다고 하여 그들의 성장이

---

14) 言論과 經筵活動을 통해 추진한 사림파의 개혁정치의 구체적인 내용에 대한 서술은 李秉烋, 앞의 책, 117~159쪽 참조.

훈구파를 제압할 수준까지 이른 것은 아니었다. 그들이 중앙 정계에 많이 진출하였다고는 하나 훈구파에 비해 수적으로 열세였고, 활동의 범주도 주로 언관직에 머물렀기 때문에 정책을 결정하고 집행하는 영역에까지 도달할 수는 없었다. 이런 상황에서 나타난 그들의 언론활동의 과감성·전향성은 훈구파의 반발을 초래하게 되었으며, 그에 따라 그들이 추구한 정치적 목적의 달성은 중종 이후로 미루어질 수밖에 없었다.

朴元宗·成希顔·柳順汀 등이 주축이 되어 이룩한 反正으로 시작된 중종초의 정국은 반정을 주도한 靖國功臣이 의정부와 6조를 장악하고 정국을 주도하는 시기였다. 이런 시기에 사림파가 정계에 진출하기란 어려운 일이었으며, 설령 소수의 사림파가 진출하였다 하더라도 영향력은 그다지 크지 않았다. 이 시기 언관직의 구성을 볼 때, 상위직에는 보수적이기는 하나 온건한 훈구계 인물들이 있어서 후일 사림파 진출에 직·간접적인 영향을 주었으며, 하위직에는 소수의 사림파나 그와 정치적 취향을 같이 하는 인물들이 진출하고 있었다. 그러나 전반적으로 언관직을 비공신계 훈구파가 장악하고 있는 상황에서 이들 소수의 사림파가 제 기능을 발휘할 수는 없었다. 따라서 이 시기 언관의 활동은 후일 사림파가 본격적으로 진출한 시기와는 달리 인사관계나 일반 시정 등에 관한 통시대적인 일반적 언론이 주류를 이루고 있었다. 다만 비공신계의 입장에서 공신중심의 지배체제에 대한 비판의 하나로 정국공신 문제를 지속적으로 거론한 것이 하나의 특징이라 할 수 있다. 공신 수의 과다, 공신 및 그 부모 친인척의 陰加事 및 그 개정문제, 공신의 土田 藏獲의 과다, 官爵濫受 등이 그 범주에 속한다.

도학정치의 실현을 위한 사림파의 언론·경연활동이 본격화된 것은 趙光祖의 등용이 이루어진 중종 10년(1515)부터였다. 조광조가 安瑭의 천거로 정계에 등장한 이후 중종의 총애를 바탕으로 정치적 영향력을 급속히 확대해 가면서 사림파의 성장도 뒤따르게 되었다. 그들은 대간과 홍문관에 집중적으로 진출하였으며, 그 결과 언관의 하위직은 물론 장관직까지도 이들이 장악하게 되었다. 특히 그들은 홍문관을 개혁정치의 이념과 방향을 정립하고 그 실천방안을 확정하는 산실로 활용하였다. 홍문관에서 확정된 계획은 대간내 자파세력의 언론을 통하여 상달되었고, 그것은 政曹系 보수세력의 반대를 배격하면서 그대로 추진되었다. 이 과정에서 이들은 언관 우위의 지배체제를 굳히려 하였으며, 나아가 훈구세력을 견제하고 자신들이 꿈꾸는 이상정치 즉 도학정치를 달성하려 하였다.

이 시기 사림파의 언론활동은 비록 일상적이고 통시대적인 것이 주류를 이루고 있었지만 양적인 면에서 앞 시기보다 훨씬 많았다. 그런데 이 시기의 언론활동이 역사적 의미를 지니는 것은 단순히 양적 증대에 있는 것이 아니라, 사림파의 이념과 이상, 현실대응의식에 바탕을 둔 특수한 성격의 언론이 행사되었다는 점 때문이다. 이는 성종대의 사림파가 통시대적인 언론 이외에 훈구파에 대한 탄핵과 소릉복위와 같은 특수한 성격의 언론을 행사했던 점과 같은 맥락에서 이해될 수 있다.

사림파의 언론활동은 크게 두 가지 방향에서 추진되었는데, 그 하나는 전통적 명분의 회복과 因習·舊制의 革去를 목표로 하였다. 전통적 명분의 회복이란 앞 시기에 있었던 癸酉靖難, 세조의 즉위, 중종반정의 과정에서 나타난 명분의 단절을 되찾으려는 노력으로 볼 수 있다. 이를 위해 사림계 언관들은 성종대 사림파가 건의하였으나 실현되지 못했던 소릉복위를 다시 주장하였으며, 계유정난과 세조의 즉위, 중종반정의 부산물로 나타난 魯山君·燕山君의 立後문제, 중종반정 이후 반정공신에 의해 廢黜된 愼氏의 복위 등을 거론하였다. 이런 점은 과거의 정변은 역사적 사실로 받아들이면서도 절대가치로서의 통시대적 의의를 지닌 절의와 명분을 반정 이전의 상태로 환원시켜야 한다는 그들의 의도를 나타내는 것으로, 정변에 대한 간접적 비판의 의미를 내포하고 있는 것이었다. 따라서 그들의 계획은 소릉복위를 제외하고는 훈구계의 완강한 반대로 고식적인 해결에 머물거나 실행되지 못하였다.

전통적 명분의 회복과 표리관계를 이루며 추진된 것으로 인습과 구제의 혁거가 있었다. 宮中 女樂, 內需司 長利, 忌晨齋·昭格署의 혁파로 대표되는 이 개혁의 표면에는 군주와 궁중이 도덕적으로 정화되어야 한다는 것과 비법제적인 殖利에 따른 민폐의 구제, 異敎的 祀典體制를 성리학적 사전체제로 대체하려는 명분이 표방되었다. 그러나 그 이면에는 궁중과 연결되어 지배세력으로 성장한 훈구파의 기반을 약화시키려는 목적도 잠재적으로 내포되어 있었다. 사림파가 추구하고자 한 도학정치의 실현은 결국 전통적 인습 및 구제의 혁거를 통하여, 그리고 그와 연결되어 있는 훈구파의 견제를 통하여 이루어질 수 있는 것이었기 때문이다. 이런 문제는 중종 이전부터 부분적으로 제기되어 왔으나 이 때에 이르러 더욱 활발히 추진되었던 것은 그들의 정치적 성장과 영향력 확대에 말미암은 것이었다.

이같은 개혁론이 도학정치를 실현하기 위한 기반조성이라고 한다면 성리학적 정치이념을 바탕으로 자기 주도의 체제를 확립하기 위한 방법으로 나타난 것이 새로운 통치질서의 수립이었다. 이를 위해 그들은 먼저《朱文公家禮》·《三綱行實》·《二倫行實》의 보급,《小學》교육의 장려 등을 통하여 성리학적 윤리질서를 확립하려 하였으며, 鄕校교육의 강화, 鄕約의 보급을 통하여 새로운 향촌질서를 수립하려 하였다. 이는 물론 성리학적 윤리·통치질서를 향촌에 정착시킴으로써 그 곳에 지지기반을 구축하고 그를 토대로 중앙지배세력으로서의 우위를 확보하려는 데 목적이 있었다.

그리고 향촌의 '遺逸之士'를 발굴하기 위해 천거제의 성격을 지닌 賢良科가 실시되었다. 그 실시의 명분으로 제시된 것은 과거제의 모순과 그로 인한 참다운 인재 발굴의 어려움을 해결하는 것이었다. 하지만 그 근본 목적은 사림파 세력의 확장에 있었다. 그들이 자파세력을 확충하려 한 것은 개혁을 추진할 인적 자원을 확보하고 그를 통해 그들이 이상으로 생각하는 도학정치를 실현하기 위한 것이었다. 이와 짝하여 靖國功臣에 대한 대규모의 '削勳'을 단행한 것에서 훈구세력을 억제하려는 그들의 의도를 분명하게 엿볼 수 있다.

사림파는 도학정치를 추구하기 위하여 언론활동 이외에도 경연 강의를 적극 활용하였다. 경연은 단순히 군주에 대한 강의 기능만 지니고 있는 것이 아니라, 정책토론·시정건의 등의 장소로 활용되고 있어서 도학정치의 이상을 실현하려는 그들에게는 좋은 기회를 제공해 주는 장소였다. 더욱이 그들은 3사, 그 중에서도 홍문관에 많이 진출해 있었으므로 경연을 도학정치 추구의 장으로 이용할 수 있는 충분한 여건을 갖추고 있었다. 그들은 도학정치를 실현하기 위해 경연을 두 방향에서 이용하였다. 하나는 위에서 논급한 개혁정치의 구체화를 위한 것이었다. 개혁정치는 언관에 재직하고 있는 사림파의 상소나 陳啓를 통하여 제기되기도 했으나 경연에 참석한 기회를 이용하여 이루어지기도 하였다. 즉 그들은 경연의 기능을, 義理를 講明하고 治道에 보탬이 되게 하려는 데에 있다고 보면서 그 곳에서의 강의 기회를 통하여 개혁정치의 실천 방안을 논의하였다.

다른 하나는 도학정치의 성패 여부가 군주에게 있다고 판단한 그들이 군주의 자질과 덕성 함양에 우선을 두고 경연에서 이를 위한 노력을 하였던 데서 찾을 수 있다. 군주가 好學하는 자세를 가져야 한다거나, 聖君·聖賢의 언행을 체득하고 군주로서의 도리를 다할 것을 강조하기도 하였고, 언로의 開閉가 국가의 운명과 관련된다면서 納諫할 것을 주장한 것 등이 그 대표적인 예가 된다. 이는 곧 賢哲君主의 등장이 그들이 꿈꾸는 요순삼대와 같은 지치의 실현을 가능케 한다는 사상적 구도를 극명하게 보여주는 것이다.

요컨대 사림파는 그들이 이상으로 생각하는 도학정치를 추구하기 위하여 3사와 같은 언관직에 진출하였으며, 그것을 기반으로 한 언론활동과 경연활동을 통하여 국왕의 자질과 덕성 함양을 강조하는 동시에 훈구파의 세력을 억제하면서 개혁정치를 실시하려 하였다고 볼 수 있다. 그러나 언론이나 경연활동은 정책에 대한 자문에 응하거나 비판 기능의 행사를 가능하게 했을 뿐 정책집행과는 거리가 있는 것이었다. 게다가 언관 우위의 지배체제를 구축하려 하였지만, 자파세력의 확대나 보호에 필수적인 人事權이나 兵權을 장악하지 못했다는 것은 그들이 안고 있는 가장 큰 한계였다. 또한 도학정치의 실현과정에서는 현 체제의 유지를 바라는 훈구파와의 마찰이 생기기 마련이었다. 사림파는 이런 문제를 그들 특유의 과감성으로 해결하려 하였다. 그러나 지나친 과감성은 오히려 훈구대신뿐 아니라, 사림파에게 호의적이었던 왕의 태도마저 돌려놓음으로써 그들은 몰락하게 되었고, 그들이 추구한 개혁정치도 실패로 끝나고 말았다. 이처럼 그들의 개혁정치가 실패로 끝나고 모든 제도가 옛 모습으로 환원되었다 하더라도, 새로운 질서와 가치를 지향한 그들의 전향적·미래지향적 자세는 뒷날 새로운 질서를 국가의 공적인 정책기제로 정착시키는 토대가 되었다.

3) 《소학》실천운동

《小學》은 朱子가 三代의 소학에서 가르치던 교과내용을 복원하려는 의도에서 저술한 敎本으로 고려 후기에 우리 나라에 수용되기 시작하였다. 충숙왕 17년(1330)부터 《소학》이 과거시험 과목의 하나로 부과되기 시작했던 사실과[15] 李崇仁이 소학서를 읽는 사대부 자제의 모습을 기록한 것들이[16] 이를 방증하고 있다.

이 《소학》은 성리학의 입문서로서 가족관계나 행동규범에 관한 실천적인 면을 강하게 지니고 있었다.[17] 그래서 관념적이고 사변적인 성격이 강한 성리학 보급을 위한 이해 기반의 확보라는 차원에서 《소학》교육은 강조되기 마련이었다. 조선초의 역대 군주나 사대부들이 《소학》의 보급과 교육을 위해 많은 노력을 기울였던 이유가 바로 여기에 있었다.

조선초의 집권 사대부들은 학교를 중심으로 교화정책을 추진하려 하였다. 곧 학교는 '風化之源'이었으므로 여기에서는 특히 《소학》교육이 강조되었다. 선초의 《소학》교육에 대한 관심은 權近의 〈勸學事目〉에 투영되어 있다. 권근은 《소학》은 인륜·世道에 긴절한 책이므로 국가가 '先講의 書'로서 법제적으로 규정하여 四學과 향교의 생도들이 우선적으로 배우도록 해야 함을 강조하였다.[18] 權遇 역시 1품 이하 庶人에 이르기까지의 자제를 모두 部學에 입학시켜 《소학》을 맨처음 가르칠 것을 上啓하였다.[19] 이같은 그들의 의견은 태종 12년(1412)에 편찬된 《續六典》에 "8세 이상은 모두 학당에 취학시켜 《소학》의 도로써 가르친다"[20]라는 규정으로 정착하게 되었고, 生員覆試에서는 《소학》과 《가례》를 考講하게 하였다. 成均館에서는 "생원과 진사가 부족하면 곧 15세 이상의 4학 생도로 《소학》과 4서 가운데 一經에 통한 자와 有蔭嫡子로 《소학》에 통한 자, 일찍이 문과 생원·진사시의 鄕試나 漢城試에 入格한 자

15) 《高麗史》 권 73, 志 27, 選擧 1, 科目.
16) 李崇仁, 《陶隱集》 권 4, 朴生詩 序.
17) 《小學》의 교육에 관해서는 李樹健, 〈李朝時代 『小學』敎育에 대하여〉(《嶺南大學校論文集》 2, 1968), 《소학》의 사회적 기능에 대해서는 金駿錫, 〈朝鮮前期의 社會思想-《소학》의 社會的 機能分析을 중심으로-〉(《東方學志》 29, 延世大, 1981), 그리고 《소학》의 실천운동에 대해서는 李泰鎭, 〈16世紀 士林의 歷史的 機能〉(《大東文化硏究》 13, 成均館大, 1979), 사림파의 《소학》교육 목적에 대해서는 李秉烋, 앞의 책, 139~145쪽 참조.
18) 《太宗實錄》 권 13, 태종 7년 3월 무인.
19) 《太宗實錄》 권 25, 태종 13년 6월 정축.
20) 《文宗實錄》 권 7, 문종 원년 4월 계사.

로 보충한다"21)는 등의 규정으로 법제화되었다.

그러나 《소학》교육은 이와 같은 법제적인 뒷받침과 역대 군주들의 정책적 배려에도 불구하고 큰 실효를 거두지는 못하였다. 선초 교화정책 실현의 중심이었던 학교교육 자체가 쇠퇴하면서 《소학》교육 역시 약화될 수밖에 없었기 때문이다. 이는 선초 제도정비를 통한 체제 안정과 더불어 詞章學風으로의 傾斜가 시작되고, 이에 따라 興學運動도 쇠퇴하기 시작했으며 과거에 있어서도 講經보다 製述이 점차 중요시되기에 이르렀던22) 시대적 상황에 기인한 것이었다. 이러한 상황은 성리학의 기초적 실천을 강조하고 있는 《소학》의 현실적 필요성을 감소시켜 자연히 《소학》교육을 경시하거나 기피하게끔 유도하였던 것이다. 《소학》교육의 경시 내지 기피현상은 16세기초까지도 계속되었는데, 이는 훈구파의 존재양태와 깊은 관련이 있음을 보여주는 것이다.

사림파의 중앙정계 진출과 더불어 《소학》의 중요성은 새롭게 인식되기 시작하였다. 《소학》 한 책만으로 30세 이전의 학업을 삼았다는 金宏弼의 예는 이를 상징하고 있거니와, 修己의 차원을 극복하고 治人의 수준으로 나아가 중종대의 사림파에 있어서 《소학》교육 내지 그 실천운동은 현실적인 관심사로 다시 부각될 수밖에 없었다. 《소학》교육에 대한 그들의 관심은 중종 4년(1509) 持平 柳雲·大司諫 崔淑生이 《소학》을 考講하여 근본을 배양할 것을 계청한23) 데서 다시 제기되었다. 그리고 사림파의 진출이 활발해진 동왕 11년에 이르러 《소학》은 인륜과 일상생활에 요긴한 節目이 두루 갖춰진 '修身大法'의 책이므로 그 이상을 실현하기 위해 종래 생원·진사복시에서 《소학》을 고강하게 한 조치와 학교에서 《소학》을 반드시 배우게 한 법전의 규정은 엄수되어야 하고, 학교에만 국한되었던 《소학》교육을 전국의 향촌 어디에서나 시행할 수 있도록 필요한 책을 충분히 印頒하라24)는 국왕의 하교를 이끌어내기에 이르렀다.

그러나 이같은 왕명에도 불구하고 《소학》교육이 소기의 성과를 얻기는 어

21) 《經國大典》 권 3, 禮典 生徒.
22) 李秉烋·朱雄英, 〈麗末鮮初의 興學運動－性理學 受容과 관련하여－〉(《歷史教育論集》 14·15, 歷史教育學會, 1990).
23) 《中宗實錄》 권 8, 중종 4년 6월 신미.
24) 《中宗實錄》 권 26, 중종 11년 11월 계미.

려웠다. 이후에도 지속적으로 《소학》교육과 관련된 비슷한 주장이 반복되고 있는 것이 이를 잘 보여주고 있다. 《소학》교육의 부진은 중종대의 사림파에게 강한 자극제로 작용하였다. 조광조는 "宿弊를 혁거하고 敎條를 닦아 밝히려면 先王의 법도를 차례로 거행해야 하는데, 《소학》을 인재양성의 근본으로, 鄕約을 풍속교화의 방도로 삼아야 합니다"[25]라고 강조하였다. 金安國도 "一國에 孝悌를 돈독히 행하게 하려면 위로는 공경대부로부터 아래로는 閭巷小民·國學鄕校·家塾 등에서 朱文公小學을 받들어 익히도록 해야 합니다"[26]라고 계청하였다. 또 그는 자신이 경상도관찰사로 재직할 때에는 각 읍을 순방하여 유생들에게 《소학》을 권장하였다.[27] 이들과 함께 개혁정치의 중추적 역할을 담당하였던 金淨도 "《소학》·《大學》 모두 일상 행하는 일로 삼대에는 모두 이로써 덕을 닦고 학업을 연마하였는데, 후대에는 그것을 좋아하는 자가 적습니다"[28]라고 상계하여 《소학》교육의 진흥을 역설하였다.

《소학》에 대한 사림파의 깊은 관심은 《소학》실천운동으로 발전하였다. 그 대표적 사례가 향약보급운동이었다. 향약의 보급은 결국 《소학》에 수록된 呂氏鄕約의 보급을 목적으로 하는 것이었으므로 그 과정에서 자연히 《소학》의 내용도 널리 보급되기 마련이었다. 그들은 이미 성리학적 향촌질서를 수립하려는 목적으로 留鄕所復立運動을 전개한 바 있었다. 그러나 복립 이후 유향소의 운영이 京在所를 통한 훈구파의 수중에 들게 되자, 이를 극복하려는 새로운 시도로 향약보급운동을 전개하였다.[29] 그리고 《소학》교육이나 향약보급의 중요성은 그들 모두에게서 강조되기는 하였지만, 조광조 등 급진개혁파들이 기신재나 소격서 혁파 등 인습이나 구제의 혁거 쪽에 보다 많은 관심을 집중시켰던 반면, 새 윤리질서·새 통치질서의 수립을 위한 《소학》실천운동과 향약보급운동에 보다 적극적이었던 것은 김안국과 같은 온건개혁파 계열이었다.[30]

25) 趙光祖, 《靜庵集》 附錄 6, 行狀(李滉 撰).
26) 金安國, 《慕齋集》 권 15, 附錄 行狀.
27) 任輔臣, 《丙辰丁巳錄》(《大東野乘》 所收).
28) 《中宗實錄》 권 36, 중종 14년 7월 갑오.
29) 李泰鎭, 앞의 글(1979).
李秉烋, 앞의 책, 149~152쪽.
30) 李秉烋, 〈慕齋 金安國과 改革政治〉(《碧史李佑成敎授定年記念論叢 民族史의 展開와 그 文化》 上, 창작과비평사, 1990) 참조.

향약보급운동은 전통적인 '淫祀'가 지배하는 향촌사회를 성리학적 이념에 바탕을 둔 새로운 질서 속으로 끌어들이려는 목적과 함께 사림파 주도의 향촌질서를 수립하려는 의지가 작용된 것이기도 하였다. 훈구파가 주도하는 정국은 중앙집권체제의 수립을 지향하였으므로 선초부터 守令의 관권을 절대적으로 보장하고 있었다. 또 재지세력의 입지를 보장해 줄 것으로 기대되었던 유향소도 중앙집권적으로 운영되었다. 그리하여 훈구세력·수령·유향소의 3자가 연결된 수탈구조는 16세기에 들어와《經國大典》의 여러 규정을 사문화시키면서 더욱 강화되어 피지배층의 광범한 유망을 초래하였다. 사림파의 향약보급운동은 이러한 사회불안을 해소하고 스스로 재지적 기반을 보호하려는 것이었으므로 사림파는 이를 위해 열성적으로 노력하였다.[31]

사림파가《소학》교육을 중요시하고 그 보급에 힘쓰는 한편 실천운동을 전개했던 것은 그 내용이 성리학이 지향하는 새로운 질서, 새로운 세계의 실현과 깊은 연관을 가졌기 때문이다. 다시 말하면, 성리학에 바탕을 둔 새로운 사회질서의 수립은 실천을 통해 도달될 수 있는 것이므로, '至治'를 지향하는 사림파는 '요순삼대'의 이상이 담겨져 있다고 여긴《소학》의 보급 및 실천에 힘을 기울일 수밖에 없었다.[32]

그러나 그들에 의해 추진되었던《소학》실천운동은 己卯士禍로 인해 중지되고 말았다. 향약이 폐지됨과 아울러《소학》은 '凶書'로 파악되기에 이르렀던 것이다.[33] 이는《소학》실천운동이 정치성을 강하게 지닌 것으로 훈구세력에게 인식되었음을 뜻한다. 기묘사화 이후 향약을 통해 성리학적 향촌질서를 수립하려는 사림파의 노력은 더 이상 표면화되지 못하였다. 그러다가 金安老의 실세 이후 사림파가 재등용되고 국왕의 조광조 및 '己卯人'에 대한 인식이 조금씩 호전되어 갔다. 이 과정에서 金麟厚는 기묘사림파에 의해 추진되었다가 중지된《소학》교육의 장려 및 향약의 실시를 건의하여 국왕의 호의적 반응을 얻어내었으나 훈구파 대신들의 견제로 실현될 수는 없었다.[34]

---

31) 李泰鎭, 〈士林派의 留鄕所 復立運動－朝鮮初期 性理學 定着의 社會的 背景－(上·下)〉(《震檀學報》34·35, 1972·1973).

32) 尹炳喜, 〈朝鮮 中宗朝 士風과《小學》－新進士類들의 道德政治 具現과 관련하여－〉(《歷史學報》103, 1984).

33) 李秉烋, 앞의 책, 139~145쪽.

이미 향약보급운동이 사림파의 정치적 기반 확대운동이었음을 체험한 훈구파나 權戚세력이 정국을 주도하는 한 향약보급이 허용되기란 극히 어려운 일이었다. 다만 《소학》은 孝悌의 道가 실려 있는 책이라는 인식이 확산되면서 인출이 허용되었고,[35] 경연에서의 강의가 실현되었으며[36] 諺解로 된 《소학》은 《三綱行實》과 함께 서울과 지방에 반포되기에 이르렀다.[37]

이에 사림파는 방향을 전환하여 향약보급보다는 書院건립활동에 주력하게 되었다. 이는 그들의 중앙정계진출이 억제된 때문이기도 했지만, 당시 사회적 혼란은 이미 교화적 방식으로는 해결될 수 없는 단계에 이르렀음을 시사하는 것이다. 그들이 추진했던 향약보급운동은 향촌사회의 안정을 목적으로 하였지만, 그들 스스로 결집의 구심점을 얻고자 하는 의도가 내재되어 있었다. 서원은 바로 그러한 목적의 하나를 달성하기에 충분한 것일 뿐더러, 선현봉사와 강학의 장소였으므로 훈구파의 직접적인 견제와 탄압의 대상에서도 쉽게 벗어날 수 있는 이점이 있었다. 그리하여 그들은 '講明道學'의 실천장으로서의 서원의 정착과 보급에 주력하게 되었던 것이다.[38]

그 뒤 선조의 즉위를 계기로 사림파가 정계를 주도하게 되면서 향약보급에 대한 논의가 본격적으로 재개되고, 결국 전국적인 시행을 보게 되었다. 그리고 학문적인 면에서도 중종대 사림파가 지니고 있던 초보적이고 실천적인 성리학 이해 수준에서 벗어나 보다 심층적으로 정제된 이해체계가 정립되어 갔다. 《소학》의 보급도 새로 간행된 朱子의 《童蒙須知》와 朴世茂의 《童蒙先習》, 柳希春의 《續蒙求》, 盧守愼의 《童蒙須知疏義》, 李珥의 《擊蒙要訣》 등의 저술을 통해 보편화되었다. 이들 저술은 《소학》은 어려서부터 귀천의 구별없이 배워야 하며 서민이나 부녀들까지도 쉽게 익힐 수 있는 諺解本이나 類書가 간행되어야 한다는 당대의 인식을 잘 보여주고 있다. 그리하여 마침내

34) 金 燉, 〈中宗代 言官의 性格變化와 士林〉(《韓國史論》 10, 서울大, 1984).
35) 《明宗實錄》 권 1, 명종 즉위년 7월 경진.
36) 《明宗實錄》 권 1, 명종 즉위년 7월 임오.
37) 《明宗實錄》 권 3, 명종 원년 6월 갑오.
38) 사림파의 서원건립 의도에 대해서는 李泰鎭, 〈士林과 書院〉(《한국사》 12, 국사편찬위원회, 1977), 서원의 건립과정에 대해서는 鄭萬祚, 〈朝鮮 書院의 成立過程〉(《韓國史論》 8, 國史編纂委員會, 1980) 참조.

이이에 의해 이제까지 통용된 여러 가지 註釋書를 종합하고 조선조《소학》에 대한 이해수준을 집대성한《小學諸家集註》가 간행되기에 이르렀다.39) 이는 사림파가 정국의 주도세력으로 성장한 결과이기도 하지만, 한편으로는 당시의 사회구조가 이를 받아들일 수 있을 정도로 변화되었음을 반영하는 것이기도 하다.

4) 소격서 혁파

昭格署는 道敎的 祀典을 집행하는 기관으로, 고려시대에는 도교적 사전을 수행하는 많은 醮所 중의 하나로 昭格殿으로 불려졌다.40) 조선 개국 후에도 그 명칭이 유지되어 오다가 세조 12년(1466)에 소격서로 개칭되었으며,41)《경국대전》에 법제적 기관으로 자리잡음으로써 그 기능을 유지해 오고 있었다.42) 그런데 사림파를 주축으로 한 일부 신료들에 의해 불교식 행사인 忌晨齋의 혁파논의가 빈발하였던 성종대에 이르러서도 소격서의 초제에 대한 비판론은 제기되지 않았다. 연산군대에 이르러서야 일각에서 '道敎는 左道'라는 의식이 나타나게 되었으나, 근본적인 혁파논의는 제기되지 못하였다.43) 그래서 소격서 혁파문제는 그에 대한 적극적인 논의나 큰 논란을 거친 일이 없이 중종대까지 이르게 되었다.

그러나 유교적 지배체제를 지향하는 조선조에 있어서 도교적 사전기관인 소격서는 비판의 대상이 될 소지를 근본적으로 안고 있었다. 다만 그 연원이

---

39) 金駿錫, 앞의 글, 140~144쪽.
40) 昭格署에 관한 연구로는 다음이 참조된다.
李秉烋, 앞의 책, 132~136쪽.
———, 〈昭格署 革罷論議와 士林派〉(《嶠南史學》 1, 嶺南大, 1985).
李鍾殷, 〈昭格署硏究〉(《比較文化硏究》 7, 漢陽大, 1988).
金海榮, 〈中宗朝의 昭格署 革罷論議에 대한 一考察〉(《慶尙史學》 6, 1990).
41)《世祖實錄》 권 38, 세조 12년 정월 무오.
42)《經國大典》 권 1, 吏典 京官職.
43)《成宗實錄》 권 162, 성종 15년 정월 을사에 기록된 權健·李德崇 등이 성종의 御意에 영합하여 소격서의 혁파를 建白하지 못한 것을 비판한 史臣의 논평과《燕山君日記》 권 51, 연산군 9년 11월 갑자의 掌令 姜徵의 상소에서 이러한 인식의 변화를 엿볼 수 있다.

오래되고, 星辰에 致祭하는 일 자체가 중대한 것이므로 구습에 따른다는 외형적인 명분을 가지고 유지되었을 따름이었다. 그러나 실제로는 비유교적·비합리적 신앙체계로서의 자연신앙이 오랜 전통을 가지고 민간에 깊이 뿌리 박고 있었기 때문에[44] 왕조의 입장에서도 그것을 재편하는 수준에 머무를 수밖에 없었다. 民의 지지기반 없이 왕조가 존립할 수 없다는 인식과 더불어 '山川'에 대한 치제를 통해 그것에 의해 수호되고 상징되는 지방세력을 宣撫하고 그들을 왕권 지배하에 흡수하려는 의도가 내포된 것이었기 때문이다. 요컨대 조선왕조의 국왕과 집권 사대부들은 비유교적 사전의 부분적 허용이라는 일정한 양보를 통해 안정적 지배체제를 구축하려 했던 것이다.[45] 다시 말하면 조선왕조는 건국 후 일체의 이단을 배격하는 각도에서 사전체제의 정비를 시도하였으나,[46] 조선초의 사회가 성리학적 사전체제를 전면적으로 수용할 만큼 변화되지 못했기 때문에 대민통제를 위해서는 어느 정도 구래의 인습이나 제도를 용인해 줄 수밖에 없었고 이런 사정으로 소격서는 유지될 수 있었던 것이다. 따라서 선초 성리학적 사전체제의 정비는 불철저할 수밖에 없었고, 기신재나 소격서의 존재는 그러한 사실을 표본적으로 보여주고 있다.

이러한 이유로 소격서는 그 혁파문제가 성종·연산군대의 사림파에게서조차 제기되지 않을 정도로 기반이 견고하였다. 혁파에 대한 논의가 처음 제기된 것은 중종 5년(1510)이지만 논의가 가장 빈번했던 것은 6년이었다. 이 시기에는 朴元宗·柳順汀·成希顔 등을 주축으로 한 소수의 중종반정 공신세력이 새 국왕을 옹립한 공로로 議政府의 議政職을 독점하고 인사권·병권을 장악하여 공신 주도의 지배체제를 구축하고 있었다. 그러나 6조에는 후일 의정부를 담당할 많은 비공신계 훈구파가 진출해 있었고, 더구나 언관은 그들에 의해 거의 완벽하게 장악되고 있었다.

공신세력은 반정 이후 정치적 분위기 쇄신이나 새로운 통치질서 수립과

---

44) 韓㳓劤, 〈朝鮮王朝初期에 있어서의 儒敎理念의 實踐과 信仰·宗敎-祀祭問題를 中心으로-〉(《韓國史論》 3, 서울大, 1976).

45) 李秉烋, 앞의 글(1985), 132~133쪽.

46) 金泰永, 〈朝鮮初期 祀典의 成立에 대하여-國家意識의 變遷을 중심으로-〉(《歷史學報》 58, 1973), 124~125쪽.

같은 시대적 과제를 외면한 채, 집단의 취약점과 모순의 호도를 위한 고식적인 통치행위를 자행하였다. 반면 비공신세력은 전제왕권의 횡포로 인한 피해를 체험한 바 있었으므로 왕권과 신권의 균형이 유지되고 政曹와 언관의 상보적 관계가 보장되는 전통적인 통치질서 회복의 길을 모색하고 있었다. 그래서 그들은 새로운 시대를 전망하는 수준에까지는 미치지 못하였지만, 통시대적인 인사관계나 일반시정 등에 관해 적극적인 언론활동을 전개하였다.[47]

소격서 혁파문제도 처음에는 동일한 인식선상에서 그 논의가 시작되었다. 중종 6년 6월에 사간원은 국왕에게 '致理之本'을 깊이 궁구하여 소격서를 '祖宗之舊'로만 여기지 말고 혁파하도록 상소하였으며,[48] 뒤이어 사헌부에서도 이단을 배격하면서 도교만을 폐하지 않음은 정치적 하자라고 상소하였다.[49] 이러한 언론활동이 행해졌던 것은 이전 시기에 비해 성리학에 대한 이해가 심화된 결과라고 생각되지만, 비공신계 훈구파 중심의 정조나 언관 구성에서도 짐작되듯이, 이 시기에는 본격적인 혁파 논의의 수준에는 미치지 못하였고, 정책설정 방향의 모순을 지적하는 수준의 문제제기에 지나지 않았다. 그에 따라 비록 국왕이나 정조 내에서도 도교를 좌도로 인식은 하고 있었지만, 연원이 오랜 조종의 舊章인 데다가 《경국대전》에 법제화되어 있는 기관이라는 이유를 들어 이를 받아들이지 않았던 것이다.[50] 이후 좌도라는 인식은 소격서 및 그와 관련된 도교사전 배격의 가장 근본적인 논거가 되었다. 이와 더불어 소격서 혁파의 또 다른 하나의 근거는 諸侯가 祭天하는 것은 '僭禮'라는 데 있었다.[51] 제천의식이 참례라는 인식의 정당성 여부는 논외로 하더라도, 당시로서는 참례 주장이 상당한 정신적 압력 효과를 지닐 수 있었으므로 이 또한 향후 혁파의 근거로 꾸준히 활용되었다.

다른 여러 가지 개혁논의와 마찬가지로 소격서의 혁파문제도 趙光祖 등이 중앙정계에 진출한 후인 중종 11년(1516)부터 13년까지 끊임없이 논의되었다. 중종 11년 3월 申光漢이 참례는 명분이 옳지 않다고 상계한 것[52]을 비롯하

47) 李秉烋, 앞의 책, 52~79쪽.
48) 《中宗實錄》 권 14, 중종 6년 6월 정유.
49) 《中宗實錄》 권 14, 중종 6년 6월 기해.
50) 《中宗實錄》 권 13, 중종 6년 5월 기미.
51) 《中宗實錄》 권 13, 중종 6년 5월 병인.

여 柳灌은 "(성종 · 연산군 · 중종) 3대의 과제였던 忌晨齋 및 內需司 長利가 혁파됨으로써 사기가 크게 올랐으니 소격서도 함께 혁파하십시오"[53]라고 아뢰었다. 같은 해 6월 조광조는 "근자에 이미 기신재와 내수사 장리가 혁파되었기 때문에 소격서만 그대로 둘 수 없습니다"[54]라고 상계하였으며, 같은 해 10월 申用漑도 소격서는 제천의식이 아니라, 성신과 老子에 치제하는 것임과 그를 위해 물자의 낭비가 많음을 들어 혁파를 계청하였다.[55]

중종 13년(1518)에 가서 사림파에 의해 언관이 장악되면서 이 논의는 더욱 격렬히 전개되었다. 8월 5일 홍문관은 일곱 차례나 상계하였으며,[56] 같은 달 26일에는 대간이 사직하였고, 홍문관이 5계, 승정원이 3계, 대신이 재계하여 혁파를 청하였다.[57] 이튿날에는 성균관 생원 權磌 등이 상소하였으나[58] 모두 윤허를 얻지 못하였다. 이 문제는 결국 副提學 조광조를 비롯한 홍문관 관원들의 극한적인 언론투쟁 후에야 비로소 그 결실을 보게 되었다.[59] 그리하여 마침내 소격서는 혁파되고 그 곳에 비치되어 있던 銀器 · 鍮器 · 沙器 등은 성균관 · 4학 · 讀書堂에 분급되었다.[60]

이처럼 소격서 혁파는 조광조를 비롯한 홍문관 관원들에 의해 지속적이고 철저하게 추진되었기 때문에 가능하였던 것이며, 그 과정에서 보수세력과 궁중세력의 완강한 저항이 있었다. 조선초 사대부들에 의해 부분적으로 용인되어 오던 사전이 중종대에 와서 문제로 제기되기 시작한 것은 성리학 및 윤리질서의 이해 수준이 향상되었다는 시대적 추이에 그 원인이 있었을 것이다. 그러나 도교적 사전체제에서 《주자가례》에 의거한 성리학적 사전체제로의 대체[61]는 사림파의 정치적 의도와도 관련이 있다. 즉 그들이 추구하는

52) 《中宗實錄》 권 24, 중종 11년 3월 정축.
53) 《中宗實錄》 권 25, 중종 11년 6월 임자.
54) 《中宗實錄》 권 25, 중종 11년 6월 계축.
55) 《中宗實錄》 권 26, 중종 11년 10월 기사.
56) 《中宗實錄》 권 34, 중종 13년 8월 임신.
57) 《中宗實錄》 권 34, 중종 13년 8월 계사.
58) 《中宗實錄》 권 34, 중종 13년 8월 갑오.
59) 《中宗實錄》 권 34, 중종 13년 9월 경자.
60) 《中宗實錄》 권 34, 중종 13년 9월 정사.
61) 金泰永, 앞의 글 참조.

'至治'는 인습과 구제의 청산을 통하여, 그리고 그와 연결되어 있는 훈구세력에 대한 견제를 통해서 비로소 실현될 수 있는 것이었으므로, 소격서 혁파란 결국 훈구세력이 사전체제의 정비과정에서 무속·불교·도교적 사전을 부분적으로 용인·양보하면서 확보한 지배기반에 대한 침식 내지 파괴작업의 성격을 내포하고 있었다. 기묘사화로 사림파가 중앙정계에서 축출되고 훈구파가 정국운영의 주도권을 다시 장악하면서 소격서가 복설되었던 것은 이러한 사실을 반증한다고 하겠다.

소격서 복립에 대한 논의가 불명확한 상태로나마 시작된 것은 중종 15년 정월이었다. 국왕은 좌의정 南袞과 국사를 논의하는 과정에서 소격서가 비록 左道에 가까우나, 祈雨·祈晴 등을 폐한 것은 편치 않다는 뜻을 밝히면서 그 行祭만이라도 소격서에서 하면 좋겠다는 뜻을 하교하였다.[62] 이에 대해 소격서 혁파에 반대했던 남곤은 이번에는 거꾸로 복립에 반대하였고[63] 鄭光弼도 같은 의견을 진언하였다.[64]

소극적이고 불확실하던 중종의 복립의도는 그 2년 후 大妃인 貞顯王后의 병환을 계기로 좀더 적극성을 띠게 되었다. 중종 17년 12월에 국왕은 대신들에게 조정의 공론과는 상관없이 일부 신진사류의 주장에 의해 조종의 구제인 소격서가 갑작스레 혁파된 것은 차마 있을 수 없는 일이라는 지적과 함께 '三光之制' 만이라도 시행할 것을 간곡히 당부하는 대비의 뜻을 전하였다.[65] 이에 대한 대간의 반대에도 불구하고 중종은 도교가 좌도이기는 하나, 불교처럼 인심을 惑亂케 하는 것은 아니라는 도교·불교의 차별성을 거론하며 소격서를 복립케 하였다. 그리고 三界醮·靈寶醮·太一醮 등은 모두 그전처럼 실시하되, 비용만은 줄인다는 조처를 내렸다.[66]

소격서가 복립된 뒤에도 반대논의는 종식되지 않았다. 부제학 徐厚의 수차에 걸친 완강한 반대가 있었고,[67] 대간도 道理論을 전개하며 반대하였으

62) 《中宗實錄》 권 38, 중종 15년 정월 병오.
63) 위와 같음.
李秉烋, 앞의 글(1985), 173~175쪽.
64) 《中宗實錄》 권 38, 중종 15년 정월 경술.
65) 《中宗實錄》 권 46, 중종 17년 12월 병술.
66) 《中宗實錄》 권 46, 중종 17년 12월 정해.

며, 끝내는 呈辭하는 단계에까지 이르렀다.68) 그리고 성균관 생원 魚泳河는 소격서 복립에 대해 극론을 펴 반대입장을 표명하였다.69) 그러나 이러한 반론에도 불구하고 소격서 혁파를 반대하는 중종의 의지는 확고한 것이었다. 그래서 소격서의 영구적인 혁파는 사림파가 집권하여 그들에 의해 성리학의 학문적 수준이 크게 향상되고, 성리학적 전례가 급속히 정착되어 가던 임진왜란 이후에 가서야 실현될 수 있었다.70) 그에 따라 종전의 불교·도교를 포함한 다양한 사전체제는 성리학적 사전체제로 일원화되었던 것이다.

5) 훈구파 탄핵

사림의 중앙정계 진출은 기존의 집권 훈구세력과의 갈등과 대립을 초래하였다. 그래서 조선 전기의 정치사는 훈구세력과 사림세력이 갈등과정을 거쳐 전자를 대신하여 후자가 정국의 주도세력으로 정착하여 가는 과정으로 이해할 수도 있다.71) 양자의 갈등과정에서 사림세력은 훈구세력을 탄핵하게 되었고, 그것이 빌미가 되어 士禍로 확대되기도 하였다. 이러한 양 세력의 대립과 갈등에서 대부분의 경우 사림세력의 중앙정계로부터 도태로 귀결되었지만, 몇 차례의 이러한 과정을 거쳐 선조대에 이르면 사림세력이 정국운영의 주도권을 장악하게 되었다.72)

사림파의 훈구파에 대한 본격적인 탄핵은 그들이 중앙정계에 진출하면서부터 시작되었다. 즉 성종의 문치가 궤도에 오르고 金宗直이 京職에 복귀함

---

67) 《中宗實錄》 권 46, 중종 18년 정월 을축.
68) 위와 같음.
69) 《中宗實錄》 권 47, 중종 18년 2월 신사.
70) 《仁祖實錄》 권 23, 인조 8년 8월 기유.
71) 조선 전기 지배세력에 관한 연구는 다음과 같다.
李樹健, 《嶺南士林派의 形成》(嶺南大 出版部, 1979).
鄭杜熙, 《朝鮮初期 政治支配勢力硏究》(一潮閣, 1983).
李秉烋, 앞의 책.
李泰鎭, 《韓國社會史硏究》(지식산업사, 1986).
72) 李秉烋, 〈朝鮮前期 中央權力과 鄕村勢力의 對應〉(《國史館論叢》 12, 國史編纂委員會, 1990).
——, 〈朝鮮前期 支配勢力의 葛藤과 士林政治의 成立〉(《民族文化論叢》 11, 嶺南大, 1990).

에 따라 그의 문인으로 문과에 급제한 인물들이 대거 중앙정계에 진출하였다. 이러한 진출을 바탕으로 그들의 훈구파에 대한 비판의 강도도 상대적으로 더하게 되었다. 그들은 거의 언관에 포진하여 훈구파에 의해 배태된 사회모순을 시정하고 자신들의 입지를 강화하기 위해 활발한 언론활동을 전개하였다. 그들의 언론활동은 거의 훈구파와 그 지배체제를 직·간접적으로 비판·탄핵하는 성격을 지녔다. 여기서는 훈구파 인물에 대한 직접적인 탄핵에 한정하여 그 활동상을 살펴보려고 한다.[73]

사림이 아직 하나의 정치세력으로 성립되기 이전인 훈구파 일변도의 지배체제하에서도 그들의 언론을 통한 훈구파 견제작용은 행사되고 있었다. 성종 9년(1478) 宗室 朱溪副正 深源은 성종을 親對한 자리에서 훈구파만의 임용이 부당함을 개진하고,[74] 鄭汝昌(咸陽)·丁克仁(泰仁)·姜應貞(恩津)·孝子 慶延 등 在地사림을 천거하는 상서를 올렸다.[75] 이는 즉각 반대파인 훈구세력의 반박을 받게 되었고,[76] 성종도 이 건의를 현실성 없는 '儒者之論'으로 가볍게 받아 넘기고 말았다. 당시의 시대적 상황으로 보아, 사림의 능력이나 성종 자신의 의지로도 훈구파 중심의 지배체제를 근본적으로 개편한다는 것은 도저히 기대할 수 없는 일이었기 때문이다.

사림파의 훈구파에 대한 최초의 직접적 탄핵은 柳子光과 任元濬·任士洪 부자와 관련된 것이었다. 이는 홍문관·예문관이 상서하여 도승지 임사홍의 奸狀을 탄핵하며 시작되었다.[77] 이에 대해 성종은 탄핵에 참여한 兩館 관원 20여 인을 그날로 하옥하고 임사홍의 告身을 환수하는 한편 임원준은 불문에 붙이는 등의 중간조처를 취하였다.[78] 이 단계에서 주계부정 심원은 社稷과 관련된 일이라고 親啓를 요청하여 "사홍과 원준은 소인"이라고 상계하였다. 그 자리에서 그는 임사홍이 승지 재직시 도승지 玄碩圭가 동료 洪貴達을 罵辱한 사실을 보고 朴孝元 등 대간을 은밀히 부추겨 현석규를 탄핵하

73) 李秉烋, 앞의 책.
74) 《成宗實錄》 권 91, 성종 9년 4월 경자.
75) 《成宗實錄》 권 91, 성종 9년 4월 기해.
76) 위와 같음.
77) 《成宗實錄》 권 91, 성종 9년 4월 무자.
78) 위와 같음.

려 획책한 사실을 지적하였다. 이리하여 전직 승지·6조 참판 이상과 대간이 仁政殿 東庭에 모이게 되었고, 홍문관·예문관 관원, 임원준·임사홍·박효원·이심원 등을 소집하여 대질시키게 되었다. 그 결과 임사홍의 죄상이 밝혀졌고, 그 자신과 관련 인물인 유자광 등 두 사람은 '紊亂朝政'의 죄명으로 유배되었으며, 그의 술책에 말려든 金孟性과 임사홍을 탄핵한 表沿沫도 각기 高靈과 山陰에 유배되었다.[79] 결국 탄핵한 소장 사림계의 언관들도 같이 처벌되기는 하였으나, 막강한 훈구세력에 대한 사림의 언론을 통한 모험적 도전 내지 견제활동이 시작되었다는 뜻에서 이 사건은 큰 의의를 지닌다고 하겠다.

이후에도 사림 단독에 의한 것은 아니었지만, 대표적인 훈구세력인 韓明澮·鄭昌孫 등에 대한 언관의 탄핵은 지속되었다. 이러한 가운데 유생 南孝溫에 의해 昭陵復位 논의가 발표되었다. 그는 성종 9년(1478) 4월 시무 8조를 상소하여 '追復昭陵'할 것을 주장하였다.[80] 이에 대하여 도승지 임사홍은 '추복소릉'은 臣子로서는 발설할 수 없는 금기사항이며 남효온 등 사림은 치세에 누를 끼칠 존재로 그 성장을 막아야 한다고 주장하였다.[81] 徐居正도 유생의 정치 간여의 부당성을 지적하면서 충격적인 언론행위를 통해 정계에의 진출을 도모하려는 '浮薄之士'의 짓이라고 매도하였다.[82] 이처럼 소릉복위 주장에 대해 훈구파가 강력히 반박하였던 것은 이 문제가 세조 즉위 자체와 그로 인해 배출된 공신의 존재명분을 간접적으로 부정한 것이나 다름없었기 때문이다. 그후 소릉복위 논의는 사림파가 자못 많이 진출하는 성종말·연산군초에 가서 재론되었거니와, 훈구파의 지배적 지위가 여전히 유지되고 있던 당시의 상황에 비추어 볼 때, 이들의 언론활동이 지닌 과감성·급진성이 상대적으로 드러난 셈이다. 훈구파에 대한 이들의 탄핵활동은 후대로 갈수록 더욱 두드러져 李穆의 영의정 尹弼商 탄핵[83]과 李冑의 臺諫廳 설치 건의[84]

79) 李秉烋, 앞의 책, 43~44쪽.
80) 《成宗實錄》 권 91, 성종 9년 4월 병오.
81) 위와 같음.
82) 《成宗實錄》 권 91, 성종 9년 4월 신해.
83) 《成宗實錄》 권 272, 성종 23년 12월 경자.
84) 《燕山君日記》 권 53, 연산군 10년 윤4월 병인.

로까지 발전하게 되었다. 성종대 사림파의 훈구파 탄핵을 위한 급진적인 언론활동은 문치 지향적인 성종의 의지와 관용에 의해 가능하였던 것으로 보인다.[85] 이는 성종대에는 순수한 건의로 용납될 수 있었던 언론내용들이 연산군대에는 정치문제로까지 발전하였던 점에서도 알 수 있다.

연산군대에 이르러서도 사림파의 훈구파 탄핵활동은 지속되었다. 그러나 戊午士禍의 과정에서 이들의 탄핵활동 일체가 〈弔義帝文〉과 자의적으로 연결되면서 그 행위는 일단 왕조의 정통성에 대한 도전 내지 훈구파 중심의 지배체제에 대한 도전으로 인식되었으며, 탄핵활동을 전개한 사림파는 '朋黨'으로 몰려 중앙정계에서 축출되었다. 〈조의제문〉으로 상징되는 사림파의 언론활동은 훈구세력의 핵심을 이루는 靖難功臣 등 여러 공신세력의 존재명분을 부정하는 성격을 지녔기 때문에 훈구파의 저항 또한 집요할 수밖에 없었던 것이다.

무오·甲子士禍로 중앙정계에서 축출된 사림파가 중앙정계에 재진출하기 시작한 것은 중종대였다. 특히 조광조가 등용된 중종 10년(1515) 이후 이들의 중앙정계 진출은 수적인 면에서 현저히 늘어났으며, 학문적 측면에서도 성장을 거듭하여 이미 修己차원을 극복하고 治人차원에 이른 성숙한 단계에 도달하고 있었다. 그래서 이들은 요순삼대의 至治를 이상으로 설정하고 이를 달성하기 위해 인습·구제의 혁거를 통한 명분의 회복과 이를 토대로 한 새로운 통치질서의 수립을 시도하였다. 이러한 목표가 달성되기 위해서는 훈구세력을 취약하게 만드는 노력이 전개되지 않을 수 없었으므로 사림파는 훈구파에 대한 맹렬한 탄핵활동을 전개하였다.

그 대표적인 활동이 靖國功臣의 僞勳削除였다. 중종반정의 논공행상으로 책봉된 정국공신은 반정 직후부터 정치적 논란의 대상이 되어 왔다. 중종 2년 12월 지평 金安國과 정언 金安老는 공신의 土田藏獲을 삭감할 것을 계청하였고,[86] 동왕 3년 2월 대사간 李世仁은 공신의 父子蔭加가 부당함을 논계

85) 성종대 홍문관의 설치(崔承熙, 〈弘文館의 成立經緯〉, 《韓國史硏究》 5, 1970)나 세조대에 停罷되었던 경연의 강화(權延雄, 〈成宗朝의 經筵〉, 《韓國文化의 諸問題》, 時事英語社, 1981) 그리고 사림파 인물들을 주목하고 총애한 사실(《成宗實錄》 권 221, 성종 19년 10월 갑인 및 권 238, 성종 21년 3월 갑인)과 언로폐쇄의 불가함을 내세워 중재하고 변호한 사실 등은 그러한 성종의 의지를 보여주는 좋은 예이다.

하여 개정조치를 끌어냈다.[87] 이처럼 책봉 직후부터 논란이 제기되었던 것은 공신의 錄籍과정에서 冒錄된 인물이 다수 포함되는 등 많은 문제점을 내포하고 있었기 때문이다. 그리하여 일등공신에 모록된 유자광은 중종 2년(1507) 초부터 대간의 집요한 탄핵을 받아 遠方竄逐과 아울러 삭훈되었으며, 4년에는 같은 일등공신인 朴永文 역시 대간의 탄핵을 받기 시작하여 동왕 8년에 박영문·辛允武獄事로 伏誅되고 공신록에서 삭적되었다. 이러한 삭훈이 사림파만의 언론활동에 힘입은 것이라고는 할 수 없겠지만, 사림파의 역할이 컸던 것은 유자광이 대간의 탄핵활동을 자신에 대한 김종직 여당의 보복행위라고 말한 데서[88] 알 수 있다.

정국공신의 위훈을 둘러싼 사림파의 언론활동은 조광조 등이 진출한 이후 더욱 활발해져, 드디어 중종 14년 11월 76명의 공신을 삭훈하는 결과를 이끌어냈다. 이러한 대규모의 위훈삭제는 공신세력에 대한 치명적인 타격이었으며, 훈구파의 급격한 세력약화를 가져왔다. 훈구세력에 대한 직접적이고 격렬한 이 탄핵활동은 그들의 강한 반발을 불러일으켰다. 삭훈이 단행된 며칠 뒤 己卯士禍가 일어난 것은 이를 뒷받침해준다.

기묘사화 이후 크게 세력이 꺾인 사림파는 중앙정계에서 거의 도태되었으며, 향촌에 은거하여 후진양성에 힘쓰면서 다음 시대를 준비하고 있었다. 그 뒤 김안로 일파가 실각한 중종 33년에 이르러 사림파는 다시 서용되기 시작하였다. 인종의 즉위는 이들의 활동에 새로운 전기로 작용하였으나, 명종의 즉위로 尹元衡·李芑 등 척신세력이 정국운영의 주도권을 장악하면서 사림파는 계속 수난을 당하였다.[89] 윤원형·이기가 주도한 공신 중심의 지배체제는 취약한 권력기반을 보강하는 방안으로 사화를 확대시켜 나갔다. 良才驛壁書事件이나 《武定寶鑑》의 편찬으로 야기된 安名世 筆禍事件, 李洪胤 誣告事件 등[90]이 그와 같은 맥락을 이룬다. 그에 따라 사림파의 훈구파에 대한

---

86) 權撥, 《冲齋集》 권 4, 日記, 중종 2년 12월 4일(계유).
87) 《中宗實錄》 권 5, 중종 3년 2월 병술.
88) 《中宗實錄》 권 2, 중종 2년 2월 병자.
89) 金安老 축출 이후 정계에 재진출해 있던 대다수의 사림파는 대의명분상으로 정통성이 있던 세자(인종)를 옹호하는 입장에 섰는데, 이것이 빌미가 되어 乙巳士禍의 참화를 겪었다.

탄핵활동도 부진하게 될 수밖에 없었다.

척신 주도의 정국운영에 근본적인 변화가 일어나기 시작한 것은 文定王后가 죽고 윤원형이 실세한 명종 20년(1565)부터였다. 여전히 乙巳士禍 起禍人이나 그 관련 인물들이 정치적 주도권을 잡고 있었기 때문에 사림파의 중앙정계진출은 상당한 제약을 받고 있었지만, '己卯·乙巳人'에 대한 인식은 점차 호전되는 추세였다.[91] 이러한 상황의 연장선상에서 선조가 즉위함에 이르러 사림파는 점차 중앙정계의 요직에 포진하게 되었고, 그에 따라 조광조에게는 議政職의 追贈과 諡號가 내려지게 되었다.[92] 아울러 기묘인에 대한 적극적인 재평가도 이루어졌으며, 기묘사화를 일으킨 장본인인 남곤은 관작을 삭탈당하게 되었다.[93] 더 나아가 을사인에 대한 재평가도 적극적으로 이루어져 가해자에 대한 처벌과 피화인에 대한 신원이 병행되었고,[94] 선조 10년(1577)에는 결국 衛社功臣이 삭훈되기에 이르렀다.[95] 이로써 사림파의 훈구파에 대한 탄핵활동은 더 이상 지속될 필요가 없어졌으며, 종전에 행해진 자신들의 행위에 대한 정당성을 완전히 확보하게 된 사림파는 公道와 공론을 주창하는 새로운 사림정치시대를 열어가게 되었다.

〈李秉烋〉

2. 향촌질서 재편운동

1) 관료제적 향촌질서의 한계

고려에서 조선으로 왕조가 바뀐 시기에 향촌사회의 구성과 운영체제에도 큰 변화가 있었다. 고려시대의 지방사회는 해당 지역에 내려온 지방관보다도

90) 禹仁秀, 〈朝鮮 明宗朝 衛社功臣의 性分과 動向〉(《大丘史學》 33, 1987), 50~54쪽.
91) 《明宗實錄》 권 26, 명종 15년 정월 을유.
92) 《宣祖實錄》 권 2, 선조 원년 4월 경인 및 권 4, 선조 3년 5월 계유.
93) 《宣祖實錄》 권 2, 선조 원년 9월 기사.
94) 《宣祖修正實錄》 권 4, 선조 3년 4월 무술 · 8월 병신 · 10월 을미.
95) 《大東野乘》 권 15, 石潭日記 下, 선조 10년 11월 경진.

토착세력인 鄕吏들 중심으로 운영되었다. 지방관들은 향리들의 운영을 독찰하는 것이 임무였다. 그런데 이러한 체제는 고려말에 거의 붕괴되다시피 하고 중앙에서 파견되는 관리들 즉 守令들이 왕명을 받들어 각지를 직접 통솔하는 형태로 바뀌었다. 중앙집권력이 크게 강화되는 변화가 일어났던 것이다. 이러한 변화는 단순한 정치체제의 변동을 의미하는 것이 아니라 사회경제적인 대변동을 배경으로 하는 것이었다.

고려사회는 중기까지도 休閑農法이 일반적으로 쓰이고 있었다. 地力 회복을 위해 경작지를 한 해 또는 두 해씩 묵혔다가 다시 사용하는 방식을 많이 쓰고 있었다. 이를 易田이라고 하였다. 농업기술 발달과정에서 거름주기는 제초기술의 발달과 밀접한 관계를 가지고 있었다. 제초의 효과가 보장되지 않은 상태에서 거름을 주면 농작물보다 잡초가 더 무성하게 자라는 결과를 가져오므로 제초기술이 발달해야 거름주기도 본격적으로 이루어질 수 있었다. 잡초의 뿌리를 드러낼 정도로 흙을 깊이 팔 수 있는 起耕具가 등장하면서 이러한 변화가 일어날 수 있었다. 동·서양을 막론하고 휴한법의 극복은 보습날 위에 볏을 단 쟁기가 등장하면서 비로소 이루어지기 시작하였다. 볏 달린 쟁기는 통일신라시대에도 등장했을 가능성이 있지만 이 신종 농기구가 왕실·귀족에서 豪民層으로, 다시 일반농민들에게까지 보급되는 데는 생산도구 소유의 역사상 상당한 시간을 요했을 것으로 짐작된다.[1)]

한편 사회적으로 경작지에 대한 인구의 압박이 가해지지 않는 한 휴한법 극복의 충동은 쉽게 일어나지 않는다. 인구에 비해 可耕地가 많으면 기술개발의 필요성과 충동은 쉽게 일어나지 않는다. 그러나 이런 조건 아래서 행해지는 농업은 粗放的인 것으로, 노동력의 집단적 구사에 의거했을 가능성이 높다. 역사적으로 인구현상은 15, 6세기의 '인구폭발'(유럽사의 경우)이 일어나기 전에는 영양상태의 불량으로 소아사망률이 높고 평균수명도 짧았다. 연평균 인구증가율이 0.1% 미만의 선을 넘지 못하는 상황이 오래 계속되었다.

1) 李賢惠, 〈韓國古代의 犂耕에 대하여〉(《國史館論叢》 37, 國史編纂委員會, 1992), 22·24쪽.
한국 농업기술 발달사에 대한 연구사적 정리는 李賢惠, 〈韓國農業技術發展의 諸時期〉(《韓國史 時代區分論》, 한림과학원총서 26, 도서출판 소화, 1995) 참조.

한쌍의 부부가 2명 정도의 자녀를 성인으로 키워내는 선을 넘어서지 못하고 있었다.[2] 가족의 규모가 이런 상태에서는 가족 단위 노동력에 의한 자영농은 거의 불가능하였다. 휴한법의 조방농업기술로는 집약농업기술 단계에 비해 훨씬 더 넓은 면적을 경작해야 필요한 소출을 얻어 낼 수 있었다. 그러므로 2~3명에 그치는 가족 노동력으로는 식량과 국가가 요구하는 부세를 마련할 수 있는 생산량을 감당하기 어려웠다. 이런 제약 아래서는 지역공동체에 의한 농사짓기 방법이 도입되지 않을 수 없었다. 농사짓기에서의 공동체 조직은 휴한법이 극복된 뒤에도 물론 존속하였다. 그러나 휴한법 단계에서의 공동체 조직은 집약농업 단계의 것보다 규모가 더 컸고 공동체적 질서의식도 훨씬 더 강했다.[3]

고려시대의 향촌공동체는 일반적으로 香徒라고 불렀다. 부처님의 가호와 山川 수호신에 대한 신앙으로 결속되었기 때문에 붙여진 명칭이다. 하나의 향도는 대체로 한 고을의 수호신에 대한 신앙으로 결속되듯이 고을 단위로 결속되어 고을의 향리들이 이를 집단적으로 통솔하였다. 향도 공동체는 2월에 農耕開始祭로서 燃燈會, 10월에 추수감사제로서 八關會를 열었다. 두 농경제의의 주재자는 물론 향리들이었다.[4] 향리들은 이와 같이 고을 단위의 공동체 조직을 확보하여 필요한 노동력을 규모에 구애받지 않고 그때그때 동원할 수 있었다. 농사짓기의 구체적인 모습은 자료의 한계로 파악할 수 없는 상황이지만, 公田 경작에 동원된 노동력이 佃軍으로 표기된 사실, 그리고 휴한법 아래 火耕이 널리 행해진 사실로 보면[5] 이 시대의 농사짓기는 공동체 조직과 밀접한 관계를 가지고 있었을 가능성이 대단히 높다.

고려시대의 휴한농법은 늦가을이나 이른봄에 마른풀을 태운 다음 경작하는 방식을 많이 택하고 있었다. 이렇게 화경이 일반화되어 있었기 때문에 농

2) 李泰鎭, 〈14~16世紀 韓國의 인구증가와 新儒學의 영향〉(《震檀學報》 76, 1993), 1~4쪽.

3) 李泰鎭, 〈社會史的으로 본 韓國中世의 시작〉(《韓國史의 時代區分》, 한국고대사연구회 편, 신서원, 1994) 참조.

4) 위와 같음.

5) 李泰鎭, 〈朝鮮初期의 火耕 禁止〉(《李載龒博士還曆紀念 韓國史學論叢》, 1990) 참조.

사를 짓다가 일으킨 失火에 대한 책임은 고의적인 방화와 구별하여 가볍게 물어졌다.[6] 들판을 불지르는 것과 같은 농사짓기 과정은 공동체적 규율성을 요하는 것으로 여기에는 공동체 조직의 주재자이기도 한 향리들의 엄격한 통솔이 있었을 것이다. 휴한농법이라고 하더라도 한두 해를 거르는 방법은 발달한 농업기술로 나름대로 효율성이 기해지고 있었다고 보아야 한다. 유럽 중세의 三圃農法도 경지간의 輪番體系와 犂耕의 왕복체계의 효율성을 위해 영주측의 엄밀한 통제 아래 공동체적인 규율이 유지되었다고 한다.[7] 향도조직을 통해 나타나는 고려시대의 擧郡縣的인 공동체 질서는 바로 당시의 영농체제에 뿌리를 두고 형성된 것이라고 보아야 할 것이다.

고려시대의 향리조직이 중심이 된 지방사회 질서는 고려말·조선초에 거의 대부분 무너졌다. 향도란 이름은 존속하였으나 그것은 이제 자연촌락 단위의 소규모 공동체에 대한 지칭에 불과했다. 연등회·팔관회도 쇠퇴 끝에 왕정의 유교적 이념의 이름으로 금지되었다. 그 대신에 왕을 대신해 수령들이 각지에서 주재하는 社稷壇이 곳곳에 세워졌다. 향리들은 고려 후기에 접어들면서 향촌사회에 대한 지배권을 중앙에서 내려온 수령들에게 넘겨주고 가능하다면 자신들도 관리가 되는 길을 찾았다. 초·중기와는 전혀 다른 분위기가 생성되어가고 있었다.[8] 토착세력의 자치적 성향보다는 중앙집권력이 훨씬 더 강하게 작용하는 변화가 지역사회에서 일어나고 있었다. 바로 이런 사회적·정치적 변화와 함께 농업기술이 휴한법에서 벗어나 連作常耕法으로 나아가고 있었다는 것은 결코 우연이라고 할 수 없다.

연작상경법으로의 전환을 가능하게 한 요인은 여러 가지가 상정될 수 있으나 가장 중요한 것은 理生의 도모를 중요시하는 유교정치사상의 영향, 이와 밀접한 관련이 있었을 인구증가의 추세 등이었다.[9] 고려 후기사회는 내

6) 李泰鎭, 위의 글, 386쪽.

7) 유럽 중세 삼포농법에서 윤작의 순차 정하기, 발갈기의 방향 등은 정연한 질서 아래 이루어졌는데 이런 질서는 영주측의 통제에서 나올 수밖에 없었다. Werner Rösener, *Peasants in the Middle Age,* Polity Press, 1992, pp. 45~47 참조.

8) 李泰鎭, 〈高麗末·朝鮮初의 社會變化〉(《震檀學報》 55, 1983 ; 《韓國社會史硏究》, 지식산업사, 1986) 참조.

9) 李泰鎭, 앞의 글(1993) 참조.

외의 전란과 사회적 동요로 극히 불안하였고 민생도 크게 피폐해 있었다. 이런 상황이 오래 계속되는 가운데 治者들은 일반민이 사람답게 살 수 있는 최소한의 보장을 강구해 주지 않는다면 치자로서의 자격이 없다는 각성이 생겨 來世의 중요성을 강조하는 불교세계에서 벗어나 민생의 중요성을 강조하는 유교정치사상에 대해 깊은 관심을 가지게 되었다. 신유학의 수용을 통한 치자들의 생활개선의 의지는 새로운 변화를 이끄는 가장 중요한 역사의 동력으로 작용하였다. 고려말 이래의 유교적 왕정은 생명을 가진 것을 살아가게 하는 덕(生生之德)이 곧 天道로서, 왕이 해야 할 가장 중요한 일은 백성들의 衣食을 해결해 주는 것이라고 인식하여 農政을 왕정의 대본으로 삼았다.[10] 농정은 농사를 지을 노동력 즉 인구를 증대시키고 농사기술을 개발 보급하는 것을 요체로 삼았다. 왕은 자신을 대신해 지방에 내려가 백성들을 다스리는 수령들에게 農桑을 번성시키고 戶口를 늘리는 것을 거듭 당부하고 그 성과를 考課의 가장 중요한 기준으로 삼았다.[11]

고려말에는 호구증대의 노력과 관련하여 의술이 발달하였다. 토산약재를 사용하는 의술이 鄕藥이란 이름으로 획기적으로 발달하고 있었다. 토산약재의 활용의 유래는 이보다 훨씬 더 오래 전으로 거슬러 올라갈 수 있지만, 의술로서의 체계성을 높여 진단과 처방의 가짓수를 대폭 늘려 중국 宋나라 이래의 의술에 못지 않은 수준으로 발전하는 변화가 이 때 이루어졌던 것이다. 향약의술의 처방은 약값이 싸서 일반농민들도 어렵지 않게 혜택을 볼 수 있었다. 침술도 함께 발달하였다. 13세기 전반기에 나온《鄕藥救急方》에서 시작하여 세종대《鄕藥集成方》에서 일단 대단원을 이루는 향약의술은 진단과 처방의 가짓수나 보급률에서 괄목할 만한 발전을 거듭하였다.[12]

의술이 이처럼 농업기술과 함께 발달하는 시기에 소아사망률이 떨어지고 자녀의 평균수도 늘어나는 변화가 생겼다. 고려시대의 墓誌銘과 조선 초기의 족보자료를 이용한 분석은, 고려 전기 귀족 양반가족의 평균자녀수는 3명 미

10) 李泰鎭, 위의 글, 13쪽 참조.
11) 李泰鎭, 앞의 책, 114쪽 참조.
12) 李泰鎭, 〈高麗後期 인구증가 要因 生成과 鄕藥醫術 발달〉(《韓國史論》 19, 서울大, 1988) 참조.
金 澔, 〈『鄕藥集成方』에서 『東醫寶鑑』으로〉(《韓國史市民講座》 16, 一潮閣, 1995).

만이다가 고려 후기에서 조선 초기에 이르는 사이에는 3.5~4명에 이르는 숫자로 늘어난 결과를 보고하고 있다.[13] 귀족가문에 나타나는 이런 시대적 차이를 일반 평민신분층에 대입한다면 최소 1명 정도는 줄여 잡아야 할 것이다. 즉 귀족적 관인층에 비해 영양상태나 생활환경이 훨씬 열악한 일반농민 가족의 평균자녀수는 최소한 1명씩 내려 잡아야 할 것이다. 그렇게 본다면 일반농가의 평균자녀수는 고려 중기까지 2명 정도이다가 고려말 이래 3명 이상으로 늘어나는 변화를 겪었다고 볼 수 있다. 고려말 이래 자연가호 3호를 묶어 1호로 삼던 軍戶 편성의 원칙이 조선 세종대를 거쳐 세조대에 이르는 시기에 자연가호 1호 안에서 3丁을 추출하여 1군호로 삼는 것으로 바뀌고 있는 것도 자연가호의 평균자녀수의 증가를 전제로 한 변화라고 하지 않을 수 없다.

이러한 가족 구성원 수의 증가는 국가에 대한 身役의 부담이 농사와 시기적으로 중복하지 않는다면 가족 단위의 최소 규모의 영농을 가능하게 해주는 것이라고 볼 수 있다. 이러한 가족노동력의 증가야말로 이 시기 연작상경법으로의 전환의 가장 중요한 기반이었다고 간주할 수 있다. 가족노동력의 단위성이 높아졌다고 공동체적 협력관계가 소멸한 것은 결코 아니나 과거처럼 큰 규모의 공동체적 질서의 존속 필요성은 사라지게 되었다.

고려말부터 일어난 사회적·정치적·경제적 변화는 결국 왕정의 중앙집권력을 높여주었고 이에 따라 관료제가 크게 발달하였다. 향촌질서도 토착세력보다는 수령권을 강화시키는 방향에서 잡혀갔다. 전날의 향리들을 포함하여 향촌의 유력자들 가운데는 그 사이 士族 品官으로 신분을 상승시킨 자들이 많았다. 그러나 그들 모두가 관료제의 현직관리로 수용될 수는 없었다. 품계만을 따고 향리에 돌아와 있는 이른바 留鄕品官들이 적지 않았다. 이들 가운데는 누대에 걸쳐 살아온 근거지에 그대로 살고 있는 자들도 있고 근거지를 옮긴 자들도 있었다. 어느 쪽이든 그들은 거주지에서 향촌의 운영을 자담하려는 성향을 강하게 가지고 있었다. 그러나 왕명을 받아 그 고을에 내려온 수령은 중앙의 입장에서 정사를 돌보아야 할 입장이었기 때문에 양자 사이에는 언제든지 대립 또는 충돌할 소지가 많았다.[14]

---

13) 李泰鎭, 앞의 글(1983), 6~9쪽.

14) 여말선초의 유향품관층의 동향에 대해서는 다음의 글이 참고된다.

조선왕조가 개창한 후 각지의 유향품관들은 의사결집기구로 留鄕所를 만드는 경우가 많았으며, 이들은 지방을 대변한다는 명분 아래 수령과 충돌하기 시작했다.[15] 그리하여 강력한 중앙집권체제를 추구하던 태종은 재위 6년(1406)에 유향소를 모두 혁파하는 조치를 내리기도 하고, 13년에는 억제책에 대한 유향품관들의 불만이 높자 그들 중 한두 명만 골라 '申明色'이란 이름으로 수령의 자문역을 삼아 불만을 완충하는 조치를 취하기도 했다. 그러나 혁파조치가 명실상부한 중단을 가져왔는지는 확실하지 않다.

조선 초기 왕정은 유교적 정치이념을 효과적으로 실현하기 위해 수령권을 강화하였다. 백성들의 의식을 보장하는 농정의 목표를 국왕이 직접 주도하면서 수령들이 현지에서 지침을 수행하여 뒷받침하는 체제를 지향하였다. 유교정치의 이러한 지향은 실제로 적지 않은 성과를 거두었고 따라서 관료제는 계속 강화되는 추세였다. 중앙집권 관료제는 수령들로 하여금 각 자연촌락을 담당하는 里長·里正들을 직접 관장하여 집권력을 최하부 단위에까지 관철하려는 경향이 강하였다. 일반 농민들이 살고 있는 촌락들에 대해 수령의 행정력 외의 다른 것이 침투하는 것을 용납하지 않으려 했다.

한편 유향품관들은 당초에 기층사회에 대한 통제가 자신들의 몫이라고 생각하였다. 유향품관들은 세종대 이후 勸農官의 자격으로 수령이 주도하는 租稅·貢物·軍役 등의 부역 할정에 관여할 수는 있었으나 자문 이상의 역할은 어려웠다. 촌락의 농민들은 향도를 구성하여 이를 농경공동체 조직으로 겸하기도 했으나 쟁기 사용을 목적으로 한 소겨리나 김매기를 함께 하는 들계 등의 조직이 향도와는 별도로 존재하였다.[16] 수령권은 이장·이정제도를 통해 이 조직에 직접 닿으면서 권농과 조세 징수의 임무를 수행했다.

조선 초기의 이러한 중앙집권 관료제적 향촌질서는 국가 기틀의 안정이라

李泰鎭, 〈士林派의 留鄕所 復立運動－朝鮮初期 性理學 定着의 社會的 背景－(上·下)〉(《震檀學報》 34·35, 1972·1973;《韓國社會史硏究》, 지식산업사, 1986).

李樹健, 〈高麗後期 支配勢力과 土姓〉(《東洋文化》 20·21, 1981;《韓國中世社會史硏究》, 一潮閣, 1984) 참조.

15) 이하 유향소제도의 치폐에 관한 서술은 李泰鎭, 앞의 글(1972) 참조.

16) 李泰鎭, 〈17·8세기 香徒組織의 分化와 두레발생〉(《震檀學報》 67, 1989), 19쪽.

는 차원에서 많은 성과를 거두었던 것이 사실이다. 그러나 신분제 사회에서 관료에게 많은 권한이 주어졌을 때는 그 직권이 아랫사람들을 침학하는 수단으로 이용되기 쉽다. 조선 초기 왕정도 이 결함에 대한 우려와 대책을 강구하지 않았던 것은 아니지만 그 폐단은 의외로 큰 폭으로 나타났다. 수령권에 대한 도전은 유향품관들뿐만 아니라 수탈에 시달린 일반평민들까지 돌발적으로 수령을 모욕하는 행위들로 표출하였다. 그리하여 세종 2년(1420)에는 유향품관이나 향리, 일반민이 당해 지역의 수령의 비행을 宗社의 안위에 관계되는 것이 아니면 고소할 수 없다는 법을 세웠다. 그러나 이 법은 반발을 억제하기보다 촉발을 더하는 결과를 가져왔다. 고소금지법은 수령에게는 하나의 보호막이 되어 그들의 비행이 더욱 늘어났으므로 억울한 일을 당한 "아랫사람들"의 "윗사람들"에 대한 능멸행위가 갈수록 늘어났다. 이러한 사회질서의 문란은 유교지향국가에서 방치될 수 없는 것이었다.[17)]

중앙정부는 세종 17년에 京在所제도를 세워 유향소에 대한 통제체제를 강화하였다. 현직의 중앙관인들로 하여금 품계에 따라 2鄕에서 8향까지 연고지의 유향소를 통찰하는 제도를 만들어 경재소라고 이름하였다. 중앙정부의 현직관리들이 연고지의 鄕風에 대해 책임을 지우려는 조치였다. 경재소는 산하 유향소의 좌수·별감의 선정권을 가지고 유향소에 어떤 잘못이 생기면 간여할 수 있었다. 8향에서 2향까지 연고지 경재소의 임원이 되어 각 유향소를 통제하는 권한을 부여받았다. 유향소에 대한 제어장치가 이렇게 강화될수록 유향소 품관들은 당해 지역 수령과 타협하고 중앙의 경재소 관원들에게는 굴종하는 경향이 더 높아질 수밖에 없었다. 그들로서는 이렇게 하는 것이 자신들의 현재의 지위와 기반을 유지하는 길이었다. 그러나 이런 추세는 곧 유향소가 민에 대한 수탈기구가 되어 가는 것을 의미하였다.

---

17) 초기의 유향소제도의 치폐에 대해서 종래 태종 6년(1406)의 혁파조치를 적극적으로 해석하는 한편, 光武 6년(1903)에 편찬된 《鄕憲》에 실린 〈世宗大王十年戊申留鄕所復設磨鍊節目〉의 내용을 그대로 받아들여, 태종 6년 혁파→세종 10년(1428) 복설→세조 말년 혁파→성종 19년(1488) 복설로 변천을 파악했다(柳洪烈·李泰鎭·金龍德·田川孝三). 그런데 최근 李樹健이 《향헌》 편찬자들이 성종 19년의 戊申을 세종 10년으로 착각한 사실을 바르게 지적함으로써(《朝鮮時代地方行政史》, 民音社, 1989, 324~326쪽), 태종 6년 혁파조치 후에도 대부분 존속하다가 세조말에 전면 혁파된 것으로 조정이 불가피하다.

세조 즉위(1455) 직후 수령고소금지법이 폐지되는 중요한 조치가 단행되었다. 이를 폐지하는 한편으로 사헌부의 行臺를 비롯한 御史類의 직임을 지방에 직접 파견하여 지방관의 비행을 독찰케 하였다. 이러한 조치는 상황의 개선보다 수령들의 비행이 이제 국왕 차원에서도 더 이상 방치할 수 없을 정도로 심각한 상태에 도달했다는 것을 의미하였다. 수령고소금지법이 혁파되는 상황에서 유향소의 비행도 어떤 지경에 이르렀을까를 짐작하는 것은 그리 어렵지 않다. 유향소제도는 세조말에 마침내 수령과 한 통속이 되어 지방민들에 대한 수탈을 일삼는 기구가 되었다는 이유로 전면적으로 혁파되는 운명에 처했다. 그러나 이런 충격적인 조치로서도 이미 고질화된 수령과 유향품관류의 비행은 줄어들지 않았다. 세조가 훙거한 후 수령고소금지법이 즉각 되살아났듯이 당시 집권층의 일반적인 분위기는 관권의 일방적 우위의식이 크게 팽배해 있는 상황이 되었다. 수령·유향품관층·경재소 임원 등의 유착관계는 이후에도 그대로 지속되어 15세기 말엽의 시점에서 향촌사회는 결국 이들 3자의 分益的 수탈의 현장으로 되어 가고 있었다.

2) 사림파의 유향소복립운동

15세기 후반 관인층에는 귀족적 성향을 상대적으로 강하게 띠는 부류가 형성되고 있었다. 공신책봉이 세조대의 靖難·佐翼, 예종·성종대에 翊戴·佐理 등 15년간에 4차나 행해져 한 사람이 몇 차례 봉공되거나, 한 가문에 여러 사람의 공신이 나와 勳臣으로서의 입지가 확고해진 부류가 다수 생겼다.[18] 흔히 勳舊大臣으로 불리는 이런 부류 중에는 왕실과 혼인관계를 가져 가문의 기반을 더욱 확고히 하는 자들도 있었다. 이들은 대체로 정치적으로 보수적 성향을 띠면서 경제적으로는 권세를 이용해 농장의 확대나 상업적 치부의 기회를 놓치지 않으면서 귀족적 욕구를 충족시켰다. 그들의 치부는 대부분이 민에 대한 수탈관계에서 이루어지고 있었으며, 경재소제도가 이에 악용되고 있었던 것이다. 훈구대신들은 연고지 경재소의 임원으로서 그곳에

18) 李泰鎭, 〈15세기 후반기의 「鉅族」과 名族意識〉(《韓國史論》 3, 서울大, 1976). 鄭杜熙, 《朝鮮初期 政治支配勢力硏究》(一潮閣, 1983) 참조.

부임하는 수령들에게 압력을 가해 연고지에서의 자신의 경제적 기반 확대에 도움을 줄 것을 강요하였으며, 요구를 받은 수령들은 앞날의 승진을 위해 이를 거절할 수 없었다. 15세기 후반에 관료제적 향촌질서에 문제점을 유발시키고 있었던 궁극적인 장본인들은 바로 이들이었다고 해도 과언이 아니다.

15세기 후반 기성의 관인층이 보수적·귀족적 성향을 강하게 발휘해 가고 있을 때, 이에 대해 비판적인 정치세력이 서서히 등장하고 있었다.[19] 흔히 士林 또는 士林派로 불리는 세력이 바로 그것이다. 사림, 사림파로 불리는 자들은 대개가 지방 출신 그것도 초기에는 영남지방 출신이 다수였다. 이들은 지방 출신으로서 각지의 농민들이 중앙의 대신, 현지의 수령 및 품관층 등에 의해 구조적으로 침탈당하고 있는 현실을 직시하면서 이에 대해 대단히 비판적이었다. 성종 즉위 후에 국왕의 특별한 배려로 金宗直을 필두로 여럿이 한꺼번에 중앙에 진출하면서 이들은 하나의 정치세력을 형성하기 시작했다. 그들은 치자들이 신유학의 정치이념에 보다 더 충실하여 백성을 진정으로 위하는 정치가 실현되기를 원했다. 향촌사회에서 저질러지고 있는 수탈을 개혁하는 것은 그들에게 가장 시급한 문제에 속했다.

영남사림의 내력은 멀리 고려말 易姓革命 시절로까지 거슬러 올라간다. 그들은 신유학의 '不事二君'의 명분으로 역성혁명에 반대했던 鄭夢周·吉再 등의 학통을 잇는다는 계보의식을 가지고 있었다. 역성혁명 반대론자들은 학문적으로《春秋》의 대의명분을 중시하는 한편《小學》과《家禮》의 중요성을 일찍부터 인식하고 있었다. 이런 경향은 역성혁명 주도자들이 대개《周禮》의 국가운영체계를 중시하면서 法家的 지향성을 띤 것과는 대조를 이룬다. 마치 이것은 중국 송나라 때 程伊川 형제 중심의 舊法黨과 王安石의 新法黨의 대립을 방불케 하는 것이었다. 전자는 구법당, 후자는 신법당에 준하는 정치적 입장으로 비교된다.[20] 송나라 때의 신·구법당의 대립은 천자의 정치가 향촌 지주들의 역할을 어떻게 처리할 것인가에 쟁점이 두어졌다. 신법당은 천자의 정치가 관료제만으로서 운영되는 것이 더 효과적이라고 주장한 반면, 구법당

19) 李泰鎭, 앞의 글(1972) 참조.

20) 李泰鎭, 〈朋黨政治 성립의 역사적 배경〉(《朝鮮儒敎社會史論》, 지식산업사, 1989), 163쪽. 이는 학문적 계보에 관한 언급이 아니다.

은 각 향촌의 민에 대한 지배와 교화를 일차적으로 향촌지주들의 임무로 부여하고 그 위에 관료제가 운영될 것을 주장했다. 역성혁명 반대파가 '不事二君'의 春秋大義를 부르짖는 한편으로 향촌사회의 윤리를 가르치는 《소학》을 중요시한 것은 우연이라고 볼 수 없다. 역성혁명 반대론 당시에는 향촌문제를 직접 거론할 기회가 없었지만, 역성혁명파에 의해 창달되어 간 왕조의 통치기반이 한계를 드러내게 되었을 때 그 후학들이 이를 시정할 수 있는 대안을 《소학》의 세계에서 찾아 제시하고 있었다.

역성혁명 반대론자들의 후학들이 향촌질서 문제에 대한 구체적인 방안을 제시한 것은 세종대 후반이었다. 세종의 포괄적 인재등용책으로 조정에 나아간 역성혁명 반대파의 후학들은 세종말에 이르러 朱子의 社倉法을 시행하여 義倉制의 한계와 長利의 폐단을 없애자는 건의를 올렸다. 이 제안은 우선 영남지역에 국한해 희망하는 고을에서 시험해 보도록 했다. 그 성과는 괄목할 만한 것으로 나타나 점차적인 확대 실시를 전망할 수 있었다. 그러나 세조의 집권을 계기로 이 보급운동은 더 이상 전전을 보지 못하였다. 사창법 보급의 주역들은 대부분 세조의 집권을 반대하고 있었으며, 이를 못마땅히 여긴 세조는 이 제도의 전국적인 시행을 갑자기 단행하는 조치를 내렸다. 미처 시행준비가 되어 있지 않은 곳에서 사창법이 획일적으로 실시되자 곳곳에서 문제점과 폐단이 발생하여 폐지 쪽으로 의견이 모아져 갔다.

성종 즉위초에 국왕의 특별한 배려로 중앙관계에 진출한 영남지방 출신의 사림계 인사들은 따지자면 세종말·문종대의 사창법 보급 추진자들의 후배였다. 이들은 중앙에서 官歷을 쌓고 왕의 신임을 두터이 한 시점인 성종 14년(1483) 무렵부터 향촌질서의 재확립, 안정을 위한 구체적인 대책으로 《주례》에 나오는 鄕射禮·鄕飮酒禮의 시행을 건의하였다.[21] 《주례》에 대해서도 역성혁명파가 통치조직과 관료제에 많은 관심을 가졌던 것에 비해 이들은 향촌문제에 관한 것에 더 많은 관심을 보였다.

향사례는 '孝悌·忠信·好禮不亂者'를, 향음주례는 '年高有德·才行者'를 각각 앞세워 '不孝·不悌·不睦·不婣·不任恤'한 자, 다시 말하면 향촌질서 파

21) 李泰鎭, 앞의 글(1972) 참조.

괴자를 다스리는 것을 목적으로 하였다. 이를 시행하자는 것은 곧 유교적 윤리관의 보급 즉 교화의 방식으로 자치적 향촌질서를 바로잡자는 의미였다. 이 두 의례는 일찍이 세종대에 편찬된 《國朝五禮儀》에도 언급이 있었지만 이 때까지 한번도 제대로 시행된 적이 없을 정도로 이에 대한 관심은 없었다.

두 의례 실행을 건의하는 자들은 이를 담당할 기구로 세조말에 혁파되었던 유향소제도를 부활할 것을 동시에 건의하였다. 앞에서 언급하였듯이 유향소제도는 수령권과 결탁하여 향촌민에 대한 수탈의 앞잡이 노릇을 한 이유로 혁파되었다. 그런데 수탈을 배제하여 향촌질서를 바로잡자고 주장하는 사람들이 이 제도의 부활을 주장하는 것은 모순이다. 그러나 건의자들은 각지의 품관층 외에 이 일을 담당할 자가 없다고 판단하였으며, 품관층이 앞으로 유교적 이념을 수용하여 달라져야 향촌질서가 제대로 잡힐 수 있다고 판단하였던 것이다. 두 의례 중 특히 향사례가 일반민보다 지식인 중심의 의례이기 때문에 이의 실행 건의에는 처음부터 품관층 자체의 순화 목적을 담고 있었던 것이 분명하다.

성종대의 사림계 인사들의 향사례·향음주례 실행 건의는 당초 훈구대신들의 반대 내지는 소극적인 태도로 쉽게 채택되지 않았다. 그들의 건의는 여러 차례의 朝廷 회의 끝에 5년을 소요하여 성종 19년(1488) 5월에서야 비로소 복립 결정을 보았다. 훈구계 대신들은 당초 부활된 유향소에서 두 의례를 시행한다면 현재 경재소제도를 통해 자신들이 누리고 있는 지방사회에 대한 기득권이 손상을 입을 것으로 우려하였다. 신진의 젊은 인사들이 중앙정계에서 보여주고 있는 여러 동향을 보더라도 이런 경계심을 떨칠 수 없었다. 그러나 사림계의 주장도 집요했지만 다시 생각해보면 경재소제도가 존속하는 한 유향소제도의 부활이 자신들에게 불리할 것이 없었다. 그리고 사림계가 궁극적으로 목적하는 두 의례의 시행은 실제에서 유향소 부활과는 별개 문제가 될 수 있었다. 어떻든 다수 훈구대신들이 찬성쪽으로 의견을 바꿈으로써 이 논의는 결말을 볼 수 있게 되었다.

복립 유향소의 대부분은 추진자들의 뜻과 같이 되지 않았다. 본래의 의도대로 두 의례를 시행하는 유향소는 사림계의 기반이 비교적 강한 영남지방의 몇 고을에 한정되었다. 그리하여 복립이 결정된 지 2~3년만에 중앙정계에서는 복립 건의자들이 오히려 혁파를 주장하는 사태가 벌어졌다. 그리고 현지에서는 훈구대신들과 연결된 각지의 豪强들에게 복립 유향소의 주도권이 돌아가자 사림계에 속하는 재지 지식인들은 司馬所(사마는 生員·進士의 합칭)란 것을 따로 만들어 이에 맞서기도 했다. 향사례·향음주례 보급을 목적으로 한 사림계의 유향소복립운동의 이러한 귀결은 곧 그들의 힘의 한계를 뜻하는 것이었다. 정통 성리학파로서의 사림계의 기반은 실제로 이 시기에서는 아직 영남지방을 크게 벗어나지 못하고 있는 형세였다.

3) 사림파의 향약보급운동

복립 유향소가 본래의 의도와는 다르게 훈구세력 및 이와 연결을 가지는 재지 豪强들의 차지가 되자 재혁파론과 함께 본의대로 시행을 보다 더 철저히 해 보려는 시도도 없지 않았다.[22] 연산군 원년(1495)에 忠淸都事 金馹孫은 '利病二十六事' 중 제22조에 향사·음례의 재시행을 다음과 같이 건의하였다. 즉 3년의 시한을 설성해 감사·수령의 협조를 받아 향사례·향음주례를 실행하도록 하는 한편 사헌부가 해당 지역의 경재소에게 책임을 묻는 방법을 병행하는 방안을 제시하였다. 그는 두 의례 시행에 대한 실제적인 방해자가 경재소의 권신들이라는 사실을 숙지하여 사헌부가 이를 감독하는 방도를 생각해 낸 것이다. 그러나 이러한 노력도 아무런 성과를 거두지 못했다. 향사·음례를 실제로 행한 유향소가 사림계의 기반이 강한 영남의 몇 개 고을에 불과한 상황은 쉽게 타개되지 않았다. 사마소란 것을 따로 세워 대항하는 곳도 있었지만 이런 움직임은 오히려 기성 훈구세력을 자극하는 결과만을 초래하였다. 향사·음례 보급운동이 사실상 실패로 돌아간 것으로 판단한 사림계 인사들은 언관활동을 통해 훈구대신들의 비행을 규탄하는 데 힘을 모았다. 이즈음 훈구대신들의 직권과 권세를 이용한 부의 축적은 실제로 날이 갈수록 심해지고 있었다. 그러나 사림계의 비판활동은 이들의 부정한 축재행위를 자성케 하기보다는 반발심만 높였다. 훈구대신 중 과격한 자들은 연산

22) 이하 李泰鎭, 〈士林派의 鄕約普及運動－16세기의 經濟變動과 관련하여－〉(《韓國文化》 4, 서울大, 1983 ; 앞의 책, 1986) 참조.

군 4년에 戊午士禍를 일으켜 사림계에 대해 대탄압을 가하였다. 궁지에 몰린 훈구대신들이 직접적인 보복으로 맞서는 상황이 벌어졌다.

무오사화 이후 연산군의 학정이 날로 심해 가는 가운데 경재소－유향소제도의 수탈체제로서의 기능은 멈추지 않았다. 향촌의 일반 농민들에게는 이제 이들뿐만 아니라 궁중에서 요구하는 것도 크게 늘어나고 있었기 때문에 견디기 어려운 정도에 이르고 있었다. 경재소제도를 통한 지방사회에 대한 침탈은 이득이 컸기 때문에 이 무렵 왕자·諸君들도 노골적으로 이에 대해 관심을 가지기 시작했다. 왕자·군은 본래 제도상으로 경재소제도에 관여할 자격이 없었다. 그러나 이들도 재물에 대한 관심이 높았기 때문에 불법적으로라도 이 제도에 관여할 기회를 노렸다. 연산군 10년에 일어난 甲子士禍는 다 알듯이 勳臣類와 宮禁 세력간의 알력의 양상을 보였다. 후자가 전자의 재산과 이권을 탐하여 일으킨 것이었다. 후자가 노린 것 중에는 경재소 지배권도 큰 비중을 차지하고 있었다. 이 사화에 희생당한 成俊에게 내려진 죄목에 양자의 그러한 대립상이 다음과 같이 잘 나타나 있다.

> 성준은 욕심을 내 거두는 것이 끝이 없어 吏曹·兵曹를 맡아서 貨賂를 공공연히 하여 집을 크게 짓기를 대여섯 채나 하고 재산이 넘쳐흐르며 또 관찰사·절도사로서 오래 함경도에 있으면서 토호들을 불러 모아 戚族이라 부르면서 恩義를 그릇되게 베풀고 함경도의 여러 고을들을 本鄕이라 하여 경재소의 일을 총관하고 양민을 많이 점유하여 伴倘이라 칭하고 官賤을 골라 부리니 一道의 사람들이 다투어 붙어 그를 都堂上이라 불렀다(《燕山君日記》 권 55, 연산군 10년 9월 정사).

경재소－유향소제도를 통한 향촌사회 침탈 상황은 연산군 12년(1506)에 中宗反正이 일어난 후에도 조금도 개선되지 않았다. 반정공신들이 대부분 훈신계였기 때문에 그들의 집권으로 달라진 것은 수탈의 주역이 왕과 이에 아첨한 부류에서 옛 대신들로 바뀐 것뿐이었다. 향촌사회 문제에 대한 구체적인 논의는 반정 후 7년이 되는 시점에서 사림계 인사들이 향음주례 시행문제를 재론하면서 다시 시작되었다. 향음주례는 名節을 닦고 이웃간의 친목을 도모할 수 있는 道로서 《국조오례의》에 실려 있는데도 오랫동안 행하지 않고 있으니 지방관을 통해 시행토록 하는 것이 좋겠다는 제안이 나왔다. 그러나 이에 대한 국왕의 동의와 시행 지시는 3년 뒤인 중종 10년(1515) 정월에 비로소 나왔다. 이 기간은 趙光祖를 비롯한 다수의 사림계 인사 등용이 있기 전이지만 그 사이 조정에 나가 있던 蘇世讓·孫仲暾 등 소수의 인사들이 선배들의 뜻을 이어 제안하였다.

그런데 중종대 초반의 재론에서 시행 대상 의례가 전날과는 달리 향사례가 빠지고 향음주례 하나만 거론된 것은 그 나름대로 의미가 있는 변화였다. 이 시기의 논자들은 향사례는 儒生들 사이에서나 행할 수 있는 것이므로 '鄕隣相睦'을 목적으로 할 때 굳이 이를 거론할 것은 못된다는 의견이 있었다. 사림계가 의식한 보다 중요한 시대적 과제는 '향린상목' 즉 향촌질서의 안정이었고 이를 실현하는 방도는 향음주례로 충분하다는 생각이었다.

그러나 향촌질서의 재확립을 위한 방법은 2년 뒤 鄕約으로 대치되었다. 즉 중종 12년 6월에 咸陽유생 金仁範이 呂氏鄕約을 준행하여 풍속을 바꾸자고 상소한 것을 계기로 이후의 논의는 거의 향약을 중심으로 전개되었다. 향약이 향음주례보다 더 구체적이고 적절하다고 평가되었다. 이 제의는 국왕으로부터 호의적인 반응을 받아 곧 이를 검토하라는 지시가 예조에 내려졌다. 예조는《소학》·《正俗》등이 이미 다수 인쇄되어 널리 배포되었으니《소학》중 한 대목인 여씨향약을 따로 거행할 필요가 없지 않느냐는 의견을 의정부에 보냈다. 이에 의정부는《소학》에 실렸더라도 이를 따로 거행하지 않으면 심상하게 여겨 행하지 않을 것이므로 건의대로 별도로 인쇄해 널리 배포하는 것이 좋겠다는 의견을 국왕에게 올렸다. 국왕은 의정부의 의견을 그대로 받아들였다.

여씨향약 시행론자들도 기존의 경재소-유향소제도를 먼저 혁파할 것을 제의하였다. 경재소-유향소제도 아래 빚어진 향촌사회의 혼란을 안정시키려는 것이 그들의 목적이었으므로 향촌사회의 불안정을 초래하고 있는 기존의 수탈체제를 혁파하자는 것은 당연한 주장이었다. 논자들 가운데는 향약을 시행하면서 기존의 유향소는 없앨 것을 주장하는 의견을 직접 내기도 했다. 그러나 유향소-경재소제도의 혁파조치는 쉽게 이루어지지 않았다. 두 제도가 그대로 존속하는 가운데 향약보급운동이 별도로 추진되고 있었다.

여씨향약 시행 건의가 받아들여진 중종 12년(1517)은 사림계가 정치적으로 우세한 때였다. 중종반정 후에 사림계 인사는 소수로 기용되었다. 그러나 중종 6년에 柳崇祖의 천거로 중앙에 진출한 조광조가 국왕의 신임을 받으면서 10년을 전후해 사림계의 정치적 입지는 대단히 우세해졌다. 향음주례·여씨향약 등의 보급에 관한 논의 및 건의는 바로 이런 정치적 상황의 호전과 밀접한 관계를 가지고 이루어졌다. 그러나 그 상황은 유향소-경재소체제의 전면 혁파를 앞세울 수 있을 정도로 호전된 것은 아니었다. 그들의 정치적 우세는 구세력의 축출에 의한 것이 아니라 국왕의 신임이 높아진 것에서 얻어진 상대적 우세에 불과한 것이었으므로 여러 가지로 한계가 있었다. 향약보급도 획일적인 시행령을 갖추는 것보다도 중심적인 인사들이 관찰사로 부임했을 때 그 관할 도내의 여러 고을을 대상으로 향약의 시행 보급을 직접 주관하거나 지원하는 형태로 진행되었다. 이렇게 해서 성과가 쌓이면 저절로 유향소-경재소체제를 대신해 나갈 수 있을 것으로 전망했던 것이다.

중종 12년 이후의 여씨향약 보급에 가장 많은 공적을 쌓은 사람은 金安國이었다. 그는 향약보급에 대한 국왕의 허락이 나오기 전인 같은 해 2월에 경상도관찰사로 부임하여 임지에서《呂氏鄕約諺解》를 인쇄하여 여러 고을에 배포하면서 이를 시행할 것을 독려하였다. 같은 해 6월에 咸安유생 金仁範이 여씨향약의 시행을 건의한 것도 그의 이러한 활동이 배경이 되었던 것이 분명하다. 김안국은 이듬해 4월 同知中樞府事로 조정에 올라와《여씨향약언해》를 다시 讎校하여 印頒할 것을 건의하였다. 그 사이 서둘러 간행한 것에 잘못된 것이 많으니 조정에서 撰進廳을 별도로 세워 올바른 것을 만들어 배포할 것을 건의하였다. 이 해에 淸州를 다녀온 弘文館 應敎 韓忠은 충청도에서도 감사의 주관 아래 수교본《여씨향약언해》가 활용되고 있는 것을 보고하면서 이를 8도에 널리 보급하는 것이 좋겠다고 건의하였다.

수교본 간행 배포 이후 여씨향약의 보급은 자못 활기를 띠었다. 중종 13년 9월에 조광조가 經筵 자리에서 溫陽郡 사람들이 향약을 잘 시행하고 있다고 지적한 다음, 며칠 뒤에 大司憲 金淨이 장기간의 시행 대책을 의논하였고 이듬해 4월에는 국왕이 구휼책으로 향약을 장려하라는 전교를 8도의 감사들에게 내렸다. 이어 6월에는 都城에서의 시행 타당성 여부가 논의되기 시작하였으며 7월에는 한충이 지방 유향소와 경성 5부 각 洞에 여씨향약 책자를 일제히 분급하자고 건의하여 국왕의 동의를 얻었다. 중종 14년 6~7월은 여씨향약 보급의 최절정기였다고 해도 좋다. 국왕은 이 해 6월에 김안국을 전라도관찰사로 임명하여 그 곳에도 여씨향약을 보급하여 風化에 이바지해 줄 것을 당부하였다.

그러나 여씨향약 보급운동은 중종 14년 5월 무렵부터 그 시행이 '王化의 근본'인 京城 즉 서울에 미치면서 물의가 생기기 시작하였다. 一鄕에서 행하기 위해 만든 것을 一國의 규모로 행하는 것은 타당치 않을 뿐더러 국왕이 있는 왕도에서조차 이를 행하여 刑政을 따로 하는 것은 있을 수 없는 일이라는 지적이 나왔다. 그런데도 향약은 좋은 것이므로 서울에서도 못할 것이 없다는 강경론이 우세하여 5部 坊里의 각 동마다 約正이 정해지고 서책도 계속 보급되었다. 그러나 이러한 강경한 진행은 반대세력이 己卯士禍의 정변을 일으키는 계기를 만들어주고 말았다. 기묘사화는 僞勳削除論에 대한 반발이 가장 중요한 원인이 되었지만 사화를 일으킴과 동시에 그간 사림계가 추진한 일 중 가장 역점이 두어졌던 賢良科와 향약을 모두 혁파하였듯이 사림계의 향촌질서 재편운동에 대한 반발이 큰 원인이 되었다.

여씨향약 보급운동은 勳臣·戚臣 등의 권신들이 유향소-경재소제도를 통해 각지에서 치부를 위해 수탈을 자행하고 있는 것에 대해, 그리고 그것으로 인한 향촌사회의 불안을 해소시키기 위한 방안으로 추진되었다. 따라서 이 운동은 기층민으로부터는 큰 호응을 받지 않을 수 없었다. 기묘사화 후 반대론자들이 향약의 죄악으로 '아랫사람이 윗사람을 능멸하는 것(下凌上)', '천한 자가 귀한 사람을 능멸하는 것(賤凌貴)' 등을 가장 큰 문제로 삼고 있는 것으로 보아도 향약 자체에 대한 일반민의 호응은 분명히 컸다. 조광조 등이 죄인으로 몰려 鞫問을 당할 때 광화문 밖에 5부 방리의 향약의 무리들이 몰려와 왕에게 上言을 올려 그들을 구하고자 했을 뿐만 아니라 決杖 때에는 의금부에 몰려와 곤장을 치는 자가 손을 올릴 수 없는 상황이 벌어질 정도였다. 그러나 어떻든 사림계의 향약보급운동은 기묘사화로 그간의 성과가 전면적으로 혁파되는 것으로 끝나고 말았다.

향약시행에 관한 논의는 이후 20여 년의 세월이 흘러 중종 38년(1543) 7

월에 檢討官 金麟厚가 《소학》의 보급과 함께 향약을 시행할 것을 제의하면서 다시 대두하였다. 그리고 이로부터 자극을 받아서인지 이 해 11월에 국왕이 몸소 서울과 지방에서 향사례·향음주례·향약 등이 거행되지 않고 있는 사실을 지적하면서 三公들이 이 문제를 의논하여 보고하라는 지시를 내렸다. 3공들은 이에 다음과 같은 보고를 올렸다. 즉 조정에서 政令을 내려 시행을 강요하기보다는 각 향촌에서 개별적으로 실시하는 것이 좋겠다는 의견이었다.

향약 시행에 대한 조정의 견해는 이후 명종대에 들어와서도 개별 실시론이 우세했다. 선조대에 들어와 척신정치가 일단 종식되고 사림계의 진출이 우세해진 가운데 예조와 사간원이 중심이 되어 전국적 실시론을 제기하여 논의가 재연되었다. 그러나 국왕은 조정에서는 향약 관계 서적을 반급하는 선에 그치고 시행 여부는 개별적으로 결정하는 것이 좋겠다는 의견을 택했다. 사간원이 선조 6년(1573) 9월에 다시 적극적인 시행을 주장하자 국왕이 이를 따르는 것으로 태도를 바꾸었으나 5개월 만에 李珥가 '先養民 後鄕約'의 견해를 개진하자 다시 태도를 바꾸어 개별 시행으로 결정을 보았다.

16세기 후반에 이르면 사림사회는 16세기초 기묘사화 전의 사림에서 보이는 것과 같은 급진적인 개혁의지와 강력한 추진력은 보이지 않았다. 중앙정부의 통제력이 수령을 매개로 향약에 깊숙이 침투하기 시작하였으며, 향약에 대한 인식도 주자학적 교화를 의미하는 勸善的인 성과에 만족하는 경향을 보였다. 그나마도 이이가 "향약 실시는 아직 이르다" "養民을 먼저 한 다음에 敎民을 하는 것이 옳다"는 주장을 폄으로써 획일적인 시행은 중단되었다. 이런 일이 있은 후인 선조 7년 2월에는 柳希春이 향약 중 '化民成俗'에 도움이 되는 長幼 예절 부분만 시행할 것을 건의하였으며[23], 이는 같은 해 5월 예조에서 啓目을 작성해 올려 국왕의 재가를 받아 반포되었다. 이것은 禮俗相交 부분 중에서 '長長貴貴'와 같은 장유 예절에 관계되는 것만 뽑은 것이었다. 이와 같이 선조 7년을 고비로 전국적인 실시를 추구하던 흐름은 중단되고 각 향촌마다 특수성을 반영한 개별 향약들이 다수 등장하였다.

---

23) 《宣祖實錄》 권 8, 선조 7년 2월 기미.

4) 향촌질서 재편운동의 성과

조선왕조의 유교적 왕정은 중앙집권 관료제를 매개로 수행되었다. 집권적 관료제는 왕정의 뜻과 시책을 지방사회 최말단까지 효과적으로 미칠 수 있는 장점을 가지고 있었으나 한편으로 관료들에게 주어진 직권은 신분제사회에서 사적인 이익 추구에 남용될 우려가 많았다. 관료들의 직권 남용은 단순한 폐단에 그치지 않고 구조적인 양상을 띨 때는 지배체제의 존망에도 영향을 미칠 수 있는 것이었다. 그러한 우려는 조선왕조가 출범하여 1세기를 넘지 못한 시점에 이미 심각한 문제로 대두하였다. 수령권의 원활한 수행을 보장하기 위해 가해지기 시작한 유향품관들에 대한 통제가 관권 절대 우위의 향촌정책으로 발전함에 따라 유향품관들조차 수령권과 경재소 임원의 현직 朝官들에 굴종하여 향촌사회는 3자의 分益的 수탈의 현장이 되다시피 하였다. 사림, 사림파의 향촌질서 재편을 위한 향사례·향음주례 보급운동, 향약보급운동 등은 그러한 수탈적인 장치들을 제거하여 향촌사회를 안정시키려는 것을 목표로 대두하였던 것이다. 각 향촌사회는 그들 자신의 근거지였기 때문에 향촌사회의 안정은 곧 자신들의 기반의 안정에 직결되어 재편운동은 그만큼 강한 열의를 담고 있었다.

사림계의 향사·음례 보급운동, 향약보급운동은 모두 실패로 돌아갔다. 기성세력인 훈신·척신들의 반발로 사화가 일어나 다수가 처형되는 한편, 그 사이에 거두어진 성과들도 모두 혁파의 대상이 되었다. 그러나 그렇다고 그들의 노력이 전적으로 허사로 돌아갔던 것은 결코 아니다. 사림계의 향촌질서 재편운동은 기본적으로 기존의 유향소－경재소 체제를 붕괴시키는 데 목적이 있었다. 그것은 내용적으로 훈신·척신 중심의 기성정치 판도에 대한 도전이나 마찬가지였다. 따라서 초기의 향촌질서 재편운동은 처음부터 정치적 성격을 강하게 지니기 마련이었으며, 그 때문에 정치적 탄압으로 끝나는 전개 양상을 보였다. 그러나 사림계의 유교적 향촌질서 확립운동이 사회적 기반이나 경험을 전혀 결여하고 있었던 것은 결코 아니다. 그들이 택한 방안은 서책에서 처음 찾아낸 것이 아니라 이전에 이미 특정한 지역에서 시행하여 성과를 거둔 것도 있었다. 향사례는 이미 세종대에 安東에서 시행된 적이 있었으며[24], 향음주례는 성종 6년(1475)에 正言을 지낸 丁克仁이 泰仁縣 古縣洞에서 사족 중심으로 소규모로 시행한 적이 있었다.[25] 추진자들은 결국 이러한 대소의 지역적 경험을 확대시켜 현안의 사회문제를 해결해보려고 했던 것이다.

성종대의 향사·음례 보급운동이나 중종대의 향약보급운동은 어느 것이나 시행 단위를 고을(주·부·군·현)로 삼고 있었다. 그러나 그들이 시행하고자 하는 방안들은 본래 소규모 마을을 단위로 하는 것이었다. 그런데도 이를 고을 단위로 시행하려 했던 것은 이로써 극복하려 했던 대상인 유향소제도가 고을 단위로 조직되어 있었기 때문이었다. 그리고 두 운동에서는 신분적 차별의식이 크게 작용되지 않은 것이 하나의 특징이다. 향음주례나 향약 시행에서 신분의 귀천은 특별히 언급되지 않았다. 향약의 경우 소행의 선악을 구별하는 善籍, 惡籍의 구분은 두어도 신분에 따른 錄籍의 구분은 없었다. 신분보다는 연령을 더 중시하는 경향도 보였다.[26] 그러나 이 점은 사림계가 신분적 차별의식이 없었다는 것을 의미하는 것은 아니다. 그들은 당시 중앙의 기성 권세가에 대한 대결이 중요한 과제였기 때문에 아래 신분층과의 변별을 굳이 의식할 상황이 아니었던 것이다. 향촌질서 재편운동의 중요한 명분은 '鄕中의 協和'를 통한 안정이었다. 이에는 향촌의 다수 구성원인 일반 소농민의 경제적 안정도 크게 의식되고 있었다. 농민들이 바로 유향소-경재소 체제에서 수탈의 주된 대상이었던 만큼 재편운동에서는 이들의 경제적 안정이 중요하게 다루어지지 않을 수 없었다. 그러나 거기에 班常의 신분관념이 전혀 개재되지 않았던 것은 결코 아니다. 명종 20년(1565)경 靈巖郡 鳩林里에서 작성된 西湖洞憲을 비롯해 이 시기의 촌락단위의 향약적 규약들은 사족과 평민의 조직단위를 上契, 下契로 일단 구분한 다음 하나로 결속하는 형태를 보여주고 있다.[27]

24) 李泰鎭, 앞의 책(1986), 168~169쪽.
25) 金仁杰, 〈조선후기 鄕村社會統制策의 위기-洞契의 성격변화를 중심으로-〉(《震檀學報》 58, 1984), 106쪽.
26) 韓相權, 〈16·17세기 鄕約의 機構와 性格〉(위의 책) 참조.
27) 金仁杰, 앞의 글.

향촌질서 재편운동은 상·하계의 구분의식을 내재시키고 있어도 소농민=평민들의 지지를 받을 수 있었다. 소농민들은 지금까지 유향소-경재소의 수탈체제에 무방비로 노출되어 있었기 때문에 사림이 추구하는 '협화'의 보호막이 비록 완전한 것은 아니더라도 상대적으로는 크게 유리한 것이었다. 중종대 향약보급운동이 서울과 지방에서 큰 지지를 받은 것은 바로 이런 상대적 비교에 근거하는 것이었다. 향약보급운동 단계에서 사림계 인사들은《二倫行實圖》의 보급도 함께 꾀하고 있었다. 長幼와 朋友의 윤리를 강조하는 윤리서였다. 그것은 곧 신분을 초월한 연령에 의한 질서의 존중과 함께 사림 자체의 결속을 함께 보장해줄 수 있는 지침서가 될 수 있었다.[28] 사림의 향약보급운동이 아랫사람들과의 관계 개선과 사림 자체의 결속 확대를 함께 도모했던 것을 여기서도 확인할 수 있다. 사림계의 재지 지식인들은 촌락 단위의 향도나 노동계 조직으로 생활하고 있는 향촌의 일반농민들을 수령권의 직접적인 통제에서 벗어나게 해 향음주례·향약과 같은 유교적 공동체 조직 속에 끌어들임으로써 자신들의 일차적 영향권에 넣는 것이 사회를 보다 더 안정시키는 길이라고 생각했던 것이다.

사림의 향약에 대한 인식은 16세기 후반 선조대에 들어와 개별적 시행론이 우세해지는 가운데 크게 달라진다. 이전에 비해 신분적 차별의식이 강해지는 것이 큰 차이였다. 선조대의 향약은 개별시행론의 차원에서 현지 조건에 맞추는 변용이 가해지는 것과 함께 신분을 일단 구분하고 그 구분의 틀 안에서 연령을 중시하는 차이를 보였다. 신분에 대한 강조는 곧 사족들의 배타적·독점적 지배체제 구축과 관련이 깊었다.[29] 선조 즉위 후 중앙정계에서도 사림세력의 진출로 훈신·척신 계열의 권세가 현저하게 약화되었으며 향촌사회에서도 수령권과 유향소-경재소의 위세는 크게 줄어들었다. 이런 변화 속에서 사림계는 이제 오랜 투쟁의 최후의 승자가 되었으며, 이와 때를 같이해 사림계의 배타적 신분의식은 그 나름으로 표면화되기 시작했다. 과거 훈·척신류의 신분의식과는 본질적으로 같은 것이 아니라 하더라도 향촌사회에서 지배자로서의 신분의식은 분명히 존재하고 있었다.

28) 韓相權, 앞의 글.
29) 韓相權, 위의 글.

15세기 후반에 시작된 사림계의 향촌질서 재편운동은 16세기 후반에 접어들면서 일단 그 소임을 완수한 상태에 이르고 있었다. 기존의 유향소-경재소체제의 약화 내지 붕괴의 조짐이 눈앞에 다가와 있었다. 임진왜란을 치른 뒤 선조 37년(1604)에 드디어 경재소제도가 혁파되었다. 사림계의 오랜 투쟁이 여기에 와서 결실을 보았다. 사림계는 기묘사화로 향약보급운동이 실패한 뒤 소기의 목적을 달성하는 방법을 바꾸고 있었다. 書院건립운동이 바로 그것이었다. 선조 즉위 후 사림의 다수 의견이 향약 개별시행론으로 기울 수 있었던 것은 과거 그것을 통해 달성하고자 한 목표의 일부를 서원건립운동을 통해 이미 이루어가고 있었기 때문이다.[30] 과거 획일적 시행론에서 얻고자 했던 고을의 鄕論 주도는 서원을 통해 점차 이루어가고 있었던 것이다. 16세기 후반 이후 서원은 한 고을 재지사족들의 향론의 결집처로 기능하여 경재소 같은 제도는 이제 더 이상 존재할 필요가 없어졌다. 재지사족들의 향촌 소농민에 대한 의식은 신분제에 입각한 것이기는 하나 과거 경재소제도를 통해 발휘되던 중앙 권세가들의 그것에 비하면 상대적으로 훨씬 개선된 것이었다. 그들의 의식세계는 기본적으로 재지 중소지주적 이해관계에 서있으면서 성리학적 근거를 가지고 있는 것이 새로운 면모였다.

〈李泰鎭〉

3. 서원건립활동

1) 배 경

書院설립의 주체는 16세기 이후 조선왕조의 정치사를 주도하였던 士林세력이라 할 수 있다. 원래 사림은 고려 후기 士大夫에서 조선왕조 개창을 둘러싸고 재야세력으로 밀려난 계열의 후예들로서 경제적으로는 中小地主계층을 가리킨다.[1] 이들은 대체로 鄕村에 내려가 교육과 향촌건설에 주력하였다.

30) 李泰鎭, 〈士林과 書院〉(《한국사》 12, 1977 ; 앞의 책, 1989).

이들 사림세력은 한때 세종의 폭넓은 인재등용책에 힘입어 일시 중앙정계에 진출하기도 하였으나 본격적인 진출은 성종 때부터이다. 이러한 사림세력의 새로운 정치세력으로의 부상은 이 시기 집권층의 귀족화·보수화의 추세에 따른 각종 비리가 드러나면서 이에 대한 견제세력의 필요성이 제기되고, 한편으로는 그들이 내세운 관료의 신분적인 특권의식에 의한 私利추구 성향을 배제한 성리학적 公道論의 정당성이 재인식되었기 때문이다.[2)]

성리학의 정통적 계승자로 자부하던 사림세력은 중앙정계에 진출하면서 勳舊派의 富國强兵策과 詞章 중심의 학풍을 비판하고 留鄕所를 비롯한 향촌자치제의 실시를 강력히 주장하였다. 이들은 대부분 향촌사회에 근거를 두고 있었기 때문에 정계진출 이전부터 향촌사회 문제에 대해 그들 나름의 방식을 제시하여 관권 우위의 중앙정부의 일방적인 향촌정책에 비판적인 자세를 보이고 있었다. 사림의 향촌문제에 대한 관심은 왕조 초기의 유향소 설치, 세종대의 社倉制 실시 건의 등으로 나타났다. 사창제 실시는 세조의 집권으로 실패로 돌아갔지만 이후 사림이 중앙정계에 본격적으로 진출하는 성종대에 오면 이들은 향촌문제를 재추진하면서 세조 때 혁파된 유향소의 復立運動을 전개하였다.[3)] 이는 이 기구를 통해《朱子家禮》·《小學》·鄕射禮·鄕飮酒禮 등 성리학의 실천윤리를 보급하여, 종래의 佛敎的이고 淫祀的인 吏族 중심의 향촌사회를 士族 중심의 유교적인 향촌질서체제로 재편하는 데 목적이 있었다.

그러나 15세기 사림들이 지향하는 유교적인 향촌질서 확립을 위한 유향소 복립운동은, 이것이 사림세력의 기반이 될 것임을 간파한 勳舊戚臣系의 집요한 반대와 京在所를 통한 방해공작으로 성공할 수 없었고 오히려 관권주도형으로 전환되었다. 이에 그들은 다시 司馬所를 세워 본래의 의도를 관철코자 하였지만 이 역시 훈척계의 탄압으로 여의치 못하였으며, 이후 사림계열

1) 李泰鎭, 〈士林과 書院〉(《한국사》 12, 국사편찬위원회, 1977;《朝鮮儒敎社會史論》, 지식산업사, 1989).
李秉烋, 《朝鮮前期 畿湖士林派硏究》(一潮閣, 1984), 5~10쪽.
李樹健, 《嶺南士林派의 形成》(嶺南大 出版部, 1979).

2) 李泰鎭, 위의 글, 175~179쪽.

3) 李泰鎭, 〈士林派의 留鄕所 復立運動－朝鮮初期 性理學 定着의 社會的 背景－(下)〉(《震檀學報》 35, 1973).

은 戊午·甲子士禍를 거치면서 일대 타격을 받았다. 그러나 사림파의 성장이라는 시대적인 대세는 어쩔 수 없었다. 中宗反正 이후 趙光祖 등 신진사류가 중앙정계에 등장하면서 소위 道學政治의 실현을 위한 정치활동이 활발해지고 한편으로 향촌문제에 관하여서는 종래의 향사·향음주례에서 한 단계 더 나아가 향촌사회의 여러 문제를 보다 더 포괄할 수 있는 鄕約보급운동을 추진하였다. 이 향약보급운동은 부분적인 성과를 보이기도 하였지만 己卯士禍로 조광조 등 사림계 신진관료가 숙청·제거됨으로써 다시 실패로 돌아갔다. 기묘사화 이후 사림파는 중앙정계에서는 훈구파에 밀리고 있었으나 향촌사회에서는 착실한 재지적 기반을 다져갔다. 그 과정에서 마침내 경상도 豊基郡에서 최초의 서원이 출현하였다.

서원성립 이전의 사창제, 향사·향음주례, 향약보급 등 사림세력들의 향촌질서 확립운동은 향촌에서의 그들의 사회적 역할을 제도적으로 구체화시키려는 것이어서 중앙집권정책과 이에 기초한 관료세력과는 계속 마찰을 일으켰다. 서원은 이러한 마찰을 여러 차례 겪은 끝에 여기에 대한 대안으로 도입되었던 제도이다. 이와 같이 사림세력이 향촌사회의 구심점을 서원으로 바꾼 것은 宋代 서원제도의 일정한 영향 등 여러 가지 이유가 있겠으나, 일단은 서원 자체가 교육기관으로서 교육과 敎化를 표방함으로써 정치적 반대세력으로부터의 견제를 그만큼 덜 받을 수 있는 기구였기 때문이기도 하다. 사림을 결집하고 향촌활동을 합리화해줄 수 있는 중심체로서 서원제도가 乙巳士禍 이후 사림세력이 실세하였을 때에도 계속적인 발전을 볼 수 있었던 것은 결코 우연한 일이 아니었다. 이렇게 볼 때 이 시기 서원의 성립은 사림세력들의 향촌지배체제 확립을 위한 노력의 일단으로 사림세력 성장의 결과로 나타난 것이다.[4] 이후 교육기관으로서의 서원제도는 본격적인 발전을 보게 되면서 재지 중소지주층의 지식인화를 더욱 촉진시키는 계기가 되었다.

조선시대 서원의 성립은 일반적으로 先賢·先師를 奉祀하는 '祠'와 자제를 교육하는 '齋'가 결합된 것으로 이해된다.[5] 그러나 설립 당시에는 어디까지나

---

4) 李泰鎭, 앞의 글(1977).

5) 조선시대 서원제도의 성립과 그 배경에 대해서는 柳洪烈의 선구적 업적 이래 많은 연구가 있어 왔다. 유홍렬은 일련의 논고를 통해 서원의 성립을 고려왕조

교육기관으로서의 기능이 일차적인 것이었다. 대체로 서원제도가 도입·정착되기 이전의 사림파계열의 학통은 주로 書齋·精舍 및 家學으로 전수되었다. 고려말 성리학의 수용과 함께 시작된 지방 私學의 실체로서 士子(士人)의 단순한 藏修·講學의 장소였던 서재·정사 등이 엄격한 學規에 의해 운영되는 서원으로 발전할 수 있었던 것은 여러 가지 요인이 복합적으로 작용하였지만 새 왕조의 교육에 대한 정책상의 한계로 나타난 관학의 부진이 크게 작용하였다.

조선왕조는 그 초기에는 숭유정책을 국시로 내세워 안으로 성균관·四學, 밖으로는 향교 등 관학을 크게 장려하여 중소지주층의 지식인화 및 鄕風敎化에 크게 기여하였다. 그러나 15세기 후반부터 관학은 점차 쇠미의 징조를 보이기 시작하면서 교육기능을 상실해가고 있었다. 여기에는 관리등용의 첩경으로서 유생의 忠順衛로의 入屬, 敎官의 질적 저하 및 관리등용기구로서의 관학 자체가 가지는 한계성이 일정하게 작용하였다.[6]

이후 중종대에 들어와서 연산군대의 혼란을 수습하고 새로운 정치를 표방하는 가운데 敎學振興策으로서 학교교육을 크게 강화하였다. 그러나 중종대 공신계열이 주도한 교학진흥책은 관리등용기구로서의 관학의 필요성만이 강조됨으로써 큰 효과를 보지 못하고 관학은 여전히 황폐해 있었다. 이에 반해 조광조로 대표되는 사림세력은 그들이 표방하였던 도학정치 이념에 기초한 교학진흥책을 주장하였다. 물론 조광조 등 사림계 관료들이 성균관과 향교를 외면하거나 학교의 진흥에 유의하지 않은 것은 아니다. 그러나 그들은 당시의 관학이 오로지 과거공부 위주로 운영됨에 따라 名利만을 좇게 되어 오히려 士習을 부정케 하는 요인이 되고 있다고 비판하면서, 우선 시급한 것은

이래 발전해 온 祠廟와 연산군 이래 官學의 쇠퇴로 인한 私學의 발달에서 찾고, 또한 이 당시 중국 서원제도의 영향, 朱子숭배사상의 고조, 잇따른 士禍로 인한 사림들의 운둔사상, 先賢들에의 私淑 등 사회적인 여러 요인에 의해 서원이 성립되었다고 하였다. 이러한 그의 견해는 이후 대체로 받아들여지면서 정치·사회·교육적인 측면에서 상당한 진전이 있었다.

柳洪烈, 〈麗末鮮初の私學〉(《青丘學叢》 24, 1936).

———, 〈朝鮮 祠廟發生에 對한 一考察〉(《震檀學報》 5, 1936).

———, 〈朝鮮に於ける書院の成立〉(《青丘學叢》 29·30, 1939).

6) 柳洪烈, 위의 글(1939).

崔完基, 〈朝鮮朝 書院成立의 諸問題〉(《韓國史論》 8, 國史編纂委員會, 1980).

학교의 修擧와 같은 외형적인 조처가 아니라 사림 스스로의 수련과 내적 성숙을 통한 자발적인 흥기를 꾀하는 사림 위주의 흥학책 마련이라고 보았다. 그들의 이러한 교학진흥책은 道學의 정통인 鄭夢周·金宏弼의 文廟從祀運動으로 전개되었으며, 한편으로는 이러한 운동이 祠廟의 건립으로 나타나면서 이후 서원·祠宇의 출현을 준비하고 있었다.[7]

이러한 관학의 부진은 다른 한편으로 사학의 발달을 촉진시키는 요인이 되었으며 따라서 당시 많은 유생들은 관학을 떠나 私第에서 면학하고 있었다. 관학쇠퇴의 주요인이 교사의 무자격에 있었다면, 사학은 학덕을 겸비한 有志人士의 힘으로 개설되었으므로 관학의 결점을 보완하여 번창할 수 있었다. 중종 말년에 이르러 관학은 더욱 쇠퇴하였고 따라서 私塾을 영위하는 이도 속출하였다. 이러한 사학을 통한 강학활동은 이 당시 사림사회의 절실한 소망이자 공통된 욕구였다. 중종 9년(1514) 9월 特進官 韓亨允이 경상도 좌우도에 각각 學舍를 別立하여 유생 30명씩을 모아 강학에 전념하게 할 것을 청한 것은 그 단적인 예이다. 이러한 학사 신설의 주장은 종래의 향학·국학을 대신할 만한 새로운 교육기관의 설치를 바란 시대적 사회정신의 발로로서 서원설립의 제1차적 단계라고 볼 수 있다. 이와 같은 교육기관 신설의 긴급한 시대적 요구에 호응하여 명유·지방유림들은 常住地·赴任地·流配地 등에서 서당·정사 등을 개설하여 후학을 敎誨하는 데 이바지하였다.[8] 이러한 지방사학의 발달은 한편으로 세조의 왕위찬탈과 연산군대의 양대 사화를 거치면서 기성학자들의 은둔사상이 크게 고조됨에 따라 더욱 활발하였다.

이후 중앙관료 사이에서도 관학에 대신할 새로운 교육기관의 설치가 주장되기도 하였다. 지방학제 진흥을 위한 새로운 방안의 하나로서 지금까지의 향교가 아닌 교육기구로서의 中國書院制 도입이 처음 제기된 것은 白雲洞書院 설립 1년 전 공신계 관료인 行副司果 魚得江에 의해서였다.[9] 어득강은 중국의 정사·서원제도를 소개하면서 이러한 것들이 우리 나라에는 없기 때

7) 鄭萬祚, 〈朝鮮 書院의 成立過程〉(위의 책).
8) 柳洪烈, 앞의 글(1939).
9) 《中宗實錄》 권 98, 중종 37년 7월 을해.

문에 '遐裔之儒'가 問業치 못한다고 하였다. 그래서 충청・강원・전라도에는 한 곳, 경상도에는 좌우도에 大刹을 하나씩 지정하여 도내의 명유와 유생을 함께 聚集・讀書하도록 할 것을 청하였다. 그러나 어득강이 제시한 이러한 방안은 유생에 대한 修己, 즉 '爲己之學' 보다는 과거를 위한 製述 바로 '爲人之學'에 치중한 것으로, 관학과 마찬가지로 관인 획득을 위한 조처에 그쳤다. 이는 당시 조광조계열 사림의 교화론과 일치하는 것은 아니었으나,[10] 이러한 조정의 분위기 속에서 관학에 대신할 사학의 발달은 필연적이었으며 서원 성립의 기초는 이러한 사회적 분위기에서 마련되었다.

이 시기 서원으로 대표되는 사림의 교육기관이 관학이 아닌 고려말 이래의 사학의 전통에 기반을 두고 있는 것은 이들 계층 자체가 본래 재지 중소지주라는 데 일차적인 이유가 있겠으나, 한편으로는 재지지주적 입장의 이들 사림파가 가지는 새 왕조의 중앙집권 일변도적인 제반 시책에 대한 비판의식의 소산이기도 하다.[11] 이는 교학체계로 말한다면 관학아카데미즘의 전통으로부터 사림아카데미즘으로의 전환을 의미한다.[12] 이 시기 뜻있는 선비는 사화발생 이후 山林에 숨어서 도학을 닦고 정사・서당 등의 사학을 열어 후진을 가르침에 힘씀으로써 서원성립의 사회적 여건을 조성하였다. 이와 동시에 사림의 숫적 확대와 함께 학연도 크게 확대되었다. 한편 이들 사림은 출세의 학문인 詞章學보다는 우주의 본질과 이성의 탐구라는 내면적 학문연마에 주력하였다. 이 시기 서원이 성립하고 발전할 수 있었던 배경에는 이러한 성리학의 성격변화와 학파의 형성도 일정하게 작용하였다.[13]

서원제도가 성립되는 16세기는 여러 면에서 하나의 전환기였다. 특히 정치적으로는 사림파가 하나의 정치세력으로 등장하여 집권 훈구세력과 대립하면서 여러 희생을 치른 끝에 집권하고, 사상적으로는 성리학이 점차 이기론 중심으로 발전하면서 확고하게 뿌리를 내리는 시기였다. 서원의 성립은 이러한 정치・사회적인 여러 변화와 사림세력 성장의 결과로 나타난 시대적 산물이었다.

---

10) 鄭萬祚, 앞의 글, 35~37쪽.
11) 李泰鎭, 앞의 글(1977).
12) 丁淳睦, 《韓國書院敎育制度硏究》(嶺南大 出版部, 1979).
13) 崔完基, 앞의 글.

2) 서원의 건립과 사회

위와 같은 시대적·사회적 배경 위에서 건립된 최초의 서원은 중종 38년(1543) 周世鵬에 의해 건립된 白雲洞書院이다. 주세붕은 豊基군수로 부임하면서 곧바로 서원건립에 착수하였다. 그는 서원건립의 동기로 교화를 내세웠으며 교화는 반드시 尊賢으로부터 시작되어야 한다고 하고, 이에 풍기의 교화를 위해서 이 지역 출신인 安珦을 존봉하는 祠廟와 儒生藏修를 위한 서원을 세우지 않을 수 없다고 하였다. 요컨대 그는 이 시기 가장 시급한 과제는 교화라고 인식하여 이것이 사묘·서원을 세우게 된 기본적인 동기라고 한 것이다. 당시 공신계열에 가까웠던 주세붕이 후일 사림의 향촌기구로 정착되는 서원의 건립에 착수한 것은 기본적으로는 이 시기 사림세력의 성장과 무관하지 않겠지만, 조광조계열의 신진사류들이 자파의 정치적 입장 강화를 위해 제기한 정몽주·김굉필의 문묘종사운동에 대해 공신계 南袞이 이에 대한 대안으로 그들의 講道地에 사우를 세울 것을 건의했던 사실과도 관계가 있다. 주세붕은 남곤에 의해 발신한 만큼 양자는 일정한 관계에 있었음이 분명하다.[14]

이와 관련하여 주세붕의 서원 건립과정에서 주목되는 것은 사묘와 서원이 별개로 간주되었고 서원은 사묘에 부수적인 존재에 그쳤다는 점이다. 사묘는 교화를 위한 존현처요, 서원은 단순한 유생의 독서처였던 것이다. 이후 서원이 명실상부한 유생의 장수 및 강학소로 발전한 것은 退溪 李滉에 의해서였다.[15]

한편 이 서원건립에는 당시 영남감사 林百齡과 후임감사 李彦迪의 魚鹽·鹽藿의 施措[16]와 서원을 건립함으로써 향촌민을 교화하여 교육진흥을 꾀한다는 입장에서 이루어진 독지가의 희사가 상당한 재정적 뒷받침이 되었다. 그 예로 풍기사람 진사 黃彬은 서원운영에 필요한 租米 75석을 희사하였다. 그는 서원뿐 아니라 향교를 이건할 때도 많은 협조를 한 사림이었다.[17] 이렇게 볼 때 백운동서원은 지방관과 향촌사림의 공동협력하에 건립되었다고 할

14) 鄭萬祚, 앞의 글, 39쪽.

15) 鄭萬祚, 위의 글, 42~43쪽.

16) 《雲院雜錄》 紹修院史.

17) 《竹溪志》 권 2, 順興白雲洞紹修院學田記.

수 있다. 그러나 이 서원건립에 당시 풍기사림 모두가 적극적으로 협력한 것은 아니었다. 당시 많은 풍기사림들은 기존의 유향소·사마소를 통하여 지위와 세력을 굳건히 하고 있었기 때문에 서원이라는 새로운 기구의 설립이 자기들의 세력기반에 영향력을 미칠 것이라고 보고 당시 전국적인 기근현상을 들어 이를 반대하였다.[18] 한편 당시 정권담당자인 훈구파의 입장도 국가재정부담을 가중시키면서까지 사림들의 향촌자치적인 성격을 띤 서원의 설립을 적극적으로 찬성할 수 없었을 것이다. 鄕村民 또한 서원설립이 노동력 동원 등 그들의 부담을 가중시킬 것이라는 생각이 없지 않았을 것이다. 백운동서원은 이러한 불신을 해소하기 위해 국가 공공기관의 신설은 될 수 있으면 閑遊한 寺院시설을 이용함으로써 경제적인 이점 또는 崇儒抑佛의 이중효과를 노리겠다는 국가의 정책적인 의도에 부합하여 당시 廢寺化되어 있었던 宿水寺廢址에 설립되었던 것이다.[19]

조선에 있어서 서원제도는 이와 같이 주세붕에 의한 백운동서원의 설립으로 출현되었지만 이후 서원을 조선사회에 보급·정착시키고 그 성격을 규정하여 발전의 토대를 마련한 것은 퇴계 이황이었다. 당시 퇴계는 조광조의 도학정치론에 공감하고 있었으며 또 이를 위해서는 교화가 선행되어야 한다는 주장에도 동조하고 그 자신이 이를 열렬히 강조하고 있었다. 그러나 퇴계의 경우는 조광조 등의 선배사류들과는 다르게 군주보다는 재지사림에 보다 치중하는 경향을 보였다. 그는 향촌의 士子에게 주자학적 정치이념과 학문체제를 훈도하고 수련시킴으로써 장차의 향촌사회를 주도하게끔 할 보다 적극적인 교학체제의 확립에 노력을 경주하였다. 따라서 그는 송대 주자에 의해서 창안된 지방사학으로서의 서원의 중요성을 강조하였다. 이것은 선초 이래 있어온 중앙통제방식의 관학적 교화체제를 부정하는 것이며 동시에 향촌사림

18) 尹熙勉, 〈白雲洞書院의 設立과 豊基士林〉(《震檀學報》 49, 1980), 66~73쪽. 백운동서원에 뒤이어 설립된 咸陽의 藍溪書院에서도 보면 설립초에는 "誹謗朋興", "遠近聞者 莫不駭笑"(《藍溪書院誌》)라 하여, 서원의 건립·운영·유지를 위해서 서원 소용 현물을 기부하는 등의 적극적으로 협력한 사림 못지않게 서원건립 자체에 반대하는 사림도 적지 않았다. 그러나 이러한 현상은 초기 서원에 한정되었으며 사림세력이 중앙정계를 완전히 장악하는 선조연간 이후의 상황은 달랐다.

19) 《竹溪志》 권 2, 順興白雲洞紹修院學田記.

위주의 새로운 교화체제의 전개를 의미하는 것이다.[20]

그는 풍기군수 시절 백운동서원의 사액을 청하여 사림의 향촌에서의 기반확보에 대한 국가의 공식적 승인을 받았고 이후 그의 문인들과 함께 서원보급운동을 전개하였다. 퇴계의 〈書院十詠詩〉에 의하면 9개 서원이 나타나는데 이 중 海州·江陵 두 곳을 제외하면 모두 영남지방의 서원들이었다. 명종 말년까지 건립된 서원이 20개 미만이었음을 감안하면, 이 가운데 반수 이상에 퇴계가 관여하고 있었다. 퇴계는 이러한 서원이라는 새로운 학제를 통하여 종래의 과거와 관련한 출세주의·공리주의가 아닌 참다운 성리학의 토착화를 기대하였으며, 이를 통하여 이 시기 가장 시급한 과제인 사림의 사습과 사풍을 바로잡고자 하였다. 결국 퇴계의 서원창설운동은 당시 사림들의 참다운 공부를 위한 환경조성운동이었다.[21] 이렇게 본다면 조선의 서원은 퇴계에 의해서 사림의 學的 기반으로 정착되고 이후 보급·확산될 수 있는 토대가 마련되었던 것이다.

중종 이후 명종대까지 세워진 퇴계 주도하의 초창기 서원은 집권 훈구파의 견제 속에서도 어디까지나 교육기관임을 강조하면서 계속적인 발전을 해나갔다. 훈구파의 입장에서도 이 시기 피폐된 향교에 대신하는 새로운 교육기관의 설치를 외면할 수는 없었던 것이다. 따라서 이 시기 서원의 被奉祀者는 사림세력의 기준으로 볼 때 성리학의 발전에 크게 기여한 인물을 대상으로 삼았으나, 대상인물이 없을 경우는 伊山·硏經서원 등과 같이 사묘없이 출발한 경우도 있었다. 이는 이 시기 서원의 설립이 존현보다는 강학에 일차적 목적이 있었음을 보여주는 것이다.

이후 사림이 완전히 정권을 장악하게 되는 선조대에 오면 서원은 명종대에서의 일정한 제약에서 벗어나 사림의 활동기반으로서 본격적인 발전을 보게 된다. 명종연간 이후의 서원·사우[22]의 건립상황을 지역별로 통계를 내보면 위의 〈표 1〉과 같다.[23]

---

20) 鄭萬祚, 〈退溪 李滉의 書院論－그의 敎化論과 관련하여－〉(《韓沽劤博士停年紀念史學論叢》, 1981).

21) 李佑成, 〈李退溪와 書院創設運動〉(《退溪學報》 19, 1978).

22) 書院·祠宇의 개념은 鄭萬祚, 〈17~18세기의 書院·祠宇에 대한 試論〉(《韓國史論》 2, 서울大, 1975)에서 구체적으로 검토되었다. 여기에 의하면 양자는 여러 가지 면에서 원래는 엄격히 구분되었지만, 17, 8세기 서원남설로 양자 모두 祀賢위주로 전환되면서 서로 혼칭되고 구분이 모호해졌다고 한다.

23) 薛錫圭, 〈肅宗朝 院宇動向과 朋黨의 社會的 基盤〉(《國史館論叢》 34, 1992), 175쪽.

〈표 1〉 명종~숙종연간의 연대별·지역별 院·祠의 건립 및 사액동향

시기＼지역	경상		충청		전라		경기		황해		함경		강원		평안		합계	
	建	賜	建	賜	建	賜	建	賜	建	賜	建	賜	建	賜	建	賜	建	賜
명종 원	9	3	1		1		1		1	1	2		1		1		17	4
사																		
선조 원	27	7	6		14	5	6	2	6		1	1			3		63	15
사	2		2	1	6	2			1		2				3		16	3
광해군원	14	5	7	3	6	1	1	2	1	1	1	1	2			1	32	14
사	3		1	1	2	2					1						7	3
인조 원	12	2	6	1	7		2	1			1		2	1	1		31	5
사	7				6				1		1		2		2		19	
효종 원	11	1	1		5	2	5	3	3				2		1		28	6
사	2		1		3	1		1			1		3	1			10	3
현종 원	19	8	8	7	9	7	5	4	2	1	5			2	4	4	52	33
사	3	5	3		3	1	2	1			3		3	2	1	1	18	10
숙종 원	72	25	33	15	26	14	18	22	10	12	3	5	5	1	9	10	176	104
사	46	3	16	2	33	6	5	3	4	3	6	1	5	1	10	5	125	24
합계 원	164	51	62	26	68	29	38	34	23	15	13	7	12	4	19	15	399	181
사	63	8	23	4	53	12	7	5	6	3	14	1	13	4	16	6	195	43

선조대에 오면 서원은 이미 수적으로 60여 개를 넘으면서 피봉사자도 金宏弼·鄭汝昌·李彦迪 등 사화기에 被禍된 인물이 집중적으로 나타났다. 또한 그 범위가 이황·李珥·曺植 등 이 시기 사림 사이에 형성된 학파의 영수 및 성리학 발전에 크게 기여한 인물로까지 확대되었다. 이와 같이 사림은 서원의 제향인물을 통해서 그들의 도학적 정통을 천명함으로써 자신들의 정치적 입장을 일정하게 강화하였던 것이다. 한편 이러한 서원의 발전은 이 시기 사림의 집권과 함께 시작된 붕당정치와 밀접한 관계를 갖고 있었다. 붕당은 대체로 학연으로 맺어지는 것이 특징이며 각지의 서원을 중심으로 여론이 결집되고 이것이 중앙에 진출한 자파의 관료를 통해서 반영되고

이 통계는 《文獻備考》·《俎豆錄》의 기록을 토대로 한 것으로 당시 국가에 의해 파악된 수에 불과하다. 그러나 실제로는 邑誌 등에 이보다 훨씬 많은 원·사가 기재되어 있다. 연대별 원·사의 건립, 사액 수에 관한 통계는 이 밖에 鄭萬祚, 〈17~18세기 書院·祠宇에 대한 試論〉(《韓國史論》 2, 서울大, 1975, 265쪽) 및 全用宇, 〈朝鮮朝 書院·祠宇에 대한 一考察〉(《湖西史學》 13, 1985, 5~6쪽) 등이 있는데 대체로 비슷한 수치이다.

있었다.[24]

이 시기 서원건립 및 그 운영은 대체로 초기 서원보급운동에 결정적 역할을 하였던 퇴계의 서원론에 기초하고 있었다. 퇴계 서원론의 핵심은 향촌자치제라 할 수 있다. 따라서 이 시기에는 서원의 건립이 붕당간·학파간 계열의식이 없지는 않았으나 그것이 정치적 목적에 의해 크게 좌우되는 경우는 거의 없었다. 이 시기 서원은 특별한 경우를 제외하고는 대체로 一鄕 또는 一道 사림의 공론에 의해 피봉사자의 문인·鄕人·후손 등의 합력에 의해 건립되는 것이 일반적이다.[25] 그 과정에서는 지역적 범위나 정도의 차이는 있었으나 퇴계에 의해 제시된 바 있듯이, 본현 내지 인근 지방관의 적극적인 협조가 있었다. 실제로 이러한 서원의 건립에는 막대한 물력이 소모된다는 점에서 지방관의 직·간접적인 도움 없이는 불가능하였다. 따라서 향촌사림들의 건의를 받아들여 서원건립 자체를 지방관이 직접 주관하는 예도 많았다. 당시 서원설립에 있어서 이러한 지방관의 적극적인 협조는 '右文興學 養育人才'라는 국가의 적극적인 보호책에 힘입은 바 컸지만, 당시 향촌사회를 장악하고 있었던 재지사족을 수령은 무시할 수 없었고 또 그들의 협조에 의해 수령의 지위가 유지될 수 있다는 상호이해 관계가 크게 작용하였다. 이는 또한 '興學校'라는 수령의 책무와도 관련되는 문제였다.

그러면 먼저 서원설립 초기인 16세기 중반에 건립된 禮安의 易東書院의 예를 들어 구체적인 건립과정을 살펴보기로 한다. 이 서원은 이황의 주관하에 일향 사림들이 공동참여하여 건립된 전형적인 예이다. 이황은 일찍이 예안에 우거한 바 있는 禹卓의 학문과 절의가 후학의 사표가 될 만하다 하여 명종 13년(1558) 4월에 趙穆·琴蘭秀와 함께 예안현 동북쪽에 있는 우탁 舊居 부근의 鼇潭 위에 터를 잡고 서원건립에 착수하였다.[26]

그러나 이러한 서원건립 논의는 '事力이 미치지 못하였기' 때문에 곧바로

24) 李泰鎭, 앞의 글(1977), 185쪽.
25) 鄭萬祚, 앞의 글(1975), 232~255쪽.
26) 琴 輔, 《梅軒集》 권 2, 雜著, 易東書院記事.
趙 穆, 《月川集》 권 5, 易東書院事實.
鄭震英, 〈禮安 易東書院의 硏究〉(《安東文化硏究》 3, 安東大, 1989), 26~29쪽.

실행되지 못하였다. 당시 서원건립에는 막대한 경비가 소요되고, 그 役事에는 民力이 동원되는 것이 일반적이었다. 따라서 농민들의 생활이 극도로 불안정한 시점에서 이들의 노동력을 동원한 서원건립은 어려울 수밖에 없으며 실제로 역사를 시작하였다 하더라도 농번기나 겨울철에는 역사를 멈추는 것이 일반적이었다. 역동서원의 건립이 늦추어진 것도 이와 같은 이유에서였다.

그로부터 5년 후인 명종 18년 봄에 郭趪이 현감으로 부임하자 고을사람 金富弼·趙穆·琴蘭秀·琴應夾 등이 그에게 서원건립 문제를 건의하여 적극적인 협조를 받게 되었다. 그후 곽현감이 관사를 짓고 남은 기와 9천 장을 보조하자, 이에 재차 서원건립이 논의되어 앞에 든 사람들이 스승인 이황에게 품의하여 一邑 長老회의를 거침으로써 최종적으로 확정되었다. 이에 일향사림들로부터 각기 형편대로 재력을 보조받았는데 그 수가 무려 160여 가에 170여 석이나 되었다.

선조 즉위년(1567) 2월에 김부필·琴輔·琴應商·禹克昌·금응협·금난수·조목 등의 監役으로 기와와 재목을 마련하자, 예안현감은 향리와 인부를 동원하고 경내 여러 사찰의 승려에게 순번을 정하여 공사를 돕게 하였으며, 또한 匠店 중에서 有實者를 택해서 수호케 함으로써 건립의 근본이 잡히게 되었다. 예안현감은 이 뿐만 아니라 곡식 40석과 포 15필을, 안동부사 尹復는 곡식 10석과 大木 10여 株를 부조하였다. 그리하여 그해 봄부터 공사가 더욱 급속히 추진되었고 그 과정에서 예안의 재지사족들이 적극 참여하였다.

서원이 완성된 뒤에도 현감 곽황은 경내의 寺社전답 200여 負를 서원에 귀속시켰으며, 書員 1인과 閑良 6인으로써 서원의 각종 잡무와 사환의 일을 담당케 하였다. 곽황은 이 외에도 포 25필, 곡식 70석을, 현감 鄭惟一과 감사 朴啓賢, 그리고 鄕士 김부필·李完·금응협·金富倫·金富儀·금보·朴士熹·金生溟 등도 전답이나 노비 혹은 곡물을 기부하였다.

이와 같이 역동서원은 16세기 후반 예안의 향촌사회를 실질적으로 장악하고 있던 眞城李氏·奉化琴氏·永川李氏 및 조목·박사희·김생명 등 퇴계문도인 재지사림파에 의해 창건되고 유지되었다.[27] 또한 이 서원의 건립에는 예안현 및 인근 수령의 협조가 많았다. 역동서원은 퇴계 당시 예안사림의 집합소로서 그들은 이를 바탕으로 하여 각기 사회적 지위를 굳혀갔던 것이다. 이렇게 볼 때 이 시기 서원은 일향내 사림세력을 하나로 결집시킬 수 있는 하나의 매개체였다고 하겠다.

경상우도의 南冥門徒들에 의해 설립된 德川書院 등 이 시기에 건립된 서원 대부분의 창건과정도 위의 역동서원과 비슷한 과정을 밟았다. 선조 38년(1605)에 설립된 尙州 道南書院의 경우 《創設時稧案》에 의하면 건립 당시에 일향의 재지사족 235명이 등재되었고, 이후 효종연간까지 10차에 걸쳐 186명이 加錄되고 있다. 이 숫자는 이 시기 상주의 향안에 등재된 재지사족을 총망라한 것이다. 대체로 서원의 濫設·疊設이 문제가 되기 이전인 17세기 초·중반까지 설립된 서원은 대부분 역동서원에서와 같이 일향사림과 지방관의 적극적인 상호협조관계에서 설립되는 것이 일반적이었다. 이 시기 서원의 건립과 확대는 지역적으로 보면 그 지역 재지세력들의 형성시기와 그 존재형태에 비례하였으며 따라서 당시 폭넓은 재지세력이 존재한 경상도를 위시한 하삼도에 집중되고 있었다. 이러한 현상은 이후에도 계속 유지되었다. 이는 이 지역이 이른바 사림의 淵藪라 하여 양반세력이 강력하였고 또 그들이 일찍이 붕당정치의 주역으로서 정치활동을 활발히 하였으며 한편으로는 일찍부터 향촌에 강력한 재지적 기반을 갖고 있었기 때문이다.[28]

이와 같이 초기의 서원은 대체로 일향 사림들에 의해 발의·창건·운영되는 것이 일반적이었으며, 따라서 국가에서는 그 창건과 사액과정에서 기준에 따라 비교적 공정하게 대처하였다. 이러한 분위기는 광해군대에 와서도 계속되었으나 몇몇 서원의 건립이 당시 다른 학파에 비해 학문적 기반이 약했던

---

27) 17세기초에 설립된 安東의 屛山書院도 立廟(1610) 당시 有司로 石物유사 12인, 燔瓦유사 2인, 各里유사(縣內(2), 北面(4), 西面(7), 南面(3)) 16인, 各面유사(府東(2), 府南(1), 府西(2), 府北(2), 臨河(4), 乃城(2), 甘泉(1), 一直(2)) 16인이 分定되고 있었다. 이는 이 시기 서원건립이 일향의 공동 관심사였음을 알 수 있는 단적인 예이다. 따라서 서원건립 役事 또한 일향 동민들의 적극적인 동원으로 이루어졌다(《屛山書院奉安錄》 참조).

28) 鄭萬祚, 앞의 글(1975).

집권 북인세력에 의해 정치적으로 이용되는 선례가 나타나기도 하였다. 당시 집권 북인세력은 자파의 학적 연원인 曹植의 문묘종사운동을 추진하고, 한편으로는 조식을 제향하는 서원을 건립하고 이를 자신들의 세력을 확대하는 전초기지로 삼았던 것이다. 이러한 현상은 인조반정 이후 서인이 집권하면서 더욱 확대되었다.

인조반정 이후 집권 서인의 서원정책은 인조 22년(1644) 경상감사 林㙖의 상소를 계기로 서원에 대한 폐단이 거론되면서 적어도 그 건립만은 국가가 파악해야 한다는 국가적 차원의 제재조치의 필요성이 제기되기도 했지만, 기본적으로는 붕당정치에 입각한 그 이전의 국가적인 장려책을 따르고 있었다.[29] 그러나 이후 서·남인간의 정치적 대립이 점차 가열되자 서원의 설립과 사액에 정치적 이해관계에 따른 중앙권력의 적극적인 개입이 현저해지면서 서인 편향적인 경향이 뚜렷하였다. 당시 서인정권의 자파서원 건립은 붕당정치하에서 퇴계로 대표되는 남인에 대한 도학적 정통성의 확립과 자파세력 확대 및 집권의 명분 확립과도 관련되는 중요한 문제였다. 따라서 서인정권은 이러한 문제를 빠른 시일 안에 해결하기 위해 그들 서원의 설립에 자파 중앙관료들을 적극적으로 개입시키는 예가 많았다.

이 시기에 설립된 대표적인 서인계 서원인 魯岡書院의 설립과정을 살펴보기로 한다.[30] 이 서원은 尹煌·尹拯 등을 비롯한 파평 윤씨 一門을 배향한 서원으로 서인이 老·少論으로 분립된 후에는 소론의 대표적인 서원으로 인식되고 있다. 이 서원은 현종 13년(1672) 7월 湖中사림들에 의해 祠宇營建이 발의되었다. 이에 당시 서인계 현직관료이던 金壽恒·閔維重·金萬基·朴世堅·呂聖濟·李選·金萬重·申翼相·趙師錫·鄭維岳·趙根 등이 적극 협력하여 창건통문을 발하였다. 통문 발간처로는 경기(지역 : 4)·경상(17)·충청(22)·황해(8)·전라(27)·평안(10)·原襄道(10) 등 7도 98개 지역의 각 감사·병사·수사 등 지방관과 향교·서원·재지사족이 포함되었다. 이어서 각 도 열읍에서 서원건립에 소용되는 米·木·紙·魚鹽 등 현물의 적극적인 부조

29) 鄭萬祚, 〈朝鮮後期의 對書院施策〉(《제3회 국제학술회의논문집》, 한국정신문화연구원, 1985).

30) 이하 魯岡書院에 관한 서술은 《魯岡書院誌》에 의거하였다.

가 있었는데, 물품수합은 현직관료가 담당하였다. 이후 사액이나 追配 때에도 창건 때와 마찬가지로 전국적인 부조가 있었다.

이와 같이 노강서원의 설립과정은 역동서원 등과는 본질적인 차이점이 있었다. 서원설립에 있어서 자파의 중앙관료, 인근 지방관 및 향촌사림들의 물질적 협조라는 측면에 있어서는 동일한 양상이었으나, 그 규모나 범위면에 있어서는 상당한 차이가 있었다. 이 시기 대부분의 서원이 그 범위가 동일 권역을 크게 벗어나지 못한 일향이 중심이었는데 비해, 노강서원은 통문 발간처나 부조한 지역이 충청·전라도지역이 중심이 되긴 하나 거의 전국적인 범위이며, 서원창건에 주동적인 인물 또한 지방관을 포함한 중앙정계의 현직관료였다는 데서 본질적인 차이점이 있었다.[31)]

서·남인계 서원간에는 창건과정뿐만 아니라 서원운영을 위한 院任의 구성에 있어서도 그 차이점이 확연하게 나타난다. 이는 영남남인계 서원의 '院長·有司'체제와 서인계 서원의 '원장·掌議·유사'체제로 구분할 수 있다. 이 양자간에는 원임의 자격·임기·직임 등에 있어서도 현격한 차이가 있었다. 영남남인계 서원의 경우 원장은 실질적인 서원운영의 책임자로, 대부분 향내의 사림으로 임명되며 현직관료는 제외되고 있었다. 이에 반해 서인계 서원의 원장은 중앙정계의 고위관료로 추대되었는데 이는 서원측의 이해관계와 중앙관료의 자파세력 확대라는 상호관계가 결부되면서 나타난 현상이었다. 따라서 원장은 일종의 명예직의 성격을 띠고 있었으며 실질적인 서원운영은 장의가 담당하였다고 보여진다. 장의는 대체로 서원 소재지 내지 인근의 지방관으로 임명되는 경우가 많았다. 그러므로 서인계 서원은 지방관으로 대표되는 관권과의 관계를 효과적으로 유지할 수 있었다고 보여진다. 이러한 당시 서인계 서원의 권력지향적인 성격은 자파 현직관료로 임명되는 京掌議·京有司제도에서도 확연히 드러난다. 이 제도는 중앙과의 긴밀한 유대관계를 모색하기 위한 한 수단으로 제시된 것이었다.[32)]

---

31) 그러나 이 시기 모든 서원의 설립과정에서 당색간의 뚜렷한 차이가 나타나는 것은 아니다. 다만 인조반정 이후 대표적인 서인계 서원은 그들의 학문적 정통성의 확보 및 집권의 명분과 연결되면서 여타의 서원에 비해 중앙권력이 크게 작용하였던 것이다.

32) 李樹煥, 〈朝鮮時代 書院의 內部組織〉(《嶠南史學》 2, 嶺南大, 1986).

이와 같은 양자간의 서원조직 및 운영상의 차이점은 당시의 정치상황과 무관하지 않겠지만, 전자는 서원의 성격을 향촌자치제로 규정하였던 퇴계의 서원론에 기초하고 있었고, 후자는 17세기초까지 서원을 통한 향촌사회 운영원리나 도학적 정통성, 사림 수에 있어서의 영남남인계에 대한 열세를 만회하기 위해 서원설립과 운영에 중앙관료가 적극적으로 개입함으로써 정치적 색채를 강하게 띠고 있었기 때문으로 파악된다. 이러한 성향이 서원의 인적 구성에 일정하게 반영되었다고 보여진다.

이와 같이 서원건립이 본격적으로 당파간의 정치적인 이해관계와 결부되기 시작한 것은 효종대 이후 山林세력이 중앙정계에 진출하면서부터이다. 이 시기는 성리학적 명분과 의리가 붕당정치 전개의 쟁점으로 부각되었던 시기이다. 붕당정치의 전개과정에서 자파의 정치적 입장 강화 및 이를 위한 자파 정론에 대한 향촌사림의 광범한 지지는 필수적이었다. 서원은 이 시기 유생들의 여론을 결집시키는 역할을 수행할 수 있는 중요한 매개체였으며[33] 따라서 각 정파의 입장에서는 서원문제에 적극적으로 대처하지 않을 수 없었다. 院·祠의 남설은 이에 연유한 바 크다.

실제로 원·사의 남설은 남·서인간에 政爭이 격화되는 현종대에 오면 뚜렷해지며 그 증가율은 전대에 비해 배에 가깝게 나타나고 이러한 경향은 숙종대에 심화되었다. 또한 피봉사자의 추배에 있어서도 그 수가 훨씬 많아졌을 뿐 아니라 그 자격에 의심이 가는 인물이 적지 않았다. 이는 서원의 질적 저하를 수반할 수밖에 없었다. 현종말부터 시작하여 숙종연간에 나타나는 서원의 폭발적 남설현상은 이 시기 庚申·己巳·甲戌換局으로 이어지는 서·남인간의 정쟁의 격화가 크게 작용하였으며 여기에 서원을 통한 자기존립을 모색하였던 지방사림들의 이해관계가 결부되면서 더욱 확대되었다.

당시 양반층은 상급신분층으로서의 우세한 지위를 유지하고 붕당정치하의 고립을 면하기 위하여, 명분과 이해관계에 따라 혈연적으로 또는 학파 및 지

---

33) 鄭萬祚, 앞의 글 (1975). 이하 서술은 주로 이 글을 참고함.

방별로 연결되어 상호간의 결속과 유대관계의 강화를 도모하지 않을 수 없었던 것이다. 실제로 당시 원·사를 갖지 못한 고을의 경우 사림의 활동이 부진할 수밖에 없었으며, 이 때문에 사림들은 그들의 장수처로서 또는 향촌에서의 儒化를 위해서는 원·사의 설립이 필요하다고 주장하면서 앞다투어 원·사를 건립하였다.

이와 같이 원·사가 이 시기 사림의 정치·사회적 활동의 중요한 구심점이 됨에 따라 그 설립 특히 사액과정에서 정파간 이해관계의 대립이 현저해졌다. 서원문제를 둘러싼 정치적 대립은 서·남인간에 야기된 務安의 紫山書院 치폐과정에서 단적으로 드러난다. 이 서원은 鄭汝立사건에 연루되어 사망한 鄭介淸을 봉향하는 남인계 서원인데 이후 정권변동에 따라 건립·훼철이 반복되었다.[34]

한편 서원은 소속 사림들의 개별적·집단적 행동에 구체적인 물질적 지원을 하는 등 이 시기 사림들 공동의 경제적 이해가 결부되어 있어서, 중앙관인들은 자파세력 확대라는 측면에서 자파서원의 경제적 기반을 공고히 해준다든지, 반대파 서원의 경제적 기반을 축소시킴으로써 사림들을 위축시키는 현상이 나타났다. 전라도의 남인계 서원인 자산서원을 훼철하고 그 경제적 기반을 노론계 서원인 忠簡公書院·義烈祠·松林書院으로 分屬시키는 조치라든가, 송시열 등이 자파와 이해관계가 다른 三溪書院을 훼철하고 그 경제적 기반을 탈취한 사건 등은 그 한 예이다.[35]

한편 갑술환국 이후 노론정권은 자파세력의 근거지 확보라는 측면에서 이 시기 남인의 본거지인 영남지역 곳곳에 그들의 거점확보를 위한 자파서원을 설립해 나갔으며 그 과정에서 무리한 관권의 개입으로 정치적 분쟁을 일으키기도 하였다. 이는 정치적 반대세력인 남인의 본거지인 영남지방에 대한 향촌분열과 이간책의 일환이기도 하였다.[36] 이렇게 볼 때 17세기 중반

34) 金東洙, 〈16~17세기 湖南士林의 存在形態에 대한 一考察-특히 鄭介淸의 門人集團과 紫山書院 置廢事件을 중심으로-〉(《歷史學硏究》 7, 全南大, 1977).

35) 《書院謄錄》 2책, 숙종 6년 12월 26일.
《肅宗實錄》 권 4, 숙종 원년 10월 갑자.

36) 이 시기 영남지역에서 설립된 대표적인 서인계 서원은 尙州 興巖書院(1702년

이후의 서원정책은 붕당정치의 파탄으로 나타난 당파적 차원을 넘어서지 못하고 있음을 알 수 있다.

또한 이 시기에 오면 同姓村의 발달과 함께 사림 사이에 가문의식이 현저해지면서 서원은 숫적인 면의 남설과 관련되어 봉사 대상인물의 선정이 원칙에 크게 어긋나는 경우가 많았다. 원래 서원의 제향인은 학문이 깊고 斯文에 공이 있는 자만을 원칙으로 하였으나, 이 시기에 오면 학문이 깊다고 보기 어려운 인물, 儒化를 남긴 수령, 行誼가 있는 士子까지로 그 범위가 확대되었는데, 이것이 서원남설의 또 하나의 요인이 되었던 것이다. 이와 관련하여 가묘적 성격이 강한 사우의 건립이 이 시기에 더 많아진 것도 이와 무관하지 않다. 이는 사림의 동족·가문의식의 단적인 표출이었으며 이 시기 원·사가 서로 혼칭되는 요인이 되기도 하였다. 이들 원·사는 17세기 중반까지의 원·사가 일향사림의 공론에 의해 건립되었던 것과는 다르게 대체로 제향인의 후손이 주동이 되는 것이 일반적이었다.

이러한 당파간의 극한적인 대립으로 나타난 원·사의 폭발적 남설은 필연적으로 정치·사회적 폐단을 심화시켰으며 따라서 영조대 이후 서원은 왕권강화책의 일환으로 국가적 차원의 강력한 제재를 받게 되었다.

3) 사액서원의 추세

백운동서원이 설립된 지 6년 후 퇴계의 請額에 의해 紹修書院이란 扁額을 하사받은 것이 賜額書院의 시초이다. 퇴계는 명종 4년(1549) 12월 당시 경상도관찰사 沈通源에게 啓聞하여 백운동서원을 사액서원으로 발전시켜줄 것을 청원하였다. 여기에서 퇴계는 중국의 예를 들어 사액과 동시에 국가적 차원의 경제적인 후원 및 감사·수령 등 지방관의 지원을 요청하였다. 그러나 지

건립, 1716년 사액, 宋浚吉 배향), 青松 屛巖書院(1702년 건립 사액, 이이·金長生 배향), 安東 西澗祠(1785년 건립, 1786년 사액, 金尙憲 배향), 慶州 仁山影堂(1719년 건립, 宋時烈 배향) 등이다. 노론계 서원의 건립을 둘러싼 당파간의 대표적인 분쟁은 鄭萬祚, 〈英祖 14년의 安東 金尙憲書院 建立是非－蕩平下 老少紛爭의 一端－〉(《韓國學硏究》 1, 同德女大, 1982) 참조.

방관의 지원은 경제적인 것에만 한정시키고, 이 외의 서원 운영은 사림이 자치적으로 운영할 수 있도록 할 것을 강조하였다.[37)]

이에 대해 중앙에서는 서원이 당시의 관학의 부진을 대신할 수 있는 교육기관이라는 점을 일단 인정하고, 유생을 고무·진작시키기 위해 서적 등과 함께 소수서원이라는 편액을 내리도록 하였는데 이후 이것이 서원사액의 하나의 기준이 되었다. 백운동서원에 뒤이어 설립되는 藍溪·臨皐書院 등에 대한 사액은 소수서원의 예에 따라 시행되었다. 초기 서원의 청액과정은 서원유생이나 서원 소재지 지방관의 요청에 의해 감사가 청액하는 것이 일반적이었으며, 그 사액기준도 비교적 엄격하게 적용되었다고 보여진다. 이후 서원이 유향소·향교를 대신해 향촌사회에서 점차 중요한 역할을 하면서 각 지역마다 급격히 설립되자 사액의 기준도 일단 완화된 것으로 보여진다.

서원 사액은 교육기관으로서 국가로부터 공인받는 것일 뿐 아니라, 법전에 규정된 바 없었던 초기에도 서원에 소속된 토지와 院屬은 해당 지방관의 令으로 면세·면역되는 것이 관례화되어 있었고, 또한 祭需가 관급되는 등 경제적으로 이점이 있었다. 따라서 서원은 창건되자마자 곧바로 청액운동을 하는 것이 일반적이었다.

그러나 16세기말 선조연간까지만 하더라도 사액문제가 각 정파간의 정치적 목적에 의해 좌우되지는 않았다. 선조연간까지 사액된 서원을 제시하면 다음 〈표 2〉와 같다.

여기에서 보면 사림계열이 아직도 失勢期였던 명종대(명종 20년; 문정왕후 훙거)에는 소수서원, 해주의 문헌서원, 영천의 임고서원 등이 사액을 받았다. 척신세력인 小尹이 주도권을 가진 명종대에 사림계의 교육기관인 서원에 대한 이러한 공인조치가 나올 수 있었던 것은, 그들의 세력이 이제는 척신계열로서도 전혀 무시만 할 수 없을 정도로 크게 확대되었기 때문이지만, 또한 사액을 받은 세 서원의 피봉사자가 안향·최충·최유길·정몽주 등 모두 고려조의 인물이었던 것도 한 까닭이 될 듯하다.[38)]

---

37) 이에 대한 상세한 연구는 尹熙勉, 앞의 글 및 鄭萬祚, 앞의 글(1980) 참조.
38) 李泰鎭, 앞의 글(1977), 182쪽.

〈표 2〉 명종~선조대의 사액서원

도 별	지 명	서 원 명	건 립 연 도	사 액 연 도	봉 사 인 물
경 상	豊 基	紹 修	중종 38년	명종 5년	安珦
황 해	海 州	文 憲	명종 4년	명종 5년	崔冲·崔惟吉
경 상	咸 陽	藍 溪	7년	21년	鄭汝昌
경 상	永 川	臨 皐	10년	10년	鄭夢周
경 상	義 城	氷 溪	11년	선조 9년	金安國
함 경	咸 興	文 會	18년	9년	孔子
전 라	順 天	玉 川	19년	선조 원년	金宏弼
경 상	善 山	金 烏	선조 3년	선조 8년	吉再
전 라	綾 州	竹 樹	3년	3년	趙光祖
경 상	慶 州	玉 山	6년	7년	李彦迪
경 기	開 城	崧 陽	6년	8년	鄭夢周
경 기	楊 州	道 峰	6년	6년	趙光祖
경 상	禮 安	陶 山	7년	8년	李滉
전 라	南 原	滄 州	12년	33년	盧禛
경 상	玄 風	道 東	38년	40년	金宏弼

이후 사림계열이 주도권을 잡게 되는 선조대에 들어오면서 사액서원의 피봉사자는 고려시대 인물에 한정되었던 제약에서 벗어나, 士禍期의 인물을 포함하여 사림계열이 성리학의 정통으로 내세웠던 김굉필·조광조·이언적·이황 등으로 확대되어 갔다. 그러나 이 때까지만 하더라도 피봉사자의 범위는 약간 확대되었으나 사액에 있어서만은 성리학에 크게 기여한 인물로 한정되어 있었다.

이후 광해군의 등극으로 인한 북인정권의 등장은 서원의 설립과 사액이 정치적 목적에 의해 좌우되는 한 계기가 되었다. 북인정권은 당시 퇴계·율곡학파에 비해 상대적 열세인 학문적 기반과 자파세력 확보 및 재강화를 위해 서원·향교·향소 등 향촌자치기구에 관심을 두면서,[39] 이 시기 서원의 설립 및 사액에 정치적 영향력을 행사하는 경우가 많았다.

실제로 대북의 영수인 鄭仁弘은 자기 스승인 曺植의 추존사업에 적극 나

39) 鄭仁弘과 그 문인집단은 당시 경상우도 지역의 서원·향교·향소 등 3곳을 중심으로 향권을 완전히 장악함으로써, 이에 기초하여 자파세력 상호간의 통문을 통하여 반대세력에 대한 毁家黜鄕, 損徒, 儒生停學 등의 鄕罰을 가하기도 하였다(《光海君日記》 권 26, 광해군 2년 3월 정유 및 鄭慶雲, 《孤臺日錄》).

서면서 광해군 원년(1609)에 경상우도의 조식 배향처인 晋州의 德川, 三嘉의 龍巖, 金海의 新山書院을 사액받고,[40] 동왕 7년에는 경성에서 불과 30리 밖에 있는 楊州 西面(三角山 白雲峰下)에 조식을 배향하는 서원을 건립하여 그 이듬해에 白雲書院이란 사액을 받았다. 특히 이 서원 건립은 통문이 중앙관료들 사이에 널리 발해지는 등 거당적 차원에서 이루어졌다.[41] 이 서원은 인조반정 이후 서인정권에 의해 곧바로 훼철되었는데,[42] 이는 이 서원의 건립과 사액이 북인정권의 정치적 목적과 결부되어 있었음을 보여주는 것이라 하겠다. 광해군 9년에는 전라도 康津에 조식을 배향하는 서원을 건립하여[43] 호남유생을 자기세력으로 흡수하는 동시에 자신들의 이해를 대변하는 유소상정의 후방적 기지를 구축하였다. 이러한 노력들은 나중에 모두 廢母論의 여론을 조성하는 데 중요한 역할을 하게 되었다고 보여진다.

한편 북인정권은 서원을 이용하여 당시 남인 집거지인 예안에까지 자파세력을 부식시키고 있었다. 북인정권은 金誠一·柳成龍 사후 한때 남인세력의 공백기를 틈타서 유성룡과 동문이면서도 불편한 관계에 있었고 북인계 李山海와 친근한 사이였던 趙穆을 매개로 하여 세력을 확보하였던 것이다. 조목은 사후 북인세력에 의해 도산서원에 從享되었고, 예안유림은 북인정권에 의해 발탁되어 이 지역에서는 한때 남·북인 세력이 공존하게 되어 갈등이 심각하였다.[44]

이러한 서원설립 및 사액문제에 있어서 정치적 이해관계의 개입은 인조반정 이후에도 서·남인간에 어느 정도 정치적 조정이 이루어져 심각한 양상을 띠지는 않았으나, 서인 우세하에서 서인쪽에 편향성을 띠기는 마찬가지였다. 이 시기 金集·宋時烈·宋浚吉로 대표되는 산림세력이 등장하면서 이들은 집권의 명분과 도학적 정통성의 확립이라는 측면에서 그들의 학적 연원

40) 趙任道, 《澗松集》 권 2, 書 附桐溪答書에 "三書院賜額 皆出於爾瞻借重之計"라 하여 이들 서원사액에 중앙권력이 개입하였음을 지적하였다.

41) 《光海君日記》 권 87, 광해군 7년 2월 임인 및 권 109, 광해군 8년 11월 정축.

42) 裵大維, 《慕亭集》 권 2, 白雲書院賜祭文, "癸亥後毁撤".

43) 《光海君日記》 권 117, 광해군 9년 7월 갑술.

44) 李樹健, 〈17~18세기 安東地方 儒林의 政治·社會的 機能〉(《大丘史學》 30, 1989), 40쪽.

인 조광조·이이·成渾·金長生 등의 서원을 계속적으로 설립하고 사액을 받았다.[45] 이들 서인계 서원은 대부분 지역적으로 근기 또는 충청도에 집중되었으며, 또한 서원의 설립에 자파 중앙관료들이 적극적으로 개입함으로써 남인계열보다 정치적 색채를 강하게 띠고 있었다. 그 결과 효종 10년(1659) 윤3월에는 무려 8개소의 서원이 한꺼번에 사액을 받기도 하였으며[46] 그 영향으로 현종대에 들어와서는 향촌사림의 청액운동을 촉발시켜 請額疏가 폭주하였다. 현종연간에는 사액의 남발을 우려하여 사액에 관한 한 일률적으로 시행하지 말라는 통제책이 취해졌으나 앞의 〈표 1〉에서 보듯이 사액은 전대에 비해 엄청난 증가 추세를 보이고 있다. 또한 사액을 받은 서원을 당색별로 구분하면 서인계 서원이 남인계에 비해 압도적 다수로 나타난다. 이는 사액과정에서 정치적 이해관계에 따른 중앙권력의 적극적인 개입이 현저하였음을 의미한다. 당시 서인계 서원은 첩설처라 하여 일단 사액이 거부된 서원도 서인관료의 特請에 의하여 대부분 특례로 사액되는 경우가 많았다. 사액과정에서의 이러한 당파적 편향성은 이후 서원문제가 집권세력의 이해관계에 따라 크게 좌우되고, 또한 이것이 정치적인 차원의 문제로 확대되는 결과를 낳았다.[47] 이후 숙종대의 서원사액에 대한 극단적인 당파적 편향성은 이에 연유하였다.

숙종 연간의 정치변동과 각파 원·사에 대한 사액추세를 제시하면 다음 〈표 3〉과 같다.

이 표에서 보면 특별히 예외적인 경우가 있긴 하지만 대체로 남인 집권시기에는 남인계 인물을, 서인 집권기에는 서인계 인물을 배향하는 원·사에 사액이 이루어지고 있음을 확인할 수 있다.[48] 이러한 현상은 무엇보다도 이 시기 庚申·己巳換局 다시 甲戌換局으로 이어지는 잦은 정변 속에 각 정파마다 자파서원을 통해 집권의 명분이 되는 도학적 정통과 명분론을 확

45) 《書院謄錄》 1책, 효종 원년 5월 30일.
46) 《孝宗實錄》 권 21, 효종 10년 윤3월 무자.
47) 鄭萬祚, 앞의 글(1985), 252~255쪽.
48) 鄭萬祚, 앞의 글(1975). 이하 서술은 이 논문을 주로 참고함. 숙종대 정국변동과 관련하여 원우건립 및 사액동향을 구체적으로 검토한 논고로는 薛錫圭, 앞의 글이 있다. 여기서는 구체적으로 참고하지 못하였다.

〈표 3〉 숙종 연간의 정권변동과 사액 추세

시기 / 당색 / 지역	1~6년(남인집권)					7~15년(서인집권)					16~20년(남인집권)					20년 이후(서인집권)				
	남	서	노	소	무	남	서	노	소	무	남	서	노	소	무	남	서	노	소	무
경 상	7	1			3					1	6				2	1(2)		2		2(1)
전 라						1	3(1)			1(3)						2	1	2	2	2(2)
충 청	2						2		1		1				1		1	5		2(2)
경 기					2		1		1		2		(1)		3		3	6	3(1)	1(1)
강 원											1							(1)		
평 안	1				(1)		1			1(1)					2		(1)	2		3(2)
함 경							2										1	1		1(1)
황 해	1				1		1			2							3(1)		3	1(2)
합 계	11	1			6(1)	1	10(1)		2	5(4)	10		(1)		8	3(2)	9(2)	18(1)	8(1)	12(11)

* 薛錫圭, 〈肅宗朝 院宇動向과 朋黨의 社會的 基盤〉(《國史館論叢》 34, 國史編纂委員會, 1992), 175~178쪽의 〈표 2〉 肅宗朝 院宇의 建立 및 賜額動向을 재편집. ( )안은 사우의 수임.

보하고, 동시에 자파세력을 확대·부식하고자 한 데서 연유한 것이다. 따라서 당시 집권세력은 자파서원 건립에 물질적·행정적 지원을 하였는데 사액은 그 중 가장 대표적인 형태였다. 사액은 지방에서 자파의 사회적 기반을 합법적으로 확립할 수 있는 길이었기 때문에 이 시기 여러 정치세력간에 중요한 관심사가 될 수밖에 없었다.[49]

한편 현종연간에 이어 숙종연간은 서원이 너무 과다하게 설립되어 그 폐단이 심각하게 노출되면서, 서원 신설과 일체의 사액은 불허한다는 국가적 차원의 통제책이 강화되고 있었던 시기였다. 그러나 이러한 통제책은 집권당파에 의해서 제대로 지켜지지 못하고 다만 반대당파를 억압하는 데만 유

49) 사액이 당파적 이해관계와 결부되었던 한 예로 안동의 屛山書院을 들 수 있다. 이 서원의 제향인인 西厓 柳成龍은 퇴계의 高弟로 선조대 중앙정계의 퇴계학파의 영수로 존재하였고, 동서·남북 分黨時에는 서인·북인으로부터 붕당 발생의 장본인 또는 남인의 영수로 인식되고 있었다. 당시 집권세력인 북인 내지 서인의 그에 대한 이러한 인식태도는 그를 주향으로 하는 병산서원에도 일정한 영향을 미쳤다. 따라서 이 서원은 광해군대에 설립되어 안동을 대표하는 서원으로 인식되었으나 여타 서원과는 다르게 사액되지 못하다가 250년 후인 철종연간에 그 후손들이 집권세력과 연결되면서 사액되었고, 뒤이어 대원군 서원훼철시에는 남인의 대표적인 서원으로 남게 되었다.

효하였다. 예컨대 기사환국 후 피화된 노론의 영수인 송시열서원은 갑술환국 후 숙종말년까지 26년간에 걸쳐 무려 20개소가 건립되고 또한 14개소에 追配되었는데 이들 원사는 다수가 첩설에 관계없이 특별히 사액되고 있었다.

또한 이 시기에 오면 '첩설처 사액불허'라는 금령에 저촉되지 않으면서 자파의 집권 명분 및 사회적 기반을 확대시키기 위해, 거듭되는 환국의 피화인 등으로 사액서원의 제향자의 범위를 확대시켜 결과적으로 도학자여야 한다는 제향기준을 무너뜨렸다. 이것은 후일 서원의 질적 저하를 유발하고 사우와의 구별을 모호하게 만드는 요인으로 작용하였다.

이 시기 서원정책은 한마디로 말한다면 정권 내지 당파적 차원을 넘지 못하였고 따라서 그 건립과 사액을 격증시켜 폐단만 격화시켰다. 그런 가운데서도 이러한 서원정책을 통해서 노론정권은 다른 당파에 비해 자파의 사회적 기반을 확대하는 데 성공하였다. 숙종 연간에 사액된 서원은 남인계의 21%에 비해 서인계는 41%였다. 이러한 서원의 건립과 사액의 폭증현상에는 각 당파의 정치적 욕구 못지 않게 이 시기 향촌사림의 현실적 이해관계가 크게 작용하였다.

한편 이 시기 서원의 남설·첩설과 맞물려 청액상소가 폭주하면서 이에 따른 사액도 당파적 차원에서 격증하고 있었다. 그러나 이 시기에 표면적이나마 서원에 대한 통제책이 강화되고 있었음을 감안하면 자파세력 집권기라 하더라도 특별히 정치적 비중이 있는 서원을 제외하고는 사액이 쉽지 않았다. 예컨대 기사환국 후 남인집권 때 남인의 정신적 지주인 이언적·이황을 배향하는 두 서원, 즉 慈仁의 觀瀾書院(이언적 배향)[50]과 풍기의 郁陽書院(이황·黃俊良 배향)[51]에 대한 청액이 첩설을 이유로 허락되지 않은 것은 그 한 예이다.

효종대 이후 현종대를 거치면서 서원의 사회적 폐단이 노출되자 사액문제에 대해서 첩설처는 防啓해야 한다는 통제책이 끊임없이 제기되고 있었다. 그러나 영향력 있는 대부분의 서원 사액은 '特爲賜額'되는 등 朝臣들의 영향력에 크게 좌우되었다. 청액이 방계되었다 하더라도 조신의 건의에 의해 다시 사액심의의 기회를 가지게 되는 경우가 있었으며, 이런 경우 첩설처라 하

---

50) 《書院謄錄》 3책, 숙종 17년 7월 26일.
51) 《書院謄錄》 3책, 숙종 19년 12월 26일.

더라도 특별히 사액되는 경우가 많았다. 남인계로 상주의 대표적인 서원인 道南書院의 경우 현종 11년(1670) 1차 청액에서 실패하였고 남인 집권기인 숙종 2년(1676) 11월 5일의 2차 청액에서도 또다시 실패하였으나 그해 12월 19일에 영의정의 주선으로 특별히 사액되었다.[52] 이렇게 볼 때 당시 서원이 사액을 받기 위해서는 중앙관료들에 대한 사전 준비작업과 이들을 통한 중앙정부의 분위기 파악이 중요한 관건이 되었다고 보여진다. 실제로 당시 대부분의 서원사액은 중앙관료의 협력 없이는 불가능하였다. 특히 권력에서 밀려나 있었던 계열의 서원은 더욱 그러하였다. 경주의 龍山書院도 사액할 때 京師가 贊議하여 성사되었다고 하였다.[53] 이렇게 볼 때 남인계열이 중앙정계에서 완전히 실각하는 갑술환국 이후부터 영남 남인계 서원의 사액은 거의 불가능하게 되었다.

사액서원 수의 지역적 차이도 이에 연유한 것이다. 지역별로 보면 경기도가 삼남지방에 비하여 원사의 수는 얼마되지 않지만 원·사에 대한 사액의 비율은 여타 도에 비해 배 이상 높게 나타난다. 이와 같이 경기도 지역의 사액비율이 높은 것은 인조반정·갑술환국 이후의 서인 내지 노론집권으로 이어지는 당시의 정치상황과 무관하지 않다. 이 지역 원·사에 제향되는 인물은 대부분 고관의 경력을 가졌거나 중앙의 정쟁에서 被禍한 인사로, 이들은 당시 정권과 밀접하게 연결되어 있었으며 그의 문인과 자손들이 정계에서 활약하고 있었기 때문에 원·사의 건립도 용이하게 이루어지고 국가로부터 사액도 쉽게 받을 수 있었던 것이다.[54]

한편 당시 정치적으로 민감한 서원이 아닌 대부분의 서원에 있어서 사액과정의 어려움은 울산의 鷗江書院(정몽주·이언적 배향, 남인계)의 예에서 단적으로 나타난다. 구강서원은 숙종 5년에 봉안된 이후 곧바로 청액을 위한 준비작업에 착수해 숙종 8년~20년까지 4차에 걸친 청액과정을 거쳐 남인이 완전히 실각하는 갑술환국 직전에 어렵게 사액되었다.[55] 1·2차 청액은 서인

52) 《書院謄錄》 1책, 현종 11년 12월 27일 및 숙종 2년 11월 5일·12월 19일.

53) 《龍山院志》 賜額 “傍孫崔立基陪疏請額時 府使南九命 正郎任華世 遊宦京師 贊議成事”. 남구명과 임화세는 本府출신이다. 여기에서 서원사액 과정에서 동향 내지 본도출신 유력인사가 큰 도움이 되었음을 볼 수 있다.

54) 鄭萬祚, 앞의 글(1975).

집권기였으며, 3·4차 청액은 기사환국 후 남인집권기였다. 이 시기가 서원 사액에 있어서 당파적 편향성이 극심하였음을 감안하면 1·2차 청액의 실패는 당연한 결과였다. 서원의 사액 여부는 중앙관료들의 찬반논의에 의해 결정될 문제이지만, 그 업무가 예조 소관이므로 정치적으로 중요한 서원이 아닌 경우 예조판서의 역할이 가장 컸다고 보여진다. 1차 청액은 예조판서의 반대로 무산되었으며, 2차 청액도 예조판서의 주선으로 이루어졌다. 3차 청액은 남인 집권기였음에도 불구하고 첩설이란 이유로 불허되었다. 이러한 청액과정에서 서원유림은 서울에 계속 머물러 있으면서 중앙관료들에 대해 일정한 청탁활동을 전개하였다. 특히 3·4차의 청액에서는 각각 약 27,000兩, 25,000냥 이상의 막대한 경비가 소요되었는데 이 중 상당수는 중앙관료들에 대한 청탁자금으로 사용되었다고 보여진다.

대체로 사액과정에서는 동향·본도출신 인사 및 자파 중앙관료들이 적극적으로 개입하고 있는데 재경세력을 제대로 확보하지 못한 대부분 지역의 서원은 중앙관료들의 적극적인 비호를 받을 수 없었고, 따라서 이들에 대한 사전 교섭을 위해서는 엄청난 물력이 뒷받침되지 않으면 안되었다.

이와 같이 당시 서원들이 막대한 자금을 소비하면서까지 청액운동을 전개할 수밖에 없었던 것은 사액이 곧바로 재지사족들의 향촌내 생존권 확보와 직결된다고 보았기 때문이다. 17세기 중반 이후 서원이 급격히 남설되면서 폐단이 노출되자 설립과 사액에 대한 국가적 통제책이 수립되고 이에 대한 권한은 지방관에 귀속되었다. 서원유림들이 지방관으로 대표되는 관권에 대해 일정하게나마 그들의 자유로운 향촌내 활동을 담보할 수 있는 유일한 길은 국가의 공적 승인이라 할 수 있는 사액을 받는 것뿐이었다.

4) 초창기 서원의 성격

중종대 주세붕에 의해 창건된 서원은 초기에는 사묘에 부수된 유생들의 독서처로 건립되었다. 따라서 사림의 주목을 받지 못하고 다만 관학의 보조

55) 이하의 서술은 李樹煥, 〈蔚山 鷗江書院의 設立과 賜額過程〉(《大丘史學》 49, 1995) 참조.

적 기능을 수행하는 정도의 기구로 인식되었다. 이후 퇴계에 의하여 서원은 사림의 講學·藏修處로서 그 성격이 분명하게 되면서 사림세력의 향촌활동에서의 중요한 기반으로 자리잡게 되고 이후 급속도로 확산되었다. 이러한 사림의 학적 기반으로서의 서원제도의 보급은 앞에서 언급했듯이 선초부터 계속되어 온 사림세력의 유교적 향촌지배체제 확립을 위한 노력의 결과였다. 그러나 서원은 훈척계가 정권을 장악하고 있었던 명종 때까지는 사림의 정치·사회적 활동의 주요한 기반이 될 수 없었으며, 다만 이 시기 피폐된 관학인 향교에 대신하는 사림들의 새로운 교육기관으로서 주목되고 있었다. 실제로 이 시기에는 봉사대상 인물이 없는 경우에도 퇴계에 의하여 서재·정사라 하지 않고 서원으로 명명되고 있었다. 이후 사림파가 정치의 전면에 나서게 되는 선조대부터 그들에 의해 전개되는 붕당정치와 관련되면서 서원은 점차 그 역할을 증대시켜 나갔다.

그러나 선조·광해군·인조대까지만 하여도 사림에 의해 수행되는 붕당정치가 명분과 시비분별 위주로 전개되지 못하고, 향촌에서도 사족의 활동기반으로서 유향소 그리고 향안·향약 등이 제 기능을 발휘하고 있어 서원의 역할은 상대적으로 그리 클 수는 없었다. 광해군대나 인조 때 서원이 정치적으로 이용되었던 경우가 전혀 없었던 것은 아니나 대체적으로 이 기간 동안 서원은 집권세력의 도학적 정통성 부여를 위한 자파계 인물의 제향처나 사림의 확보를 위한 인재양성소로서의 정치적 역할을, 그리고 향안 등과 마찬가지로 사림간의 상호결속을 위한 취회소로서의 사회적 역할을 수행하였다.[56] 이 시기는 東西간, 南北간 정쟁은 치열하였지만 아직 서원을 중심으로 한 향촌사림이 본격적으로 중앙정치에 참여할 정도는 아니었던 것이다.

서원이 정치·사회적으로 주목되며 그 역할이 커지는 것은 이른바 산림세력이 본격적으로 진출하는 17세기 중반 이후부터이다. 이 시기는 붕당정치가 성리학적 이념과 밀접하게 연관되는 명분과 의리 중심으로 전환되어 향촌사림의 여론이 정치의 향방에 큰 영향을 미치게 되었다. 당시 향촌사림은 이러한 붕당정치의 전개과정 속에서 중앙정치세력과 연계하여 향촌에서의 자신들

56) 鄭萬祚, 〈朝鮮期 書院의 政治·社會的 役割〉(《韓國史學》 10, 韓國精神文化研究院, 1989). 이하 서술은 이 글을 주로 참고함.

의 지위를 공고히 하려고 하였으며, 중앙관료들은 지방의 서원조직을 통해 자파의 정치적 입장을 강화하려 하였다. 따라서 당시 향촌사림의 여론을 수렴하는 일차적 거점이었던 서원의 역할은 더욱 증대될 수밖에 없었다. 예컨대 17세기 중반 이후 붕당정치 전개과정에서 중요한 역할을 하였던 유림의 집단상소인 유소는 대체로 향교·서원조직을 통해서 이루어지고 있었다.

이 시기의 붕당정치는 서원 등을 통해 수렴된 사림의 공론이 자파계 관료나 유소奉獻을 통하여 정치에 반영되는 양상을 나타내고 있었으니, 요컨대 서원은 사림공론에 의한 붕당정치 실현의 기반이었던 셈이다. 현종·숙종대의 명분론 중심의 붕당정치의 전개는 바로 이 서원에 토대하였던 것이며 따라서 서원의 건립도 이 시기에 가장 활발하였던 것이다. 그러나 이 시기 이후 서원은 표면적으로는 사림공론의 수렴처를 표방하였으나 실제로는 당론의 연수라는 한계를 벗어나지 못하였다.

한편 동성촌의 발달과 함께 동성집단 내부의 상호결속과 사회적 지위 유지의 필요성이 제기되면서 서원은 족적 기반의 중심기구로 그 사회적 역할을 증대시켜 나갔다. 이는 향촌사회에서 기존의 사족지배가 점차 위기에 봉착하고 있는 것과 맥을 같이 한다. 특히 이 시기 향안·향약 등 사족간의 결속을 보장하던 자치조직이 쇠퇴하던 현상은 사족들로 하여금 문중적 보장의 필요성을 절감케 하였다. 이러한 가문의식의 현저한 발휘 속에 서원의 역할도 문중내 名祖·顯祖의 제향을 통한 향중의 벌족으로서의 사회적 지위 유지, 문중자제의 교육과 교화를 통한 문중내 윤리질서의 유지 등을 도모할 수 있었던 것이다.[57] 따라서 이 시기에 오면 서원의 각 가문별 분립현상이 뚜렷해졌다. 17세기 전반까지만 하더라도 이러한 원·사의 건립은 향중 공동의 관심사에서 출발하였으나, 17세기 중반 이후부터는 자기중심적 이해관계에서 지역·씨족별로 개별화 추세를 보이면서 문중의 파별로 더욱 세분화되어 가고 있었다. 이러한 현상은 원장·유사 등 당시 서원운영을 실질적으로 책임지고 있었던 원임의 구성에서도 나타나 시기가 내려오면서 점차 피봉사자의 후손의 비중이 커지고 있었다. 이렇게 볼 때 이 시기 서원은 이전까지의 향

57) 鄭萬祚, 앞의 글(1989).

촌공동체적 성격에서 벗어나 점차 가문중심적으로 전환되고 있었다고 하겠다. 그러나 이러한 변화의 양상이나 그 시점은 각 서원의 형편이나 성격에 따라 다소 달랐다.

따라서 원·사는 종래의 교육기관으로서의 의미가 크게 축소되었고, 祀賢의 기능만이 강조되면서 오히려 향촌에서의 문중의 우위권 경쟁을 위한 도구로 이용되고 한편으로는 그들 문중의 사회·경제적 이해를 대변하는 도구로 전락되어 갔다. 즉 17세기 중반 이후 서원의 급격한 남설 및 각 가문 선조간의 우열을 둘러싼 각종 시비, 서원의 추배문제 등 서원을 중심으로 한 鄕戰 등은 이러한 서원의 성격변화에 기인한 바가 크다. 특히 교육적 기능의 상실은 이 시기 서원의 남설 및 이에 따른 국가적 통제책으로 야기된 경제적 기반 약화가 크게 작용하였다. 그러나 소수이긴 하지만 몇몇 서원은 이때까지 부정기적으로 設講을 하여 교육적 기능을 명맥상 유지하기도 하였으나 피봉사자의 후손이 그 중심이 될 수밖에 없었다.

끝으로 한가지 언급할 것은 서원이 가지는 의미가 당파별로 약간의 차이가 있었다는 점이다. 초창기 서원이 집중되어 있었던 영남의 남인은 퇴계의 영향을 받아 처음부터 서원을 사림의 자치조직체로 인식하였고, 인조반정·갑술환국을 거치면서 중앙정계에서 완전히 배제된 이후에는 자기존립을 위해 서원을 통한 향촌에서의 재지적 기반 확보와 유지에 주력하였다. 따라서 서원의 문제는 생존의 차원에서 중요시할 수밖에 없었다. 이에 비해 서인 내지 노론은 집권세력이었으며 또한 성균관이 자기세력하에 있었다는 데서 서원에 대한 관심은 남인에 비하여 부차적인 것이었다. 다시 말하면 집권명분의 강화와 자파세력 확대라는 측면에서 서원의 필요성이 제기되었지 생존 차원의 문제는 아니었던 것이다. 入院生의 문제에 있어서 영남남인계 서원이 "中人·庶孼은 비록 大·小科에 합격하더라도 濫書하는 것을 허락하지 않는다"[58]라고 하여 배타적 보수적 입장을 뚜렷이 한데 반해 서인계 서원이 비교적 유연한 입장을 견지한 것도 이에 연유한 것이었다.

〈李樹煥〉

58) 《紹修書院院錄謄本》(丙戌 5월 13일, 도산서원 소장) 院錄古規 및 紹修·屛山書院 尋院錄 참조.

4. 성리학의 연구와 보급

1) 성리서의 간행과 보급

16세기 이래 사림이 역사적 의미를 갖는 것은 性理學, 특히 朱子性理學을 습득하고 실천하는 주체로서 조선사회에 성리학적 질서를 보편화시킴으로써 사상 및 사회체계에 기본적인 바탕을 제공하였다는 데 있다. 그러므로 사림의 성장과정은 성리학에 대한 이해의 심화과정이었으며 이는 성리학 경전에 대한 註釋書와 理論書, 즉 性理書의 수입과 간행·보급 등을 통해서도 살펴볼 수 있다.

이미 고려말부터 《四書集註》와 《大學衍義》·《近思錄》 등 성리서가 성리학자들에 의해 도입되어 보급되었으나 국가적인 차원에서 이루어진 것이 아니었기 때문에 널리 퍼지지는 못하였다.[1] 조선의 건국세력들이 중앙집권체제를 강화하고 제도정비와 부국강병을 추구하였기 때문에 성리학의 이론적·철학적 측면에 관심을 덜 쏟을 수밖에 없었던 것도 성리서가 널리 보급되지 못한 이유 가운데 하나였다.[2]

그럼에도 불구하고 선초부터 중국으로 가는 사신들의 행차, 즉 赴京使行의 책교역(貿書) 활동을 통해 《眞西山讀書記》·《朱子成書》·《四書衍義》 등의 성리서가 새로이 도입되었으며, 經筵의 강의과목으로 채택된 《대학연의》는 여러 차례에 걸쳐 수입되기도 하였다. 이처럼 사신들이 책들을 들여왔던 것은 개인의 해외여행이나 상인들에 의한 사무역이 거의 불가능하였기 때문이다. 그러나 사신들에 의한 초기의 책교역은 말 그대로 책을 사고 파는 무역활동까지는 나아가지 못하고 주로 明에서 오는 明使·勅使에 의한 下賜와 중국에 가는 조선사신들이 받아가지고 오는 回賜로 진행되었으며 그 범위도 제한적이었다.[3]

---

1) 都賢喆, 〈高麗後期 朱子學 收容과 朱子書 普及〉(《東方學志》 77·78·79, 延世大, 1993), 198~213쪽.

2) 韓永愚, 《鄭道傳思想의 硏究》(改正版) (서울大 出版部, 1983), 9~13쪽.

이러한 소극적인 방법에서 벗어나 적극적이고 실질적인 책교역을 벌이는 시기는 세종대였는데, 유교국가의 기반이 마련되면서 儀禮詳定所와 集賢殿 등을 통한 古制연구가 활발히 이루어진 것이 그 주된 요인이었다. 그리하여 《四書大全》·《五經大全》·《性理大全》 등이 세종 원년(1419)·8년·15년 세 차례에 걸쳐 사신을 통해 들어왔다.[4)]

《사서대전》은 朱子를 비롯한 宋·元代 학자들의 4서에 대한 주석을, 《오경대전》은 5경에 대한 주석을 모은 것이며, 《성리대전》은 성리학에 대한 학설들을 모은 것이다. 永樂 13년(1415) 명의 한림학사 胡廣 등이 황제의 칙명을 받아 동시에 편찬한 이 책들은 송에서 원에 이르는 시기의 성리학을 집대성한 것으로 내용에서 상호보완적인 밀접한 관계를 지니고 있었다. 그러므로 이 책들의 도입은 조선사회에 성리학이 본격적으로 수용되기 시작하였음을 나타낸다고 할 수 있다.

《사서대전》·《오경대전》·《성리대전》은 도입에 그치지 않고 여러 차례에 걸쳐 간행되었다. 국왕인 세종이 그 필요성을 느꼈을 뿐만 아니라 偰循 등 당시 학자들도 간행하여 널리 배포할 것을 청하였기 때문이다. 그리하여 세종 7년(1425)부터 간행사업에 착수한 이래 세종 9년 《성리대전》이 제일 먼저 간행되었으며 이듬해에는 경상도감사가 진상한 이 책 50부를 2품 이상의 문신과 承政院의 承旨, 집현전 博士 이상의 관료들에게 나누어주기도 하였다. 이어 《사서대전》과 《오경대전》도 세종 11년 경상·전라·강원도 감영에서 간행이 완료되어 중앙관료나 향교에 나누어주었다. 태종대에 癸未字, 세종대에 甲寅字 등 정교한 銅활자가 주조되는 것도 바로 이러한 서적의 간행과 밀접한 연관을 지녔다고 할 수 있다.[5)]

나아가 세종 17년에는 각 지방의 향교나 궁벽한 향촌에까지 이 책들을 배포하기 위한 조치가 취해졌다. 즉 지방의 향교에 비치하기를 원하는 자나 개

---

3) 李存熙, 〈朝鮮前期의 對明 書冊貿易〉(《震檀學報》 44, 1980), 62~63쪽.
李元淳, 〈赴京使行의 文化史的 意義〉(《史學硏究》 36, 1983), 136~139쪽.

4) 《世宗實錄》 권 6, 세종 원년 12월 정축·권 34, 세종 8년 11월 계축 및 권 62, 세종 15년 12월 임술.

5) 鄭亨愚, 〈『五經·四書大全』의 輸入 및 그 刊板 廣布〉(《東方學志》 63, 1989), 18~26쪽.

인적으로 소장하기를 원하는 자가 있는 경우 지방 관아에서 종이를 모아 올려 보내면 중앙의 鑄字所에서 인쇄하여 내려보내겠다는 것이었다.[6] 이후 지방으로의 보급상황은 확실히 알 수 없으나 이를 계기로 중앙은 물론 지방의 학자들도 이 책들을 접하기 시작했을 것으로 보인다.

특히《성리대전》은 周敦頤의 〈太極圖說〉과 邵雍의 〈皇極經世書〉를 비롯하여 성리학의 핵심적인 내용들이 풍부하게 들어 있었기 때문에 理學의 淵源으로서 공부하는 학자들이 먼저 마땅히 보아야 할 책으로 인식되었으며《근사록》과 함께 경연에서 강의되기도 하였다.

그러나《성리대전》에 대한 이해수준은 그리 높지 않았다. 당시 최고의 학술기관이던 집현전의 학자들도 그 내용을 제대로 이해하지 못하였으며 경연에서 가르칠 사람도 제대로 구하지 못하는 실정이었다.[7] 이러한 상황은 그 뒤에도 계속되어 성종대에도 반드시 여러 관련서적을 참고해야만 이해할 수 있는 책으로 여겨져 弘文館員 가운데 똑똑한 자를 뽑아 미리 공부하여 경연에 대비하게 할 정도였으며 강의를 훌륭하게 한 관원에게는 왕이 선물을 내리기도 하였다.[8]

이러한 가운데《性理群書》·《朱文公集》·《朱子語類》등이 도입되어 학자들의 성리학 이해에 도움을 주었으나[9] 성리서의 도입과 간행은 연산군대에 가서 일시 중단되었다. 연산군은 독서금지령을 내리고 홍문관을 혁파하고 왕실에 소장한 책들까지 불태워버려 많은 책들이 소실되었다. 더욱이 중종 9년(1512) 왕실에 남아 있던 책들을 보관해왔던 尊經閣에 화재가 나 상황은 더욱 악화되었다.[10]

그러자 이듬해인 중종 10년 이에 대한 본격적인 대책이 이루어지기 시작하였다. 홍문관은 세종대에 서적의 간행과 보관, 활자의 주조 등이 文治를

---

6)《世宗實錄》권 70, 세종 17년 10월 계해.
7)《世宗實錄》권 39, 세종 10년 3월 갑신 및 권 55, 세종 14년 2월 을미.
8)《成宗實錄》권 122, 성종 11년 10월 병인 및 권 231, 성종 20년 8월 기유.
9)《世宗實錄》권 64, 세종 16년 6월 을축.
《文宗實錄》권 8, 문종 원년 7월 경신.
《成宗實錄》권 139, 성종 13년 3월 병자.
10)《燕山君日記》권 56, 연산군 10년 12월 임오.
《中宗實錄》권 21, 중종 9년 12월 경인·신묘.

빛나게 하였는데 세월이 지나 全帙이 남아 있는 것이 없고 연산군대를 거치면서 거의 없어졌음을 지적하며, 求書敎旨를 내려 개인집에 있는 책들을 수소문하여 모으고 명에 주청하여 없어진 책들을 구해오며 별도로 都監을 만들어 간행에 힘쓸 것을 청하였다. 아울러 《주문공집》·《주자어류》·《진서산독서기》·《伊洛淵源錄》처럼 홍문관에 1질밖에 남아 있지 않거나 《二程全書》처럼 개인에게만 있는 책들은 간행하여 널리 배포하고, 희귀서적은 각 도로 하여금 木刻本을 만들어 원하는 사람들로 하여금 인쇄하여 갖도록 청하였다.[11]

여기에 대해 중종은 중국에 갔다 오는 자는 서적을 널리 구해 오도록 하고 개인의 경우 없어진 책들을 기증하면 상을 후하게 내릴 것을 명령하였다. 또한 홍문관에서 언급한 희귀 서적에 대해서는 큰 道가 卷帙이 많은 서적을, 작은 도가 권질이 적은 서적을 분담하여 간행하도록 하였다.[12]

이에 따라 부경사행에 의한 책교역도 다시 활발히 이루어졌는데 그 중심인물은 金安國이었다. '己卯士林'의 한 사람이었던 그는 중종 13년(1518) 중국에 사신으로 갔다오면서 《語孟或問》·《傳道粹言》·《經學理窟》·《延平問答》 등 다량의 성리서를 구입해와 중종에게 진상하면서 간행하여 널리 배포할 것을 청하였으며 중종은 이 책들을 간행하도록 하였다.[13] 趙光祖를 위시한 기묘사림들이 등장하여 道學政治를 펼치면서 성리학적인 분위기를 조성해 간 것도 이 시기 성리서의 활발한 수입과 간행에 도움이 되었다.

그러나 己卯士禍가 일어나면서 이러한 움직임은 위축되고 사신들을 통해 서적들이 간간이 들어올 뿐이었다. 또한 중종 17년에는 禁書인 《大明一統志》를 중국에 간 사신이 구입하려다가 중국당국에 의해 적발된 사건을 계기로 서적의 수입이 금지되기도 하였다.[14]

성리서의 도입과 간행이 다시 활발해지는 것은 중국의 서적 반출 금지가 풀리고 사림이 다시 정계에 진출하는 중종대말경이었다. 이 때에는 서

---

11) 《中宗實錄》 권 23, 중종 10년 11월 갑신.
12) 《中宗實錄》 권 23, 중종 10년 11월 병술.
13) 《中宗實錄》 권 34, 중종 13년 11월 무오·신유.
14) 吳性鐘, 〈朝鮮中期 陽明學의 辨斥과 受容〉(《歷史敎育》 46, 1989), 65~70쪽.

적 구입을 위한 장기적이고 구체적인 계획이 이루어지는데 중종 자신이 직접 목록을 작성하여 김안국에게 넘기는 열성을 보이기도 하였다. 이에 김안국은 藏書閣과 文武樓에 보관되어 있는 서적들을 조사하여 중국으로부터 구입할 책들의 목록을 작성하였는데《皇極經世書說》·《象山集》등 經學理書를 중심으로 하여 家訓書·政事書·文學書·筮占書·地志 등 매우 광범위한 것이었다. 아울러 서적의 수입을 보충하기 위해 개인들이 소장하고 있는 희귀하고 긴요한 책들을 모으는 계획도 세세히 세워져 시행되었다.[15]

한편 서적의 보급과 유통을 위해 지금의 서점이라고 할 수 있는 書肆를 설치하자는 주장이 제기되었다. 서적을 상품으로 사고 파는 관행이 없었던 상황에서 관의 주도 아래 중국으로부터 책을 수입하고 그 책을 간행하여 보급하는 것은 아무래도 한계가 없지 않았다. 그러므로 일반 사람들이 원하는 책을 자기 손에 구입하는 것은 매우 힘든 일이었다.

서사의 설치는 중종 14년 잠깐 제기되었으나 기묘사화로 논의가 무산되었다가 중종 24년 大司諫 魚得江에 의해 본격적으로 제기되었다. 즉 그는 世家大族은 소장하고 있는 책들이 무용지물인 경우가 많은 반면 지방의 儒者는 공부에 뜻이 있어도 책이 없어 독서하지 못하고 책값이 비싸 구입하지 못하는 경우가 많으므로 서점을 설치하여 책을 싸게 매매토록 하고 가난한 사람은 서점에서 책을 볼 수 있도록 청하였다.[16]

그의 건의는 당장 받아들여지지는 않았지만 그 뒤에도 계속 논의되었으며 중종 33년에는 서사를 설치하여 시행하자는 대신들의 요구로 담당 관서로 하여금 구체적인 절목을 마련하라는 왕의 지시가 내려지기도 하였다. 이를 바탕으로 명종 6년(1551)에 서사를 설치하는 법이 시행되어 비로소 일반인들이 서적을 매매할 수 있게 되었다.[17] 당시 매매되었던 책 종류와 책값에 대해서는 魚叔權의《攷事撮要》에 상세히 기록되어 있는데 유교경전과《성리대

15)《中宗實錄》권 98, 중종 37년 5월 정해 및 권 99, 중종 37년 10월 무인.
16)《中宗實錄》권 36, 중종 14년 7월 갑오 및 권 65, 중종 24년 5월 기미.
17)《中宗實錄》권 87, 중종 33년 3월 을유·갑신.
《明宗實錄》권 11, 명종 6년 5월 갑인.

전》과 같은 성리서들이 적지 않게 포함되어 있다.18) 따라서 서사는 이러한 책들의 보급을 통해 당시 학자들이 성리학을 이해하는 데 많은 기여를 했다고 할 수 있다. 동시에 서사의 설치는 서적을 필요로 하는 사람이 이미 상당히 증가해 있었다는 사실을 의미하는 것이기도 하였다.

이러한 상황에서 중종 38년(1543) 《朱子大全》이 중국으로부터 처음 들어와 간행되었다. 이 책은 주자의 저술을 모두 모은 문집으로 《주자어류》와 함께 주자의 학문을 연구하는 데 필수적인 것이었다. 이전의 성리학 연구는 주로 《성리대전》을 중심으로 이루어져 왔는데, 이 책은 주자의 설과 다른 학설들도 포함되어 있어 주자성리학의 정수를 이해하는 데 미흡한 점이 없지 않았다. 따라서 주자의 전사상체계를 본격적으로 접할 수 있는 《주자대전》의 간행은 조선학계에서 성리학 연구가 본궤도에 오르게 되는 중요한 전기를 마련하였다고 할 수 있다. 실제로 李滉・金麟厚・奇大升 등 당시 대학자들이 이 때 비로소 이 책을 접하고 주자성리학에 대한 연구를 심화시켜 나갔으며 《朱子書節要》・《朱子文錄》 등 관련 연구서를 저술하였다.

한편 명종대에도 성리서의 간행이 활발히 이루어졌는데 주로 개인에 의해 지방의 서원이나 관청 등에서 간행되는 경우가 많았다. 그 대표적인 인물이 李楨으로 그는 주로 이황과 의논하여 《程氏遺書》・《전도수언》・《연평문답》・《이락연원록》・《學庸章句指南》 등 기존에 들어와 있던 성리서는 물론 중국에서 새로 구입해온 책들을 간행하였다.19)

이처럼 성리서의 수입과 간행・보급을 통해 사림들은 보다 성리학을 가까이 접할 수 있게 되었으며 동시에 성리학에 대한 이해도 심화시켜 나갔다. 또한 이를 바탕으로 스스로가 성리학에 대한 다양한 주석서와 이론서를 저술하기 시작하였다. 그 결과 명종말 선조초에 성리학은 조선사회에서 거의 완전히 이해되는 단계에 이르렀던 것이다.

---

18) 魚叔權, 《攷事撮要》 권 하, 書冊市准.
李存熙, 앞의 글, 74~75쪽.

19) 金恒洙, 〈16세기 士林의 性理學 理解－書籍의 刊行・編纂을 중심으로－〉(《韓國史論》 7, 서울大, 1981), 159~163쪽.

2) 초기의 성리학 연구

성리학적 세계관과 理氣心性論에 대한 이론적 연구는 16세기 사림의 등장, 그리고 勳戚과의 투쟁과정 속에서 본격적으로 이루어졌다. 훈척의 비리와 탄압에 직면하여 도덕성과 修身의 중요성을 절감하고 기존 체제에 대한 비판의식을 학문적으로 승화시킨 결과였다.

이에 비해 15세기 조선사회는 성리학의 철학적 측면에 관심을 집중적으로 쏟을 수 있는 상황이 되지 못하였다. 홍건적·왜구의 침략과 명의 압력, 대토지 소유의 확대, 불교의 폐해와 민생의 피폐 등 고려시대부터 누적되어온 대내외적 모순을 극복하고 왕조교체에 따른 새로운 문물제도를 정비하는 것이 당시 건국세력의 시급한 과제였기 때문이다.

또한 이 시기에는 성리학적인 명분론도 상대적으로 덜 중시되었다. 易姓革命이기는 하지만 고려왕조를 무너뜨리고 새로운 왕조를 세웠다는 사실이 부담스러웠으며 나아가 신분적으로 하자가 있는 경우가 적지 않았던 건국세력이 명분적인 면에 크게 집착할 필요가 없었던 것이다.

더욱이 이들은 당시의 시대적 과제를 해결하기 위해 주자성리학뿐만 아니라 漢唐儒學과 心學的 경향의 陸學(陸九淵의 학문), 博學·功利的인 경향의 呂學(呂祖謙의 학문) 등에도 관심을 보였다. 특히 法家的인 성격이 강한 《周禮》를 국가의 통치이념으로 중요시하였는데, 이는 조선의 국가체제 자체가 《주례》에 나오는 周代의 체제를 모범으로 하였으며 정치·경제·법률·예제 등 많은 분야에서 이것을 준거로 하였던 데서도 알 수 있다.[20] 아울러 성리학 자체 내에서도 철학적인 측면보다는 실천윤리·의례적인 측면에 관심이 많이 두어졌다.

그렇다고 해서 초기의 학자들이 이기심성론 등 성리학의 철학적 이론에

---

20) 文喆永, 〈朝鮮初期의 新儒學 수용과 그 性格〉(《韓國學報》 36, 一志社, 1984), 40~47쪽.
韓永愚, 〈鄭道傳의 政治經濟思想-『周禮』와의 관계를 중심으로-〉(《三峰 鄭道傳先生의 學問과 思想》, 1992), 5~9쪽.

전혀 관심을 가지고 있지 않거나 무지했던 것은 아니었다. 조선을 건국하고 국가체제의 골격을 마련하는 데 주동적인 역할을 했던 鄭道傳은《心問天答》·《心氣理篇》·《佛氏雜辨》등의 저술을 통해 불교와 도교의 논리, 특히 불교의 輪廻說과 精神不滅說·因果應報說 등을 공격하는 과정 속에서 성리학에 대한 자신의 이론을 피력하고 있다. 때문에 한편으로는 매우 산만하고 단편적으로 보일지 모르나 그의 주장을 재구성해보면 우주론에서 심성론·經世論에 이르기까지 하나의 체계적인 성리학적 이론틀을 가지고 있었으며 그 내용 역시 주자의 것과 크게 다르지 않았음을 알 수 있다.[21)]

즉 만물의 생성과정에 대해 그는, 천지만물이 있기 전부터 太極이 존재하였으며 태극에 천지만물의 理가 갖추어져 있고 이 태극에서 陰陽이 나오고 음양은 四象을 낳으며 千變萬化가 모두 그로부터 나온다고 보았다. 理氣의 개념과 상호 관계에 대해서는, 形而上者인 理가 形而下者인 氣보다 발생론적으로는 앞서고 초월적이지만 구체적인 만물에 내재해서는 기와 동떨어져 있는 것이 아니라고 하였다.[22)]

그리고 心과 性情·理氣와의 관계에 대해서, 심은 인간이 하늘로부터 얻어서 태어난 바의 기이고 동시에 理가 그 속에 갖추어져 있으며 그 내재되어 있는 이가 바로 성이라고 보았다. 또한 심은 능히 성을 다할 수 있지만 성은 능히 그 심을 檢束할 줄을 알지 못하며 심은 능히 정과 성을 統攝할 수 있다고 하였다.[23)] 다른 부분에 대해서는 적지 않은 차이가 있지만 性理說에 관한 한 주자의 견해와 큰 차이를 보이고 있지 않음을 알 수 있다.

정도전이 '왕자의 난'으로 제거된 뒤 조선 사상계에서 주도적인 역할을 했던 인물은 權近이었다. 그는 고려말 온건개혁파로 건국에 참여하지 않았지만 吉再처럼 끝까지 절의를 지키지 못하고 태종대에 출사한 인물이었다. 때문에 그의 학문 계통에 대해서는 李穡의 학문을 계승했다든지[24)] 정도전의 영향이

21) 韓永愚, 앞의 책, 55~86쪽.
李碩圭, 〈鄭道傳의 政治思想에 대한 硏究－儒敎的 民本主義의 추구방식과 관련하여－〉(《韓國學論集》18, 漢陽大, 1990), 9~20쪽.

22) 鄭道傳,《三峰集》권 9, 佛氏雜辨, 佛氏眞假之辨, 佛氏昧於道器之辨 및 권 10, 心氣理篇, 理諭心氣.

23) 鄭道傳,《三峰集》권 9, 佛氏雜辨, 佛氏心性之辨.

더 컸다든지 하는[25] 등 아직 의견의 일치를 보지 못하고 있지만, 초기의 성리학을 종합적으로 체계화하고 이후 사상계의 쟁점이 되는 주제들을 모두 포괄함으로써 조선 성리학의 방향을 제시하는 단초를 마련하였다는 점에 대해서는 이의가 없다.

성리학에 관한 그의 저술로는《入學圖說》·《五經淺見錄》·《四書五經口訣》등이 있다. 정도전의《學者指南圖》의 영향을 받았다고 하는《입학도설》은 성리학의 중심 개념과 이론을 주돈이의 〈태극도설〉과 주자의 〈中庸章句〉說에 입각하여 도식화한 것으로 권근의 철학사상이 집약되어 있다. 이 도설에서 그는 우주론·본체론뿐만 아니라 특히 심성론에 관심을 기울여 유학의 최고 이상인 天人合一이 인간의 心性 파악에 의해서 이루어질 수 있다고 보고 심성에 있어서의 理氣와 四端七情·人心道心 등의 문제를 설명하는 데에 역점을 두고 있다.[26]

〈天人心性合一之圖〉·〈天人心性分析之圖〉라는 제목과, 그림의 전체적인 모양이 인간의 형상을 이루고 있다는 사실에서도 이러한 특징이 잘 드러난다. 특히 사단칠정론과 인심도심설에서 4단과 7정을 理와 氣, 인심과 도심으로 나누어 보거나 수양론에서 敬을 강조하는 것 등은 이황·鄭之雲 등 16세기 학자들에게 적지 않은 영향을 미쳤다.[27]

또한《입학도설》의 〈五經體用合一之圖〉·〈五經各分體用之圖〉에서 권근은 5경 전체가 유기적으로 이루어져 있다고 보고 각 경전, 나아가 각 경전의 주요 내용을 全體·大用의 관계로 설명해 내려고 하였다. 5경에 대해 자신의 성리학적 입장에서 주석을 붙인《오경천견록》은 바로 이러한 인식 위에서 저술

---

24) 都賢喆, 〈牧隱 李穡의 政治思想硏究〉(《韓國思想史學》 3, 韓國思想史學會, 1990), 65~67쪽.
金鎔坤, 《朝鮮前期 道學政治思想 硏究》(서울大 博士學位論文, 1994), 23~35쪽.

25) 李丙燾, 《韓國儒學史》(亞世亞文化社, 1987), 109쪽.
許南進, 〈朝鮮前期의 性理學硏究－변천과 역사적 기능을 중심으로－〉(《國史館論叢》 26, 國史編纂委員會, 1991), 188~190쪽.

26) 尹絲淳, 〈朝鮮 初期 性理學의 展開〉(《韓國哲學史》 中, 韓國哲學會, 1987), 139~142쪽.

27) 柳仁熙, 〈退·栗 이전 朝鮮性理學의 問題發展〉(《東方學志》 42, 1984), 193쪽.
裵宗鎬, 〈權陽村의 哲學〉(《權陽村思想의 硏究》, 교문사, 1989), 243~253쪽.

된 것으로 당시 중국 학자에 비해서도 수준이 뒤떨어진 것이 아니었다.[28]

권근 이후 중앙의 사상계를 주도한 것은 金泮·卞季良·許稠 등 그의 문인들이었으며 여기에 趙庸 및 그 문인, 金叔滋 등이 참여하여 활동하였다. 그러나 자료의 한계도 있지만 이 시기에 권근의 성리학 수준을 뛰어넘는 연구 업적은 보이지 않는다. 이는 당시 시대적 상황이 학자들로 하여금 성리학의 철학적 이론에 대한 연구보다는 국가의 문물제도의 정비와 성리학 이념의 교육과 보급에 더 관심을 갖게 했던 데 기인하는 바가 컸다고 여겨진다.

말하자면 당시 학자들은 세종대 文衡으로 활약했던 변계량처럼 주자성리학의 이론틀을 수용하면서도 동시에 그것을 완전히 답습하지 않고 여러 면에서 다른 견해를 보이거나,[29] 김반이나 尹祥처럼 성리학적 세계관에 충실하면서도 학문적 연구작업보다는 成均館에서의 교육에 더 힘을 쏟는 경우가 많았던 것이다.[30]

세종대《사서대전》·《오경대전》·《성리대전》의 도입과 간행은 그 동안《대학연의》와 같은 정치지침서와《근사록》과 같은 입문서, 그리고 부분적으로 주자의 저술들을 접해왔던 조선의 학자들에게 성리학에 대한 지평을 넓혀주는 계기가 되었다. 그럼에도 불구하고 주자뿐만 아니라 송·명대 학자들의 다양한 주석과 이론을 담은 이 책들은 송대 성리학을 폭넓게 접해보지 못한 이들에게 난해함과 동시에 당혹감을 주었을 것으로 짐작된다.[31] 실제로《성리대전》은 경연의 과목으로 채택되었지만 중종대까지도 학자들이 체계적으로 이해하지 못하는 상황이었다.[32]

문물제도 정비의 경주, 그리고 주자 중심의 성리학적 세계관의 미확립을 특징으로 하는 이 시기 사상계의 경향은 세조대에도 지속되었다. 특히 세조의 왕위찬탈을 둘러싸고 중앙 학계가 소위 참여파와 반대파의 두 부류로 나뉘면서 세조의 집권에 참여한 학자들은 문물제도의 정비에 더욱 주력하면서 학문

28) 金承炫,〈五經淺見錄을 통해 본 陽村의 經學思想〉(《東洋哲學研究》4, 東洋哲學研究會, 1983).
29) 김홍경,《조선초기 관학파의 유학사상》(한길사, 1996).
30) 李丙燾, 앞의 책, 116~122쪽.
31) 許南進, 앞의 글, 192~193쪽.
32) 金恒洙, 앞의 글, 144~147쪽.

적 성격도 주자성리학에만 국한하지 않고 공리적이고 민족적인 요소들을 강조하였다.[33] 주자 중심의 성리학적 세계관이 확고히 성립되지 않은 것은 물론 오히려 사회 전체적으로 성리학의 역할과 비중이 줄어들었던 것이다.

이에 비해 세조의 집권에 반대하고 정계에서 물러난 학자들은 한편으로는 성리학에 학문적 기반을 두고 있으면서도 도교·불교 등을 포용하는 모습을 보여 16세기 중반 이후 하나의 사상적 조류를 이루는 三敎會通思想의 단초를 열어주었다. 또 다른 한편으로는 金宏弼·鄭汝昌 등 영남학자들과 교류를 가지며 서로 영향을 미쳐 이후 조선 성리학에서 의리와 도덕성이 중요한 주제로 떠오르며 강조되는 하나의 계기를 마련해주었다.[34]

성종대에 들어서면서 고려말 온건개혁파로 조선의 건국에 참여하지 않고 재야에 남은 세력들의 학문적 전통을 계승했다고 할 수 있는 영남사림이 중앙 정계에 본격적으로 진출하였다. 향촌재지세력이었던 이들의 등장은 그 때까지 지속되어온 초기의 학문적 경향과 전통에 일대 전환을 가져왔다.

金宗直을 위시한 신진사류들은 刑政보다 敎化에 의한 통치를 강조하였으며 훈척의 비리와 전횡을 성리학적 명분론에 입각하여 비판하고 당시 사회의 모순을 성리학적 이념과 제도의 실천으로 극복해보려고 하였다. 이제 성리학이 훈척 중심의 기존 체제를 공격하는 사상적 무기로 전면에 등장한 것이다.

이들은 기존의 학문 풍토를 신랄히 비판하면서 먼저 修己에 힘쓸 것을 주장하였다. 따라서 주자성리학 修身書인《小學》이 중시되었다. 14세기 후반 고려사회에 도입된 것으로 보이는 이 책은 조선 초기부터 사회 교화정책의 일환으로 성균관과 鄕校 등 官學을 통하여 널리 보급되었으나 형식적인 측면이 강하였으며 그나마 학생들에게는 일상의 내용만을 다룬 진부한 것으로 받아들여져 별로 영향을 미치지 못하였다.[35]

그러나 본래 주자는 이 책을 성리학의 大綱을 서술해놓은《大學》을 배우

---

33) 韓永愚, 〈梁誠之의 社會政治思想〉(《朝鮮前期社會思想研究》, 지식산업사, 1989).

34) 裵宗鎬, 〈梅月堂 金時習의 哲學思想〉(《大東文化研究》 17, 成均館大, 1983).
鄭鉒東, 《梅月堂金時習研究》(民族文化社, 1983), 201～214쪽.

35) 金駿錫, 〈朝鮮前期의 社會思想－『小學』의 社會的 機能 分析을 중심으로－〉(《東方學志》 29, 1981), 130～140쪽.

기 전에 반드시 거쳐가야 할 단계로 설정함으로써 단순히 修身과 齊家의 학문이 아닌 '修己治人'과 天下를 다스리는 과정의 하나로 제시하였었다. 신진사류들은 바로 《소학》의 이러한 점을 인식하고 당시의 학문 풍토를 일신하고 기존 체제를 바꾸어 나가는 출발점으로 강조하였던 것이다. 그리하여 이 책은 훈척과 사림을 구분하는 하나의 기준이 되었으며 그 대표적인 인물이 평생토록 《소학》만을 읽었으며 스스로 '소학동자'라 칭한 金宏弼이었다.[36]

성리학에서 도덕적 실천을 강조하는 道學的 성격의 강화와 함께 나타나는 이 시기의 또 다른 특징은 주자 중심, 의리 중심의 道統論이 확립되기 시작했다는 점이다.[37] 이는 조선 건국에 참여하지 않은 재야학자들의 학문을 계승하였고 동시에 세조정권에 참여하지 않았던 자신들의 도덕적 우월성이 학문에 반영된 것이었으며 훈척을 공격하는 효율적인 무기이기도 하였다. 文廟從祀論議에서 정몽주에 대해서는 이의가 없었던 반면 李齊賢·이색·권근은 학문이 순정치 못하다든지 불교를 숭상했다든지 하는 이유로 점점 어렵게 되어갔던 것도 이러한 변화의 한 모습이었다.[38]

영남사림의 이러한 사상적 특징은 조선 성리학에 일대 전환을 가져오는 계기가 되었으나 그것은 성리학에 대한 이론적 심화가 아니라 성리학 이념의 사회적 실천에 의해서였다. 더욱이 그 사회적 실천은 훈척의 강력한 반발로 일어난 두 차례의 사화에 의해 저지당하였다. 주자 중심의 성리학적 세계관의 이론적 확립과 그 사회적 실현, 이 두 과제는 다음 시기로 미루어져야만 했다.

3) 이기심성설 논쟁

16세기 초반 사림의 사상적 경향은 성리학 이념의 사회적 실천, 도덕성과 수신의 강조였다. 그런데 도덕성과 수신의 강조가 그 사회적 실천을 수반하

---

36) 李泰鎭, 〈士林派의 鄕約普及運動－16세기의 經濟變動과 관련하여－〉(《韓國文化》 4, 서울大, 1983), 17~23쪽.
李樹健, 《嶺南士林派의 形成》(嶺南大 出版部, 1979), 266~268쪽.

37) 池斗煥, 《朝鮮前期 儀禮硏究》(서울大 出版部, 1994), 135~190쪽.
金鎔坤, 앞의 책, 106~135쪽.

38) 《成宗實錄》 권 82, 성종 8년 7월 무술.

는 경우 필연적으로 인간의 심성에 대한 관심이 증대될 수밖에 없었다. 鄭汝昌과 柳崇祖는 바로 이러한 관심을 이론적으로 설명하려고 한 대표적인 인물이었다.

김종직의 문인이었던 정여창은, 성리학의 이념을 실천하는 학문적 자세로서 立志를 강조하고 그 이론적 근거로 理氣論과 善惡天理論을 주장하였다. 〈이기설〉에서 그는, 氣없는 理가 없고 理 없는 氣가 없으며 理가 있는 곳에 氣가 모이고 氣가 움직이는 곳에 理 또한 드러나니 '一而二 二而一'이라고 하였다. 또한 기가 움직일 때 이가 主가 되므로 천하에 理밖에는 아무 것도 없다는 뜻이 그 사이에 蘊畜되어 있다고 보았다.[39]

〈선악천리론〉에서는, 선악이 모두 天理이며 악도 性이라는 程顥의 주장에 대해 의문을 제기하고 주자의 견해에 입각하여, 천리를 악이라고 말할 수 있는 것은 人欲으로 인해 선하지 않게 되었기 때문이며 성을 악이라고 말할 수 있는 것도 기의 淸濁에 따라 선하지 않게 될 수 있기 때문이라며 본래 성은 선한 것이라고 주장하였다.[40]

20여 년 동안 관직의 대부분을 성균관에 있으면서 성리학풍의 진작에 힘썼던 유숭조는 중종 초년 大司成으로 있으면서 최초의 經書諺解書인《經書諺釋》을 저술하여 학생들에게 가르쳤으며, 또한 중종에게 본격적인《대학》이론서인《大學三綱八目箴》과 송·명대 성리학자들의 주요 견해들을 모은《性理淵源撮要》를 지어 바쳤다.

특히,《대학》의 明明德條를 해석하면서, 理가 움직이면서 氣를 낀 것이(理動氣挾) 四端의 情이며 기가 움직이면서 이가 따르는 것이(氣動理隨) 七情의 萌芽라고 하는 등 심과 성·정, 4단·7정과 이기의 발현 문제를 연관지어 설명하였다.[41] 이 내용은 뒤에 이기심성논쟁의 중심 주제가 되었던 것으로 사단칠정론은 이미 유숭조로부터 싹을 보이고 있었던 것이다.

조선 성리학사에서 그가 차지하는 위치는, 우리 동방에 性理에 관한 글이

---

39) 成校珍, 〈一蠹鄭汝昌의 哲學思想－理氣說과 善惡天理論을 中心으로－〉(《如山柳炳德博士華甲紀念 韓國哲學宗敎思想史》, 1990).

40) 鄭汝昌, 《一蠹集》 續集 권 1, 善惡天理論.

41) 柳崇祖, 《大學三綱八目箴》 明明德箴.

권근 이후에 전혀 없다가 겨우 있게 되었다든지 4단7정과 이기에 관해 논한 것이 이황에게 영향을 미쳤다든지 하는 후대 학자들의 평가에서도 잘 드러나 있다.[42]

그럼에도 불구하고 성리학 이론에 대한 본격적인 탐구는 조금 시일이 걸려야만 했다. 중종대 등장하는 기묘사림이 성리학에 대한 이론적 탐구보다는 앞 시기의 영남사림과 마찬가지로 성리학 이념의 사회적 실천에 더 중점을 두었기 때문이다. 성균관에서 유숭조로부터 배우기도 했던 조광조를 비롯한 신진사류들은 오히려 스승의 학문을 '章句之學'일 뿐 '治身之學'이 아니라고 비난하기까지 하였다.[43]

기묘사림의 사상적 특징은 조광조가 경연에서 주장하였던, 도학을 높이고(崇道學) 인심을 바르게 하며(正人心) 성현을 본받고(法聖賢), 지치를 일으킬 것(興至治)에 잘 나타나 있다.[44] 이들에게 도학은 堯舜으로부터 공자·맹자를 거쳐 주자에게 계승된 道統을 기반으로 하며, 格物致知하여 善을 밝히고 誠意正心하여 몸을 닦고 그것이 몸에 쌓일 때는 天德이 되고 정사에 베풀면 王道가 되는 학문이었다. 또한 지치는 三代의 정치를 의미하였다.[45] 그러므로 지치를 실현하고 그 이론적 기반인 도학을 제대로 공부하기 위해서는 왕이건 신하이건 먼저 자기 자신의 마음을 다스려 바르게 하고 성현을 본받아야 한다는 것이다.

중앙에서 세력이 점점 확대되어 가자 기묘사림은 이러한 인식을 바탕으로 지치를 현실사회에 실현하기 위해 여러 가지 개혁정책을 추진해 나갔다. 그리하여 仁과 德에 의한 왕도정치를 수행하기 위해서는 군주가 현인의 경지에 이르러야 한다는 '賢哲君主論'을 주장하고 그를 위해 경연활동을 강화하였으며, 군주를 올바르게 보필할 수 있는 신하를 등용하는 방법으로 과거시험을 보지 않고 학덕을 지닌 인물들을 薦擧에 의하여 뽑는 賢良科를 시행하였다.[46]

---

42) 柳崇祖, 《眞一齋集》 大學綱目箴跋, 眞一齋先生遺集序.
43) 《中宗實錄》 권 27, 중종 12년 2월 경신.
44) 趙光祖, 《靜菴集》 附錄 권 1, 事實.
45) 鄭炳連, 〈靜菴의 道學倡明과 至治의 理念〉(《儒學思想硏究》 2, 儒教學會, 1987), 24~45쪽.

또한 성리학적 명분과 도통을 강조하며 昭陵과 愼妃를 復位시키고 정몽주와 김굉필을 문묘에 종사할 것을 주장하였다. 소릉은 단종의 어머니인 顯德王后의 능으로 단종이 폐위되면서 같이 廢陵되었었고, 신비는 중종의 왕비로 中宗反正 때 아버지인 愼守勤이 반정에 참여하지 않고 살해되자 반정세력에 의해 강제로 廢黜당하였었다.[47] 따라서 이 두 왕비가 정당한 이유도 없이 쫓겨난 것은 성리학적 명분에 어긋나므로 다시 본래의 상태로 복위를 시켜야 한다는 것이다. 도교의식을 거행하던 昭格署의 혁파와 魯山君과 燕山君의 立後 주장도 그 연장선상에 있다고 할 수 있다.[48] 정몽주와 김굉필의 문묘종사 요구는 조선 성리학의 도통을 확립하는 동시에 자신들의 학문의 우월성을 공인받는 수단으로 추진되었다.

한편《소학》은 앞 시기의 영남사림들과 마찬가지로 학문의 시작으로 매우 중시되었다. 그러나 영남사림들이 이 책을 개인적인 실천 차원에서 중시하였다면 기묘사림들은 사회적인 차원까지 확대해 사회 구성원 모두에게 보급하려고 노력하였다. 동시에《소학》에 실려 있는 呂氏鄕約을 보급하는 운동도 적극적으로 벌였으니 그 대표적인 인물이 金安國이었다. 이《소학》실천운동과 향약보급운동은 결국 성리학적 사회질서를 수립하려는 기묘사림의 노력의 소산이었으며 이는《二倫行實圖》·《警民編》등 禮俗書籍의 간행과 언해,《주자가례》의 시행 등으로 한층 더 뒷받침되었다.[49]

《소학》과 함께 이들의 학문적 기반으로 중시된 것이《근사록》이었다. 주자와 呂祖謙이 초학자를 위해 만든 이 책은 주돈이·정호·정이·장재의 학문 가운데 핵심적인 내용을 정리한 것으로 성리학의 이념과 체계가 분명하게 드러나 있어 일찍부터 성리학을 배우는 사람의 필독서였다. 이미 고려말에 들어왔지만 널리 읽히게 된 것은 중종대 기묘사림에 의해서였다. 특히 조광조는《소학》보다 더 중시하였으며 개혁정책의 이론적 기반으로 삼았다. 이

46) 曺昇鎬,〈靜菴 趙光祖의 改革政治 研究〉(《江原史學》6, 1990), 51~69쪽.
47) 李範稷,〈訥齋 朴祥의 愼妃復位疏에 나타난 義理思想〉(《訥齋 朴祥의 文學과 義理精神》, 광주직할시·향토문화개발협의회, 1993).
48) 李秉烋,《朝鮮前期 畿湖士林派研究》(一潮閣, 1984), 117~124쪽.
49) 李泰鎭, 앞의 글, 20~23쪽.
金勳埴,〈16세기『二倫行實圖』보급의 社會史的 考察〉(《歷史學報》107, 1985).

책이 성현의 도통을 계승하고 태평시대를 구현하는 데 크게 기여했다는 이유에서였다.[50]

《근사록》의 첫번째 장인 〈태극도설〉은 性理의 본원으로 천지만물의 이치가 모두 구비되어 있는 것으로 인식되어 당시 학자들 사이에 많이 논의되었다.[51] 아울러 《성리대전》에 대한 연구도 아직 완벽하게 이해하는 학자가 거의 없는 상황이었지만 활발히 이루어졌다.

이렇듯 성리학 이념의 구현과 개혁을 통해 지치를 실현하려고 했던 이들의 노력은 靖國功臣의 僞勳削除를 계기로 훈척의 본격적인 반격을 받아 결국은 己卯士禍로 인해 실패로 돌아가고 말았다. 기묘사림의 성리학 이론 수준은 깊이가 있는 것은 아니었다. 그러나 이들의 등장은 주자 중심의 성리학적 세계관이 조선사회에 확립되고 명분과 실천을 중시하는 경향이 이후 조선 성리학의 중요한 특성으로 자리잡게 되는 결정적인 계기가 되었다. 그리고 이들의 실천적 행동은 훈척까지도 성리학의 실체를 새롭게 인식하게 하고 성리학을 자기 시대의 이념으로 인정하지 않을 수 없게 하였다. 이제 주자성리학은 조선사회의 지배사상으로 떠오르게 된 것이다.[52]

중종대 후반 정치세력 또는 사회세력으로 본격적으로 형성되었던 사림은 다시 중앙정계에 진출하지만 乙巳士禍로 인해 선배 세대들과 마찬가지로 향촌사회로 돌아가야만 했다. 따라서 이들의 학문 연구는 기본적으로 기묘사림의 사상을 계승하였으나 동시에 그 한계성을 극복하려는 방향으로 전개되었다. 거기에 훈척의 지배라는 현실도 적지 않은 영향을 미쳤다.

이들 사림은 기묘사화가 실패한 원인으로 먼저 지치를 포기한 국왕의 학문적인 문제점을 들었다. 사림의 기반이 아직 취약한 상황에서 어떠한 좋은 개혁도 왕의 의지가 없으면 성공할 수 없다는 것이었다. 그리하여 지치를 실현하기 위해서는 국왕의 학문인 聖學이 제대로 갖추어지는 것이 선결과제라고 보고 성학, 즉 帝王學에 대한 연구를 활발히 전개하였으며 그 이론적 기

50) 金鎔坤, 앞의 책, 162~182쪽.

51) 《中宗實錄》 권 26, 중종 11년 10월 신유.

52) 고영진, 〈조선사회의 정치·사상적 변화와 시기구분〉(《역사와 현실》 18, 한국역사연구회, 1995), 90~93쪽.

반이 되었던 《대학》에 많은 관심을 기울였다.[53]

다음 원인으로 든 것은 기묘사림이 지치를 추진하는데 학문적 기반, 특히 이론적 기반이 부족했다는 점이었다. 성리학을 제대로 알지 못했기 때문에 성리학적 이념과 방법을 융통성 없이 과격하게 현실에 적용하여 개혁을 하려다 실패했다는 것이다.[54] 이에 대한 반성은 후대의 사림이 출사보다는 학문연구에, 성리학의 실천적 측면보다는 이론적 측면에 더 관심을 기울이는 것으로 나타났다.

또한 훈척의 계속되는 탄압으로 인해 중앙정계에 나아가 자신들의 이상을 펼치는 것이 불가능한 상황에서, 이들은 재지적 기반을 강화하면서 성리학 연구에 더욱 힘을 쏟고 제자들을 키워 훗날에 대비하는 것이 현실적으로 가능한 최선의 방법이라고 생각하고 자신들의 근거지를 중심으로 書院건립 등을 추진해 나갔다.

그 결과 성리학적 세계관과 理氣心性論을 본격적으로 다룬 연구가 나오기 시작하였으니 그 대표적인 인물이 徐敬德과 李彦迪이었다. 두 사람은 각각 조선 성리학에서 氣一元論과 理氣二元論의 선구적인 위치를 차지한다고 할 수 있다.

서경덕의 학문은 北宋 성리학을 독창적으로 집대성한 성격이 크다. 그의 학설에 주로 영향을 미친 것은 북송 성리학자인 장재와 소옹·주돈이의 학설이었다. 따라서 그가 주로 관심을 갖고 연구하였던 성리서는 《주자대전》과 같은 주자 중심의 성리서가 아니라 《성리대전》과 같은 송·원대 성리학자 전반을 포괄한 성리서였던 것으로 여겨진다. 이는 당시 사상계가 《주자대전》을 중시하는 경향과 《성리대전》을 중시하는 경향으로 나뉘어져 있었으며 전자는 이기이원론, 후자는 기일원론의 입장을 가지게 되었다는 사실을 나타낸다.

서경덕은 우주가 끊임없이 생성·변화·소멸하는 현상세계인 後天과 그 변화를 가능하게 하는 궁극적 본체인 先天으로 구성되어 있으며 양자 모두 氣로 이루어져 있다고 보고, 기의 운동을 機自爾(스스로 능히 하는 동시에 스스로 그러하지 않을 수 없는 것)라는 독창적인 개념으로 설명하였다. 또한 理를

53) 李泰鎭, 〈李晦齋의 聖學과 仕宦〉(《韓國思想史學》 1, 1987).

54) 《退溪先生言行錄》 권 5, 類編 論人物.

완전히 배제하지는 않았지만 이가 기 밖에 독자적으로 존재하는 것이 아니라 하나로 이루어져 있으며 동시에 이가 기보다 앞선 것이 아니라는 理氣合一論을 주장하였다.[55] 이는 우주의 근원을 理로 파악하고 이가 기보다 앞선 존재라고 보아 이기이원론과 理先氣後論을 주장하는 주자의 견해와는 근본적으로 다르다.

서경덕에게서 기는 본체로서 도덕성을 담지하고 있다. 그런데 이가 아닌 기를 도덕규범의 근거로 하는 한 현상적인 기가 비현상적 존재임을 증명해야만 했기 때문에 본체는 절대화되고 결국 현실세계의 거부와 초월적 세계로의 도피로 나타날 수밖에 없었다. 그가 공부방법으로 敬보다 主靜을 강조하였던 것도 같은 맥락이라고 할 수 있다.

그러나 도덕적 실천을 중시하지 않았다고 해서 그의 학문이 경을 중시하는 사상보다 사회성 획득에 불리했다는 지적은[56] 이후의 역사 전개를 볼 때 문제가 없지 않다. 실제로 서경덕의 문인들은 현실정치에 적극적으로 참여하였으며 다른 학파보다 오히려 더 개혁적이었기 때문이다. 서경덕의 사상은 이후 기를 중시하는 학자들에게 적지 않은 영향을 미쳤으며 주자절대주의를 부정하는 北人과 近畿南人學派의 사상적 뿌리가 되기도 하였다.[57]

서경덕이 주자로부터 상대적으로 자유스러웠던 반면 이언적은 독창적인 면이 없지는 않았지만 주자의 이론에 충실하려고 하였다. 김종직의 문인이었던 외숙 孫仲暾에게서 수학했던 그는 중종 12·13년(1517~1518) 曹漢輔와 조선 철학사상 최초의 학문적 대논쟁이었던 無極太極論爭을 벌였다. 경연에서의 논의와 朴祥의 〈論無極說〉 등 중종대 전반에 활발히 일어났던 성리학의 우주론과 본체론에 대한 논의를 일단 결산하는 의미도 지니고 있는 이 논쟁은 이언적이 孫叔暾과 조한보 사이에 이루어졌던 무극·태극에 대한 論辯을 보고 〈書忘齋忘機堂無極太極說後〉라는 글을 발표한 데서 비롯되었다.[58]

---

55) 徐敬德, 《花潭集》 권 2, 原理氣·太虛說·理氣說.

56) 丁垣在, 〈徐敬德과 그 학파의 先天학설〉(서울大 碩士學位論文, 1990), 63~78쪽.

57) 신병주, 〈17세기 전반 북인관료의 사상－김신국·남이공·김세렴을 중심으로－〉(《역사와 현실》 8, 1992).
고영진, 〈17세기 후반 근기남인학자의 사상－윤휴·허목·허적을 중심으로－〉(《역사와 현실》 13, 1994).

여기서 그는 양명학의 영향을 받은 손숙돈이 무극의 불필요성을 주장하고 불교·도교의 영향을 받은 조한보가 태극의 體가 본래 寂滅하고 渾然하기 때문에 大本과 達道를 구별할 필요가 없으며 따라서 頓悟的인 수양을 강조한 데 대하여, 태극이 곧 무극이라는 말은 맞지만 태극이 적멸하다는 것은 잘못이며 그 體에는 體用·動靜·先後·本末이 있으므로 돈오적인 방법은 하늘을 오르는데 계단이 없으며 바다를 건너는데 다리가 없는 것과 같은 주장이라며 비판하였다.

이후 조한보와 네 차례의 서신을 통해 계속된 논쟁에서 이언적은, 至無한 가운데 至有가 있으므로 '無極而太極'이라 하며 理가 있은 뒤에 氣가 있으므로 '太極生兩儀'라고 하니 이가 비록 기와 떨어져 있지 않으나 또한 기와 섞이지 아니한다고 하여, 태극이 理이며 이와 기가 '理氣不相雜'과 '理氣不相離'의 관계를 가지고 있지만 논리적으로는 이가 기에 앞선다고 주장하였다. 아울러 수양의 방법으로 '下學人事'와 '上達天理'가 병행되어야 함을 강조하였다.[59]

이는 이언적이 주자 이론의 핵심인 이기이원론과 理先氣後說 등을 거의 완벽하게 이해하고 그에 기반하여 자신의 이론을 전개하였음을 의미한다. 나아가 그의 학설은 이황을 비롯한 후대의 여러 학자들에게 영향을 미쳐 주자 중심의 성리학적 세계관이 조선사회에 이론적으로 정립되는 데 적지 않은 기여를 하였다. 또한 그는 당시의 시대적 요청이었던 제왕학에도 관심을 기울여 《대학》에 바탕을 둔 개혁론인 〈一綱十目疏〉를 중종에게 올리고 그 이론적 작업으로 《大學章句補遺》·《中庸九經衍義》 등을 저술하였다.[60]

이러한 서경덕과 이언적의 학문적 성과를 바탕으로 하여 바로 다음 시기에 오면 이기심성론에 대한 연구와 논쟁이 활발히 이루어졌는데, 李滉과 李珥를 비롯하여 曹植·鄭之雲·李恒·金麟厚·盧守愼·奇大升·成渾 등이 그 이론적 심화에 기여하였다.

---

58) 許南進, 앞의 글, 203~204쪽.
59) 李彦迪, 《晦齋集》 권 5, 答忘機堂第一書.
李完栽, 〈「無極·太極論辯」에 관하여〉(《李晦齋의 思想과 그 世界》, 成均館大 大東文化硏究院, 1992), 92~107쪽.
60) 李泰鎭, 앞의 글(1987), 162~168쪽.

특히 이황과 기대승 사이에 벌어진 四端七情論爭은 조선 학자들의 주자성리학에 대한 이해 수준을 한 단계 높이고 나아가 그들이 독자적인 사상체계를 구축하는 데 결정적인 역할을 하였다. 명종 14년(1559)부터 21년까지 8년 동안 지속된 이 논쟁의 발단은, 정지운이 권근의 《입학도설》과 權採의 《作聖圖》 등의 영향을 받아 작성한 〈天命圖〉를 이황이 수정하면서였다. 즉 4단은 理에서 발한 것이고 7정은 기에서 발한 것이다(四端發於理 七情發於氣)라고 정지운이 써놓은 것을 이황은 4단은 이가 발한 것이고 7정은 기가 발한 것이다(四端理之發 七情氣之發)라고 수정할 것을 요구하였으며, 이에 정지운도 이황의 견해를 받아들여 새로 〈天命新圖〉를 작성하였다. 여기에 기대승이 자신의 견해를 담은 서신을 이황에게 보냄으로써 논쟁이 시작되었던 것이다.[61]

이 논쟁에서 이황은, 4단은 이가 발하여 기가 그것에 따르는 것이고, 7정은 기가 발하여 이가 그것에 타는 것이다(四端理發而氣隨之 七情氣發而理乘之)라고 하여 '理氣互發說'을 주장하였다. 이는 4단과 7정을 각각 이와 기에 分屬시키고 4단은 純善無惡한 것으로, 7정은 有善有惡한 것으로 본 것이다. 나아가 그는 理가 발한다고 하여 이의 능동성·자발성을 강조하였다.

이에 반해 기대승은, 4단은 7정에 포함되는 것이므로 양자를 구분해서 보는 것은 잘못이며 마찬가지로 이와 기도 서로 떨어져 존재하는 것이 아니므로 4단과 7정을 이와 기에 분속하는 것은 잘못이라고 주장하였다. 아울러 天理의 발현이 제대로 되느냐 하는 문제는 전적으로 기의 작용에 달려 있다고 하여 이의 자발성을 부정하였다.[62]

이 논쟁은 뚜렷한 결말을 보지 못하고 끝났다. 이는 양자가 서로 강조하는 바가 달랐으며 동시에 주자의 심성론 자체가 완전하지 않았음을 의미한다. 기대승이 주자의 이론 자체에 충실하려고 했다면, 이황은 주자의 이론에 조선의 현실을 반영시켜 나름대로의 체계를 세우려고 하였다.

그러면 그 현실이란 어떠한 것이었을까. 그것은 훈척의 전횡과 탄압, 그리

---

61) 李相殷, 〈退溪의 哲學－四七論辯과 對說·因說의 意義－〉(《韓國哲學研究》 中, 韓國哲學會, 1978).

62) 李 滉, 《退溪集》 권 16, 答奇明彦 論四端七情第一書·答奇明彦 論四端七情第二書. 奇大升, 《高峯全集》 兩先生四七理氣往復書, 高峯上退溪四端七情說·高峯答退溪四端七情書.

고 북송 邵雍·張載와 명 羅欽順 등의 학문과 양명학·불교 등 주자성리학과 성격을 달리하는 사상의 광범위한 유행이었다. 이러한 상황에서 이황은 출사보다는 학문연구와 후진양성을 택하였으며 제도의 개혁보다는 도덕적 수신과 실천을 중시하고 주자성리학 이외의 사상에 대해 매우 비판적인 입장을 견지하였다.

따라서 그의 학문은 주자성리학의 정통성을 확립하는 데 주력하면서도 인간의 도덕적 행위의 근거를 객관적으로 증명해내는 심성론과 수양론에 더 중점이 두어졌다. 《心經》을 중시하여 《心經後論》을 저술하고 敬을 강조하여 이를 바탕으로 제왕학의 모델을 제시한 《聖學十圖》를 선조에게 올리고, 《傳習錄論辯》을 저술하여 양명학을 강하게 비판하였으며 나흠순의 영향을 받은 노수신과 人心道心論爭을 벌였던 것도 이러한 사상적 특성에서 기인하였던 것이다.[63]

이황의 사상은 주자성리학에 대한 이해의 심화와 더불어 훈척과의 투쟁과정에서 구체제에 대한 재야사림의 비판의식을 바탕으로 형성되었다.[64] 그러므로 그의 사상의 기본적인 특성이라고 할 수 있는 '理貴氣賤', 理의 자발성, 이원적 사고에 의한 도덕성과 수신의 강조는 훈척을 공격하는 데 중요한 사상적 기반이 되었다.

그러나 인간의 심성을 강조하고 근본적·이상주의적 성격을 지니는 그의 사상이 구체제를 일소하고 사림이 정권을 잡고 국가를 운영해나가는 데 적절한 것이었느냐에 대해서는 문제가 없지 않다. 이미 사림이 정치의 전면에 나설 당시에는 지주의 토지 침탈, 防納·代立制의 폐단 등 15세기말부터 노정되어온 많은 사회경제적 문제가 대두했는데, 이황의 사상은 이러한 문제들에 대해 적극적으로 대처할 수 없었던 것이다.[65]

이러한 과제를 대신 수행한 것이 李珥의 사상이었다. 이황이 기대승과의 이기심성논쟁을 통해서 자신의 사상을 체계화시켜 갔듯이 이이도 成渾과의

63) 安炳周, 〈退溪의 學問觀－心經後論을 中心으로－〉(《退溪學硏究》 1, 檀國大, 1987). 吳性鐘, 앞의 글.
64) 李泰鎭, 《朝鮮後期의 政治와 軍營制 變遷》(韓國硏究院, 1985), 54~56쪽.
65) 고영진, 〈이황〉(《역사비평》 22, 역사비평사, 1993), 222쪽.

이기심성논쟁을 통해서 자신의 사상을 체계화시켜 갔다.

선조 5년(1572)부터 6년간 계속된 이 논쟁에서 성혼이 이황의 이기호발설에 동조하여 理發을 인정하고 道心과 人心을 구분하여 각각 4단과 7정에 분속시키려고 한 데 반하여, 이이는 4단과 7정이 구별되어 있는 것이 아니라 7정 가운데 선한 부분이 4단이며 이 4단·7정 모두 기가 발하고 이가 그것을 타는 것이라는 氣發理乘一途說을 주장하였다.[66] 그리고 도심과 인심을 구별하는 것은 이황과 같았으나 4단은 도심과 인심 가운데 선한 부분으로, 7정은 도심·인심의 선악을 합한 부분으로 보았다.[67]

주자의 학설에 입각해 있으면서도 현실적 필요성에 의해 이기의 분리나 理의 운동성을 강조했던 이황과는 달리 이이는 주자성리학 자체에 충실하려고 함으로써 당시의 문제를 풀어나가려고 하였다. 그는 모든 사물 현상을 기로, 그리고 그 기에 내재한 기본 원리와 원인을 이로 보고 이 理와 기가 하나이면서 둘이고 둘이면서 하나임을(一而二 二而一) 강조하고 기의 운동성만을 인정하였다. 이러한 그의 견해는 '理氣之妙'와 '理通氣局論'으로 이론화되었다. 또한 敬은 用功의 요령이며 誠은 收功의 경지이니 경으로 말미암아 성에 이른다고 하며 성을 상대적으로 중시하여 경을 제일 중시했던 이황과 차이를 보였다.[68]

理는 두루 통하지만 氣는 국한된다는 '이통기국론'과 근원적이고 보편적인 이와 능동적 자율적인 기의 조화를 강조하는 '이기지묘'는 만물의 보편성과 특수성을 모두 강조함으로써 그의 개혁정책의 논리적 바탕이 되기도 하였다. 理에 해당되는 영원한 가치는 변할 수 없지만 그것을 구현하는 구체적인 방법은 시대적인 상황에 따라 변할 수 있으며 따라서 舊習과 時弊를 更張하는 데 있어 이상성과 현실성을 잘 조화시켜 합리적으로 추진해나가야 한다는 것이다.[69]

---

66) 成渾, 《牛溪集》 권 4, 與栗谷論理氣第一書 壬申.
李珥, 《栗谷全書》 권 10, 答成浩原 壬申·答成浩原.

67) 李珥, 《栗谷全書》 권 9, 答成浩原 壬申.

68) 黃義東, 《栗谷哲學硏究》(經文社, 1987), 82~113쪽.
金吉煥, 《朝鮮朝儒學思想硏究》(一志社, 1980), 116쪽.

69) 金敎斌, 〈栗谷哲學에서의 必然性과 可變性에 대한 硏究〉(《儒敎思想硏究》 2,

이러한 인식 위에서 그는 16세기 조선사회를 中衰期로 파악하고 그것을 극복하는 방법으로 다양한 개혁 방안을 제시하였다. 즉 통치기구의 재편과 위정자의 자질 향상을 목표로 宮府一體論·冗官革罷論 등 통치체제 정비론을 주장하였으며 경제적 능력에 맞는 부세와 중간수탈의 배제를 목표로 收布收米法의 시행과 放軍收布의 폐지 등 부세제도 개혁론을 주장하였다.70) 《聖學輯要》는 바로 이이의 경세론이 집약된 것인 동시에 16세기 초반부터 전개되어온 제왕학의 완결이라고 할 수 있다.71)

이이의 사상은 정권을 담당하고 현실을 주도하면서 개혁해나가는 사림의 입장에서 형성되었다. 따라서 그의 사상은 이황보다 기의 역할을 상대적으로 중시하였으며 구체적으로 여러 개혁책들을 제시하였던 것이다. 같은 제왕학이면서도 《성학십도》에서는 군주 스스로가 성학을 따를 것을 제시한 반면 《성학집요》에서는 현명한 신하가 성학을 군주에게 가르쳐 그 기질을 변화시켜야 한다고 하여 신하의 역할을 상대적으로 강조한 것도 바로 이러한 시대적 변화를 반영하는 것이었다.72)

이처럼 여러 차례에 걸친 이기심성논쟁을 통하여 조선학자들의 주자성리학에 대한 이해는 거의 완벽한 수준에 도달하게 되고 거기에서 더 나아가 주자성리학에서 완전하게 해결하지 못하였던 이기론과 심성론의 결합에 대한 연구가 다양하게 진행될 수 있는 바탕이 마련되었다. 이제 주자 중심의 성리학적 세계관은 조선사회에 완전히 뿌리내리고 성리학은 지배사상으로서의 지위를 확고히 차지하게 되었던 것이다.

4) 학파의 분화

기묘·을사사화를 통한 훈척의 탄압에도 불구하고 오히려 성리학을 연구

1987).

70) 李先敏, 〈李珥의 更張論〉(《韓國史論》 18, 서울大, 1988).

71) 文喆永, 〈朝鮮前期 儒學思想의 歷史的 特性〉(《韓國思想史大系》 4, 韓國精神文化硏究院, 1991), 121~125쪽.

72) 金駿錫, 《朝鮮後期 國家再造論의 擡頭와 그 展開》(延世大 博士學位論文, 1991), 244~246쪽.

하는 학자들의 수는 비약적으로 증가하고 지역적으로도 크게 확산되었다. 아울러 성리학에 대한 연구 수준이 높아지면서 성리학에 대한 이해의 차이가 드러나기 시작하고 각각 주장하고 강조하는 바도 다르게 나타났다. 이러한 학설의 차이, 지역적 차이 등을 바탕으로 16세기 중반부터 서원을 중심으로 하여 학파가 형성되기 시작하였다. 먼저 서경덕학파와 이황학파·조식학파가 형성되고 그 뒤에 이이학파와 성혼학파가 형성되었다.

서경덕학파는 개성을 중심으로 한 경기지방과 호남지방 일부에 형성된 학파였다. 서경덕은 송도 출신으로 여러 번 효행으로 관직에 천거되었으나 나아가지 않고 일생을 처사로 보내면서 제자 양성에 힘썼다. 그의 제자로는 張可順·李球·李仲虎·朴枝華·李之菡·許曄·閔純·朴淳·徐起·南彦經·洪仁祐·鄭介淸·洪聖民·朴民獻·金謹恭 등이 있다.

이들 가운데 박순과 이구는 스승의 氣一元論과 先天後天說을 충실히 계승하여 〈태극도설〉을 비롯한 우주론을 둘러싸고 이이·이황과 논쟁을 벌였으며, 민순과 남언경은 스승의 主靜說을 계승하여 주정에서 얻어지는 마음의 평정을 無意無欲의 경지로 파악하여 靜寂主義에 빠지기도 하였다.[73]

또한 남언경은 최초로 양명학을 수용한 인물이었으며 그의 처남인 홍인우와 이중호·김근공 등도 학문에 양명학적 경향을 보이는 등 서경덕 문인 가운데 여러 인물들이 양명학을 수용하였다.[74] 이는 주자로부터 상대적으로 자유스러웠던 서경덕사상의 특징에서 비롯되는 것이기도 하였다.

주자성리학에만 머무르지 않는 이러한 학문적 특징은 유교를 중심으로 불교와 도교를 절충하려는 三敎會通的인 경향을 보이는 박지화와 이지함의 사상에서도 찾아볼 수 있다. 이지함은 魚鹽의 생산과 銀·玉의 채굴 등 상공업의 활성화를 통해 국가재정과 민의 생활을 향상시킬 것을 주장하기도 하였다.[75]

서경덕학파의 또 다른 학문적 특징으로 博學·雜學的인 경향을 들 수 있는데 백과사전적인 저술인 《人事尋緖目》을 쓴 장가순과 예학뿐만 아니라 역

---

73) 丁垣在, 앞의 글, 43~62쪽·73~78쪽.

74) 尹南漢, 《朝鮮時代의 陽明學 硏究》(集文堂, 1982), 115~171쪽.

75) 韓永愚, 〈17세기후반~18세기초 洪萬宗의 會通思想과 歷史意識〉(《韓國文化》 12, 1991), 383~391쪽.
韓明基, 〈柳夢寅의 經世論 硏究〉(《韓國學報》 67, 1992), 150~151쪽.

학·천문·지리·의약·복서 등에 조예가 깊었던 정개청 등에게서 이러한 모습이 보인다. 이기합일론과 3교회통사상, 박학·잡학적인 성격과 상공업 중시 경향 등은 이후 서경덕학파를 다른 학파와 구별짓는 사상적 특징이 되었다.[76]

서경덕의 문인들은 일부 예외가 있지만 대체로 현실정치에 적극적으로 참여하여 자신들의 경륜을 펼쳤다. 박순은 정승으로서 같은 호남사림인 柳希春·기대승 등과 함께 신진사류들이 舊臣들을 물리치고 주도권을 잡는 데 크게 기여하였으며,[77] 허엽은 선조대 초반 동서분당이 되면서 조식의 문인인 김효원과 함께 동인의 영수로 활약하였다. 이들과 더불어 박민헌·홍성민·이지함·남언경 등도 중앙의 주요 관직과 지방관을 역임하며 활동하였다. 특히 민순은 선조 8년(1575) 仁順王后 喪 때 《國朝五禮儀》에 의해 행하는 것을 반대하고 古禮에 따라 집무시에 白衣冠帶를 착용할 것을 주장하여 왕실전례에서 처음으로 고례를 행하도록 하는 데 기여하기도 하였다.[78]

한편 이중호는 학문연구와 제자양성에 힘써 朴應南·尹毅中·羅士忱·尹斗壽 등 많은 인재를 배출하였으며, 그의 아들인 李潑·李洁 형제는 선조대 중반 東人의 중심인물로 활약하였다.[79] 정개청 역시 나주지역을 중심으로 학문연구와 제자양성에 힘써 호남지역에서의 서경덕학파는 나주·화순 지방 등을 중심으로 강한 재지적 기반을 가지면서 활동하였다.[80]

이처럼 서경덕학파는 선조대 초반 적지 않은 세력을 이루고 정국에 영향을 미쳤는데 이는 선조 9년 서경덕이 우의정으로 추증되는 데서도 짐작할 수 있다. 주로 동인으로 활약하던 이들은 己丑獄事와 建儲議事件을 계기로 동인이 南人과 北人으로 갈라지자 북인에 참여하였다. 이지함의 조카였던 李山海와 아들인 李慶全이 북인의 핵심 인물이 되고 민순의 제자였던 韓百謙·洪可臣·洪履祥 등이 사상계의 일단을 형성하였으며 서경덕의 문묘종사를 요구하는 등

76) 고영진, 《조선중기 예학사상사》(한길사, 1995), 90~104쪽·120~129쪽.
77) 高英津, 〈16세기 湖南士林의 활동과 학문〉(《南冥學硏究》 3, 慶尙大, 1993), 28~31쪽.
78) 《宣祖實錄》 권 9, 선조 8년 5월.
79) 尹南漢, 앞의 책, 152~153쪽.
80) 金東洙, 〈16~17세기 湖南士林의 存在形態에 대한 一考察-특히 鄭介淸의 門人集團과 紫山書院 置廢事件을 중심으로-〉(《歷史學硏究》 7, 全南大, 1977).

서경덕학파는 광해군대까지도 상당한 영향력을 지니고 있었다.[81]

이황학파는 영남지역, 그 가운데서도 안동을 중심으로 한 경상좌도지역에서 형성된 학파였다. 이 지역은 일찍부터 중소지주들의 재지적 기반이 강하였으며 이를 기반으로 성리학을 일찍 수용하여 길재와 김숙자를 비롯하여 김종직·이언적 등 많은 성리학자들을 배출한 곳이었다. 이들 성리학자들도 각자의 문인들을 가지고 있었지만 학문적 授受관계는 약하였으며 학문적인 師承의 성격을 띠며 본격적으로 학파를 형성한 것은 이황에 와서였다.[82]

이황은 50세 이후에는 잠시 성균관 대사성을 지낸 것을 제외하고는 거의 관직에 나아가지 않고 고향 근처 溪上書堂·陶山書堂 등에 은거하면서 저술 활동과 제자 교육에 힘썼다. 368명이나 되는 문인 수에서도 알 수 있듯이 특히 서당을 통한 후진 양성에 주력하여 趙穆·金誠一·柳成龍·李德弘·鄭逑·禹性傳·柳雲龍·權好文·具鳳齡·黃俊良·鄭惟一 등 정계와 학계에서 크게 활약한 인물들을 배출하였다.

선조대 초년 당시 사상계에서 이황의 학문은 상당한 권위를 가지고 있었다. 이는 이황이 노년과 병중에도 불구하고 왕과 조정의 요청에 의하여 올라와 기대승과 함께 경연을 주도하였던 사실에서도 잘 드러난다. 따라서 그의 문인들은 대체로 스승의 학설을 충실히 계승하고 옹호하였으며 학문적 권위와 정통성을 확립하기 위해 노력하였다. 이황이 죽은 뒤 얼마 되지 않아 바로 문인들이 그의 저술을 《國朝儒先錄》에 편입시키려 하고 당시 활발히 추진되고 있었던 文廟從祀運動의 대상에 스승을 추가하려 한 것도 이러한 노력의 일환이었다.[83]

《국조유선록》은 선조가 부제학 유희춘에게 명령하여 김굉필·정여창·조광조·이언적 등 조선에서의 성리학 발전에 기여한 네 사람의 저술을 모아 중국의 《이락연원록》의 체제를 모방하여 편찬케 한 책으로, 여기에 들어간다는 것은 그 사람의 학문이 국가적으로 공인받는다는 것을 의미하였다. 때문

81) 《光海君日記》 권 34, 광해군 2년 10월 을해.
고영진, 앞의 책, 255~256쪽.

82) 李樹健, 《嶺南士林派의 形成》(嶺南大 出版部, 1979), 231~276쪽.

83) 《宣祖實錄》 권 6, 선조 5년 9월 갑진 및 권 7, 선조 6년 8월 을해.

에 이황 문인뿐만 아니라 서경덕 문인들도 자기 스승의 저술을《국조유선록》에 편입시키려고 하였다.[84]

문묘종사 역시 성리학의 道統意識이 확립되면서 학문적 정통성을 확립하려는 시도였다. 처음에는 김굉필·정여창·조광조·이언적 등 四賢에 대해서 요구했었는데 이제 이황까지 포함하여 5현에 대한 종사를 요구한 것이다. 이는 이전의 학문 계통 가운데 정몽주→길재→김숙자→김종직→김굉필→조광조로 이어지는 계열을 조선 성리학의 정통으로 보고 이황을 조광조의 학문을 이은 계승자로 위치지움으로써 그의 학문적 우월성과 정통성을 국가적으로 인정받으려는 노력의 일환이라고 할 수 있다.[85] 이들의 노력은 이후에도 계속되어 결국 광해군 2년(1610) 5현에 대한 문묘종사가 이루어졌다.

이황이 죽고 난 뒤에도 그 문인들은 유성룡·김성일·구봉령·우성전 등을 중심으로 중앙 정계에서 광범위한 세력을 형성하고 서경덕·조식학파와 함께 동인으로서 활약하였으며 동인이 남인과 북인으로 분화되면서는 남인의 중심세력이 되었다. 특히 유성룡은 선조대 중반부터 동인의 중심 인물로 활동하며 경연을 주도하였고 임진왜란 때는 영의정으로 전쟁을 수행하기도 하였다. 이후 이황학파는 김성일·유성룡·정구·張顯光을 중심으로 네 분파를 이루며 전개되었으며 이이학파와 함께 조선 사상계의 주류로 자리잡으면서 중·후기 역사의 전개에 적지 않은 영향을 미쳤다.[86]

조식학파는 영남지역, 특히 진주를 중심으로 한 경상우도지역에서 형성된 학파였다. 이 지역 역시 경상좌도지역과 마찬가지로 고려말부터 강한 재지적 기반을 바탕으로 성리학을 수용하여 김굉필·정여창·김일손 등 많은 성리학자들을 배출하였는데, 좌도의 이황처럼 16세기 중반 조식에 와서 본격적인 학파를 이루었다.

조식의 사상은 기본적으로 성리학에 기초하였으나 그는 노장사상이나 불교 등 비성리학적 사상도 포용하였으며 시문·병법·의학·지리 등 다방면

84)《宣祖實錄》권 6, 선조 5년 9월 정해.

85) 金鎔坤, 〈16世紀 士林의 文廟從祀運動-學問動向과 士林의 至治運動과 관련하여-〉(《金哲埈博士華甲紀念史學論叢》, 知識産業社, 1983), 405~411쪽.

86) 고영진, 〈17세기 전반 남인학자의 사상-정경세·김응조를 중심으로-〉(《역사와 현실》 8, 1992), 88~96쪽.

에 조예가 깊었다. 우주론과 심성론에서는 理를 중시하는 이황의 견해와 비슷한 면을 보이고 있지만 이기심성론에 대한 이론적 탐구에는 별로 관심을 기울이지 않았으며 敬과 義를 학문의 중심으로 삼고 '下學而上達'을 주장하는 등 학문의 실천성을 강조하였다.87)

따라서 그는 민에 대한 적극적인 인식 위에서 당시 사회모순과 훈척의 비리에 대해 매우 비판적인 자세를 보였다. 명종대 훈척의 전횡을 지적하면서 文定王后까지 공개적으로 비판하고 貢物의 代納과 防納, 그리고 그와 연관된 서리의 폐해를 지적하는 胥吏亡國論을 주장하였다. 또한 文武兼備를 통한 국방력의 강화와 일본에 대한 강경론을 주장하였다.88)

그는 당시 학자들이 관직에 나아가 제대로 개혁에 힘쓰지 않고 이기심성 논쟁 등 성리학의 이론적 측면에만 관심을 쏟는 데 대해, 손으로 마당 쓸고 청소하는 방법도(灑掃之節) 모르면서 입으로만 天理를 떠들어 명망을 도둑질해서 세상을 속인다고(盜名欺世) 비판하였다.89) 그러면서 자신은, 포부를 펼칠 수 없는 상황이면 관직에 나아가지 말아야 한다는 엄격한 出仕觀을 견지하며 일생 동안 출사하지 않았으며 문인들에게도 출사에 신중하고 만약 관직에 나가면 소임을 다할 것을 당부하였다.90)

문인 가운데 吳健·鄭逑·金宇顒·金宇宏·鄭仁弘·崔永慶·金孝元·李瑤·河沆·趙宗道·姜濂·金沔·郭再祐·柳宗智 등이 대표적인 인물들이며 대체로 스승과는 달리 현실 정치에 적극적으로 참여하였다. 특히 김효원·오건·김우옹·정인홍 등이 동인의 핵심인물로 활약하였으며 김우옹은 유성룡과 함께 선조대 중반 경연을 주도하기도 하였다.

기축옥사 때 최영경이 죽는 등 피해를 많이 입은 조식학파는 이황학파가 같은 정파인 자신들을 구제하는 데 소극적이고 또한 건저의사건에서 정철의 처벌에 미온적인 입장을 보이는 것을 계기로 결국 결별하고 서경덕학파와 함께 북인을 형성하였다.91)

---

87) 金允濟, 〈南冥 曺植의 學問과 出仕觀－退溪 李滉과의 비교를 중심으로－〉(《韓國史論》 24, 서울大, 1991).

88) 申炳周, 〈南冥 曺植의 學問傾向과 現實認識〉(《韓國學報》 58, 1990), 91～114쪽.

89) 曺植, 《南冥集》 권 2, 與退溪書.

90) 권인호, 《조선중기 사림파의 사회정치사상》(한길사, 1995), 73～119쪽.

이어 임진왜란이 일어나자 조식학파는 정인홍·곽재우·김면·조종도·郭逡·全致遠·李大期 등을 중심으로 의병을 일으켜 경상우도지역을 지켜냄으로써 일본군의 호남 진출을 막아 이순신의 해전에서의 활약과 함께 전쟁을 승리로 이끄는 데 크게 기여하였다. 이를 계기로 북인은 전쟁 이후 정국의 주도권을 장악하였으며 이는 광해군대에 가면 더욱 강화되었다. 특히 경상우도 의병대장이었던 정인홍은 강한 재지적 기반을 확립하여 山林으로서 정국을 주도하였다.[92]

광해군대 정권을 잡은 조식학파는 학통의 강화를 통해 정치적 기반을 확대해 나가려고 하였다. 광해군초 5현이 문묘에 종사되자 정인홍이 이언적과 이황의 학문을 비판하고 조식의 학문을 추켜세우는 '晦退辨斥'을 일으킴으로써 서·남인의 격렬한 반발을 불러일으켜 靑衿錄에서 삭제되기까지 하지만, 조식학파는 계속 조식의 영의정 追贈과 配享書院의 건립, 문묘종사의 시도 등을 통하여 스승의 학문적 권위와 정당성을 공식적으로 인정받으려고 하였다.[93] 그러나 이러한 노력은 인조반정으로 북인이 중앙 정계에서 축출 당함으로써 이루어지지 못하고 이후 이황과 이이의 사상이 학계의 주류로 자리잡게 되면서 학파로서 거의 기능하지 못하였다.

坡州를 위시한 경기지방을 중심으로 형성된 이이학파는 이이 자신이 연배가 낮았기 때문에 위의 세 학파보다 늦게 형성되었으며 문인들의 활동 시기도 다른 학파보다 늦었다. 이이학파는 이이가 처음에는 동서분당 속에서 어느 당파에도 들어가지 않고 중립적인 위치에서 양자의 조정을 위해 노력하다가 서인으로 自定함으로써 이후 성혼학파와 함께 서인의 중심세력으로 활동하였다.

따라서 초기의 서인의 경우 학문적 유대성이 희박하였다는 점이 지적되고 있으나[94] 꼭 그런 것만은 아니었다. 이이가 서인에 참여하기 이전에, 나아가

---

91) 李樹健, 〈南冥 曹植과 南冥學派〉(《民族文化論叢》 23, 嶺南大, 1982), 215~226쪽.

92) 李樹健, 〈南冥學派 義兵活動의 歷史的 意義〉(《南冥學硏究》 2, 1992).
高錫珪, 〈鄭仁弘의 義兵活動과 山林基盤〉(《韓國學報》 51, 1988).

93) 韓明基, 〈光海君代의 大北勢力과 政局의 動向〉(《韓國史論》 20, 서울大, 1988), 298~313쪽.

94) 李泰鎭, 앞의 책, 51~62쪽.

동서분당 이전부터 이미 정계에서 활동하는 인물 가운데 서경덕·이황·조식학파의 사상과는 다르고 이이와 비슷한 경향을 보이는 인물이 적지 않았기 때문이다.

특히 명종말부터 등장하여 선조초에 큰 활약을 보이는 호남지역의 宋純계열의 학자들은 이러한 모습을 잘 보여주고 있다. 이미 앞에서 살펴본 바 있는 호남지역의 서경덕계열과 대비되는 이들 송순계열의 인물로는 송순·吳謙·李恒·奇大升·柳希春·李後白·鄭澈 등을 들 수 있는데, 이들은 대체로 '理氣不相離'의 측면을 강조하고 氣發理乘說을 주장하여 이이 사상의 선구적인 모습을 보여주고 있다.[95]

즉 기대승은 이황과의 이기심성논쟁에서 이기의 분리와 理의 자발성을 부정하고 4단이 7정 속에 포함되어 있다고 보았다. 이항 역시 이기가 범주적으로는 구분되지만 실제로는 분리될 수 없다고 하고 4단과 7정을 이기에 분속시키는 데에 반대하였다.[96] 나아가 송순은 이황의 이기호발설에 반대하면서 4단7정 모두 '기발이승'한 것이라고 주장하고 도심과 인심을 4단과 7정으로 각각 분속시킨 것에 대해서도 잘못이라고 지적하였다.[97] 이는 이이의 견해와 거의 다름이 없는 것이다. 또한 호남사림은 아니지만 宋翼弼과 金繼輝 등 이이와 정치적 입장을 같이했던 인물들 가운데 적지 않은 경우가 이이와 비슷한 학문적 경향을 지니고 있었다.[98]

결국 동서분당이 되기 이전부터 서경덕·이황·조식학파와는 다른 사상을 가진, 이이와 비슷한 사상을 가진 일군의 집단이 존재하였으며 이들이 뒤에 서인이 되고 거기에 이이와 그 문인들이 참여하였던 것이다. 그러므로 이들을 광의의 이이학파에 넣어도 크게 무리는 없을 것이다.

이이학파는 선조대 초반에는 이이와 그 交友들을 중심으로 활동하였으며 후반에 가면 그의 문인들이 중심이 되어 활동하였다. 문인으로는 金長生·趙

---

95) 高英津, 〈16세기 湖南士林의 활동과 학문〉(《南冥學研究》 3, 1993), 30~37쪽.

96) 吳恒寧, 〈一齋 李恒의 生涯와 學問－朝鮮性理學 成立期의 한 지식인의 삶과 생각－〉(위의 책), 90~94쪽.

97) 宋純, 《俛仰集》 續集 권 2, 與李景浩書.

98) 裵相賢, 〈龜峰 宋翼弼과 그 思想에 대한 研究〉(《東國大學校 慶州大學 論文集》 1, 1982).

憲·鄭曄·李貴·黃愼·李廷立·邊以中·尹昉·韓嶠·朴汝龍·金振綱 등이 있었는데, 이 가운데 조헌·이귀·황신·한교 등은 성혼의 문인이기도 하였다.

이이학파는 선조 초년 다른 학파와 마찬가지로 활발한 활동을 벌이며 세력을 확대해 나갔으나 이이가 죽고 기축옥사와 건저의사건 등을 계기로 북인의 집중적인 비판을 받으면서 광해군대까지 중앙 정계에서 큰 활약을 하지 못하였다. 그러나 이황학파와 함께 북인이 시도하였던 '회퇴변척'과 조식의 문묘종사를 무산시키고 스승의 宣廟配享을 요구할 정도로 상당한 세력을 이루고 있었다.[99]

나아가 김장생의 문인들과 이귀 등이 중심이 되어 인조반정을 일으킴으로써 이후 중앙정계를 주도해 나갔으며 숙종대에 가서는 이이·성혼의 문묘종사를 성사시켰다.[100] 이는 이이의 학문이 국가적으로 공인 받았음을 의미하는 동시에 이황의 학문과 대등한 위치에 올라서서 조선 사상계의 주류로 자리잡게 되었음을 의미하였다.

이이학파와 마찬가지로 성혼학파도 파주를 중심으로 한 경기지역에서 형성되었다. 성혼은 조광조의 문인이며 遺逸로서 당시 신망이 높았던 成守琛의 아들로 정치적으로는 이이와 같은 입장이었으나 학문적으로 이황의 견해에 동조하여 이이와 이기심성논쟁을 벌이기도 하였다.

그러나 그의 사상이 이황과 같은 것은 아니었다. 그는 이이가 氣發만 인정한 것에 반대하고 이황이 理發을 주장한 것에 대해 동조는 하였지만, 이기가 본래부터 분리되어 있어 각각 발하는 것으로 본 이황과는 달리 이기는 본래 混淪되어 있으며 발할 때도 같이 발하는 理氣一發說을 주장하였다. 따라서 '氣隨之'와 '理乘之'는 인정할 수 없지만 '纔發之際'에 그 중시하는 바에 따라 主理와 主氣로 나누어볼 수 있기 때문에 '이기호발'이라고 말하는 것도 가능하다는 것이다. 그러므로 성혼의 사상은 기대승과 이이·이황의 사상을 절충하였다고 할 수 있다.[101]

---

99) 《光海君日記》 권 34, 광해군 2년 10월 갑신·갑술.

100) 薛錫圭, 〈朝鮮時代 儒生의 文廟從祀 運動과 그 性格〉(《朝鮮史研究》 3, 伏賢朝鮮史研究會, 1994), 157~175쪽.

101) 成校珍, 《成牛溪의 性理思想》(以文出版社, 1993), 109~124쪽.

성혼의 문인으로는 吳允謙·姜沆·崔起南·安邦俊 등과 이이의 문인이기도 한 조헌·한교·이귀·황신 등이 있었다. 성혼학파는 스승이 이이와 절친한 관계로 이이학파와 함께 정치적 입장을 같이 하여 서인으로 활동하였다. 그러나 문인의 상당수가 이이의 문인과 겹치고 그 세력이 크지 않았기 때문에 다른 학파보다는 학파로서의 독자성이 약하였다. 더욱이 성혼이 기축옥사와 임진왜란 때의 일로 북인의 비판을 받으면서 정계를 은퇴하고 향촌으로 물러나 중앙 정계에서는 거의 독자적인 활동을 하지 못하고 이이학파에 참여하여 활동하는 정도였다.[102]

그러나 이이학파에 완전히 흡수된 것은 아니었으며 나름대로의 학문적 특성을 유지하다가 17세기 후반 서인이 노론과 소론으로 갈라질 때 소론의 학문적 기반이 되었다. 즉 尹拯과 崔錫鼎을 비롯하여 당시 소론으로 활약했던 여러 인물들이 성혼과 직·간접적으로 연결되고 비슷한 학문적 경향을 보이고 있는 것이다.[103]

성리학이 조선사회에 뿌리내리게 되고 저변이 확대되면서 지금까지 살펴본 것처럼 다양한 학파들이 형성되었으며, 사림이 중앙정계의 주도세력으로 등장함에 따라 각 정파는 이러한 학파들을 기반으로 하여 성립되는 측면이 강하였다. 따라서 학파와 정파는 서로 밀접한 관계를 가지면서 전개되었으며 이것이 조선 중기에 있어서 하나의 중요한 특징이 되었다.

5) 성리학적 사회윤리의 실천

성리학은 송대 지주전호제 아래서 지주, 특히 중소지주층의 이해를 반영하여 성립된 사상이었다. 그러므로 성리학은 신분제 사회질서를 유지하기 위해 상하관계를 중시하는 名分論과 소작인과의 모순대립관계를 완화하기 위한

---

102) 具德會, 〈宣祖代 후반(1594~1608) 政治體制의 재편과 政局의 動向〉(《韓國史論》 20, 서울大, 1988), 256~260쪽.

103) 劉明鍾, 〈折衷派의 鼻祖 牛溪의 理氣哲學과 그 展開〉(《成牛溪思想硏究論叢》, 牛溪文化財團, 1988), 349~366쪽.
신병주, 〈17세기 후반 소론학자의 사상－윤증·최석정을 중심으로－〉(《역사와 현실》 13, 1994).

개량적인 分殊論을 동시에 가지고 있다.

공자의 正名사상에서 비롯한 명분론에서는 그 이름에 따라 상하·존비·귀천이 정해진다고 보고 거기에 나타나는 차별을 당연한 것으로 여겼다. 나아가 이 차별은 지주와 전호의 관계뿐만 아니라 군신·부자·부부관계 등에 모두 적용되었으니 그것이 곧 사회윤리였다. 이러한 사회윤리는 理는 하나로 평등하나 동시에 각각으로 나뉘어 차별성을 지닌다는 理一分殊論에 의해 뒷받침되었다.

성리학적 사회윤리에서 가장 기본이 되는 덕목은 三綱五倫이었다. 父子·君臣·夫婦·長幼·朋友의 관계를 규정한 5륜은 어떤 시기, 어떤 상황에도 변하지 않는 진리, 즉 天理의 사회적 구현이었으며, 3강은 그 가운데서도 특히 군신·부자·부부의 관계를 상하 주종관계로 강조한 것이었다. 이 3강5륜은 다섯 가지 인간관계만을 규정하고 있지만 실제로는 처와 첩, 적자와 서자, 주인과 노비, 지주와 전호 등 사회의 모든 인간관계에 확대·적용되는 것이기도 하였다.[104]

성리학적 사회윤리는 성리학이 조선사회의 지배사상으로 등장하게 되면서 같이 보급되기 시작하였다. 15세기 조선의 건국과 문물제도의 정비라는 시대적 상황 속에서 신흥사대부들은 철학적인 측면보다는 실천윤리·의례적인 측면을 강조하였으며 《소학》과 《주자가례》 등 성리학적 지배이념에 입각한 사회윤리와 유교의례의 시행에 적지 않은 관심을 기울였다.

《소학》은 12세기 후반 주자가 小子·童蒙에게 灑掃·應對·進退의 예절과 禮·樂·射·御·書·數의 익힘, 愛親·敬長·隆師·親友의 도리를 가르쳤던 三代의 교육법을 재현할 목적으로 그의 문인인 劉子澄을 시켜 편찬한 책으로, '日用之事'를 통해 학문의 근본을 배양하여 修身·齊家·治國·平天下를 이루는 것을 중요한 내용으로 담고 있다. 주자는 이 책을 성리학의 大綱을 서술해놓은 《대학》을 배우기 전에 반드시 거쳐가야 할 단계로 설정함으로써 단순한 수신·제가의 학문이 아닌 修己治人과 천하를 다스리는 과정의 하나로서 제시하고 있다.[105]

104) 김항수, 〈조선 전기의 성리학〉(《한국사》 8, 한길사, 1994), 271~280쪽.
105) 金駿錫, 앞의 글, 123~127쪽.

체제는 立教·明倫·敬身·稽古의 內篇과 嘉言·善行의 外篇으로 이루어져 있는데, 내편은 주로 禮書와 경전 등에서 내용을 뽑아 편집하고 외편은 주로 송대 성리학자들의 언행을 기록하였다. 특히《예기》의 내용을 가장 많이 인용하고 있으며 기본 강령이라고 할 수 있는 입교와 명륜·경신은 대부분이 禮에 관한 내용으로 되어 있다고 해도 과언이 아니었다. 외편의 가언 역시 비슷하였다. 그러므로《소학》의 실천과 이해는《주자가례》를 비롯한 유교의례의 실천·이해와 표리관계를 가지고 있다고 할 수 있다.[106]

고려말 신흥사대부들에 의해 성리학과 함께 도입되어 유교적 수양의 한 방법으로 주목받은《소학》은 조선에 들어와서는 초기부터 官學의 중심 교과목으로 선택되었다. 또한 生員試를 보기 전에 반드시 거쳐야 할 考講과목으로 설정되고 武科 殿試의 선택과목으로 지정되는 과정을 통해[107]《經國大典》에서는 生員 覆試의 필수과목과 武科 복시의 선택과목으로 규정되었다.[108] 나아가 각 지방마다 간행이 활발히 이루어지고 이 책을 註釋한《集成小學》만여 부를 인쇄하여 판매하자는 논의가 제기되는 등 국가적으로 장려되었다.[109]

그럼에도 불구하고 15세기《소학》의 보급은 큰 성과를 거두지 못하였다. 당시《소학》교육이 주로 국가의 주도로 법령과 제도에 의해 이루어져 형식적·강제적인 측면이 강하였으며, 학생들이 이 책을 일상의 내용만을 다룬 진부한 것으로 받아들여 공부하는 것을 기피하고 시험 준비를 위해 마지못해 하는 정도였기 때문이다.[110]

《주자가례》는 12세기 후반 주자가 그 때까지 私家에서 통용되던 冠·婚·喪·祭禮를 정리한 책으로, 宋이 외적의 침입으로 남으로 쫓겨가고 내부적으로는 소가족 중심의 가족구조로 변화하는 당시의 시대상황을 반영하는 것이

---

106) 高英津, 〈16世紀 禮學과 河西 金麟厚의 위치〉(《河西 金麟厚의 道學과 文學思想》, 광주광역시·향토문화연구회, 1995), 75~77쪽.
107)《太宗實錄》권 8, 태종 4년 8월 기축.
《世宗實錄》권 31, 세종 8년 정월 임술 및 권 117, 세종 29년 8월 갑자.
108)《經國大典》권 3, 禮典 諸科 및 권 4, 兵典 試取.
109)《世宗實錄》권 37, 세종 9년 7월 정해 및 권 68, 세종 17년 4월 기유.
110) 朴連鎬, 〈朱子學의 根本培養說과 朝鮮前期의「小學」敎育〉(《淸溪史學》2, 韓國精神文化硏究院, 1985), 105~112쪽.

었다. 따라서 《주자가례》에서는 小宗主義에 입각한 종법이 강조되었으며 이는 현실적으로 중세 가부장적 지배질서로 구현되었다.111)

조선시대에 들어와 《주자가례》는 《소학》과 함께 중시되었으나 학문적 연구보다는 법령과 제도의 정비를 중심으로 한 유교의례의 시행이라는 측면이 강조되었다. 즉 성리학적 사회질서의 확립과 사회관습의 변화를 주요 목적으로 시행되었던 것이다.

또한 이 시기 《주자가례》는 일반민을 배제한 것은 아니었으나 주로 사대부층을 대상으로 시행되었다. 이는 국가 주도라는 한계에서 기인하는 것이기도 하였으나 불교나 민간신앙적인 성격이 상당히 남아 있었던 사대부들의 생활관습을 유교적인 것으로 바꿈으로써 우선적으로 지배층 내부의 동질성과 일반민에 대한 문화적 우월성을 확보하려는 데에 그 목적이 있었기 때문이다.112)

그리하여 제일 먼저 祭禮에서의 家廟制가 시행되고 이어 喪禮에서의 三年喪, 그리고 婚禮에서의 親迎과 冠禮 등이 사대부의 경우 강제성을 동반하면서까지 독려되었다. 나아가 국가는 당시 喪葬禮를 주관하던 經師에게 《주자가례》를 가르쳐 상을 만나면 시행하게 하였으며 《葬日通要》라는 葬禮書를 만들어 보급하기도 하였다.113) 또한 《주자가례》는 《경국대전》에 문과 복시와 생원 복시의 필수과목으로 설정되는 등 《소학》과 함께 관학의 교과목, 과거와 승진의 필수과목이었다.114)

그러나 《주자가례》는 15세기말까지 사대부층 내에서도 제대로 시행되지 못하였다. 이는 당시 집권세력이 시대적 상황으로 인해 유교의례뿐만 아니라 불교나 도교·민간신앙적인 요소들도 용인하는 정책을 취하였으며, 香徒·契와 經師制 등 이미 전통적으로 상부상조와 공동노동을 통한 방법들이 존재하

111) 黃元九, 〈朱子家禮의 形成過程-王法과 家禮의 連繫性을 中心으로-〉(《人文科學》 45, 延世大, 1981), 110~116쪽.

112) 高英津, 〈15·16世紀 朱子家禮의 施行과 그 意義〉(《韓國史論》 21, 서울大, 1989), 89~110쪽.

113) 《太宗實錄》 권 5, 태종 3년 4월 경술.
《世宗實錄》 권 3, 세종 원년 3월 계축.

114) 鄭肯植, 《朝鮮初期 祭祀承繼法制의 成立에 관한 硏究》(서울大 博士學位論文, 1996), 104~107쪽.

여 새로이 《주자가례》를 행할 필요성이 그만큼 줄어들었기 때문이다. 경제적인 면에서도 불교나 민간신앙적인 방법보다는 비용이 적게 들었지만 역시 적지않은 경비가 필요했기 때문에 쉽게 행해질 수 있는 것은 아니었다.[115]

이러한 상황은 16세기에 들어와 성리학적 소양을 강하게 지닌 사림이 등장하면서 점차 변화하였다. 이들은 법률적 강제로서의 刑政보다는 이념적 지배로서의 敎化를 우선시하며 성리학 修身書인 《소학》과 儀禮書인 《주자가례》를 중앙과 향촌에서 자신들의 이상을 실현해나가는 양대 기반으로 삼았다.

《소학》을 단순한 일상의 내용을 기록한 책이 아닌 《대학》과 함께 천하를 다스리는 데 반드시 필요한 책으로 그 가치를 새롭게 인식하고 이에 대해 적극적인 관심을 기울이기 시작한 것은 성종대 등장하는 영남사림이었다. 김종직은 《소학》을 학문의 기초로 삼고 제자들에게 이 책을 공부할 것을 권장하였으며, 그에게서 《소학》을 배운 김굉필은 스스로 '소학동자'라 칭하며 자신의 삶을 《소학》이념의 실천으로 일관하였다.

또한 김굉필과 교분이 두터웠던 南孝溫·정여창·姜應貞·朴演 등은 小學契를 만들었으며, 특히 강응정과 박연은 金錬叔·申從濩·孫孝祖·鄭敬祖·權柱·丁碩亨·康伯珍·金允濟 등과 함께 향약을 만들어 《소학》을 講論하였다. 이들 가운데 일부는 향촌에서 鄕射禮·鄕飮酒禮를 보급하는 운동과 관계를 맺기도 하였으니, 결국 《소학》을 매개로 한 집단적인 연대를 통해서 자신들을 훈척과 구별하고 중앙과 향촌에서 그 이념을 실천하려고 했던 것이다.[116]

중종대 등장하는 기묘사림은 여기에서 더 나아가 《소학》을 국가적으로 보급하려고 노력하였다. 이들은 이 책에 성리학의 요체가 모두 갖추어져 있다고 보고 《소학》의 道를 실천하기 위해 그에 대한 교육을 강화하고 과거에서의 考講을 철저히 하며 이 책을 인쇄하여 유생들뿐만 아니라 일반 서민과 부녀자들에게까지 널리 보급할 것을 국왕에게 청하였다. 이들의 요구는 받아들여져 중종은 《소학》교육을 진흥시키기 위한 傳敎를 내리기도 하였다.[117]

115) 고영진, 앞의 책, 34~45쪽.
116) 李泰鎭, 앞의 글(1983), 17~18쪽.
117) 朴連鎬, 앞의 글, 117~125쪽.
《中宗實錄》 권 26, 중종 11년 11월 계미.

기묘사림의 《소학》실천운동은 여씨향약이 《소학》에 실려 있는 관계로 향약보급운동과 밀접한 관계를 이루며 추진되었는데 이 운동에 앞장섰던 대표적 인물은 김굉필의 문인이었던 김안국이었다. 그는 중종 12년(1517)부터 己卯士禍가 일어나는 14년까지 경상·전라도관찰사를 차례로 역임하면서 여씨향약을 보급하고 《集成小學》을 간행하였으며 지방학자들에게 《소학》을 권하는 詩 70여 수를 지어 주는 등 《소학》과 향약 보급에 크게 기여하였다.[118]

《주자가례》는 16세기 들어와 사림에 의해 본격적으로 시행되기 시작하면서 일반민에게까지 그 시행의 범위를 넓혀갔다. 김숙자의 〈祭儀〉·〈祝文〉·〈墓祭儀〉, 김종직이 저술한 《彝尊錄》의 〈先公祭儀〉 등에서 볼 수 있듯이 사림은 家訓이나 家令의 형태를 띤 글을 통해 자신들의 가문에서 행해 내려오는 유교의례의 내용을 정리하는 한편 국가적으로도 《주자가례》에 기반한 유교의례의 시행을 강력히 요구하였다.

그리하여 중종대에는 3년상과 친영·廟見 등을 둘러싸고 典禮論爭이 일어나, 《國朝五禮儀》를 고수하며 《주자가례》의 부분적 시행을 주장하는 대신 중심의 국조오례의파와 《주자가례》의 전면적 시행을 주장하는 사림 중심의 古禮派가 첨예하게 대립하기도 하였다.

조광조를 위시한 신진사류들은 서민들도 3년상을 지낼 수 있도록 할 것을 요구하고 중종이 문정왕후를 새로 왕비로 맞아들일 때에는 친영례과 묘현례를 행할 것을 주장하였다. 또한 그 때까지 거의 행해지지 않았던 관례를 행할 것도 요구하였다. 그리하여 군인과 향리가 3년상을 행할 수 있도록 하고 왕실 혼례에서 친영례를 행하게 하는 등 어느 정도 성과를 올렸으나 아직까지도 상황은 《국조오례의》에 따라 주로 거행하되 부분적으로 《주자가례》를 참조하는 정도였다.[119]

한편 기묘사림은 《소학》과 《주자가례》의 실천과 함께 禮俗書籍의 보급에도 힘을 기울였다. 이들은 이미 15세기부터 간행되어온 《三綱行實圖》 외에도 《續三綱行實圖》·《二倫行實圖》·《警民篇》·《童蒙須知》 등을 간행하여 보급하였다.

118) 金恒洙, 앞의 글(1981), 137~141쪽.
119) 고영진, 앞의 책, 59~72쪽.

《속삼강행실도》는 세종대에 간행한 《삼강행실도》를 보완한 것으로 본문 위에 한글로 된 번역문을 붙여 놓아 일반민들도 볼 수 있게 하였으며,[120] 《이륜행실도》는 長幼와 朋友간의 윤리를 내용으로 한 것으로 재지지주였던 사림의 성장과 함께 대두되기 시작한 鄕黨倫理를 제시한 것이었다. 《경민편》은 일반민들을 보급 대상으로 하고 저술한 것으로 口訣과 諺解가 첨부되어 있었으며, 《동몽수지》는 어린이가 지켜야 할 예절을 기록한 책이었다.[121]

예속서적의 간행과 함께 언해작업도 활발히 이루어져 《소학》·《正俗》·《女戒》 등이 언해되고 앞에서 살펴본 것처럼 《속삼강행실도》와 《경민편》은 언해가 첨부되어 반포되었다. 중종대의 이러한 변화는 사대부뿐만 아니라 여자와 일반민도 교화의 적극적인 대상으로 등장하였으며 성리학적 사회윤리가 이들에게까지 확산되기 시작하였음을 의미하는 것이었다.

기묘사림들의 이러한 노력은 기묘사화로 일시 좌절되었다. 그리하여 향약이 전면 혁파되고 《소학》의 보급 문제 역시 일체 논의가 사라졌다. 심지어 부형들은 자제들을 가르치는 데 있어서 《소학》을 사람을 죽이는 독약으로 여길 정도였다. 중종 말년 사림들은 다시 소학과 향약의 보급을 꾀하지만 이러한 노력은 乙巳士禍로 무산되었다. 더욱이 문정왕후의 불교 숭상으로 인해 《주자가례》를 비롯한 유교의례의 시행도 위협을 받았다.

그러나 이러한 상황에서도 향촌으로 돌아간 사림은 오히려 《소학》과 《주자가례》의 실천을 강화해 나갔다. 그리하여 명종대에 가면 朴世茂가 《童蒙先習》을, 유희춘이 《續蒙求》를 편찬하고 盧禛이 《養正篇》을, 柳仲郢이 《童子習》을 간행하는 등 다양한 소학류의 책들이 편찬·간행되었으며 학문적 접근도 이루어져 이이는 小學註釋書인 《小學集註》를 저술하기도 하였다. 아울러 선조대에 이르면 중종대에 언해한 것을 수정한 《小學諺解》가 만들어지고 이이가 《擊蒙要訣》을 완성함으로써 《소학》을 통한 성리학적 사회윤리의 보급은 일단락되었다.[122]

---

120) 朴珠, 《朝鮮時代의 旌表政策》(一潮閣, 1990), 70~75쪽.
121) 金勳埴, 〈16세기 『二倫行實圖』 보급의 社會史的 考察〉(《歷史學報》 107, 1985).
——, 〈中宗代 『警民篇』 보급의 고찰〉(《李載龒博士還曆紀念 韓國史學論叢》, 1990).
122) 李泰鎭, 앞의 글(1983), 20~23쪽.

명종대 성리학에 대한 이해의 심화와 함께 《주자가례》와 《儀禮經傳通解》에 대한 본격적인 관심과 실천은 家禮書의 저술이라는 형태로 나타났다. 특히 사림은 宗法과 효의 강조를 통해 가문의 통합성을 이루기 위해 제례를 중심으로 한 가례서인 祭禮書를 만들기 시작하였다. 제례서는 내용과 형식에서 거의 《주자가례》를 따랐는데 학문적이기보다는 실용적인 성격이 강하여 生活規範書로서의 성격이 강하였다.

동시에 사림은 예에 대한 학문적 관심을 갖기 시작하였다. 성리학의 체계화를 위해 노력하였던 이언적·서경덕·김인후·이황·조식 등이 모두 《주자가례》의 시행에 적극적이었을 뿐만 아니라 예의 내용과 의의에도 깊은 관심을 가졌으며 다양한 예서를 저술하였다. 이언적은 수준높은 제례서인 《奉先雜儀》를, 김인후는 초보적인 가례주석서의 성격을 띠는 〈家禮考誤〉를 저술하였으며 이황이 문인들과 주고받은 예에 관한 서신들은 그가 죽은 뒤에 문인인 趙振에 의해 《退溪喪祭禮答問》이라는 책으로 편집되었다. 이러한 상황은 서경덕·이황·조식의 문인들의 경우도 마찬가지였다.

이처럼 성리학에 대한 이해의 심화와 더불어 예에 대한 학문적 관심이 본격화되면서 학문으로서의 예학이 성립하기 시작하였다. 그리고 이를 바탕으로 선조대에 가면 문장을 주로 하는 일부를 제외하고는 성리학을 공부하는 학자들의 거의 대부분이 예에 대해 관심을 가졌으며 예에 관한 글을 썼다고 해도 과언이 아니었다. 이들의 주도 아래 《주자가례》가 사회전반에 걸쳐 확산되었음은 물론이다.[123)]

성리서의 수입과 간행·보급, 이기심성논쟁을 통한 학문적 심화, 《소학》·《주자가례》 등의 보급을 통한 성리학적 사회윤리의 실천 등, 16세기 조선사회의 전면에 등장한 사림에 의해 주도되었던 이 세 흐름은 서로 유기적인 관계를 맺으면서 전개되었다. 그리고 이러한 노력들은 사림이 학파를 형성하고 이를 바탕으로 정파화하여 중앙 정계의 주도세력으로 등장함으로써 결실을 맺게 되었다. 그러나 이것은 끝이 아니라 또하나의 시작이기도 하였다.

〈高英津〉

金恒洙, 앞의 글, 154~156쪽.
123) 고영진, 앞의 책, 64~104쪽.

5. 경제개혁의 추진

1) 농업장려와 농법개량

세종대에 편찬한 《農事直說》은 중국과는 다른 우리 나라의 풍토와 농업기술 수준에 맞는 독자적 農書로서의 기능을 다하게 되었다. 그런데 그것은 또한 上農層의 농업경영 방식을 기준으로 하고 식량 작물의 재배를 중심으로 하여 편찬한 농서였으므로, 농업 현실의 더 구체적인 면에서 그것을 보충할 다른 농서가 곧 필요하게 되었다. 그러한 요망에서 먼저 지어진 것이 姜希孟의 《衿陽雜錄》과 편자 미상의 《四時纂要抄》였다.

《금양잡록》은 《농사직설》의 경우보다 훨씬 더 많은 곡물의 品種을 들어 그 각각이 어떠한 土性에 맞는 것인지를 자세히 설명하였으며, 《사시찬요초》는 애초에 《농사직설》에 수록되지 않은 九穀 이외의 다른 작물들의 재배법을 주로 서술하였다. 그래서 이 두 책은 농업기술과 농업정책의 양면에 걸쳐 여러 가지 구체적인 면에서 소농민층에게 더 도움이 되도록 배려하였다는 특징을 가진다. 즉 소농민경영의 안정이 국가 농정의 기본 방향이 되어야 한다는 입장을 대변한 농서로 편찬된 것이었다. 그런데 이 두 책은 개인의 저작 내지 발췌에 속하는 것인 만큼 15, 6세기 조선 농업의 현실에서 그 영향이 어느 정도였는지는 알 수가 없다. 다만 《금양잡록》은 선조 14년(1581)에 《농사직설》과 함께 內賜本 《農事直說》로 合刊되기에도 이르렀다는 사실을 보면, 그것이 국가 농정 수행의 보충서로서의 중요성을 인정받고 있었음이 확실하며, 그 영향력 또한 자못 컸을 것임에 틀림없다.[1)]

그같은 농서의 편찬 보급이라든가 권농정책과는 별도로, 15세기 후반 세조대부터 크게 대두하기 시작한 이른바 勳戚계열은 16세기 후반까지 사실상 정치권력을 천단하고 있었다. 그들은 원래가 지주층인데다 權貴로서의 정

---

1) 金容燮, 〈금양잡록과 사시찬요초의 농업론〉(《겨레문화》 2, 1988 ; 《朝鮮後期農學史硏究》, 一潮閣, 1988, 제 I장 3절) 참조. 여기에는 《사시찬요초》 또한 강희맹이 '抄'한 것이었다는 여러 가지 증거 사례를 소개하였다.

치·사회적 세력을 이용하여 더욱 축재에 몰두하고 있었다. 그들은 우선 각 지역의 守令이나 京在所·留鄕所와 결탁하여 그 힘으로 일반 軍民을 동원하여 연해지를 개간하고 영농하는 방식으로 자신들의 지주지 확장과 그 경영에 국가권력을 이용하고 있었다. 그들은 또한 각 지역의 水利를 독점한다든가 長利를 증식시키는 방법 등으로 소농민의 토지를 겸병하기도 하였다. 그래서"無勢한 사람은 비록 토지와 노비를 가졌다 하더라도 有勢之家에 빼앗기지 않으면 반드시 內需司에 빼앗기고 만다"[2]고 하는 정도로 소농민경영이 유린되어 가고 있었던 것이다.[3]

그런데 한편으로 16세기에는 사림계의 정계 진출이 활발해지면서 상대적으로 소농민경영의 안정과 관련된 농업의 장려가 다각도로 전개되었다.

16세기 사림계의 정치적 진출이란 단지 정치적 측면에 그치는 것이 아니었다. 이른바 사림의 出自 자체가 각 지역 중소지주층의 성장에 뿌리를 두고 있었는데, 그 중소지주층은 곧 당해 지역의 광범한 소농민경영의 안정을 바탕으로 하고서야 성장할 수 있는 존재였던 것이다. 그러므로 16세기 사림계의 농업장려는, 훈척계열과는 상대적으로 다른, 자신들의 계급적 안정 및 성장과 밀접한 관련을 가지는 농업정책의 실현에 해당하는 것이었다.

이른바 反正을 통하여 새로 정권을 차지하게 된 중종 초기의 훈신들은 사림계열은 아니었으나, 우선 연산군대의 亂政을 경계하는 의미에서도 권농정책을 쓰지 않을 수 없었다. 가령 반정 직후에 "東·西의 蠶室은 先王朝에서 설치한 것이니 다시 그 제도를 회복해야 한다"고 하여 衆議를 모았던 사실이[4] 그러한 표현의 일단이었다.

그러나 이 시기의 권농정책은 사림계열의 정계진출과 더불어 본격화하기

---

2) 《明宗實錄》 권 182, 명종 16년 8월 무신.

3) 《明宗實錄》 권 13, 명종 7년 5월 무자.
이 시기 소농민경영의 분해와 지주지의 집적에 관해서는 金泰永, 〈朝鮮前期 小農民經營의 추이〉(《朝鮮前期土地制度史硏究》, 지식산업사, 1983) 참조. 그리고 특히 勳戚의 농민침해 현상에 관해서는 李泰鎭, 《韓國社會史硏究》(지식산업사, 1986) 제8·9장 참조.

4) 《中宗實錄》 권 1, 중종 원년 9월 신사.

시작하였다. 먼저 중종 11년(1516) 11월 經筵에서 執義 成世昌은 권농정책을 새로운 국가정책으로 강조할 것을 요청하였다. 즉 그는 人君이 나라를 다스림에는 마땅히 백성을 부유하게 하고 그 數가 늘어나게 하며 그들을 가르치는 일을 우선해야 한다고 전제한 후, 세종대에는 農桑에 힘을 기울여 수령들이 사방을 순시하면서 권농하여 들에는 경작하지 않는 田地가 없었는데, 근래에는 힘써 농사하는 백성들이 없고, 수령도 들로 나아가 농상을 권하는 자가 없으며, 監司 또한 검찰하지 않으니, 이에 특별히 外方에 효유하여 농업에 힘쓰도록 권하자는 의견을 제시하였다.[5)]

그리고 다음해 정월 大司憲 金璫 등이 세종대의 勸農敎書를 써서 올리면서 그것을 모범삼아야 한다고 적극 주장함에 따라 권농정책은 본격화하게 되었다. 즉 "근래에는 국가가 농정을 폐기하여 餘事로 보기 때문에 농민은 末業으로 달려가 농사를 돌보지 않으며", 수령과 감사는 권농에는 힘쓰지 않은 채 "빈객이나 영접하면서 태만하게 서로 이끌어 國典을 멸시 폐기"하고 있으며, 특히 "堤堰을 폐기하여 豪勢家의 田地로 되게 하고 良民을 숨기어 奸猾者의 私役을 들게 한다"고 하여, 당시 훈척계열 등의 지주지 확대와 그 경영양태를 비판하였다.[6)]

그같은 사림계열의 농업정책은 뒤이어 국왕의 권농교서라는 형식을 통하여 8도에 申飭되기에 이르렀다. 이 때의 권농교서는 중종 12년 2월과 그 다음해 3월에 각기 내려졌는데,[7)] 이는 세종대의 권농교서 이후 실로 오랜만에 거행된 일이었다. 그 내용은 농업이야말로 堯舜 이래 王政의 大本일 뿐 아니라, 국가의 법전에도 권농의 조항[8)]이 들어 있음을 밝히는 한편, 몽매한 小民은 권하지 않으면 스스로 분발하지 않는 것이므로 목민관들이 성의를 기울여 몸으로 권농에 나서라는 것이었다. 특히 이 즈음에 새로 일어나고 있는 중앙과 지방 각지 상업의 말폐를 지적하여 어디까지나 본업에 힘써 一家와 姻親, 鄕黨이 여유있는 바탕 위에서 교화되도록 하라는 내용이었다. 왕정을

5) 《中宗實錄》 권 26, 중종 11년 11월 임인.
6) 《中宗實錄》 권 27, 중종 12년 정월 정해.
7) 《中宗實錄》 권 27, 중종 12년 2월 임신 및 권 32, 중종 13년 3월 병오.
8) 《經國大典》 권 2, 戶典 務農에는 觀察使·守令·勸農官 등의 농업권장 등에 관한 사항을 실어두고 있다.

실현키 위한 바탕으로서의 농정이었던 것이다.

사림계열의 이같은 권농정책은 이후로도 계속되었다. 가령 중종 13년 경상도감사로 있다가 체직되어 온 金安國의 건의에 따라, 《二倫行實》 등과 함께 《農書》와 《蠶書》의 諺解本도 "撰集廳에서 간행하여 널리 반포하라"는 국왕의 傳旨가 내려지기도 하였다.[9] 그리고 중종 14년(1519)에도 鄕約의 시행을 논의하면서, 이전에 내린 권농교서의 효력이 나타나지 않음을 개탄하고, 수령과 감사의 분발을 촉구하는 傳旨를 다시 내리기에 이르렀다.

> 근일에 8도가 失農하여 민생이 곤췌하니 憂慮됨이 망극하다. 이는 나의 自修가 미진하여 그러한 터이지만, 監司 또한 그 책무를 벗어날 수가 없다. 전에도 이미 下諭하여 農桑에 힘쓰도록 하였으나 오히려 힘쓰지 않고, 학교의 교화 또한 그 道를 다하지 않는다. 呂氏鄕約도 권면할 만한 것이다. 무릇 (賦斂을) 줄이는 일이 있더라도 다만 형식만 갖출 뿐 백성들은 알지도 못하게 하고 있으니, 모름지기 궁벽한 향촌 사람도 모두 恤民의 뜻을 알도록 할 것이다. 守令으로서도 삼가지 않고 貢獻을 빙자하여 濫徵하는 폐단이 어찌 없을 터인가. 혹 시리도 이런 일이 있거든 즉시 啓罷해야 할 것이요, 만약 규찰하지도 않는다면 감사 역시 용서받지 못할 것이다(《中宗實錄》 권 35, 중종 14년 4월 무진).

즉 사림계는 역시 왕정을 실현하고자 하는 교화정책의 일부로 권농정책을 추진하고 있었던 것이다. 그런데 그들의 이 같은 노력은 이 해말에 己卯士禍가 일어나면서 곧 중단되고 말았다. 그리고 사화의 여파가 가라앉고 다시 사림계열이 차차 등장한 중종 만년에 중국의 江南農法을 집대성한 거질의 농서인 王禎의 《農書》를 간행하여 널리 활용한다는 결정이 내려졌지만,[10] 실현되지는 못하였다. 아직도 훈척세력이 정권의 핵심을 잡고 있었으며, 결과적인 일이지만 다시 한 번의 처참한 乙巳士禍를 뒤에 예비하고 있는 형편이었던 것이다. 그래서 16세기의 농서 간행은 훈척의 시대를 지나고서야 부분적으로 이루어지게 되었다. 선조 14년(1581)에 가서야 《농사직설》에 《금양잡록》을 합쳐 이른바 내사본 《농사직설》을 간행하기에 이르렀다.

한편 이 시기에는 농업기술 자체의 개량에 따라 한편으로는 이른바 低平

---

9) 《中宗實錄》 권 32, 중종 13년 4월 기사.

10) 《中宗實錄》 권 101, 중종 38년 11월 을사·병오.

·低濕地에서의 수전 개발이 대대적으로 진행되고 있었다.[11] 원래는 海島의 저습지에 설정되었던 국가 목장이 16세기에 이르러 권세가의 절수에 따라 대대적으로 개간되고 있었다는 사례가 그 하나이다. 내륙지역의 목장도 권세가에 의해 사실상 耕墾되어 가고 있었다. 뿐만 아니라 워낙 物力과 人力을 많이 소요하는 海澤의 경우도 훈척을 비롯한 세력가가 평안도 등 북변의 것까지 절수·개간하여 농장을 만들어 갔다.

> 下三道에는 海澤으로 자못 경작할 만한 곳이 있으면 다투어 築防하였으므로 남는 땅이 없어졌다. 그러므로 금후에는 평안도로 옮겨 개간하는데…朝官·宰相이 本道의 해택으로서 비옥한 곳이 있다는 소리를 들으면 그 곳 수령이 告辭하는 날에 힘써 요청하므로 수령 등이 農糧을 많이 대주고 또 伴人을 정해주어 耕墾케 하며 자기 等內에는 그들을 復戶시켜주고, 留鄕所로 하여금 監護까지 시킨다. 거기서 나는 곡식 수가 적으면 다시 官庫의 곡식을 실어다 그 수를 채우고, 배로 실어서 바로 그 집에까지 갖다 바친다.…농민은 해택 때문에 聊生할 수가 없다고 한다(《明宗實錄》 권 16, 명종 9년 5월 경술).

16세기에는 위와 같은 여러 가지 방법으로 저평·저습지의 농지화라고 하는 경작지의 이동이 대대적으로 일어나고 있었다. 그 개간 주체가 훈척을 비롯한 권세가였으므로 비리의 국가권력을 통하여 많은 소농민을 동원하였고 이에 따라 이들의 소경영은 유린되었다. 그리고 講武場 같은 경우 매우 긴요한 것만을 제외하고는 농민들에게 경간을 허락한다는 정책이 이 시기 사림파 정권에 의해서도 채택되고 있었다.[12]

그래서 이 시기에는 한편으로 水田農業에서 거대한 진전이 일어나고 하나의 전환점을 맞게 되었다. 즉 권세가에 의한 지주지의 확대와 그 대극에서의 소농민경영의 분해현상이 크게 진행되고 있었다. 그리고 한편에서는 상대적

---

11) 李泰鎭, 〈16세기 沿海地域의 堰田 개발〉(앞의 책).
 ——, 〈15·6세기 低平·低濕地 開墾 동향〉(《國史館論叢》 2, 國史編纂委員會, 1989) 참조.
 두 글에서는 16세기의 대대적 농지개간이 이 시기 인구의 증가와 상업의 발달이라는 사회경제적 요인에 따라 촉발된 현상이었다고 하는 매우 주목할 만한 이론이 제시되었다.

12) 《中宗實錄》 권 25, 중종 11년 7월 갑진.

으로 소농민층의 안정을 도모하는 사림계의 권농정책이 추진되고 있었지만, 아직도 그 효과는 미미한 상태에 머물고 있었다.

2) 수리시설의 발달

이 시기에는 권세가를 중심으로 하는 목장·강무장·堰田·저습지의 개간뿐 아니라, 내륙지역에서도 개간과 水利가 많이 진전되고 있었다. 가령 고려시대에는 주로 邑治 중심의 지역에 士族과 吏族의 생활지반이 있었으나, 고려 말기부터 그것과는 떨어진 향촌지역, 더욱이 인구가 적고 낙후되어 있던 部曲지역 등이 특히 신흥 사족들의 노력에 의하여 개발되어 그들의 농장이 되고 생활지반이 되어가고 있었다.[13] 조선왕조 사림계열의 출자도 주로 여기서 찾아지는 것이었다.

사림계열의 성장과 관련지을 수 있는 매우 주목되는 농업현상의 하나는 전통적 수리시설인 제언 이외에 川防 즉 洑의 설치와 활용이 본격화하였다는 것이다. 천방灌漑에 관한 본격적 권장은 15세기 문종초에 왕이 각 도 감사에게 지시한 다음의 기사가 처음인 듯하다.

> 제언을 수축하는 법은 元·續六典에 다 실려 있고, 또한 지금 수령을 포폄할 때에도 천방·제언이 모두 七事 가운데 들어 있으니, 그 입법의 절목이 지극히 상밀하다. 그러나 제언은, 水源은 얕은데 功役이 많이 든다. 천방은 물에 源流가 있어 공역은 적게 들고 이로움이 많다. 그러므로 천방이 가장 좋고 제언은 그 다음이다. 듣건대 여러 읍에는 천방을 할 만한 곳이 자못 많은데도 물의 이로움을 잃고 있다 하니, 卿이 巡行하면서 널리 알아서 啓聞하라(《文宗實錄》 권 4, 문종 즉위년 10월 계유).

조정에서의 본격적 논의는 문종대부터 시작되었지만, 작은 溪流를 부분적으로 막아 부근의 수전에 관개하는 소규모 천방의 경우는 아마도 고대로부터 관행되었을 것이며, 특히 15세기 이래 低平地로의 농지개간이 일어나게 된 데에는 이러한 천방의 가능성과 유용성이 전제되고 있었을 것이다. 가령

13) 李樹健, 〈古文書를 통해 본 朝鮮朝 社會史의 一硏究〉(《韓國史學》 9, 韓國精神文化硏究院, 1987) 참조.

세조대의 어느 堤堰敬差官 事目에서는 제언 관계의 사정을 논의하면서, “방천의 利는 제언보다 갑절이나 되니, 지세의 높낮이를 따라 곡진하게 제방을 만들면 그 取用이 무궁하다”[14]고 상하가 공인하기에 이르렀다는 사실이 그것을 말해준다. 그리고 성종 연간에 가서도 經筵에서 국왕이 “내가 듣건대 천방·제언은 이익이 있다 하므로 이미 여러 도에 타일러 修築토록 하였는데, 별도로 朝臣을 파견하여 살피고자 한다”고 하자, 同知事 金宗直은 “천방 관개의 이익은 매우 큰 것이니 불가불 거행해야 합니다. 제언은 그 이익이 멀리 미치지 못하고 또한 봄·가을로 수축해야 하므로 농민들이 매우 괴로워하며 폐단 또한 많습니다”[15]고 하는 정도로 천방의 상대적 효용성은 깊이 인식되고 있었다.

우리 나라의 역대 수리정책으로는 제언이 항상 중심적인 것으로 거론되어 왔으나, 15세기 후반으로부터는 천방이 보다 우위인 것으로 널리 공인되기에 이르렀다. 비록 관행상의 용례로는 흔히 ‘堤堰川防’으로 ‘제언’을 앞세워 사용하고는 있었으나 그 중요성으로 말하자면 ‘천방’이 이미 훨씬 우위에 서게 되었던 것이다. 그것은 종래 사용하지 못하던 하천수를 끌어다 활용하는 것이므로 제언의 경우에 비하여 쓸 수 있는 곳을 훨씬 더 많이 개발할 수 있을 뿐 아니라, 사회 생산력의 발달에 따라 종래에는 생각할 수조차 없던 대규모 관개가 가능하였으므로 앞으로의 전망은 더욱 밝았다.

그래서 16세기 중종대의 사림정치가 선을 보이면서도 권농정책과 함께 천방관개의 일이 논의되었고, 성종대에 일시 설치되었다가 혁파된 堤堰司를 다시 설치하자는 합의가 이루어지기도 하였다.[16]

천방은 防川·防築·灌漑 등의 여러 이름으로 불렸고, 현지의 실정에 정통하며 이해관계가 절실한 현지인들에 의하여 추진되는 것이 자연스러운 일이었다. 그러므로 천방은 국가정책의 적극적 추진을 기다리지 않고서도 15세기 이래 많이 개발된 저평지의 水田化와 함께 다수 축조되어 갔던 것으로 보인다. 가령 최근의 연구에 의하면 15세기의 官撰 地理志에는 제언만이 기재되

14) 《世祖實錄》 권 20, 세조 3년 12월 정미.
15) 《成宗實錄》 권 182, 성종 16년 8월 갑진.
16) 《中宗實錄》 권 25, 중종 11년 7월 경자·갑진·을사.

어 있으나, 16세기말에 郡守로 재임한 사림 鄭逑가 편찬한 《咸州誌》에는 제언 이외에도 龍淵防築 등 14곳의 천방이 더 기재되어 있고, 17세기초에 成汝信이 편찬한 《晋陽誌》에는 明月岩防川 등 25곳이 더 기재되어 있으니, 이는 곧 16세기에 새로이 개발된 천방관개를 가리키는 것이라고 논증된 바 있다.[17)]

아마도 16세기 이후로는, 비록 지역에 따라 다소의 차이는 있겠지만, 천방이 전통적인 제언을 압도하고 우리 나라 수리관개의 대종을 차지하게 되었을 것이라고 판단된다. 16세기에는 각 군현 단위로 사림계열의 인사들이 향권을 주도하게 되었으며, 이들에 의하여 새로운 경지의 개발과 함께 각 지역의 천방이 새로운 수리시설로서 많이 축조되기에 이르렀을 것이라고 이해된다.

뿐만 아니라 천방은 이후 특히 우리 나라 벼농사 기술의 대종을 이루게 되는 移秧法을 정착시키고 발전시킬 수 있는 기초적 관개시설로서의 기능을 다하게 되었다는 의미에서도 그 역사적 의의는 매우 컸다.

3) 한전론과 균전론

조선 초기의 기본 토지제도가 된 科田法체제는 고려말 무한정 팽창을 보이고 있던 私田을 개혁한 결과로 제정된 것인 만큼 거기에는 일정하게 土地國有의 정신이 관철되고 있었다. 가령 세종대에 가서도 "無故하게 2년 동안 全陳한 田地는 許給他人한다"고 하여, 일정한 균전론적 정책이 한동안 추진되고 있었다는 사실이 그것을 말한다.[18)]

그런데 그같은 정책은 이윽고 세종 26년(1444) 貢法田稅制가 확정되면서 폐기되기에 이르렀다. 이 전세제도는, 正田에 대해서는 진황을 일체 인정하지 않고 모두 收稅하며, 續田은 진황하는 경우에만 조사하여 계문한 후 면세

17) 李泰鎭, 〈16세기 川防(洑)灌漑의 발달〉(앞의 책).
18) 《世宗實錄》 권 78, 세종 19년 7월 정유. 이 규정의 '許給他人'이란 문자는 그 소유권을 남에게 移給한다는 뜻이다. 그 해석에 관해서는 金泰永, 〈朝鮮前期의 均田·限田論〉(《國史館論叢》 5, 1989) 참조. 이하 均田·限田論 관련 서술은 주로 이 글을 참조하였다.

한다고 규정함으로써, 당해 전지의 소유권은 계속 원소유자에게 보유되도록 고쳐 규정하기에 이르렀다. 그리고 관계 규정은《經國大典》에 "3년 이상 된 陳田은 許人告耕한다. 海澤인 즉 10년을 한도로 한다"[19]고 명문화하였다. 명종 11년(1556)에는 이 규정을 다시 명백히 하여, "3년 이상 된 陳田을 許人告耕한다는 것은 영구히 移給한다는 말이 아니다. 그 本主가 還推할 때까지 우선 耕食함을 허락한다는 뜻이다"[20]고 해석하기에 이르렀다.

조선왕조의 토지정책은 그 개창 반세기 만에 크게 변하여 이제 전지를 경작하지 않고 버려 두더라도 그 소유권은 本主가 항구적으로 보유할 수 있도록 규정해 두기에 이르렀다. 連作農業의 보편화라고 하는 토지생산력의 발전에 따라 토지에 대한 사회적 관심이 한층 더 객관화하고 그 소유관계의 측면 또한 확고히 강화되어 갔다. 그것은 동시에 당시의 지배층인 관인 지주층의 요구를 객관적으로 보장하는 정책의 구현이기도 하였다.

토지 소유권을 항구적으로 보장받을 수 있음에 따라 이제 지주지의 집적은 한층 박차를 더하게 되었다. 게다가 세조대에는 현직 관료에게만 收租地를 절급하는 職田制가 실시되자, 그 이면으로 관인층의 토지 소유욕은 더욱 확대되기 마련이었다. 더구나 세조의 집권으로 여러 차례에 걸쳐 책봉된 많은 功臣들은 戚臣으로도 얽히면서 이후 '勳戚'이라고 불리는 집권세력을 형성하여 거의 100년 동안 국정을 천단하였는데, 이들은 대개 다수의 노비와 토지를 소유하게 되었다. 가령 "세조대 이후로 士風이 탕연히 기강이 없어져 大臣으로서도 탐학무절한 자가 많아졌다"[21]고 한 기록은 그 같은 사실의 일단을 가리키는 것이었다. 이제 15세기 후반에서 16세기에 걸친 토지 소유관계의 추이를 간단히 짚어보기로 한다.

> 豪强者가 묵은 私債를 濫徵하매 小民은 고통을 견디지 못하여 所耕田을 巨室에 다 바치고 立錐의 땅도 없게 된다. 거실이 쌓아 둔 곡식은 官府의 갑절이나 되는데, 義倉穀은 태반을 還收치 못하니 조금만 흉년을 만나도 나누어 줄 수 없는 형세가 된다. 무지한 소민은 다시 사채를 쓰니, 해마다 利息을 빼앗기

19)《經國大典》권 2, 戶典 田宅.
20)《受敎輯錄》戶典 諸田.
21)《成宗實錄》권 40, 성종 5년 3월 정미.

> 고 마침내 失所하여 강자는 도적이 되고 약자는 離散한다(《成宗實錄》 권 22, 성종 3년 9월 임인).
>
> 백성은 전지를 가진 자가 없고 그것을 가진 자는 오직 富商大賈·士族家뿐이다. 백성의 곤궁이 어찌 이 같은 때가 있었을 터인가.…외방 양민은 女息은 남의 奴妻로 들여보내고 子息은 남의 婢夫로 의탁케 하니, 이 때문에 人丁이 날로 없어진다(《中宗實錄》 권 75, 중종 28년 7월 을묘).

실로 15세기 후반에서 16세기로 내려오면서 한편으로는 지주지의 집적이 대대적으로 일어나고 다른 한편에서는 토지를 잃게 된 소농민층의 파산과 유리도산이 대대적으로 진행되고 있었다. 소농민층의 몰락은 곧 지배체제의 지반이 붕괴되어 감을 뜻하는 것이었다. 그 붕괴를 막기 위해서는 우선 호세가의 대토지소유를 제한하자는 均田·限田論이 일어나지 않을 수 없었다.[22]

균전·한전론의 기원은 실로 유구한 것이며, 조선왕조에서도 이미 15세기부터 부분적으로 일어나고 있었다. 그러나 그것이 체계화하기 시작한 것은 16세기 중종대 사림계의 등장에 따라 이른바 '至治'을 실현하기 위한 '王政'을 논의하면서부터였다. 중종 10년(1515) 2월의 경연석상에서 井田法에 관한 논의가 일어나더니, 그 12년에는 "至治를 이룩하고자 한다면 限田은 시행하지 않을 수 없다"는 주장이 대두되었다.[23] 동왕 13년에는, "부익부 빈익빈이 지금처럼 심한 때가 없었다. (옛 井田法은) 형세상 우리 나라에서 시행하기가 어려우나, 한전·균전의 법은 三代 이하의 良法이니 마땅히 대신과 의논해서 시행해야 할 것이다"고 하고, 나아가서는 "또한 노비도 많이 가진 자는 혹 5, 6천 口씩이나 되니, 이것도 마땅히 口數를 제한해야 할 것이다. 구수를 한정하면 良民이 날로 많아질 것이다"고 하는, 본격적 논의가 일어나게 되었다.[24] 그러한 분위기 속에서 2개월 뒤에는 가장 깊이 있는 균전·한전론의 자리가 마련되기에 이르렀다. 즉 이 해에는 士林의 遺逸로서 朴遂良

---

22) 均田論과 限田論은, 가령 그 개념이 구체적으로 논의된 조선 후기 實學의 경우와 대조해 보면, 엄밀한 의미에서는 전혀 相異한 개념이다. 그러나 16세기의 경우 양자는 豪勢家의 대토지소유의 집적 및 그 이면에서의 소농민의 流移도산을 막아보겠다는 동일한 발상에서 논의된 것이므로, 여기서는 일괄 다루기로 한다.

23) 《中宗實錄》 권 21, 중종 10년 2월 경자 및 권 28, 중종 12년 7월 계묘.

24) 《中宗實錄》 권 32, 중종 13년 2월 경인.

등 여러 사람을 발탁하였는데, 이들이 경연에 나아가 왕정을 역설하면서 朝講에서 夕講에 이르기까지 군신간에 종일토록 논의하게 되었던 것이다.

(朴)遂良이 말하기를, '우리 나라는 민의 빈·부가 懸絶하여 부자의 전지는 阡陌을 잇닿고 빈자는 立錐의 땅도 없습니다. 井田法은 지금 비록 시행할 수 없으나, 만약 균전법을 시행하면 民이 실제 혜택을 입을 것입니다'라고 하였다. (좌의정 申)用漑가 말하기를, '均田은 과연 善政이요, 전에도 이 논의가 있었습니다. 그러나 지금 만약 부자의 전지를 감해서 빈자에게 준다면, 부자의 자손이 가난해질 경우에는 도로 빼앗을 수 없을 것이니, 이 역시 큰 폐단입니다'라고 하였다. 수량이 말하기를, '仁政은 반드시 經界하는 일로부터 시작하는 것입니다. 한 고을 안에 1인이 수백 結의 전지를 가졌다면 5, 6년이 지나면 한 고을의 전지가 반드시 5, 6인의 집으로 모여들 것이니, 어찌 이래서야 되겠습니까. 지금 만약 균전을 시행한다면 이는 진실로 선왕의 遺意입니다'라고 하였다. 용개가 말하기를, '수량의 말은 지금 비록 행할 수는 없지만, 역시 지당한 논의입니다'라고 말하였다. 임금이 말하기를, '균전은 과연 좋은 일이지만, 형세상 행하기가 어려운 것이다'… 記事官 柳成春이 말하기를, '박수량이 아뢴 바 균전의 일은 현실의 병폐를 깊이 맞힌 것입니다. 그가 초야에 있으면서 반복 商量한 것임에 틀림 없습니다. 臣 또한 외방에서 본 바, 順天 등지에서는 豪富民 1家의 축적이 혹 1만 석이나 5, 6천 석에 이르고, 落種하는 전지도 2백 석지기에 이릅니다. 천지의 소생인 財貨 百物이 반드시 그 돌아갈 곳이 있는 터인데, 어찌 1인에게 모아져서야 될 것입니까. 한 고을 안에 2, 3인이 경작하면 그 나머지는 경작할 땅이 없는 것입니다. 조정의 臣僚로서 서울에서 생장한 자는 어찌 이 같은 폐단을 알 것입니까. 지금 만약 균전을 한다면 자기의 소유를 베어내어 남에게 주는 것이므로 怨毒이 없지는 않겠지만, 민은 그 실제 혜택을 입을 것입니다'라고 하였다. 임금이 말하기를 '균전의 일은 형세상 지금 행할 수가 없다. 제 것을 베어내어 남에게 주는 일이 원망을 살뿐만 아니라, 빈민은 경작하지 못하고 오히려 호부가에 還賣할 것이니, 또한 무익한 것이다'라고 하였다. 참찬관 權橃이 말하기를, '古今의 법이란 오래 되면 반드시 폐단이 생기지만, 어찌 시행해보지도 않고 먼저 그 末流의 폐단을 따질 것입니까. 박수량은 江陵 사람이니, 강원도는 土瘠民貧한데도 그가 눈으로 본 것이 이와 같은데, 하물며 전라·경상도의 경우이겠습니까. 그 호부가는 집에 담장을 쌓고 도망다니는 자들을 모두 여기에 끌어 모읍니다. 이러한 일을 금한다면 兼幷을 좀 억제하고 良民은 그 혜택을 고루 입을 것입니다'라고 하였다. 임금이 말하기를, '마땅히 대신과 의논할 것이다'라고 하였다(《中宗實錄》 권 33, 중종 13년 5월 을축).

여기 균전론이 실현되어 빈민이 남의 전지를 차지하게 되더라도 그것을 자기 몫으로 자영하지 못하고 곧 豪富家에 되팔고 말 것이라는 국왕의 인식은 무척 흥미롭다. 토지를 가지게 된다 하더라도 빈민이 곧 자립적 경영주체로 존재해가기는 어렵다는 사실을 뜻하는 것으로 이해되기 때문이다. 그렇다면 지금 균전을 한다면 民이 그 실제 혜택을 입을 것이라는 사림계의 현실인식은 잘못된 것이었는가. 사림계의 주장이 비록 理想論적 측면을 띠고 있기는 하지만, 전혀 비현실적인 것이라고는 말할 수 없을 것으로 보인다. 즉 국왕이 말하는 빈민이란 이미 유망상태로 들어간 농민을 뜻하며, 사림계가 말하는 빈민은 호부가의 겸병을 그대로 방치한다면 곧 유망상태로 들어가게 되어 있는 無田民 혹은 田少民을 가리키는 것이었다고도 해석할 수 있다. 그러나 무엇보다도 이미 실제상의 관행에 따라 비록 진황지일지라도 영구히 보유되도록 법제적으로 확정되어 있는 토지의 소유권을 이상론적 정치논의에 따라 문득 균등히 배분한다는 것은 현실상 매우 어려웠다. 물론 국왕은 훈척 등의 계급적 입장을 일차적으로 고려하는 매우 미온적 태도로 일관하고 있었지만, 토지지배관계의 객관적 실제로 말할지라도 실로 혁명적 변화에 해당할 만한 균전론을 실현하기란 결코 용이한 일이 아니었다.

그래서 '仁政은 반드시 經界하는 일로부터 시작'해야 한다는 사림계의 이데올로기적 공세에 따라 '大臣과 의논'한 균전론은 그 다음날 다음과 같은 모습으로 정책적 결말을 보게 되었다.

> (영의정 鄭光弼 등이 논의하여) 말하기를, '兼幷之徒의 전지는 阡陌에 잇닿고 빈자는 立錐의 땅도 없다. 民의 곤궁함이 곧 이 까닭에서이니 역시 마땅히 금해야 한다. 금후로는 원래 50결 이상의 전지를 소유하고서도 더 加占하는 자는 소재지 수령으로 하여금 규찰 금제토록 할 것이며, 타인의 이름으로 몰래 등록하는 자도 법에 따라 통금할 것이다. 금후로 逃亡·絶戶人의 전지의 경우… 그 未耕地는 권장해서 起耕케 하고 起耕하는 대로 收稅[25]하면 민이 모두

25) '起耕하는 대로 收稅'한다는 뜻은 다음과 같다. 즉 이 시기에는 농민의 流移도산이 심하여 陳荒田이 도처에 있으나 그것을 기경하는 경우 여러 해 쌓여온 陳田稅를 다 물어야 한다는 법례를 시행해오고 있었는데, 이제 빈민의 기경을 권장하기 위하여 이후 기경하는 것에 대해서만 수세키로 한다는 것이다(金泰永, 앞의 글, 135쪽 및 앞의 책, 326~331쪽 참조).

다 기꺼이 경작할 것이요, 無田民도 거의 田業을 가지게 될 것이다'라고 하였다(《中宗實錄》 권 33, 중종 13년 5월 병인).

이 논의는 국왕의 윤허를 받아 확정되었는데, 여기서 주목되는 것은 크게 보아 두 가지이다. 하나는 사림계의 집요한 균전론이 여기서는 50결을 상한으로 하는 限田論으로 바뀌어졌다는 것이다. 그것은 곧 토지소유의 무한정한 확대를 방지한다는 결정이었다. 다른 하나는 逃亡·絶戶 등에 따라 생겨나기 마련인 陳荒田은 무전민 등 빈민에게 권장해서 기경케 하되 이후부터는 기경하는 것에 한해서만 수세한다는 '隨起收稅'의 원칙을 세운 것이었다. 均田的인 것이 아니라, 권농적인 시책이었던 것이다. 결국 50결을 상한으로 하는 지주지는 그대로 보호받기 마련이었으며, 한편으로 매우 부지런하고도 선량한 농민의 경우는 수기수세의 원칙에 따라 주인 없는 진황지를 얻어 경작할 수 있었을 것이다. 그러나 무엇보다도 여기서 주목되는 것은 균전론적 시책이 폐기됨에 따라 호부가의 지주지는 물론이요, 사림계를 포함하는 일반 지주층의 지주지도 고스란히 보장받는 것으로 국가정책이 귀결되고 말았다는 사실이다.

사림계의 균전론 주장은 결국 '대신과 의논'한 결과 50결 한전론과 無主田에 대한 권농적 시책으로 결말났다. 이 결정을 주도한 영의정 정광필은 당시의 훈척의 권력구조에서도 훈척의 입장이 아니라, 오히려 사림과 취향이 매우 가까운 인물이었다. 그런데 사림계의 균전론적 주장은 결국 사림 취향의 대신과의 논의과정에서는 그들 모두의 사회경제 지반을 계층적으로 보장하는 선에서 국가정책으로 결정되고 말았던 것이다. 그러므로 도망·절호 등 주인없는 진황전을 기경하는 빈민이 얼마나 새로운 臣民으로 정착하게 되었는지에 대해서도 실로 의문이거니와,[26] 50결을 상한으로 하는 限田의 시책이란 것도 처음부터 결코 그대로 시행될 수가 없었다. 위의 결정으로부터 1년이 더 지난 경연 자리에서의 관련 논의를 보면 다음과 같다.

---

26) 진황전에 대한 빈민의 '隨起收稅'규정이 준행되지 않았음은 명종 21년(1566) 栗谷 李珥가 "오래 진황한 전지에도 그 세를 감하지 않아서, 비록 流亡·絶戶하여 푸나무가 수풀을 이루어도 또한 반드시 一族切隣에게서 징렴하니…진황전은 募民 기경케 하여 수기수세한다면 세번째 우환을 없앨 수 있다"고 한 상소의 구절을 통해서도 알 수 있다(李珥, 《栗谷全書》 권 3, 諫院陳時事疏, 丙寅).

> 侍講官 奇遵이 말하기를, '井田은 시행하기가 어렵지만, 均田은 쉽게 할 수 있다. 전지가 균등하지 않으므로 부익부하고 빈자는 입추의 땅도 없어 유이 파산하고 있으니, 제도가 불공평한 까닭이다'라고 하였다. 참찬관 鄭順朋이 말하기를, '정전의 제도는 지대한 것이니 쉽사리 할 수 없다. 모름지기 한전법을 세워 兼幷을 과도히 하는 자를 억제함이 옳을 듯하다'라고 하였다. (기)준이 말하기를, '근자에 50결로 한정을 했으나, 이미 그것을 시행할 수가 없다. 어찌 50결을 가진 백성이 있을 것인가'라고 하였다. 순붕이 말하기를, '경상도는 토지가 비옥하고 人居가 조밀하여 50결이면 다 경작할 수 없고, 더욱이 균등하지 않은 폐단이 있다. 10결이면 살아갈 수가 있겠지만, 빈민이 어찌 10결을 얻을 수 있겠는가. 경기의 인민도 10결이면 饒足한데 10결을 가진 자가 몇이나 될 것인가. 이 때문에 빈부가 균등하지 못한 것이다'라고 하였다(《中宗實錄》 권 36, 중종 14년 7월 계사).

논의는 장황하였지만 아무런 결론도 초점도 없이 그야말로 '논의'로만 그치고 지나가는 어투에 불과한 것이었다. 다만 전년도에 결정한 50결 상한의 한전론조차 시행되지 못하고 있었다는 사실만은 간접적으로 읽어낼 수 있다.

중종대 사림계열의 균전·한전론은 이상의 논의를 마지막으로 흐지부지되고 말았다. 바로 이 해말에는 기묘사화가 일어나 사림계가 일망타진되고 말았던 것이다. 이후 16세기를 통하여 사림계열에서는 균전론이라든가 한전론을 조정에서 거론한 사료가 발견되지 아니한다. 오히려 기묘사화를 일으킨 장본인의 하나인 南袞의 입에서 '美意'라고 거론되거나 명종대에 큰 흉년을 만나자, 왕정을 말하면서 지나가는 말로 언급된 적이 있을 뿐이다. 왕정을 이상적인 것으로 추진하는 시대는 지나가고 있었던 것이다.

그래서 그것은 이제 兩亂 이후 사회적 모순이 한층 더 커지고, 그 해결을 위해 한층 더 체계적인 검토가 사회적으로 요청되는 조선 후기 실학의 시대에 가서야 본격적으로 논의될 수 있었다.

4) 공납제 개혁론

조선왕조 賦稅의 대종을 이루는 貢納은 성종대에 貢案을 정비함으로써 제도상의 단락을 짓게 되었다. 그러나 뒤이어 연산군대에 이르러서는 국왕 자신의 무절제한 낭비와 왕실의 용도가 많아짐에 따라 부득이 공물을 대폭 加定한 이른바 辛酉貢案(또는 癸亥貢案)을 다시 만들지 않을 수 없었다. 그 뒤로도 "常貢 외에 加定·引納이 없는 해가 없다"는 형세로 공물의 수요가 대폭 늘어나고 있었으므로, 호조의 요청으로 공물의 가정을 아예 법제화하는 상태에까지 이르게 되었다.[27]

연산군대에 일단 가정된 공물은 16세기의 중종대 이래 여러 차례의 개정 시도가 있었지만, 거의 한번도 제대로 성취되지 못하였다. 조선왕조의 관인 지배체제가 안정되면서 왕실을 비롯한 各司의 쓰임새가 더욱 더 사치스럽고 번다해졌으므로 연산군대가 아니더라도 공물의 수요는 늘어나기 마련이었다. 그러므로 공납제가 대동법의 시행으로 결말날 때까지 貢額을 줄이는 선에서 공안을 개정해야 한다는 숙원은 언제나 난해한 국가적 과업으로 짐지워져 있었다.

또한 16세기 공납제의 폐단으로 큰 물의를 일으킨 것은 공공연하게 만연한 防納 현상이었다. 방납은 대개 勢家의 하인이라든가 豪商 등의 독점적 謀利行爲로서 중앙의 관권이나 각지의 수령 등과 결탁하여 자행되는 경우가 일반적이었다. 가령 "各司의 하인으로 방납하는 자는 그가 받아들이는 물건을 중간에서 꾀를 써서 백단으로 點退하니, 外吏는 부득이 高價로 방납인에게서 사야 비로소 관에 바칠 수가 있다. 그러므로 관에 바쳐지는 물건은 모두 다 품질이 나쁜 것들이요, 특히 任土作貢의 뜻에 어긋나는데, 방납인은 重價를 요구하니 그 값이 달마다 해마다 오른다"[28]는 형세로 치닫고 있었던 것이다.

그래서 공납제가 안고 있는 기본 폐단, 즉 공안을 개정해야 한다는 것과 방납을 근절해야 한다는 것의 두 가지 문제는 중종대 사림계가 정치 요로에 등장하면서 제대로 논의되기 시작하였다. 먼저 趙光祖는 다음과 같이 말하였다.

---

27) 《燕山君日記》 권 43, 연산군 8년 3월 임오 및 권 59, 연산군 11년 9월 신해.
이하 공납제 개혁론에 관한 서술은 高錫珪, 〈16·17세기 貢納制개혁의 방향〉(《韓國史論》 12, 서울大, 1985)을 많이 참조하였다.

28) 《中宗實錄》 권 88, 중종 33년 8월 갑인.

> 우리 나라의 田稅는 1/30인데 공물은 과다하니 그 때문에 민생이 날로 곤궁해진다. 경비의 쓰임새를 헤아려 적절히 줄인 뒤에라야 대체로 민생을 안정시킬 수 있다… 지금 각 읍의 공납을 살펴보면 土産이 不均하고 또한 모두 방납을 하고 있는데, 1升을 바칠 경우 1斗를 징수하고 1匹을 바칠 경우 3~4필을 징수하니, 묵은 폐단을 그대로 따라 이같이 극단한 데까지 이르렀다. 조정이 어찌 생민을 위한 계책을 마련하지 않을 것인가(趙光祖, 《靜菴集》 권 3, 參贊官時啓 5·6).

즉 이에 이르러 공물이 너무 과다하므로 국가경비를 줄이는 방향에서 공안을 개정하도록 한다는 것과 非土産의 공물을 고쳐 정함으로써 방납의 폐단을 근절하자는 논의가 본격적으로 제기되었던 것이다.[29] 그래서 앞서 살핀 균전·한전론의 경우와 같이 공납제의 폐단도 경연에서 집중 논의되기에 이르렀다.

> 임금이 말하기를, '공물은 詳定된 지 이미 오래 되었으므로 폐단이 없을 수 없다. 만약 물산에 따라 고쳐 부과한다면 그 폐단이 없어질 것이다'라고 하였다.… 特進官 金克愊이 말하기를, '上敎가 지당합니다. 폐단을 진언하는 이가 역시 貢案을 개정하는 일을 말할지라도 該曹에서는 그 개정이 어려울 뿐더러 폐단이 오히려 더 심해진다고 합니다… 小臣이 충청도관찰사가 되어 보니 그 도 사람들이 그 땅의 不産物을 전라도에서 사오는데 그 값이 평상시보다 10배나 됩니다. 감사·수령은 때맞추어 封進하기에만 힘쓰고 鄕吏·營吏는 모두 다 濫徵하므로 백성들은 사방에서 구해 들여야 하는데, 혹 구하기도 하고 혹은 구하지 못하기도 합니다. 감사·수령된 자가 그 같은 폐단을 모르지는 않지만 또한 부득이합니다. 그러나 어찌 안심되는 일이겠습니까'라고 하였다. 임금이 말하기를, '공안의 개정은 분란스럽게 자주 해서는 안된다. 다만 한 번만 개정하면 公私가 다 편하고 폐단도 제거될 수 있을 것이다'라고 하였다. (김)극핍이 말하기를, '지금 만약 공물을 균평히 정하자면 반드시 8도의 물산을 다 취합하여 그 所産을 써서 상정해야만 대체로 폐단을 구제할 수 있습니다'라고 하였다… (檢討官 奇)遵이 말하기를, '각 지역마다 産·不産을 참작해서 정하면 민이 혹 편히 여길 것입니다'라고 하였다. (領事 申)用漑가 말하기를, '지역과 물산이 동일하지 않으므로 만약 (전체를) 취합하여 分定한다면 잘 알게 될 것입니다'라고 하였다. (掌令 鄭)順朋이 말하기를, '전체를 다 개정할 필요는 없습니다. 혹 옛 것을 그대로 두어 고치지 않는 것도 있을 것입니다'라고 하였다. 임

29) 高錫珪, 앞의 글.

금이 말하기를, '공안은 가벼이 개정할 수 없다. 그러나 그것이 가장 오래 된 터이므로 폐단이 없을 수 없다. 모여서 논의를 하면 그 폐단을 고칠 수 있을 것이다'라고 하였다(《中宗實錄》 권 29, 중종 12년 8월 무신).

균전·한전론의 경우와 마찬가지로 공안의 개정에 대해서도 국왕은 관점의 일관성조차 의심케 하는 정도로 지극히 미온적인 입장을 보이고 있었다. 그러니 이후로도 논의가 적극적으로 진행되기는 어려운 일이었다. 과연 대신들의 논의를 거쳐 결정된 내용은 다음과 같은 것이었다.

각 지역의 물산에 따라 恒貢을 정함으로써 백성도 편하게 하고 폐단도 없게 한다는 것, 이는 실로 良法이다. 그러나 물산은 고금이 각기 다르고 군현의 殘盛 또한 한결같지 아니하니, 지금 멀리서 헤아려 改正할 수가 없는 것이다. 各司로 하여금 그 收納하는 貢物의 足·不足을 고찰토록 하고, 각 도 감사로 하여금 그 지역의 産·不産을 審問토록 하여 정리하여 계문한 후에 다시 논의하기로 한다(《中宗實錄》 권 33, 중종 13년 5월 병인).

이 내용은 앞서 살핀 바 50결 한전론 등 현안의 7가지 시사문제의 하나로 논의되어 결정된 것이었다. 그나마 그 해 11월의 기묘사화로 이 결정조차 아예 시행될 수 없게 되었다. 그리고 오랜 뒤 다시 사림계가 부분적으로 등장하면서 공납제의 폐단이 다시 거론되었다.

부세는 常貢의 定數가 있고 용도는 橫看에 세밀하게 갖추어져 있다… 지금은 그렇지 아니하여 횡간의 밖에 또 別例의 쓰임새가 있고 별례의 밖에 또 불시의 需用이 있어 금년의 貢賦가 부족하면 내년의 것을 백성에게서 취해 쓰되 이름하여 引納이라 하니 실제로는 再稅인 것이다.…府庫가 텅 비고 경비가 잇댈 수 없는데도 內旨를 날마다 내려보내니 有司는 措辦할 길이 없어 일체를 모두 市廛에게 책임지워 豪貴之家에서 매입해 들이게 하는데, 아침에 宮內로 들어갔다가 저녁에는 나오는 것으로 끝없이 순환하여 그 값이 날로 오른다.… 田野의 백성은 인납 때문에 시달리고 市井의 백성은 貿易으로 시달리는데, 이익은 豪貴한 자에게 돌아가고 해는 국가로 돌아온다(《中宗實錄》 권 90, 중종 34년 5월 을해).

內旨란 王妃(王大妃)의 傳敎를 가리키는 것이요, 여기 豪貴家란 바로 勳戚

家이다. 공납의 폐단을 자행하는 장본으로 바로 宮禁과 훈척이 지목되고 있었던 것이다. 더구나 16세기는 대체로 훈척정치가 계속되면서도 특히 그 가운데 權奸이 정권을 농단하여 官人의 人事에서부터 부정을 자행함으로써 극도로 지배질서를 문란케 하고 있었다.

> 대저 백성에게 親臨하는 관원은 수령보다 중요한 자가 없으니 그 선임은 불가불 삼가야 하는 것인데,…卿大夫가 聖上의 마음을 체현하지 아니하고 私를 좇아 公을 해치며 용렬 비루한 자를 冒薦하여 良法을 먼저 허물어뜨린다. 대저 薦擧하는 자가 이들을 천거하는 것은 이들을 위함이 아니라, 장차 자신을 이롭게 하고자 함이다. 그런 즉 軍民을 割剝하는 자는 수령·邊將이 아니라, 곧 조정이 할박하는 것이다(李彦迪, 《晦齋全書》 권 12, 弘文館上疏).
>
> 八方에 별처럼 펼쳐져 있는 郡縣과 바둑판처럼 흩어져 있는 鎭堡에 斧鉞을 받아 나가는 장수는 부채를 지지 않은 자가 없고, 수령의 직위를 띤 자는 모두가 (尹元衡의) 은혜를 입은 자이다. 뭍으로 뇌물의 재화가 달리매 생민의 유망이 殆盡하고, 물로 뇌물의 미곡을 실어 나르매 군졸의 곤췌 또한 극도에 이르렀다. 청탁의 尺牘이 원근에 구름처럼 날아다니는데도, 方伯은 殿最 때문에 움직이지 못한다(《明宗實錄》 권 31, 명종 20년 8월 무인).

조정을 천단하는 권간이 부정으로 탐학한 수령·변장을 재생산시키고 있었으니, 그 수령·변장들의 지배 아래 놓인 '軍民'은 본질적으로 '割剝'의 대상이 될 수밖에 없었다. 더구나 지배질서가 문란하게 되면 언제나 가장 먼저 그리고 가장 혹독히 피해를 입게 되는 것은 무력한 소농민이기 마련이었다. 이 시기의 소농민층이 그나마 작은 규모의 自營地마저 세력있는 자에게 겸병당하고 유이도산의 길로 나서지 않을 수 없었던 사회적 배경은 그들이야말로 그 같은 구조적 '할박'의 기본 대상층이었기 때문인 것으로 해석된다.

그런데다 이 시기 수취제의 대종을 이루고 있는 공납제에서는 더욱 힘없는 소농민층에 과중한 부담이 전가되고 있었다. "무릇 貢賦와 徭役은 民의 所耕田의 結負의 수에 따라 정한다"[30]는 것이 법제였지만, 그것은 어디까지나 원칙적 규정에 불과하였다. 실제로는 "지금 田地가 阡陌에 잇닿아 있는 자는 모두 豪勢하여 공부의 납부를 거부하고 있다"든가, "品官이라든가 勢家

30) 《成宗實錄》 권 4, 성종 원년 4월 병자.

는 전지가 천백에 잇닿아 있어도 賦·役에 응하는 자가 絶少하고, 貧賤한 下戶는 입추의 땅이 없는데도 괴로운 侵毒을 입고 있다"[31]는 것이 실상이었던 것이다. 그러니 소농민층의 파산과 유이도산은 공납제의 측면에서 더욱 구조적으로 규정되고 있었던 것이다.

그 가운데서도 특히 전세·요역·공물은 물론 군역까지를 부담하는 국가 기본계층으로서의 양민 자작농층의 몰락은 더욱 급속히 진행되고 있었다. 다소 과장된 표현이겠지만, "지금 전지를 소유하고 있는 것은 사족뿐이니 수많은 백성치고 누가 尺寸의 토지라도 가진 자가 있을 것인가"라거나, 특히 "양민으로서 전지를 소유한 자는 실로 1인도 없다"[32] 혹은 "平時인 즉 사족만이 田庄을 소유하고 있을 뿐이요, 백성은 없어서 모두 幷耕해서 먹고 산다"[33]는 형세가 조성되어 가고 있었던 것이다.

국가 재정수입의 기본을 이루는 공납이나 기본 國役인 군역을 모두 이같은 병작농민층을 상대로 부과해두고 국가체제를 운용해갈 수는 없는 일이었다. 그것은 곧 심각한 체제 파탄의 위기를 조성하는 것이었다. 그래서 權奸의 전횡이 일단락된 16세기말에 가서는 사림정치의 시대가 열리면서 공납제 개혁론이 다시 적극적으로 추진되고 있었다. 이 때에는 당로의 여러 관인들로부터 공납제의 개정에 관한 발의가 나오게 되었으나, 그것을 가장 심도 있게 제시한 것은 선조 7년(1574) 李珥의 〈萬言封事〉에서였다.

祖宗朝에는 용도가 심히 簡約하여 백성으로부터의 수취가 넘치지 않았다. 연산군 중년에 용도가 侈張하여 常貢으로써는 그 지공에 부족하게 되자 이에 加定하여 그 욕구에 충당하였다. 臣이 옛날 이 일을 故老에게서 듣고서도 깊이 믿지 않았더니, 전일에 政院에 있으면서 호조의 貢案을 가져다 살펴본 즉 여러 가지 공물이 모두 弘治 辛酉년에 加定한 바로서 지금까지 준용되고 있는데, 그 때를 상고해보니 곧 燕山朝였다. 신이 모르는 사이에 책을 덮고 크게 한숨쉬며 말하기를, '그랬었구나. 홍치 신유년은 지금부터 74년이나 되니 그 사이 聖君

31) 《宣祖實錄》 권 7, 선조 6년 3월 정유.
《光海君日記》 권 157, 광해군 12년 10월 정미.
32) 《中宗實錄》 권 64, 중종 23년 11월 신축.
33) 《宣祖實錄》 권 140, 선조 34년 8월 무인. 이 내용은 倭亂 직후에 논의된 것으로, 난 전의 사실을 '平時'의 일이라고 썼다.

이 臨御하지 않은 바도 아니요, 賢士가 立朝하지 않은 터도 아닌데 이 법이 어쩨서 개혁되지 않았는가' 하고 그 연유를 캐어 보니, 70년 사이가 모두 權姦이 나라를 맡고 있었으며 두세 명의 君子가 비록 입조하더라도 뜻을 펴보기도 전에 奇禍가 반드시 따랐으니, 어느 겨를에 여기에 의논이 미칠 수 있었을 터인가. 그것은 반드시 금일을 기다리게 된 것이다. 또한 物産은 수시로 변하는 것이요, 民物 田結은 수시로 증감하는 것인데, 공물의 分定은 이미 국초에 있었고 연산조에는 다만 거기에 따라 加定했던 것이지 土宜를 따라 변통한 것이 아니었다. 지금은 각 군현의 공납이 所産이 아님이 많으므로 나무에서 물고기를 구하거나 배를 타고 뭍짐승을 잡는 격이어서 다른 고을에서 바꾸어 들이거나 서울에서 사들이지 않을 수 없으니, 백성의 경비는 백 배나 되어도 公用은 넉넉지 못하다.… 연산조에 가정한 것을 모두 제거하여 조종의 구제를 회복하되, 인하여 列邑의 물산의 유무, 전결의 다소, 民戶의 殘盛을 고찰하고 추이하여 한결같이 균평하게 量定할 것이며, 반드시 本邑이 각 사에 납부토록 한다면 방납은 금하지 않아도 저절로 혁파될 것이요, 민생은 倒懸에서 풀려나는 듯할 것이다. 오늘의 急務로서 이보다 큰 것이 없다(李珥, 《栗谷全書》 권 5, 萬言封事, 甲戌).

즉 민생을 괴롭히는 최대 현안인 공납제를 개혁하는 방안은 각 군현의 물산·전결·민호의 다소를 기초로 하여 부담이 균평하도록 공안을 개정함과 동시에 또한 本邑으로 하여금 당해 공물을 당해 기관에다 직납토록 함으로써 방납을 근절케 하자는 두 가지가 그 기본 내용을 이루고 있었던 것이다.[34]

그런데 한편으로 이 시기에는 토지소유관계의 분화뿐 아니라, 職役관계에도 분화가 크게 일어나고 있었으며, 따라서 사회적 분업도 다각도로 진행되고 있었다. 군역을 비롯한 番上 혹은 여러 종류 選上의 경우 代立이 성행한지 오래되었으며, 지방 場市뿐 아니라, 서울을 비롯한 도시 상업 또한 무시 못할 정도로 번성하고 있었다. 실제로 15세기 이래의 누누한 금령에도 불구하고 끈질기게 성행해오고 있는 방납현상도 그같은 사회적 분화현상의 한 가지였던 것으로 이해된다. 그것은 곧 사회적 분화와 전개의 순리적 방향의 일환이었다. 다만 관권과 결탁한 일부 모리배의 독점적 수탈행위에 맡겨져

34) 이 밖에도 그는 〈司諫院乞變通弊法箚〉 등 여러 곳에서 기회가 있는 대로 같은 논조의 공납제 개혁론을 전개하였다(李珥, 《栗谷全書》 권 7, 司諫院乞變通弊法箚).

운용되고 있었다는 사실로 인하여 방납은 반드시 개혁되지 않으면 안되는 문제로 부각되고 있었다.

그래서 이 시기에는 이미 방납자의 자의적 수탈행위에다 맡겨두지 않고, 각 군현 단위로 官이 농민들로부터 米·布를 거두어 당해 공물을 직접 마련하는 방법을 스스로 고안하는 경향도 나타났다. 이러한 현상이 언제, 어디서부터 비롯되었는지는 자세하지 않지만, 가령 이이는 선조 2년(1569)에 올린 〈東湖問答〉에서 다음과 같은 사실을 소개하였다.

> 백성들이 공물을 스스로 備納하지 않은 지가 오래되었으니, 하루아침에 방납을 폐지한다는 말을 들어도 (공물을) 마련할 수가 없어 도로 高價로 전날의 防納之徒에게서 사사로이 사올 수밖에 없다. (방납하는 무리가) 깊이 감추어 두고 아끼어 값이 전일의 갑절이나 될 터이니, 방납의 이름은 비록 폐지된다 하더라도 방납의 실제는 오히려 더 심하게 될 것이다… 내가 보기에 海州의 공물법은 전지 1결마다 米 1斗씩을 거두어 관이 스스로 물건을 마련하여 서울에다 납부하니 민간은 다만 出米만을 알고 있을 뿐이요, (공물의) 값이 오르는 폐단은 대체로 알지 못한다. 이는 진실로 금일의 백성을 구제하는 양법이다. 만약 이 법을 사방에 頒行한다면 방납의 폐단은 얼마 안 가서 저절로 혁파될 것이다… 대신과 당해 기관으로 하여금 8도의 圖籍을 모두 가져다가 인물의 殘盛, 전결의 다과, 물산의 豐嗇을 강구하여 공물을 다시 부과하여 그 苦歇을 한결같이 균평히 할 것이요, 공물로서 國用에 절실치 않은 것은 적절히 헤아려 줄이되, 반드시 8도의 군현이 각기 마련할 수 있는 것으로 정함으로써 모두 해주의 1결 1두와 같이 한 연후에야 그 법령을 반포할 수 있을 것이다(李珥, 《栗谷全書》 권 15, 雜著 2, 東湖問答 右論安民之術).

즉 전국 각 지역의 인물·전결·물산의 다과를 기초로 하는 균평한 부담의 공안을 다시 작성하되, 국용에 절실하지 않은 공물을 줄여 정할 것이며, 반드시 당해 지역의 산물을 부과함으로써 군현 단위로 민간에서 쌀로 거두고 이를 관이 調辦하여 직납하도록 한다는 개혁안이었다. 지금까지 공납제 개혁논의에서 거론되어 오던 현안을 모두 수렴하되, 민간으로부터 代貢收米한 것을 재원으로 하여 각 관(군현)이 공물을 마련하여 각 기관에 직납한다는 내용이었다.

한편 金誠一은 선조 16년(1583)에 황해도를 순무하는 도중 白川[배천]·해주·載寧 등지에서 이미 시행하고 있는 이른바 '大同除役'이라는 '便民'의 공납법을 널리 준행할 것을 건의하였다. 즉 그는 "각 관이 먼저 공물이 얼마인지 전결이 얼마인지를 계산한 다음, 물건의 귀천과 값의 경중을 헤아려 전결에다 분정"한다고 하여, 각 군현이 공물가를 균평히 환산하여 전결 기준에다 부과하는 방법을 소개하면서, "타도에서도 또한 이를 행하는 곳이 있다"고 보고하여 이를 널리 시행할 것을 적극 건의하였던 것이다.35)

이같은 방법이 어떻게 하여 황해도 일부에서 먼저 시행되기에 이르렀는지 현재로서는 알 수 없으나, 아마도 사림계열 인사들의 정계진출과 무관하지는 않았을 것으로 이해된다. 그것은 곧 각 군현 단위로 공납제를 詳定함으로써 민생에 좀더 편의한 방법을 모색해가는 과정으로서 장차 大同法의 출현을 위한 전초적 기능을 수행하고 있었던 것이라고 해석된다.36) 그리고 그같은 개혁론이 이이라든가 김성일 등 사림계에 의하여 적극 소개되고 권장되어 가고 있었다는 사실 또한 의미있는 일이었다.

이같은 군현단위의 개별직 변통책의 결과, 임란 후 비로소 국가적 시책인 대동법이 전국적으로 시행되기 시작하였다. 그것은 곧 16세기의 사림계에 의하여 제시된 공납제 개혁안의 연장선상에서 취해진 조처였다. 즉 대동법은 공물의 물목과 액수를 크게 축소하는 선에서, 그리고 또한 다소 戶役의 성격을 띠고 있던 공물 대신 전결이라는 단일 대상에 대하여 米·布를 수납하는 방법으로 개선하여 전국적으로 실시하는 내용으로 정착되기에 이르렀던 것이다.

〈金泰永〉

35) 金誠一, 《鶴峰全集》 續集 권 2, 黃海道巡撫時疏.
36) 高錫珪, 앞의 글.

집 필 자

개 요 .... 이병휴

Ⅰ. 양반관료제의 모순과 사회·경제의 변동

1. 사림의 훈구정치 비판과 새로운 모색 .... 최이돈
2. 과전법의 붕괴와 지주제의 발달 .... 김태영
3. 상품의 유통과 공납제의 모순 .... 고석규
4. 군역제도의 붕괴 .... 김종수
5. 국제교역의 발달과 마찰 .... 김동철

Ⅱ. 사림세력의 등장

1. 사림세력의 성장기반 .... 이수건
2. 사림세력의 진출과 사화 .... 이병휴
3. 사림세력 구성의 특징 .... 이범직

Ⅲ. 사림세력의 활동

1. 도학정치의 추구 .... 이병휴
2. 향촌질서 재편운동 .... 이태진
3. 서원건립활동 .... 이수환
4. 성리학의 연구와 보급 .... 고영진
5. 경제개혁의 추진 .... 김태영

한국사 28

조선중기 사림세력의 등장과 활동

편찬간행 **국사편찬위원회**

초판1쇄 2003년 11월 30일
2쇄 2013년 6월 4일

번각발행 **탐구당**

등록일 1950년 11월 1일
등록번호 서울 제 03-00993 호

주소 서울특별시 용산구 한강대로 62 나길 6
전화 (02) 3785-2211(대표)
팩스 (02) 3785-2272
홈페이지 www.tamgudang.co.kr
전자우편 tamgudang@paran.com

ISBN 978-89-8236-594-2
978-89-8236-566-9(세트)

값 15,000 원

* 파본이나 잘못된 책이 있으면 교환해 드립니다.